생활용어로 아주 쉽게 알려주는
상속세·증여세 **절세전략**

생활용어로 아주 쉽게 알려주는

상속세·증여세 절세전략

발행일 | 2023년 2월 초판발행
        2025년 4월 제3판 발행
저   자 | 김관균
발행인 | 김관균
발행처 | 티에스 세무법인
주   소 | 수원시 영통구 봉영로 1612, 301호(영통동 보보스프라자)
전   화 | 031-202-0208
팩   스 | 031-202-5598
디자인 | 경기정판사 031-250-3363

ISBN 979-11-950225-6-4

이 책은 저작권법에 따라 보호받는 저작물입니다.
이 책은 필자의 주관적 생각이 포함되어 있고 세법의 빈번한 개정으로 인해
그 완전성이 항상 보장되는 것이 아닙니다.
따라서 실무에 적용하는 경우 정확한 법령과 판례 등을 확인하거나
책임 있는 전문가와 충분히 상의하시기 바랍니다.

정가 25,000원

생활용어로 아주 쉽게 알려주는

상속세·증여세
절세 전략

질문과 답변 형식으로
이해하기 쉽게
풀어보는 **세법이야기**

TS 틱에스 세무법인
Tax Saving Tax Accounting Corp.

2025년 개정판을 내면서

2023년 초판을 시작하여 제3판으로 2025년 개정판을 준비하였습니다.

개정판의 특징은 아래와 같습니다.
- 2025년 개정된 상속증여세법을 모두 반영하였습니다.
- 2024년에 비해 질문을 많이 추가하여 총 121개의 질문과 답변형식으로 정리하였습니다.
- 질문과 관련된 답변 내용을 포괄적으로 모아서 정리하였습니다.
- 답변에서 관련된 다른 질문 번호를 기재하여 연관된 질문과 답변을 함께 파악할 수 있도록 정리하였습니다.
- 답변에 사례를 포함하여 쉽게 이해할 수 있도록 정리하였습니다.

정부에서 2024년 중대한 상속세 개편을 시도하였으나 여야 국회의원의 합의가 이루어지지 않았습니다.
정부에서 다시 상속세 개편을 위해 지난 3월 19일 상속세를 개정안이 발표되었습니다.

주요 내용은 현재 망인의 총재산을 기준으로 상속세 과세하는 방법을 상속인이 상속받는 재산을 기준으로 변경하면서 그에 따른 일부 상속 공제액을 상향하는 방향입니다. 향후 공청회 등 다양한 의견을 수렴하여 세법을 개정하고 2028년부터 시행할 계획입니다.

세법이 개정되어도 3년뒤 개정될 예정이고 상속세와 증여세 절세방법의 기본 내용은 큰 변동이 없을 것으로 생각합니다.

언제나 좋은 책을 집필할 수 있도록 아낌없이 배려해 주고 계신 (주)경기일보 신항철 회장님과 이순국 사장님께 깊이 감사드리며, 세련된 편집에 많은 노고를 해주신 (주)경기정판사 정미선 차장님께 감사드립니다.

오랜기간 동안 이 책을 집필하는 과정에서 소홀했던 가족과 친구들에게 미안한 마음을 이 책의 출간으로 대신하고자 합니다.

앞으로 더 나은 책으로 독자 여러분을 만날 것을 약속드리며, 모두에게 절세의 밑거름이 되길 기원합니다.

2025년 3월
저자 김 관 균

| 이 책을 내면서 |

필자가 1995년 7월부터 세무사 사무실을 운영하면서 많은 고객을 만나 상담해 드렸습니다. 필자에게 상담해 오신 고객님의 첫 말씀이 "무엇을 어떻게 물어볼지 모르겠다"라고 하시는 분들이 많았습니다.

필자는 고객님께 "무엇을 물어본다고 생각하지 마시고 고객님의 현재 상황과 생각을 편하게 말씀해 주시면 제가 알아서 답변해 드리겠습니다."라고 하였습니다.

세법은 법률이기 때문에 한 글자, 한 단어로 여러 해석이 있을 수 있어서 잘못된 전달을 방지하기 위해 부득이 법률용어로 상담해 드리는 경우가 많습니다.

그러나 고객을 중심으로 생각한다면, 절세는 세무사가 고객의 상황에 맞는 절세방법을 연구하여 고객에게 생활용어로 쉽게 설명하고 고객과 함께 절세를 만들어 가야 하는 것으로 생각합니다.

이런 생각으로 필자는 지난 30년 동안 고객에게 법률용어를 배제하고 가능하면 생활용어로 쉽게 설명해 드리려고 노력했습니다.

과거에 상속세는 부자들만 내는 세금으로 생각했는데 지금은 아파트 1채만 있어도 상속세 걱정을 해야 하고, 증여를 고민하는 세상이 되었습니다.

필자는 상속세와 증여세에 관심 있는 분들이 편하게 세무사를 찾아가 궁금한 사항을 물어보고 세무사는 고객에게 맞는 절세방법을 연구하여 생활

용어로 쉽게 상담해 드리고, 고객과 세무사가 함께 절세를 위해 노력해서 좋은 결과를 만들어 가시길 바라는 마음을 늘 가지고 있었습니다.

이런 마음으로 상속세와 증여세에 대해 궁금한 것이 많은데 무엇을 어떻게 물어봐야 좋을지 몰라 세무사에게 상담받는 것을 망설이는 분들에게 질문하는 요령을 알려드리는 의미로 "일상에서 궁금해하시는 내용들을 세무사에게 쉽고 편안하게 물어보는 형식"으로 질문을 만들었고, 답변으로 필자가 약 30년 동안 경험한 실무 위주의 여러 가지 절세방법과 주의할 내용들을 질문마다 모아서 생활용어로 쉽게 답변해 드리는 형식으로 이 책을 정리하였습니다.

최대한 법률용어를 배제하고 생활용어로 쉽게 설명해 드리려고 했으므로, 구체적으로 실행하려면 각각의 개별적 입장에 차이가 있고 여러 절차가 존재하므로 세무사와 논의하여 진행하시기 바랍니다.

이 책이 있기까지 경기일보 신항철 회장님, 이순국 사장님과 도움을 주신 많은 분께 깊이 감사드리며, 더욱 좋은 책이 되기 위해 계속 노력할 것을 약속드립니다.

저의 정성과 노력이 많은 분께 절세의 밑거름이 되기를 간절히 기원합니다.

2023년 2월
저자 김 관 균

| CONTENTS |

Part 1 상속재산 분배방법(민법)

1. "상속우선순위"는 어떻게 판단하나요? — 22
2. 상속재산은 어떻게 분할 할 수 있나요? — 28
3. "유언하는 내용"을 어떻게 하는게 좋은가요? — 30
4. "효도상속" (조건부 상속)을 아시나요? — 33
5. "유언하는 방법"을 알려주세요? — 37
6. 망인을 위해 오랜 기간 헌신한 것을 보상 받을 수 있나요? — 41
7. 상속인은 상속재산에 대해 어떤 권리가 있나요? — 45
8. "유류분"에 대해 알아야 할 내용은 무엇이 있나요? — 49
9. 상속 받는 재산보다 채무가 많은 경우 어떻게 해야 하나요? — 55
10. 상속인의 채권자가 상속재산에서 채권을 회수 할 수 있나요? — 58
11. "효도 증여계약서"를 아시나요? — 61

Part 2 상속세 절세방법

12. 상속재산에 비해 상속세가 많은 이유가 무엇인가요? — 68
13. 상속세를 절세할 수 있는 방법이 있나요? — 77
14. 사망 후 진행해야 할 기한별 상속절차가 어떻게 되나요? — 80
15. 상속재산은 어떻게 확인할 수 있나요? — 86
16. 상속포기로 후 순위 상속인이 상속받는 경우 상속세에 영향 있나요? — 93

17. 계부모 사망 시 의붓자녀(계자)는 재산을 상속받을 수 있나요? 95
18. 신고해야 할 상속재산은 어떤 것들이 있나요? 97
19. 망인이 빌려준 회수 불분명한 채권을 상속재산으로 신고해야 하나요? 101
20. 상속재산은 자녀, 상속채무는 배우자가 상속받을 수 있나요? 104
21. 퇴직금은 상속세에 어떤 영향이 있나요? 106
22. 보험금에 상속세 또는 증여세가 과세되는 기준은 무엇인가요? 109
23. 조부모가 불입한 보험금의 수익자가 손 자녀인 경우 상속세에 영향이 있나요? 113
24. 사망 전 현금을 인출하면 상속세를 절세할 수 있나요? 116
25. 권리금(영업권)이 있는 사업장을 자녀에게 상속·증여시 세금이 있나요? 120
26. 수증자가 먼저 사망한 경우 증여자의 상속세에 어떤 영향이 있나요? 123
27. 법인의 "가지급금(불분명한 지출금)"이 상속세에 어떤 영향이 있나요? 126
28. 법인 장부에 "가수금"이 있는 경우 상속세에 어떤 영향이 있나요? 128
29. 사망 전 인출한 수표로 그 행방을 알 수 없는 경우 상속세에 영향이 있나요? 134
30. 조상의 묘가 있는 선산을 상속받는 경우 상속세 혜택이 있나요? 136
31. 상속재산을 좋은데 사용하면 비과세 받을 수 있나요? 139
32. 망인 명의로 된 종중소유 부동산은 상속세를 내야 하나요? 144
33. 생전에 금전을 대여·애인에게 용돈 지급한 경우 상속세에 어떤 영향이 있나요? 146
34. 망인의 병원비, 간병비, 생활비를 자녀가 부담한 경우 상속세 혜택이 있나요? 149
35. 중환자인 부모의 예금을 자녀 통장에 이체하여 병원비 등에 사용해도 되나요? 152
36. 차입금(은행, 개인), 임대보증금으로 생활비, 병원비 사용시 상속세 절세되나요? 154
37. 망인의 금융재산을 1명의 상속인 계좌에 모두 이체해서 분배해도 되나요? 157
38. 상속재산에서 공제하는 공과금, 장례비용, 채무는 무엇인가요? 159
39. 상속재산에서 자녀로 인해 공제해 주는 것이 있나요? 161

40. 망인에게 상속인 이외의 동거부양가족이 있는 경우 상속세 혜택이 있나요?　164
41. 배우자상속공제를 많이 받으려면 어떻게 해야 하나요?　166
42. 배우자상속공제를 받는 것이 절세에 유리한가요?　173
43. 망인과 동거한 자녀를 위한 상속세 혜택이 있나요?　176
44. 재촌·자경하던 농지는 상속세 혜택이 있나요?　179
45. 부모의 가업을 절세하며 상속받는 방법이 있나요?　185
46. 상속인이 협의하여 부동산 대신 금전을 받아도 되나요?　195
47. 가족법인에 재산을 상속하면 상속세를 절세할 수 있나요?　197
48. 상속받고 사망하여 재 상속되는 경우 상속세는 어떻게 되나요?　201
49. 해외 거주(비거주자)하던 중 사망한 경우 상속세는 어떻게 계산하나요?　204
50. 부동산 협의분할시 고려해야 할 양도소득세 문제는 무엇이 있나요?　207
51. 상속될 부동산을 언제 양도해야 상속세와 양도소득세를 절세할 수 있나요?　212
52. 법인대표가 사망한 경우 법인이 보유한 여유 자금으로 상속세를 낼 수 있나요?　218
53. 상속세 납부를 위한 현금재원을 사전에 어떻게 준비해 주는 것이 좋을까요?　221
54. 상속세를 수년 동안 분할 납부하거나 상속받은 재산으로 납부할 수 있나요?　225
55. 비상장주식으로 상속세를 납부 할 수 있는 방법이 있나요?　228
56. 상속 받는 부동산의 취득세는 어떻게 계산하나요?　232

Part 3　상속 및 증여 재산의 평가방법

57. 상속 또는 증여받는 부동산의 평가는 어떻게 해야 하나요?　236
58. 부동산 이외 상속·증여받는 재산은 어떻게 평가해야 하나요?　244
59. 상속·증여받은 부동산을 국세청이 감정평가해서 과세할 수 있나요?　246

60. 감정평가 해서 상속세 신고하는 것이 좋은 경우가 있나요? 249
61. 부동산 취득 후 2년 이내 가격 상승·하락 중 사망한 경우 어떻게 신고해야 하나요? 255
62. 아파트를 기준시가로 자녀에게 증여하고 싶은데 어떻게 해야 하나요? 258
63. 비상장법인의 주식 이동시 사전에 검토할 사항은 무엇인가요? 262
64. 상속·증여받는 주식은 어떻게 평가하나요? 266

Part 4 증여세를 절세하는 방법

65. 재산이 어느 정도 돼야 증여하는 것이 상속세 절세에 유리한가요? 276
66. 어떤 재산을 먼저 증여하는 것이 상속세 등 절세에 유리한가요? 278
67. 증여받은 재산을 반환 하는 경우 증여세 문제는 어떻게 되나요? 281
68. 상속재산 분할을 취소하고 다시 분할등기 하는 경우 증여세가 있나요? 286
69. 증여재산공제 적용시 직계존속의 범위는 어디까지인가요? 289
70. 직계존속, 직계비속, 계부모 및 계자녀의 증여세는 어떻게 되나요? 292
71. "혼인·출산에 따른 증여재산공제"는 어떤 경우 혜택을 받을 수 있나요? 296
72. 증여자와 수증자가 거주자 또는 비거주자로 국내·국외 재산 증여시 증여세 차이가 있나요? 301
73. 이혼·사별한 부모에게 증여받는 재산도 합산해서 증여세 계산 하나요? 305
74. "장애인" 자녀에게 세금 없이 재산을 줄 수 있는 방법이 있나요? 308
75. 위자료(이혼, 사고 등)에 세금이 있나요? 312
76. "이혼"과 관련 된 세금은 어떻게 되나요? 314
77. 자녀의 창업 자금을 어떻게 증여해야 절세할 수 있나요? 321
78. 사업(가업)을 자녀에게 어떻게 증여해야 절세할 수 있나요? 326

79. 자경하던 농지를 증여세 없이 자녀·손 자녀에게 증여할 수 있나요? 333
80. 부모가 자녀명의로 주택을 신축해 주는 경우 증여세는 어떻게 계산하나요? 337
81. 결혼 혼수용품과 결혼 축의금에 증여세가 있나요? 340
82. 생활비와 교육비, 축하금을 받는 경우 증여세가 있나요? 343
83. 증여세, 상속세 없이 친척 또는 지인에게 치료비를 도와줄 수 있나요? 345
84. 사실혼 관계의 배우자에게 재산을 줄 수 있나요? 347
85. 부모 소유 부동산을 낮은 임대료로 사용하는 경우 세금문제가 있나요? 350
86. 부모소유 부동산을 무상 사용하는 경우 증여세가 있나요? 352
87. 법인의 자본을 증자하면 증여세가 있나요? 355
88. 법인의 자본을 감자하면 증여세가 있나요? 359
89. 초과배당(차등배당)하면 절세할 수 있나요? 363
90. 부모회사가 일감을 자녀회사에 몰아줘도 되나요? 369
91. 부모법인의 사업 일부를 자녀회사로 넘겨줘도 되나요? 374
92. 부모(조부)의 노력으로 자녀(손 자녀)의 재산을 증가시켜줘도 되나요? 377
93. 부모 부동산을 은행담보로 사용한 경우 세금문제가 있나요? 383
94. 무이자·저율로 금전을 차입한 경우 세금문제가 있나요? 386
95. 부담부증여(대출·임대보증금 있는 부동산)가 절세에 유리한가요? 390
96. 토지와 건물 소유자가 다른 경우 임대보증금과 임대료를 어떻게
  받는 것이 좋은가요? 393
97. 배우자에게 증여받은 부동산·주식은 언제 양도해야 절세 할 수 있나요? 395
98. 자녀가 내야할 증여세를 부모가 부담해도 되나요? 400
99. 신용불량자 된 자녀의 채무를 부모가 변제해 줘도 되나요? 403
100. 차명계좌를 이용한 경우 어떤 문제가 있나요? 409

101. 세무서에서 채무로 인정한 금액을 추후 변제했는지 확인 하나요? 413
102. "자금출처에 대한 세무조사"는 어떤 경우에 받게 되나요? 415
103. 자금출처 조사를 받고 문제가 된 경우 어떤 불이익이 있나요? 419
104. 자금출처로 인정되는 자금은 어떻게 되나요? 422
105. 자금출처 조사대상 재산의 자금출처를 100% 밝혀야 하나요? 425
106. 자금출처 조사 대비와 조사 받는 경우 대응은 어떻게 하나요? 431
107. 부모소유 부동산(주식)을 자녀에게 저가로 양도할 수 있나요? 436
108. 자녀소유 부동산(주식)을 부모에게 고가로 양도할 수 있나요? 440
109. 법인 대표의 "가수금"이 무이자인 경우 증여세가 있나요? 444
110. 법인 대표가 "가수금"을 포기 (채권 포기)하는 경우 증여세가 있나요? 448
111. 법인 장부에 있는 "가수금"은 증여세 및 상속세에 어떤 영향이 있나요? 454
112. 가족법인에 재산을 증여하면 증여세와 상속세를 절세할 수 있나요? 458
113. 부동산을 증여받는 경우 취득세는 어떻게 되나요? 463
114. 결혼하는 자녀의 신혼집 마련을 도와 줄 수 있는 방법이 있나요? 467
115. 父소유 토지에 자녀 또는 가족법인이 건물 신축시 세금차이 있나요? 471
116. 임대부동산(꼬마빌딩) 상속준비를 어떻게 하면 좋을까요? 476
117. 꼬마빌딩을 양도소득세 없이 법인에 이전 할 수 있나요? 485
118. 자녀에게 사업자금을 절세하면서 도와줄 수 있는 방법이 있나요? 490
119. 사위·며느리를 통해 증여세와 상속세를 절세할 수 있는 방법이 있나요? 499
120. 손자·손녀를 통한 증여세와 상속세를 절세할 수 있는 방법이 있나요? 504
121. 강남 부자들이 자녀를 패싱하고 손주에게 증여하는 이유는 무엇인가요? 509

| 빠른찾기 |

색 인	질문 번호
가상자산의 평가방법	58
가수금 포기시 증여세 문제	110, 111
가수금의 무이자에 대한 증여세 문제	109, 111
가수금의 상속세 문제	28, 111
가업상속공제	45
가업승계에 대한 증여세 특례	78
가지급금의 상속세 문제	27
감정평가가 상속세 절세에 유리한 경우	30, 41, 44, 60
거주자의 증여세 계산방법	72
계부모 및 계자녀의 증여세 계산방법	70
계부모사망시 계자녀의 상속권	17
고가양도에 대한 세금문제	108
공과금(상속재산에서 공제)	38
교육비의 증여세 비과세	82
국세청이 감정평가하는 경우	57, 59
금양임야의 상속세 비과세	30, 60
금융 상속재산을 상속인 계좌로 이체한 경우	37
금융재산 상속공제	36
기계장치의 평가방법	58
기여분 제도	6
기준시가로 증여하는 방법	62
기초공제(상속공제)	39
꼬마빌딩의 상속준비	116, 117
단기 재상속에 대한 세액공제	42, 48
담보된 채권액과 임대보증금 등 합산 평가	57
대습상속	1

색 인	질문 번호
동거부양가족(상속공제)	40
동거주택상속공제(상속공제)	43
동물의 평가방법	58
동시사망시 상속순위	1
매매사례가액으로 평가하는 경우	57
먼저 증여할 재산의 선택기준	66
묘토의 상속세 비과세	30
무상담보 제공에 대한 증여세	92, 93, 118
무자력 직계비속에게 재산증식 시켜주는 경우	92, 93, 94, 121
물납(상속세)	54, 55
미성년자공제(상속공제)	39, 40
배우자상속공제(상속공제)	41, 42, 60
배우자에게 증여받은 부동산과 주식의 양도시기	97
법인 유보자금으로 상속세 납부방법	52
법인에 재산을 상속한 경우	47
법인에 재산을 증여한 경우	112
법인이 부동산을 무상사용하는 경우	115
법정분할(상속재산분할방법)	2, 7
병원비, 생활비 등 자기재산으로 부담방법	34
보충적 평가방법(부동산)	57
보험금의 증여 또는 상속	22, 23
부담부유증(민법상 효도상속)	3, 4
부담부증여(세법)에 대한 증여세와 양도소득세	95
부담부증여(민법상 효도증여)	11
부동산 가격변동 중 상속된 경우 평가방법	61
부동산 대신 상속인이 현금받는 경우 상속세 영향	46

색 인	질문 번호
부동산 무상사용에 대한 증여세문제	86, 114, 115
부동산 양도시기별 상속세와 양도소득세 차이	51
부동산 협의분할시 고려할 양도소득세	50
부동산의 취득세(상속으로 취득)	56
부동산의 취득세(증여로 취득)	113
부동산의 평가방법	57
부모가 자녀명의로 입주권, 분양권 취득한 경우 증여세 문제	80
부모가 자녀명의로 주택신축한 경우 증여세 문제	80
분양권의 평가방법	58
비거주자 사망시 상속세 계산방법	49
비거주자의 증여세 계산방법	72
비과세(상속세)	31
비상장주식 평가의 중요성	63
비상장주식을으로 상속세 납부방법	55
비상장주식의 평가방법 적용순서	64
사망 후 진행해야 할 기한별 절차	14
사실혼 관계 배우자의 증여세문제	84
사위와 며느리를 통산 절세방법	7, 47, 112, 119
상속결격자	1
상속권 상실 청구제도	6
상속받은 부동산의 양도소득세 문제	50
상속받은 비상장주식을 현금화하는 방법	52, 55
상속세 납부할 자금 준비방법	53
상속세 신고시 필요한 서류	15
상속세 절세를 위해 증여를 해야할 시기	65
상속세 절세방법	13
상속우선순위	1

색 인	질문 번호
상속재산 분할방법	2
상속재산 재분할시 증여세 문제	68
상속재산 확인방법	15
상속재산분할협의서	41
상속재산파산제도	9
상속포기	7, 9, 10, 16
상속포기로 후순위가 상속받는 경우 상속세 영향	16
상장주식의 평가방법	64
생활비의 증여세 비과세	82
서화, 골동품의 평가방법	58
손자녀를 통한 절세방법	120, 121
수증자가 먼저 사망한 경우 증여재산	26
수표 사용처 미 확인된 경우 상속재산	29
시가로 평가하는 경우(상속·증여받는 부동산)	57
신고해야 할 상속재산	18
신혼집 마련을 도와주는 방법	114
안심상속 원스톱 서비스	15
연로자공제(상속공제)	39, 40
연부연납(상속세)	54
영농상속공제(상속공제)	44, 60
영농자녀의 증여세 감면	79
영업권의 증여 또는 상속	25
예금, 적금, 예탁금의 평가방법	58
위자료에 대한 세금문제	75
유류분 제도	7, 8
유산세 과세방식	12
유산취득세 과세방식	12

색 인	질문 번호
유언하는 방법(녹음, 공증 등)	5
유증(유언증여)	3
이혼과 관련된 세금문제	76
일감떼어주기	91
일감몰아주기	90
자금출처에 대한 세무조사	102, 103, 104, 105, 106
자녀공제(상속공제)	39
자녀의 사업자금 지원방법	77, 93, 94, 109, 118
자녀의 채무를 변제해주는 방법	99
자본을 감자하는 경우 증여세문제	88
자본을 증자하는 경우 증여세문제	87
장례비용(상속재산에서 공제)	38
장애인공제(상속공제)	39, 40
장애인에 대한 증여세 비과세	74
재산취득 후 재산가치 증가에 따른 이익의 증여	92, 93, 94
저가 임대료에 대한 세금문제	85
저가양도에 대한 세금문제	107, 114
조합원입주권의 평가방법	58
종중재산은 상속재산 제외	32
중환자인 부모 자금을 자녀가 위탁관리시 상속세 영향	35
증여 후 반환시 취득세 문제	67
증여받은 재산 반환시 증여세 문제	67
증여세를 증여자가 대신 부담해준 경우	98
증여재산공제시 직계존속의 범위	69
지정분할(상속재산 분할 방법)	2
직계존비속간 증여의 증여세 계산방법	70, 73
차량의 평가방법	58

색 인	질문 번호
차명계좌를 이용한 경우 증여세 등	100
차입금의 무이자 등에 대한 증여세	92, 94, 114, 118
창업자금에 대한 증여세 특례	77, 118
채권(상속재산)	19, 33
채무(상속채무)	20, 36, 38
채무변제를 국세청이 확인하는 경우	101
초과(차등)배당에 따른 증여세문제	89
축의금의 증여세 비과세	81
축하금의 증여세 비과세	82
출산증여재산공제	71
치료비의 비과세(증여, 상속)	83
토지와 건물 소유자가 다른 경우 임대보증금과 임대료	96
퇴직금(상속 재산·채무)	21
특벙법인과 거래를 통한 이익의 증여	112
특정유증(유언 내용)	3
포괄유증(유언 내용)	3
한정승인(상속받는 방법)	7, 9
현금 인출한 경우 상속세 문제	24
현물출자로 증여 및 상속준비하는 경우	116, 117
협의분할(상속재산 분할 방법)	2, 10, 41
혼수용품의 증여세 비과세	81
혼인증여재산공제	71
회원권의 평가방법	58
효도상속(조건부상속)	4
효도증여계약	11

Part 1

상속재산 분배방법 (민법)

1. "상속우선순위"는 어떻게 판단하나요?

| 핵 심 | 상속순위, 대습상속, 동시사망, 상속결격자 |

 과거 어느 재벌의 가족이 사위를 제외(사위가 의사로 수술 일정이 있었음)하고 비행기를 타고 해외로 여름휴가를 가던 중 사고로 전부 사망하였다. 이후 재벌의 상속재산에 대해 재벌의 형제자매와 사위가 법정상속인이 누군지 다투는 소송을 하였고, <u>소송 결과 사위가 법정상속인으로 인정받아 장인의 약 1천억원 대의 재산을 상속받은 사실이 있다.</u>

 많은 국민에게 공분을 일으킨 사건으로 몇 년 전 가수 "구하라"씨가 사망하자 20년 전 가정을 버리고 가출하여 이혼하면서 친권도 포기한 엄마가 갑자기 나타나 구하라 상속재산의 1/2에 해당하는 재산의 법적상속권을 주장한 사실이 있고, 이를 법적으로 막을 수 없던 일이 있었다.
 이러한 일들은 민법에서 규정한 상속의 우선순위 때문에 발생하는 것으로 사망한 사람(피상속인)이 평생 모은 재산을 무상으로 누가 가져갈 것인가 하는 문제는 여러 측면에서 그 중요성은 매우 크다고 할 수 있다.
 상속우선순위에 대해 기본적인 것들만 아래에서 살펴본다.

(1) 상속순위

① <u>상속 1순위</u>는 망인(피상속인)의 직계비속에 해당하는 자녀가 된다.
이때 망인의 배우자가 있는 경우 자녀는 배우자와 함께 상속 1순위가 되지만, 배우자 없는 경우 자녀만 1순위로 상속받는다.
자녀가 없고 배우자만 있는 경우 배우자만 단독 상속인이 될 수는 없고 아래 상속 2순위에 해당한다.

자녀가 부모보다 먼저 사망한 경우 손자·손녀와 그 자녀의 배우자(사위·며느리)가 상속의 지위를 승계 받아 1순위 상속인에 포함되는데 이를 "대습상속"이라 한다.
실무에서 간혹 부모님 사망 시 상속받는 재산에 대해 1순위 상속인에 해당하는 자녀가 자기가 상속받을 재산을 자기 아들딸(부모의 손자·손녀)에게 상속되길 원하는 경우가 있지만, 사망 후 방법은 없고 생전에 유언을 남기는 방법이 있다.
실무적으로 재산이 어느 정도 있는 상태에서 부모님 사망으로 재산을 상속받으면 추후 본인 사망시 본인재산과 상속받은 재산으로 많은 재산을 자녀에게 상속하게 되어 상속세가 과대해질 우려가 있는 경우 "상속포기"하고 상속인의 자녀가 상속받도록 하는 경우도 있다.

② <u>상속 2순위</u>는 상속1순위 중 직계비속에 해당하는 자녀가 없는 경우 망인의 배우자와 부모가 되고 부모가 모두 없는 경우 망인의 배우자와 조부모가 2순위 상속인이 된다.
자녀, 부모, 조부모 모두 없는 경우 배우자가 단독 상속인이 된다.
직계비속과 배우자가 없는 경우 부모가 상속인이 된다.

③ 상속 3순위는 직계비속, 직계존속, 배우자가 없을 때 형제자매가 상속인이 된다.

④ 상속 4순위는 직계비속, 직계존속, 배우자, 형제자매가 없을 때 3촌 및 4촌 이내 방계혈족이 상속인이 된다.

(2) 대습상속

부모 사망 시 상속재산에 대해 자녀는 1순위 상속인으로 각자 법정상속지분만큼 상속받을 권한이 있다. 1순위 상속인에 해당하는 결혼한 자녀가 사망한 경우 사망한 자녀의 법정상속지분에 해당하는 상속재산을 사망한 자녀의 배우자(며느리 또는 사위)와 자녀(손자·손녀)가 대신 상속받을 권리를 갖게 되는데 이를 "대습상속"이라 한다.

이러한 대습상속은 상속1순위의 직계비속과 상속3순위의 형제자매까지만 인정한다.

예를 들면, 결혼하여 자녀를 키우던 아들(딸)이 먼저 사망한 경우 부모 사망 시 손자·손녀와 며느리(사위)가 상속인이 되는 것을 "대습상속"이라고 한다.

만약 부모님 사망 이전에 며느리(사위)가 재혼한 경우 며느리(사위)는 대습상속권이 없어져 상속인이 되지 못한다.

상속과 관련된 범죄행위로 "상속결격자"가 된 경우에도 그 상속결격자의 상속지분에 대해 상속결격자의 자녀와 배우자에게 대습상속권이 인정되어 상속 받을 권리가 있다.

(3) 동시 사망한 경우

사고 등으로 사망시점의 선후가 불분명한 경우 동시사망으로 추정하지만, 사망시간 선후가 확인되는 경우 그 사망순서에 따라 상속 우선순위도 결정된다.

동시에 사망한 사람은 서로 <u>상속이 발생하지 않는 것</u>으로 보고 있다.

부부의 경우 동시사망 한 것으로 추정되는 경우 상호 상속이 없는 것으로 본다.

그러나 부모와 자녀가 동시 사망한 것으로 추정되는 경우 <u>자녀가 먼저 사망한 것으로 보고 상속우선순위를 판단</u>한다. 따라서 자녀가 먼저 사망한 것으로 보기 때문에 동시 사망한 부모의 상속재산에 사위(며느리) 및 손자·손녀의 대습상속권이 인정된다.

(4) 상속결격자

상속인이 피상속인 또는 상속순위에 있는 자를 살해, 유언 방해, 유언강요, 유언서 위변조 등을 한 경우 재판상의 선고절차 없이 "상속 결격자"에 해당하여 상속받을 권리가 박탈된다.

상속권 박탈은 불법 행위를 한 당사자에 한하여 적용하고 "대습상속"이 인정된다. 따라서 <u>상속결격자의 배우자와 자녀가 상속인</u>이 된다.

> **사 례** KAL 괌 추락사고, 사위가 1000억을 상속받은 사연?

1997년 8월 6일 금요일, 괌에서 KAL기가 추락해 총 254명의 탑승자 가운데 229명이 숨진 대형 참사가 일어났다. 한국인 사망자만 200명이 넘었다. 이날, 약 1,000억원이 넘는 재산을 가진 A 상호신용금고 회장은 부인과 함께 딸과 손자·손녀, 아들 부부와 손자·손녀 등 일가족 8명이 사고 여객기에 탑승했다가 전원이 목숨을 잃었다.

A 회장의 부모는 이미 세상을 떠났고, 자식과 손자·손녀 모두 같은 비행기에 타고 있었기 때문에 가족 중 유일하게 이 참변을 피한 사람은 의대 교수로 병원 일이 바빠 하루 늦게 출발하기로 되어있던 사위뿐이었다.

이후 1,000억원이 넘는 재산의 상속인이 누구인지 논란이 되었다. A 회장의 형제자매들은 A 회장의 자녀와 부모가 모두 사망했기 때문에 자신들이 상속을 받아야 한다며 소송을 제기했고, A그룹의 사위는 자신만이 유일한 법정상속인이라고 맞섰다.

A 회장이 보유하고 있던 1,000억원의 재산은 누구에게 가야 하는 것일까?

대법원의 최종 판결은 A 회장의 재산은 모두 사위에게 상속되었다.

법적 근거는 동시사망의 추정과 대습상속이라는 규정 때문이다.

민법은 비행기 추락사고, 배 침몰사고와 같이 누가 먼저 사망했는지 알 수 없는 경우에 동시 사망한 것으로 추정하고 있다.

상속인이 될 자(직계비속 또는 형제자매)가 상속개시 전에 사망한 경우 그 배우자 또는 그 직계비속이 상속인이 될 자의 순위에 갈음하여 상속인이 된다.

이해하기 쉽게 설명하자면, A 회장이 사망한 경우 그 딸이 상속인이 될 자에 해당하고, 그 딸이 상속개시 전에 사망한 경우 사위가 딸을 대신하여 상속을 받을 수 있다. 일종의 대타인 셈인데, 이것을 대습상속이라고 한다.

결국 대법원은 사위를 대습상속인으로 안정하여 사위의 손을 들어주었고, 사위가 1,000억원이 넘는 재산을 홀로 상속받았다.

사위와 며느리는 원칙적으로 상속권이 없다. 예를 들어 아버지, 아들과 며느리, 딸과 사위가 있는데, 아버지가 사망했다면, 며느리와 사위는 상속권이 없고, 아들과 딸만 각 1/2씩 아버지 재산을 상속하게 된다. 그런데 만약 아버지가 사망하기 전에 딸이 먼저 사망하였다면 사위는 상속권이 있다. 이것이 대습상속이다. 즉 사위는 딸이 받을 상속분을 대신하여 상속을 받게 되는 것이다.

그런데 만약 딸이 사망하고, 장인 장모가 사망하기 전에 사위가 재혼을 하였냐면 사위는 대습상속을 받지 못한다.

2. 상속재산은 어떻게 분할 할 수 있나요?

> **핵 심** 망인이 분할 또는 상속인이 분할하는 경우

상속재산을 분할하는 방법으로 3가지 있다.

첫째, 망인이 분할하는 것으로 망인이 생전에 "망인의 재산을 사후에 어떻게 분할할 것인지 그방법을 유언으로 정해 주는 것"으로 이를 "지정분할"이라 한다.

망인이 유언으로 재산을 지정분할하면서 그 유언의 내용에 따라
① 포괄적으로 재산을 분할하는 유언을 남기는 방법
② 특정재산을 특정인이 상속받도록 유언을 남기는 방법
③ 재산을 상속받으면서 특정한 의무를 이행하라고 요구하는 유언을 남기는 방법이 있다.(질문3 참조)

둘째, 상속인들이 함께 분할하는 것으로 유언이 없는 경우 공동상속인이 협의에 의하여 상속재산을 분할 할 수 있고, 이를 "협의분할"이라 한다. 이는 일종의 공동상속인들의 계약으로서 공동상속인 전원이 참여하여야

하고 일부 상속인만으로 한 협의분할은 무효라고 할 것이다.

　공동상속인의 전원이 참여해서 피상속인과 상속인의 인적사항(성명과 주민번호 주소), 상속인 각자가 받을 재산목록, 작성연월일을 적고 상속인들의 인감도장을 찍고 인감증명서를 첨부한다. 주로 상속등기를 할 때 법무사에게 의뢰하여 작성한다.

　셋째, 망인의 유언이 없고 공동상속인이 상속재산의 분할방법에 관하여 협의가 성립되지 않는 경우에는 법정지분대로 상속재산을 분할하는 것으로 이를 "법정분할"이라 한다.

　이는 다른 상속인 동의 없이 상속인 일부가 상속재산 분할을 청구하여 법정지분대로 상속재산을 나눌 수 있으므로, 상속인이 상속재산을 분할하는 경우라고 할 수 있다.

　법에서 정한 상속비율은 모든 공동상속인이 균등하게 받지만 배우자는 다른 상속인에 비해 50%를 가산하게 돼 있다. 예를 들어 상속인이 배우자와 자녀 1명이라고 할 때 배우자 1.5, 자녀 1로 재산을 분할하면 배우자는 60%, 자녀는 40%를 받게 된다.(질문7 참조)

3. "유언하는 내용"을 어떻게 하는게 좋은가요?

핵 심 | 포괄유증, 특정유증, 부담부유증(효도상속)

생전 자기의 뜻에 따라 재산을 잘 분배하려면 어떻게 유언을 남겨야 하는지 잘 알고 진행하여야 하므로 아래 내용을 잘 숙지하면 "유언"할 때 큰 도움이 될 것이다.

(1) "유증"이란?

유증(遺贈)이란 아무런 대가도 없이 유언(遺言)으로 본인 사후에 재산의 전부 또는 일부를 수증자에게 주는 단독행위이다.

참고로 증여는 생전에 쌍방계약으로 증여하는 것이고, 사인증여는 사망시 증여하겠다는 쌍방계약이어서 단독행위인 유증과 다르다.

유증은 반드시 재산을 목적으로 해야 하지만 유언자의 상속재산에 국한되는 것은 아니며, 적극적 재산뿐 아니라 소극적 재산, 즉 채무의 면제도 유증의 대상이 될 수 있다.

유증을 받도록 유언에 의해 지정되어 있는 사람을 수증자(수유자)라고

하는데, 유언자의 상속인도 수증자가 될 수 있으며 자연인뿐 아니라 법인도 될 수 있고 태아(胎兒)도 수증자가 될 수 있다.

유증을 실행할 의무를 지는 사람을 유증의무자라고 하는데, 보통은 상속인이 되지만 재산 관리인 등도 이를 담당하는 경우도 있다.

수유자와 그의 상속인은 유증에 의한 이익을 받겠다는 의사표시, 즉 승인이나 포기를 할 수 있다. 그러나 일단 승인이나 포기를 하고 나면 취소할 수 없는 것이 원칙이다.

유증하는 내용에 따라 포괄적 유증·특정적 유증·부담 있는 유증의 세 가지 종류가 있다.

(2) 유언증여의 종류

① 포괄적 유증(포괄유증)

유언자가 상속재산의 전부 또는 일부에 대해 권리·의무를 일괄하여 수증자에게 유증하는 것을 "포괄적 유증"이라고 한다.

예를 들면, "내가 죽거든 내 재산의 전부를 첫째에게 준다. 혹은 "내가 죽거든 내 재산의 절반은 첫째에게 준다. 고 유언하는 것이다.

"포괄유증"받은 사람은 수유자로 상속인과 동일한 권리의무가 있으므로 이를 승인하거나 포기할 수 있으며, 유증이 있었음을 안 날로부터 3개월 이내에 포기신고를 해야만 포기가 가능하다.

② 특정적 유증(특정유증)

유언자가 상속재산 중에서 개별적으로 특정하여 수증자에게 유증하는 것을 "특정적 유증"이라고 한다.

여기에서 "특정"이라는 의미는 상속재산의 전부 또는 일정비율을 의미하는 포괄에 대비되는 개념으로, 유증의 목적인 재산의 개수나 종류가 구체적으로 지정되어 있음을 의미한다.

예를 들면, 아파트는 장남에게, 도자기는 차남에게, 예금은 장녀에게 준다는 것이다.

일반적으로 우리가 알고 있는 유증이 "포괄유증과 특정유증"이라고 보면 될 것이다.

❸ 부담 있는 유증(부담부 유증)

"부담부 유증"은 유언자가 유증을 할 때, 수증자에게 일정한 법률상의 의무를 지우는 유증을 말한다.

예를 들면, "장남에게 내 사후에 아내를 부양하면 예금 채권을 주겠다."라고 조건을 붙여 유언으로 상속하는 것이다.

또는 '내가 죽거든, 내 자산은 첫째에게 주기로 하고, 어머니(망인의 배우자)가 사망할 때까지 어머니에게 매월 200만원씩 생활비를 주기로 한다. 라고 하는 것이다.

"부담부 유증"을 받은 사람은 유증 목적물 가액을 초과하지 않은 한도에서 부담한 의무를 이행할 책임이 있다.

"부담부 유증"은 포괄, 특정의 구별 없이 인정되며, 부담은 유증의 목적물과 전혀 관계없는 사항이라도 무방하다.

"부담부 유증"을 받은 사람이 그 의무를 이행하지 아니한 경우에 상속인 또는 유언집행자는 상당기간을 정하여 이행할 것을 최고하고 그 기간 내 이행하지 않은 때에는 법원에 유언의 취소를 청구할 수 있다.

"부담부 유증"이 실무에서 필요한 경우가 종종 있고, 잘 알아두면 유익하므로 별도의 질문으로 좀 더 자세히 설명하겠다.(질문 4 참조)

4. "효도상속"
(조건부 상속)을 아시나요?

> **핵 심** 상속받고 의무(효도)이행을 요구하는 유증

민법상 "부담부 유증"이란 제도가 있는데, 이는 유언자가 유언으로 사망시 자기 재산을 특정 자녀(또는 타인)에게 유언으로 증여(세법상은 "상속"으로 취급)하면서 <u>수증자인 자녀 등에게 일정한 법률상의 의무를 지우는 제도</u>를 말한다.

예를 들면, "내가 죽거든 내 재산은 첫째에게 주기로 하고, 애들 엄마가 사망할 때까지 애들 엄마에게 매월 200만원씩 생활비를 주기로 한다."라고 조건을 붙여 유언을 남기는 것이다.

즉, 내가 사망시 재산을 A에게 상속하지만, A는 내 재산을 상속받고 내가 원하는 일을 해야 한다고 조건을 붙여 유언으로 상속하는 것을 말한다. 이는 사망이후 조건의 이행을 전제로 상속하는 방법으로 <u>"효도상속 또는 조건부 상속"</u>이라고 불리는 경우도 있다.

유언자가 요구하는 부담 있는 유증을 받은 사람은 유증의 목적물 가액을 초과하지 않은 한도에서 부담할 의무를 이행할 책임이 있다.

"부담부 유증"은 취소할 수 있다.

부담 있는 유증을 받은 사람이 재산을 유증 받고 부담할 의무를 이행하지 않은 때에는 상속인 또는 유언 집행자는 상당한 기간(구체적인 부담의 내용에 따라서 그 이행에 필요한 상당한 기간을 말함)을 정하여 의무를 이행할 것을 요구하는 통지를 하고, 그 기간 내에 이행하지 않은 때에는 법원에 유언의 취소를 청구할 수 있다.

"부담부 유증"의 취소는 수증자가 참여하고 유언자의 사망당시 주소지 가정법원에 청구한다."부담부 유증"의 취소 심판이 확정되면 "부담부 유증"은 처음부터 존재하지 않았던 것으로 보고, 수증자가 받았을 재산은 상속재산으로 상속인들에게 다시 귀속된다.

다시 상속인들에게 귀속된 재산은 상속인들이 분할할 수 있다.

이때 수증자가 유증을 통해 재산상 이익을 얻었을 경우에는 상속인에게 부당이득 반환 의무를 부담하게 된다. 예를 들면 "부담부 유증"으로 받은 재산이 임대부동산으로 임대소득이 있었으면 이 역시 반환하여야 한다.

"부담부 유증"의 세금문제

"부담부 유증"으로 받은 재산은 상속재산에 포함되어 상속세가 과세된다.

여기서 수증자가 부담해야 하는 부분은 채무로 공제되지 않는다, 그 이유는 "부담부 유증"은 상속받은 재산 분배의 문제이기 때문이다.

예를 들면, 장남이 "부담부 유증"으로 부동산을 유증 받으면서 어머님께 매달 생활비를 200만원씩 지급하는 조건(부담)인 경우 유증 받은 부동산 평가액에서 어머님이 생활비로 받아야 할 금액만큼은 어머님이 상속받는 것이고, 그 금액을 초과하는 부분은 장남이 상속받은 것으로 상속세 문제를 정리하여야 한다.

사례 1 전 재산을 여동생에게 "부담부 유증" 한 사연

친정오빠가 2009.12월 사망하면서 전 재산을 여동생에게 부담부유증을 하였다.

그 이유는 오빠가 10여년 전에 이혼하였고 전처에게 양육비를 주고 키우는 두 아들이 중학생으로 미성년자이기 때문에 전처가 법정대리인이라 재산을 마음대로 사용할 수 있다는 우려에서 변호사와 상의해 다음과 같이 유언장을 남겼다.

- 유언장 내용 -

① 모든 재산은 여동생에게 "부담부 유증"을 한다.
② 수증자인 여동생은 두 아들에게 매달 생활비 200만원(고등학생이 되면 300만원), 대학등록금을 지급한다.
③ 나의 사망 후 모친에게 사망시까지 매달 100만원을 지급한다.
④ 큰아들이 30세가 되면 금 8억원(1인당 4억원)을 지급한다. 다만, 유증재산이 8억원 이상 남아있는 경우 8억원을 지급하고 8억원 이하인 경우 남아있는 금액을 지급한다.
⑤ 서울대병원에 1억원을 기증한다.

여동생은 오빠의 상속재산으로 아파트, 임차보증금, 은행예금, 사망보험금 등 합계 16억원 정도인 것을 확인하고 오빠의 유언을 충실히 이행하기 위하여 본인이 유증 받은 재산을 은행 등에 위와 같은 조건으로 신탁 등을 준비하였다.

사례 2   "부담부 유증"하였으나, 부담 불이행으로 상속인들에게 반환하라는 판결

아버지는 '전 재산을 장남에게 준다.'는 유언장을 남기고 사망하였다. 다만 '제사는 꼭 지내야 하고, 어머니와 동생에게 생활비를 지급해야 하며, 어머니가 살아 있을 때에는 땅을 팔거나 담보대출은 안 된다'는 조건을 붙였다. 그러나 장남은 약속을 지키지 않았다.

어머니와 동생은 조건을 이행하지 않은 장남으로부터 재산을 돌려달라고 소송을 제시하였다.

이 사건에 대해 대법원은 '장남이 부모를 모시는 조건으로 부동산을 증여받아 등기를 넘겨받은 후 부모를 모시지 아니한 사안에서, 비록 증여계약이 이미 이행되어 있다 하더라도 증여자는 계약을 해지할 수 있다'고 판결하였다(대법원 2004.2.27 선고2003다66875 판결).

그리고 과거 '조상제사를 지내고 부모 생활비를 책임지는 조건으로 아버지로부터 땅을 증여 받은 뒤, 생활비도 전혀 보내지 않고 몰래 땅을 팔려다 안 되자 일부를 담보로 잡혀 대출받기도 한 아들에 대해 그 땅을 반환하라'고 판결한 사실이 있다.

"부담부 유증"이란 수유자에게 일정한 의무를 부담시키면서 유증을 하는 것이다. 이러한 부담은 증여의 대가(반대급부)가 아니고 나중에 수유자가 그 부담을 불이행하였을 경우 유증 취소사유가 된다. 위 사례의 경우 장남은 유증의 조건을 이행하지 않았으므로 다른 공동상속인인 어머니와 동생은 장남이 유증받은 재산 중 장남의 상속분을 초과하는 부분에 대해 다시 돌려받을 수 있다.

5. "유언하는 방법"을 알려주세요?

| 핵 심 | 자필, 녹음, 공증, 비밀, 구두 방법 |

생전에 유언으로 자기의 재산을 타인에게 무상으로 증여하는 단독행위를 하지만 그 효력은 유언자가 사망한때 효력이 발생도록 유언을 남기는데, 이때 유언 내용에 따라 "포괄적 유증, 특정유증 및 부담부 유증"의 내용으로 유언을 남길 수 있다.

이러한 유언은 "유언을 남긴 사람의 자유로운 최종 의사를 존중하는 제도"이다.

따라서 유언의 방식을 엄격히 규정하고 있으며, 법정요건을 충족하지 못한 유언은 무효가 되므로 그로 인한 피해는 상속인뿐만 아니라 여러 이해관계인에게 크게 영향을 미칠 수 있다.

따라서 법정요건을 반드시 충족하여야 유언의 효력이 있다는 것에 주의하여야 한다.

(1) 자필증서에 의한 유언

유언의 내용이 되는 전문과 작성연월일, 주소, 성명을 자신이 직접 쓴 후에 도장을 찍어야(서명날인) 한다. 자필, 즉 자신이 직접 쓰는 것이 절대적인 요건이다. 다른 사람이 대신 작성하거나, 타자기나 점자기 등을 사용해 작성한 것은 자필증서로 인정되지 않아 무효다.

주의할 내용은 아래와 같다.
① 작성연월일이 없는 유언장 역시 무효이다. 작성연월일도 반드시 자필로 써야 한다. 날짜를 쓰지 않은 유언장도 무효이다. 예를 들어, 2015년 4월까지 만 작성하고 날짜가 빠져 있다면 무효이다.
② 주소도 직접 써야 한다. 동까지만 기재하고 호수가 빠진 유언장도 무효가 될 수 있다.
③ 성명을 쓰지 않았거나 성명을 다른 사람이 쓰는 것도 무효이다.
④ 날인, 즉 도장이 찍히지 않은 유언장 역시 무효이다. 하지만 도장은 반드시 인감도장일 필요는 없고, 막도장도 가능하며 날인 자체는 다른 사람이 해도 괜찮다.

5가지의 유언 방식 중 자필증서에 의한 유언이 가장 간단하고 일반적이다. 하지만 그 요건은 위와 같이 생각보다 까다롭다.

(2) 녹음에 의한 유언

말을 할 수 있으면 글을 쓸 줄 몰라도 이용할 수 있으나, 분실·은닉 혹은 편집 등으로 위조나 변조가 매우 용이하다. 또한 유언자의 목소리인지에 대하여 다툼의 소지가 있다.

주의할 내용은 아래와 같다.
① 유언자가 녹음기나 영상기기를 이용해서 유언의 취지와 성명, 연월일을 모두 육성으로 녹음해야 한다.
② 그리고 녹음에 참여한 증인이 유언자 본인의 유언이 틀림없다는 사실 및 자신의 성명을 함께 녹음해야 한다.

(3) 공정증서에 의한 유언(유언공증)

유언자가 증인 2명을 참석시켜 공증인(공증업무를 할 수 있는 변호사, 법무법인)의 면전에서 유언의 취지를 말하고 공증인이 이를 필기 낭독하여 유언사와 승인이 그 정확함을 승인한 후 각자 서명 또는 기명날인함으로써 성립하는 유언 방식이다. 공증인을 자택이나 병상에 불러서 작성할 수도 있다.

비용이 드는 단점이 있으나, 다른 방식의 유언에 비해 유언자의 진의를 확인하는 것이 정확하고, 위조나 변조의 위험이 거의 없으며, 법원에 의한 검인절차 없이 유언을 바로 집행할 수 있는 장점이 있다.

(4) 비밀증서에 의한 유언

유언의 내용을 비밀로 할 수 있으나, 절차가 복잡한 것이 단점이다.

주의할 내용은 아래와 같다.
① 유언장을 작성하고, 유언자의 성명을 기재한다.
② 유언장을 봉투에 넣어 엄봉하고, 날인한다.
③ 2인 이상의 증인에게 유언장이 든 봉투를 제출하고, 자신의 유언서임을 표시한 후 봉투에 제출연월일을 기재하고, 유언자와 증인들이 각

자 서명 또는 기명날인을 한다.
④ 작성하고 5일 이내에 공증인 또는 법원에 제출하여 그 봉인한 봉투 위에 확정일자 도장을 받아야 한다.

(5) 구수증서에 의한 유언

질병이나 기타 급박한 사유로 인하여 다른 방식에 의한 유언을 할 수 없을 때 보충적으로 할 수 있는 방식이다. 급박한 사정이 없는데도 구수증서에 의한 유언을 하였다면, 유언은 무효가 된다.

주의할 내용은 아래와 같다.
① 유언자가 2인 이상의 증인이 참여한 가운데 그중 1인에게 유언의 취지를 말한다. 말로 해야 하고, 거동에 의해서는 할 수 없다.
② 증인 중 1명이 이를 필기 낭독하여 유언자와 증인들이 그 내용이 정확함을 승인한다.
③ 각자 서명 또는 기명날인한다.
④ 유언을 한 날로부터 7일 이내에 법원에 가서 검인 신청을 해야 한다.

의 견

생전에 작성한 유언장이 법적절차 등에 문제 있는 것을 사망 후 발견하여 법적효력이 없게 되면 상속재산 분배에 큰 문제가 생길 수 있다.
따라서 일반적으로 공증업무를 할 수 있는 변호사 또는 법무법인이 참여한 "공증증서에 의한 유언(유언공증)"을 많이 권유하거나 선택하는 경향이다.
유언공증 비용은 최대상한을 300만원으로 정하고 있고, 유언 공증하는 재산가액이 20억원 이상인 경우 최고한도 300만원의 유언공증 비용이 발생하는 것으로 알고 있다.

6. 망인을 위해 오랜 기간 헌신한 것을 보상 받을 수 있나요?

| 핵심 | 특별한 기여나 부양 등의 기여분 제도 |

    망인(피상속인)의 배우자나 자녀 중 1명이 오랜 기간 동거 봉양하고 살면서 다른 상속인 보다 상당히 고생한 부분에 대해 상속재산으로 보상받을 수 있는지 물어보는 경우가 종종 있는데, 이는 민법에 규정된 "기여분 제도"에 대해 물어보는 것이다.

    "기여분 제도"란 공동상속인 중 상당한 기간 동안 동거·간호 그 밖의 방법으로 망인을 특별히 부양하거나 망인 재산의 유지 또는 증가를 위해 특별히 기여한 자가 있을 때 상속재산의 상속지분 산정시 특별한 기여나 부양 등을 고려해 주는 제도를 말 한다.

    "기여분"이 인정되려면 통상의 기여가 아니라 "특별한 기여나 부양"이 있어야 한다.
    기여분 제도는 특별한 기여나 부양을 한 상속인이 있는 경우 상속재산 분배시 공동상속인 사이의 실질적인 공평을 도모하려는 것이다.

따라서 기여분을 인정받기 위해서는 공동상속인 사이에 상속분을 반드시 조정해야 할 필요가 있을 만큼 피상속인을 특별히 부양하였거나 피상속인의 재산을 유지 또는 증가 시켰다는 사실이 인정 되어야 한다.

예를 들어 여러 명의 아들 가운데 한 사람이 무상으로 아버지의 사업을 위해 장기간 일했다면 "기여분"을 인정받을 수 있다.

과거에 법원은 기여분이 엄격하여 배우자의 가사노동은 배우자 서로 간에 부양의무가 있으므로 특별한 기여에 해당하지 않는다고 판결한 사실이 있다.

"기여분"은 공동상속인이 협의하여 정할 수 있고, 협의가 되지 아니하거나 협의할 수 없는 때에는 기여자가 가정법원에 "기여분 결정청구"의 법적 절차를 통해 "기여분"을 주장하여야 한다.

가정법원을 통해 "기여분"을 인정받으려면 다른 공동상속인에 비해 "특별한 기여 또는 부양"한 것이 무엇인지 명확히 확인하고 증빙을 준비하여 진행유무를 결정하여야 할 것이다.

"기여분"이 인정되는 경우 인정된 기여분을 상속재산에서 공제하고 나머지 상속재산으로 상속인들이 법정지분 또는 협의하여 상속재산을 분할한다.

예를 들면, 상속인으로 배우자와 자녀 3명이 있고 자녀 1명의 기여분이 10% 인정된다면, 배우자 30%, 기여분을 인정받은 자녀 30%, 다른 자녀 각각 20%씩 상속재산을 분할하게 된다.

"기여분"은 상속재산분배 문제이므로 상속세에 영향 없다.

| 사 례 | 가수 구하라를 홀로 양육한 아버지에게 기여분을 20% 인정 |

가수 구하라씨는 9살 때 친모가 가출하여 아버지가 12년 동안 홀로 양육하였다.

구하라는 가수 및 연기자로 데뷔하여 대중의 인기를 얻으며 왕성한 활동 중 2019년 8월 사망하였다.

장례를 치르던 중 20년 만에 친모가 찾아왔으며, 친모 측 변호사들은 부동산 매각 대금(구하라씨 상속재산)의 절반을 요구했다.

현행 민법상 자녀 없이 사망한 경우 부모에게 상속권이 있고, 아버지와 어머니는 1/2씩 상속받게 되어 있기 때문에 20년 만에 찾아온 어머니는 50%를 상속받을 상황 이었다.

구하라씨 아버지는 상속권을 오빠에게 양도하였고, 오빠는 친모를 상대로 20년 동안 구하라의 양육에 전혀 기여한 바가 없고 홀로 양육한 아버지에 대한 "기여분"을 인정해 줄 것을 요구하는 소송을 제기하였다.

2020년 12월, 법원은 아버지가 구하라씨를 특별히 부양했다며 "기여분"을 20%인정하여 아버지의 상속권을 양도받은 오빠가 60%, 어머니가 40%로 상속재산을 분할하도록 판결하였다.

당시 사건을 맡은 변호사는 "그동안 법원은 한 부모 가정에서 한 부모가 자식을 홀로 양육한 사정에 대해 기여분을 인정하지 않은 것이 주류적인 판례였다"고 설명했다.

이어 "현행법 체계(민법 제1009조 2항상 5대 5)에서 제반 사정 등을 종합적으로 고려하여 구하라씨 사건에서 기여분을 인정해준 판단은 기존보다 진일보했다고 본다."고 하였다.

"20년 만에 나타나 상속권을 주장하는 구하라 친모사건" 이후 자녀에 대한 양육 의무를 저버린 부모는 상속권을 갖지 못하도록 하는 일명 "상속권 상실 청구제도(일명 '구하라법'이라고도 한다)"가 2024년 8월 28일 국회를 통과되었고, 2026년 1월 1일부터 시행되지만, 2024년 4월 25일 이후 상속 개시되는 경우에도 적용받을 수 있다.

상속권 상실 청구제도는 망인의 직계존속이 망인에 대한 부양의무를 중대하게 위반한 경우와 망인 또는 망인의 배우자나 망인의 직계비속에게 중대한 범죄행위를 하거나 그 밖에 심히 부당한 대우를 한 경우

① 망인이 직계존속의 상속권 상실의 의사를 공정증서에 의한 유언으로 표시할 수 있다. 이 경우 유언집행자는 가정법원에 그 사람의 상속권 상실을 청구하여야 한다.

② 망인의 유언이 없는 경우 공동상속인은 망인의 직계존속이 상속인이 되었음을 안날로부터 6개월 이내에 가정법원에 그 사람의 상속권 상실을 청구할 수 있다.

7. 상속인은 상속재산에 대해 어떤 권리가 있나요?

> **핵심** 법정상속지분, 유류분, 한정승인, 상속포기

(1) 법정지분으로 상속받을 권리

상속인은 망인의 상속재산에 대해 상속받을 권리가 있다.

얼마의 재산을 상속받을 것인지는 망인의 유언으로 정해지고, 망인의 유언이 없으면 상속인들이 협의하여 상속재산을 분할 할 수 있다.

그런데 상속인들의 협의가 이루어지지 않은 경우 상속인에 따라 법에서 정한 지분대로 상속받을 권리가 있는 "법정상속지분"은 아래와 같다.

① 1순위 상속인으로 배우자와 자녀가 있는 경우 각각 법정상속지분은 배우자 1.5, 자녀 1로 정하고 있다.

예를 들면, 상속인으로 배우자와 자녀 2명이 있고 상속재산이 14억인 경우 법정상속지분으로 배우자는 6억(14억×1.5/3.5), 자녀 2명은 1인당 4억원(14억×1/3.5)씩 법정상속재산가액이 되는 것이다.

② 2순위 상속인으로 자녀가 없고 배우자와 직계존속만 있는 경우 법정 상속지분은 배우자 1.5, 부1, 모1로 정하고 있다.

예를 들면, 배우자와 부모가 모두 상속인에 해당하는 경우 위 사례와 같이 배우자 6억원, 父 4억원, 母 4억원씩 법정상속재산가액이 된다.

만약 부모 중 한분만 생존해 계시다면 배우자 84,000만원(14억× 1.5/2.5), 생존부모 56,000만원이 법정상속재산가액이 된다.

배우자와 자녀가 없는 경우 부모가 모두 상속받게 된다.

③ 3순위 상속인에 해당하는 형제자매와 4순위 상속인에 해당하는 3촌 및 4촌 이내 방계혈족의 법정상속지분은 모두 1로 동일하다.

(2) 유류분으로 상속받을 권리

"유류분 제도"는 망인(피상속인)이 상속될 재산을 여러 명의 상속인 중 일부 상속인이 모르게 특정상속인에게 생전에 증여 또는 유언증여를 하고 사망함으로서 일부 상속인이 상속받을 권리가 침해된 경우 침해된 상속권의 일부를 보장해 주는 제도 이다.

예를 들면, 부모와 자녀 A, B가 있는데 부가 생전에 재산을 배우자와 자녀A에게 전부 증여하고 사망한 경우 자녀B는 상속받는 재산이 하나도 없게 된다, 이런 경우 배우자와 자녀A가 증여받은 재산 중 일부를 자녀B에게 주는 제도이다.

유류분 권리를 행사할 수 있는 법정 상속인과 유류분 비율은

① 법정상속인이 배우자 또는 직계비속(자녀, 손자·손녀)인 경우 법정상속분의 1/2,

② 법정상속인이 직계존속 또는 형제자매인 경우 법정상속분의 1/3의 비율로 정해져 있다. (질문8 참조)

(3) 상속의 승인 및 포기할 수 있는 권리

　상속의 승인은 "단순승인"과 "한정승인"이 있다.
　"단순승인"이란 사망한 사람(피상속인)의 권리(재산)와 의무(채무)를 무제한·무조건적으로 승계하는 것으로 상속을 승인하는 상속방법을 말이다.
　일반적으로 상속받는 재산이 상속받는 채무보다 많은 경우가 대부분이지만, 간혹 상속받는 채무가 더 많아 상속인에게 피해가 되는 경우도 있다.

　"한정승인"이란 상속인이 상속으로 얻은 재산의 한도 내에서 사망한 사람(피상속인)의 채무를 승계하는 것으로 상속을 승인하는 상속방법이다.
　이 제도는 상속인을 보호할 목적으로 피상속인의 채무가 재산보다 많은 경우에 상속인의 상속에 대한 거절의 자유가 없이 그 채무 전부가 상속인에게 승계된다면 상속은 상속인에게 부담만 주는 결과가 발생하기 때문에 이를 방지하기 위한 제도이다.
　한정승인은 상속인이 상속개시 있음을 안 날(반드시 사망일을 뜻하지 않고 채무가 초과하는 것을 안 날로부터 3개월을 판단하는 경우도 있으니 구체적 상황에 따라 달라질 수 있다.)로부터 3개월 내에 한정승인을 할 수 있다.
　한정승인의 의사표시는 상속인(대리인 포함)이 가정법원에 서면으로 신고서를 제출하는 방식으로 하여야 하며, 이러한 방식에 따르지 않는 한정승인은 무효이다.
　한정승인 상속재산으로 부동산을 받은 경우 양도차익은 생각하지 말고 조속히 처분하는 것이 유리할 수 있다. 그 이유는 양도대금은 전부 상속받은 채무변제에 사용하여야 되기 때문이다. 따라서 양도소득세가 발생한 경우 상속인 개인재산으로 납부해야 되기 때문이다. 결국 양도차익이 많으면 상속인에게 불리한 결과가 된다.(질문9 참조)

"상속포기"란 상속으로 인해 생기는 모든 권리·의무의 승계를 부인하고, 상속개시(사망일) 당시부터 상속인이 아니었던 것과 같은 효력을 발생시키게 하는 단독 의사표시행위이다.
 일반적으로 망인의 채무가 상속재산 보다 많은 경우에 상속포기를 한다.
 상속을 포기하려는 자는 상속개시 있음을 안 날로부터 3월내에 가정법원에 상속포기 신고를 해야 한다. 상속인이 일단 상속포기를 하면 상속포기를 철회할 수 없다

상속포기해도 상속세 납세의무 있다
 상속포기는 사망일을 기준으로 민법상 상속받는 재산과 채무를 비교하여 채무가 많은 경우 상속 포기하는 것으로 상속세 납세의무가 없는 것으로 착각하는 경우가 있다.

 상속세는 상속세법에서 사전증여재산과 보험금 등 상속재산으로 간주하는 재산, 사망일 이전에 과다한 예금인출금 등 추정상속재산까지 포함하여 상속재산으로 본다.
 이렇게 상속재산으로 보는 재산이 상속포기한 상속인에게 귀속될 수 있으므로 상속인이 상속포기를 하여 상속받는 재산이 없어도 상속증여세법상 상속세 납세의무자에 해당하므로 상속세로 납부할 세액이 있으면 납부할 의무가 있다.
 예를 들면, 상속포기한 상속인이 사망일로부터 10년 이내 증여받은 재산이 있으면 이 부분은 상속재산에 합산하여 상속세를 계산하기 때문에 상속세 납부책임이 있다.

8. "유류분"에 대해 알아야 할 내용은 무엇이 있나요?

> **핵 심** 유류분 소송, 증여세 환급, 상속세 납부, 양도세

    부모님이 생전에 재산의 전부 또는 일부를 특정상속인 또는 상속인 이외의 자에게 증여하거나 유언으로 증여하는 행위로 인하여 부모님 사망시 잔존재산이 없거나 미미한 경우가 있을 수 있다.
    이런 경우 일부 상속인이 재산을 상속받지 못하거나 극히 미미한 재산을 상속받음으로서 미리 증여받거나 유언증여 받은 특정 상속인 또는 상속인 이외의 자보다 불공평하여 큰 불이익을 당하게 된다.
    이러한 불공평과 큰 불이익을 법에서 최소화 시켜주기 위해 "유류분 제도"를 두고 있고, 유류분 판결 후 이미 납부한 증여세를 환급받고, 추가 상속세를 신고 및 납부하여야 하며 내용에 따라 양도소득세 문제 등이 발생할 수 있다. 이런 내용을 정리하면 아래와 같다.

(1) 유류분 제도

"유류분 제도"란 망인이 생전에 상속될 재산을 여러 명의 상속인 중 일부 상속인이 모르게 특정상속인에게 생전에 증여 또는 유언증여(사인증여 포함)를 하고 사망함으로서 일부 상속인이 상속받을 권리가 침해된 경우 침해된 상속권의 일부를 보장해 주는 제도이다.

예를 들면, 부모와 자녀 A, B가 있는데 남편이 생전에 재산을 배우자와 자녀A에게 전부 증여하고 사망한 경우 자녀B는 상속받은 재산이 하나도 없게 된다. 이런 경우 배우자와 자녀A가 증여받은 재산 중 일부를 자녀B에게 주도록 한 제도이다.

즉, 망인이 생전에 특정상속인에게 많은 재산을 증여·유언증여 한 경우 그 재산 중 일부를 다른 상속인이 반환 받는 제도이다.

법정상속인에 한하여 유류분 권리가 있기 때문에 父가 조부보다 먼저 사망한 경우 자녀는 대습상속인이 된다. 따라서 조부 재산에 대해 다른 상속인에게 유류분 권리를 행사할 수 있다

(2) 법정상속인별 유류분 비율

유류분 권리를 행사할 수 있는 법정 상속인과 유류분 비율은
① 법정상속인이 배우자 또는 직계비속(자녀, 손 자녀)인 경우 법정상속분의 1/2,
② 법정상속인이 직계존속 또는 형제자매인 경우 법정상속분의 1/3의 비율로 정하고 있다.
③ 3촌 및 4촌 이내 방계혈족은 유류분 권리가 없다.

예를 들면, 상속인으로 배우자와 자녀 A, B 2명이 있는 경우 전체 상속지분은 자녀 1, 배우자 1.5로 총 3.5이다. 따라서 각 상속인이 유류분 청구소송을 제기하는 경우 받을 수 있는 비율은

① 배우자의 경우 『1.5(배우자 법정상속지분) / 3.5(전체 상속지분) / 2(유류분 비율)』로 계산되고
② 자녀의 경우 각각 『1(자녀 법정상속지분) / 3.5(전체 상속지분) / 2(유류분 비율)』로 계산한다.

(3) 유류분을 청구할 수 있는 재산

생전에 망인이 법정상속인에게 증여 또는 유증한 재산은 증여시기 관계없이 모든 재산에 대해 유류분을 청구할 수 있다.

법정상속인이 아닌 자에게 증여한 재산의 경우 사망일로부터 소급하여 1년 이내 증여한 재산에 한하여 유류분을 청구할 수 있다.

그러나 재산을 모두 법정상속인이 아닌 자에게 증여하여 법정상속인의 피해가 명확한 경우 1년 전 증여한 것도 유류분을 청구할 수 있다.

예를 들면, 재산이 아파트 1채 뿐인데 이를 전부 손자에게 증여하거나 사회단체에 증여한 경우 상속인에 해당하는 자녀는 증여시기와 관계없이 유류분을 청구할 수 있다.

(4) 유류분으로 받을 수 있는 재산가액 계산방법

유류분을 청구하여 받을 수 있는 재산가액을 계산하는 산식은 아래와 같다.

> 【(①적극적인 상속재산 + ②1년간 증여액 + ③특정상속인이 증여·유증으로 받은 재산) - ④상속채무】× ⑤유류분 청구하는 상속인의 유류분 비율 - ⑥유류분 청구하는 상속인이 증여·유증·상속받은 순 재산

위 산식에 표시된 번호별로 구분하여 설명하면 아래와 같고, 평가는 모두 사망일 현재를 기준으로 평가된 금액이다.

① 적극적인 상속재산은 사망일 현재 존재하는 상속재산가액을 말한다.
② 1년간 증여액은 상속인 이외의 자에게 사망 전 1년 이내 증여한 재산을 말한다. 재산평가는 증여당시 평가액이 아니라 사망일에 평가한 금액을 말한다.
③ 특정상속인이 증여·유증으로 받은 재산이란 1979년 이후 상속인 중 부모로부터 미리 증여·유증 받은 상속인이 받은 재산을 말하고, 사망일을 기준으로 평가한 금액을 말한다.
④ 상속채무란 사망한 부모님의 사망일 현재 채무를 말한다.
⑤ 유류분 청구하는 상속인의 유류분 비율이란 위 (2)에서 설명한 비율(1/2 또는 1/3)을 말한다.
⑥ 유류분 청구하는 상속인이 증여·유증·상속받은 재산이란 유류분을 청구하는 상속인이 부모님 생전에 미리 증여·유증 받은 재산과 상속받은 재산을 말하며, 모두 사망일 기준으로 평가한 금액을 말한다.

(5) 유류분 반환 청구방법 및 소멸시효

유류분 청구는 사전 증여 또는 유증 받은 상속인에게 구두 또는 내용증명 등의 의사표시로 청구할 수 있다. 상호 협의가 안 되면 소송절차를 진

행하여야 한다.

유류분 반환청구권은 권리가 있는 상속인이 상속이 개시된 사실과 반환 받아야 할 재산이 있는 사실을 안 때부터 1년 내에 행사하지 않으면 시효로 인하여 소멸된다. 또한 상속이 개시된 때부터 10년이 지나면 유류분 반환청구 권리는 소멸된다.

(6) 증여세 환급, 상속세 추가납부, 양도소득세 문제 발생

과거 미리 증여받아 증여세까지 모두 납부한 상속인이 유류분 반환청구 소송으로 일부 재산을 다른 상속인에게 이전하는 경우, 유류분으로 이전되는 부분에 대해서는 처음부터 증여가 없는 것이 된다. 따라서 이전 부분에 대해 과거에 납부한 증여세를 환급받을 수 있다.

증여받은 재산을 이전하라는 판결일로부터 3개월 이내 과거 납부한 증여세의 환급 청구를 해야 환급받을 수 있고, 3개월을 경과하면 환급 받을 수 없다.

유류분 청구소송으로 일부 재산을 돌려받은 상속인은 돌려받은 재산에 대해 사망일 기준으로 평가한 금액으로 확정 판결일로부터 6개월 이내에 상속세를 추가 신고 및 납부 하여야 한다. 이 기한 내 신고 및 납부하지 않는 경우 무신고가산세 및 지연납부가산세가 부과된다.
유류분 청구 소송으로 증여받은 재산을 반환하는 과정에서 현금으로 반환 받는 등 양도로 보는 부분이 있는 경우 양도소득세를 신고·납부도 하여야 하는데, 실무에서 잘 모르거나 간과하는 경우가 종종 있다.

유류분 소송으로 반환하는 유류분 지분에 대해 당초 증여 등기시 납부한 취득세는 환급대상에 해당된다고 판단되지만, 구체적인 것은 관할 지자체에서 사실판단 할 사항이라는 2009년 해석이 있다. 현실적으로 환급받기는 쉽지 않을 것으로 생각한다.

의 견

유류분 소송을 하는 경우 승소하여 반환받을 재산만 생각하고 소송으로 겪어야 할 피해는 생각하지 못하고 소송을 제기하는 경우가 있다.
필자의 경험으로 유류분 소송을 제기하면 가족관계는 파경을 맞이하는 경우가 대부분이었다.

소송과정이 많이 힘들고 그 결과가 당초 생각한 것보다 적은 결과가 나올 수도 있으며, 많은 변호사비용, 추가 상속세 부담 등이 있다는 사실을 모르고 유류분 소송을 제기하는 경우가 많이 있다.
따라서 유류분 소송을 해야 할 상황이고 절세와 가족관계 등을 염려한다면 쌍방이 사전에 충분히 검토하고 의사결정을 하여야 할 것이다.

9. 상속 받는 재산보다 채무가 많은 경우 어떻게 해야 하나요?

핵 심 상속포기와 한정승인 및 상속재산파산제도

　망인이 사망시 상속재산 보다 채무가 많거나 많을 경우 상속인에 해당하는 자녀는 상속받은 재산으로 망인의 채무를 변제하고 부족한 금액이 있으면 상속인이 노력하여 개별적으로 축적한 고유재산으로 변제해야 한다.
　이러한 문제를 해결하고 상속인의 피해를 막기 위해 민법에 "상속포기" 또는 "한정승인" 제도를 두고 있다.

(1) 상속포기

　"상속포기"란 상속과 관련된 모든 권리(재산)와 의무(채무)를 포괄적이고 무조건적으로 포기하겠다는 뜻을 망인의 사망을 안날로부터 3개월 내 관할가정법원에 "상속포기신청서"를 제출하는 것이다. 이는 처음부터 상속인이 아닌 것과 같은 효력을 발생시킨다.

상속포기의 목적을 달성하려면 법률상 상속 1순위부터 4순위까지 상속인이 모두 상속포기를 해야 망인의 과다한 채무로 인한 피해를 법으로 막을 수 있다. 즉, 사망한 사람의 자녀, 배우자, 부모, 형제자매, 3촌·4촌 이내 방계혈족이 모두 상속 포기를 해야 피해를 막을 수 있다.

(2) 한정승인

"한정승인"이란 상속으로 얻은 민법상 상속 재산의 한도 내에서 채무를 변제하겠다는 조건으로 상속 받겠다는 뜻을 망인의 사망을 안날로부터 3개월 내 관할가정법원에 "한정승인 신고"를 하여 실행하는 것이다.

한정승인은 상속재산과 상속채무가 얼마나 되는지 잘 알지 못하는 경우 사용할 수 있는 방법으로 상속인이 여러 명인 경우 1명만 한정승인하고 다른 상속인은 상속 포기하는 방법으로 피해를 막을 수 있다.

한정승인 절차가 상속포기 절차보다 여러모로 간편하고 유리한 절차라고 할 수 있는데 한 가지 문제가 있다.
한정승인으로 부동산을 상속받는 경우 부동산을 양도하여 상속받은 채무를 변제할 때 양도가액 전부 채무변제에 사용되어야 한다. 따라서 양도차익이 발생해서 내야할 양도소득세와 지방세는 한정승인 신고한 상속인의 자기 고유재산으로 납부해야 하는 문제가 있다.
예를 들면, 승계된 채무가 10억원, 한정승인으로 상속받은 부동산의 양도가액이 10억원이고 내야할 양도소득세 등 세금이 1억원 경우 양도가액 10억원은 전부 승계된 채무변제에 사용해야하고 양도소득세 등 세금 1억원은 상속인이 축적한 자기자금으로 납부해야 한다.

(3) 상속재산파산제도

"상속재산 파산제도"는 망인의 상속재산의 환가 및 상속채무의 배당 등의 모든 과정을 법원이 선임한 파산관재인을 통하여 정리하는 제도이다.

한정승인을 한 상속인이 스스로 상속채권자를 파악하고 상속재산의 환가를 통하여 상속채무를 변제하는 등 복잡한 청산절차를 이행해야 하는 어려움이 발생할 수 있고, 상속받은 부동산의 양도소득세 문제 등이 있다. 이러한 문제들을 "상속재산 파산제도"를 통해 해소 가능하다.

따라서 "한정승인 절차"를 진행할 때 "상속재산 파산절차"도 병행하면 유익한 결과를 얻을 수 있다.

10. 상속인의 채권자가 상속재산에서 채권을 회수 할 수 있나요?

> **핵심** 상속포기와 상속협의에 의한 포기의 차이

망인 소유의 모든 재산(권리)과 채무(의무)는 상속인이 승계 받는다.

채무가 많은 상속인이 재산을 상속받는 경우 채권자가 상속재산으로 채권을 회수할 수 있다. 상속인은 상속재산을 상속받지 않으면 채권자가 상속재산으로 채권을 회수하지 못할 것이라고 생각하고 망인의 상속재산을 상속받지 않는 절차를 진행할 수 있다.

상속인이 망인의 재산을 상속받지 않는 방법이 2가지 있다.

(1) 상속포기로 채권 회피하는 경우

망인의 재산과 채무에 대한 권리와 의무를 모두 법적으로 포기하는 "상속포기" 제도가 있다. 이 상속포기를 하려면 사망일로부터 3개월 이내에 관할 가정법원에 상속포기신청을 반드시 해야 인정된다.

포기하는 상속재산의 구체적 명시는 필요 없으며, 이를 "민법상 상속포

기"라고 표현할 수 있다.
　상속포기를 하면 상속인의 채권자가 상속재산에서 상속인의 채무를 회수할 수 없다.

(2) 상속협의로 상속지분 포기하여 채권을 회피하는 경우

　상속인들이 협의해서 상속재산별·채무별로 구분하여 상속지분을 포기하는 제도가 있는데, 이는 자녀들이 상속재산을 분배하기로 약정한 내용을 문서화 하는 "상속재산분할협의서"에 채무가 있는 상속인이 상속받지 않겠다는 재산을 구체적으로 기재하여 작성한다. 사망일로부터 6개월 내 취득세를 납부해야 하므로 일반적으로 취득세 납부 전 상속받지 않는 상속인은 자신의 상속지분을 포기하는 "상속재산분할협의서"를 작성한다. 이를 "협의에 의한 상속지분 포기"라고 할 수 있다.
　"협의에 의한 상속지분 포기"를 하면, 채권자가 소송을 제기하여 상속재산에서 상속인의 채무를 회수할 수 있다.

(3) 실무에서 착오하는 경우

　주의할 점은 일상에서 상속인들끼리 "협의에 의한 상속지분 포기"한 것을 "민법상 상속포기"로 잘못 알고 처리하는 경우가 있을 수 있다.

　사례로 살펴보면, 채무가 많은 A자녀가 부모님 재산을 상속받게 되면 채권자는 상속받는 재산에 압류, 매각 등을 통해 채권을 회수할 수 있다. 이를 회피하려고 상속인들끼리 "협의에 의한 상속지분 포기"로 A자녀가 부모님 재산을 상속받지 않는 경우 채권자는 소송을 제기하여 상속인들끼리 상속재산에 대해 협의한 내용을 취소시키고 A자녀가 상속받을 수 있는 재산(법정지분금액을 말함)을 압류하여 채권을 회수 할 수 있다.

즉, "협의에 의한 상속지분 포기하는 방법"으로 상속받지 않는 경우 상속재산으로 채권자의 채권회수를 피할 수 없다.

그러나 A자녀가 "민법상 상속포기"방법으로 관할 가정법원에 상속포기 신청을 하면 채권자는 A자녀의 채무를 상속재산에서 회수할 수 없다.

A자녀의 상속포기로 다른 상속인들에게 늘어난 상속재산은 A를 포함한 상속인들이 시간을 가지고 논의하면 A자녀에게 도움 되는 방법을 찾을 수 있다고 생각한다.

11. "효도 증여계약서"를 아시나요?

핵심 필수 기재사항 및 효도계약서 양식

"민법상 부담부증여"라는 제도가 있는데 이는 증여자가 증여할 때 수증자로 하여금 일정한 의무를 부담하게 하면서 증여하는 것으로 흔히 '효도계약'이라고 한다.

여기서 '부담'은 특별한 제한은 없지만 보통 금전적 가치를 가진다. 그러나 금전으로 가액을 측정할 수 없는 것이라도 부담의 내용으로 할 수 있다.

수증자가 증여받고 "부담"의무를 이행하지 않는 경우 증여를 해제하여 증여재산을 돌려받을 수 있다.

이렇게 효도계약서라고 할 수 있는 "민법상 부담부증여"는 2015년 판례(판례 내용은 별도 첨부)에 의해 그 효력이 정식으로 인정되었고, 그 후 증여계약서 작성 시 많이 이용되고 있다.

효도계약은 서면으로 작성하는 것이 좋고, 서면 작성시 반드시 들어가야 할 3가지 내용이 있다.

① 증여하는 대상재산의 목록과 금액을 구체적으로 적는 게 좋다.
② 증여의 조건을 구체적으로 기재하는 것이 좋다.
예를 들면, 효도의 내용을 "월 4회 이상 방문한다. 또는 월 생활비를 200만원 지급한다."와 같이 구체적으로 기재한다. 이렇게 구체적으로 기재해야 분쟁의 소지를 없앨 수 있다. 증여한 재산을 처분하지 못하도록 하는 제한을 기재할 수도 있다.
금전적 부담에 있어서는 증여재산가액을 초과해서 부담을 지워서는 안 된다.
③ 증여조건을 이행하지 않을 때 계약을 해제하고 재산을 반환한다는 내용을 기재하는 것이 좋다.

자녀가 증여조건을 이행하지 않으면 효도계약서를 근거로 증여재산의 반환을 청구할 수 있다.
부모와 자녀가 이행할 수 있는 범위 내에서 잘 협의하여 "효도계약서"를 작성하고 이행한다면, "행복계약서"가 될 수 있을 것이다.

참고로 "세법상 부담부증여"의 '부담'은 증여하는 재산에 담보된 채무에 한정하지만, "민법상 부담부증여"의 "부담"은 금전적 가치로 할 수 없는 것도 포함하는 차이가 있다.

효도계약서의 세금문제
효도계약서에 증여조건으로 생활비 등 기재된 금전에 대해 세금문제를 판단한 사례가 없고, 국세청 해석도 없다.

단지 당해 증여재산에 담보된 증여자의 채무를 인수하는 경우 해당 채무액을 증여재산가액에서 차감하는 규정이 있다.

부동산을 증여받으면서 증여조건으로 많은 금전부담을 하게 되면 최종적으로 증여받은 금액은 미미한데 증여세만 많이 부담하는 결과가 될 수 있다.

그리고 자녀가 증여조건 불이행으로 부모에게 다시 반환하는 경우 추가 증여세를 부담해야 하는 문제가 있는데, 국세청 및 기획재정부에서 증여세 과세대상이 되는 재산이 "취득원인무효의 판결"에 의하여 그 재산상의 권리가 말소되어(형식적인 재판절차만 경유한 사실이 확인되는 경우는 제외한다) 증여받은 재산을 반환하는 경우에만 당초부터 증여가 없는 것으로 해석하고 있다.

따라서 소송에 의해 취득원인무효판결로 반환하는 경우 당초증여 및 반환 모두 증여가 아니므로 납부한 증여세를 환급받을 수 있다고 생각한다. 환급 받으려면 판결일로부터 3개월 내 환급 신청하여야 할 것이다.

부동산 취득세의 경우 당초 증여를 취소하고 소유권 원상회복의 방법으로 반환하는 경우 반환에 대한 취득세는 과세되지 않는다.

※ 참고할 양식

효 도 계 약 서

증여인 父 XXX (이하 '갑')과 수증인 子 XXX(이하 "을")은 아래와 같이 조건부 증여계약(효도계약)을 체결한다.

제1조 (증여재산 목록)
 ○ 현금 :   원
  - 갑은 을에게 OOO원을 지급한다. (계좌 번호 : OOOOOO - OOOOOOO 예금주 을)
 ○ 부동산 : 서울시 XX구 XX동 XX아파트 제 OOO동 OOO호
  - 갑은 을에게 상기 부동산을 이전등기를 한다.
제2조 (조건)
 ○ 을은 갑의 사망하는 일까지 갑이 생활할 수 있도록 생활비 XXX원을 매달 말일에 입금토록 한다.
 (계좌 번호 : OOOOOO - OOOOOOO 예금주 갑)
 ○ 을은 갑이 사망 시까지 매달 1회 이상 방문한다.
 ○ 을은 갑에게 육체적, 정신적, 언어적 폭력을 행사하지 않는다.
제3조 (해제 조건)
 ○ 생활비 지급을 2회 이상 보내지 않거나, 갑에게 방문을 2달 이상 불이행할 경우 증여계약을 해제한다.
 ○ 을이 갑에게 상기 폭력사항으로 고소 또는 고발이 되어 형이 확정되면 증여계약을 해제한다.
 ○ 증여계약이 해제된 경우 을은 증여 받은 재산을 즉시 갑에게 반환한다.
 ○ 반환을 이행하지 않고 지체할 경우, 법정 최고이자를 적용하여 가산한다.

20XX년 XX월 XX일

증여자 성명 O O O (인)   수증자 : O O O (인)

| 사 례 | [판결] 대법원 "효도각서 불이행… 받은 재산 돌려줘라" |

'부모님을 잘 모시겠다.'는 각서를 쓰고 부동산을 물려받은 아들이 약속을 저버리고 막말에 불효를 저질렀다면 재산을 다시 돌려줘야 한다는 대법원 판결이 나왔다.

2003년 12월 유모씨는 아들에게 서울 종로구 OO동 ##촌의 시가 20억원 상당의 2층 단독주택을 물려주며 '효도각서'를 받았다. 같은 집에 살며 부모를 잘 봉양하고 제대로 모시지 않으면 재산을 모두 되돌려 받겠다는 내용이었다. 유씨는 집 외에도 아들의 빚을 갚아주고 아들 회사를 위해 자신의 부동산을 내놓는 등 경제적 지원을 아끼지 않았다.

하지만 재산을 물려받은 아들의 태도는 돌변했다. 유씨 부부와 함께 살기는 했지만 함께 식사도 하지 않았다. 허리디스크를 앓는 모친의 간병도 따로 사는 누나와 가사도우미에게 맡겼다. 2013년 11월께 모친이 스스로 거동할 수 없게 되자 아들은 "요양원에 가시는 게 어떻겠느냐"고 권유했다.

불효의 절정은 7개월 뒤 찾아왔다. 아들에게 크게 실망한 유씨가 따로 나가 살겠다며 집을 팔아 남은 돈으로 자신들이 살 새 아파트를 마련하겠다며 등기를 다시 이전해 달라고 요구하자, 아들은 "천년만년 살 것도 아닌데 아파트가 왜 필요하냐. 맘대로 한번 해 보시지"라며 막말을 퍼부었다. 결국 유씨는 딸의 집으로 이사한 뒤 아들을 상대로 부동산 소유권을 돌려 달라는 소송을 냈다.

대법원 민사3부(주심 김신 대법관)는 유씨가 아들을 상대로 낸 소유권이전등기 말소청구소송(2015다236141)에서 원고승소 판결한 원심을 최근 확정했다. 재판부는 "유씨가 부동산을 넘긴 행위는 단순 증여가 아니라 (효도라는)의무이행을 전제로 한 '부담부증여'로 조건을 불이행하면 계약을 해제할 수 있다"고 밝혔다.

대법원 관계자는 "유씨의 아들이 쓴 각서에 '충실히 부양한다.'는 문구가 들어 있는데, 이는 부모자식간의 일반적인 수준의 부양을 넘어선 의무가 계약상 내용으로 정해졌다는 것"이라며 "재산을 증여받은 자녀가 그와 같은 충실한 부양 의무를 다하지 못하면 부모가 증여계약을 해제하고 증여한 부동산을 다시 찾아올 수 있다는 취지의 판결"이라고 설명했다. 〈출처: 홍세미 기자, 법률신문, 2015.12.28.〉

위 판결에서 유모씨가 아들을 상대로 승소할 수 있었던 건 사전에 부양의무를 구체적으로 남겨둔 효도계약서를 작성해 두었기 때문이다. 실제 소송에서는 부양의무의 범위에 대해 다툼이 많이 생기므로 효도계약서를 작성할 때에는 부양의무를 최대한 구체적으로 작성하여야 한다. 예를 들면 동거의무, 생활비 지급 의무, 주기적인 가족 간의 식사 의무, 병원 동행 의무 등을 생각해 볼 수 있다.

Part 2

상속세 절세방법

12. 상속재산에 비해 상속세가 많은 이유가 무엇인가요?

핵심 유산세 과세방식, 높은 평가, 작은 공제 및 높은 세율

　상속세 상담을 하다 보면 "내가 상속받은 재산은 얼마 안 되는데 부담할 상속세는 왜 이렇게 많아요?"라는 질문을 자주 듣게 된다.
　과거에 상속세는 큰 부자들만 내는 세금으로 알고 있어서, 대부분 국민은 "나도 상속세를 내봤으면 좋겠다."라는 농담을 주고받았다.
　지금은 아파트 1채만 있는 중산층까지 상속세를 부담하는 환경으로 변했다.
　그 원인은 여러 가지가 있지만, 현재 적용되고 있는 상속세법 내에서 그 원인을 살펴보기로 한다.

(1) 상속세 계산방식이 "유산세 과세방식" 이다.

　이론적으로 상속세 세액 계산방식의 유형은 2가지가 있다.
　첫째, 상속인을 기준으로 부담해야 할 상속세를 계산하는 "유산취득세 과세방식"이 있다.

이 방식은 상속인들이 각각 자기가 상속받은 재산에 대해서만 상속세율을 적용해 상속세를 계산하는 유형이고, 이렇게 각각 상속받은 재산으로 계산된 상속세를 상속인 각자 부담하는 것이다.

이 유형은 현재 독일과 일본에서 시행되고 있지만, 우리나라는 시행하고 있지 않다.

둘째, 피상속인을 기준으로 부담해야 할 상속세를 계산하는 "유산세 과세방식"이 있다.

이 방식은 망인이 상속해 준 전체 상속재산에 상속세율을 적용해 상속세를 계산하는 유형이다.

그리고 전체 상속재산에 대해 상속세율을 적용하여 계산된 상속세를 상속인 각자 상속 받은 재산 비율에 따라 나누어진 금액을 상속인 각각 부담하는 것이다.

이 유형은 현재 미국과 영국에서 시행하고 있으며, 우리나라도 시행하고 있는 유형이다.

상속세율을 적용하는 기준금액이 "유산취득세 과세방식"은 상속인별 각자가 상속받은 재산 금액이고, "유산세 과세방식"은 피상속인의 상속재산 전체금액이다.

따라서 높은 세율이 적용될 수 있는 유산세 과세방식이 상속세 전체 부담은 더 커진다.

우리나라는 상속세 부담이 많은 "유산세 과세방식"을 선택하고 있어서 상속인이 상속받은 재산에 비해 상속세가 많다고 문제 제기하는 것은 당연하다고 할 수 있다.

이런 문제해결을 위해 상속세를 "유산취득세 과세방식"으로 바꾸어야 한다는 견해가 꾸준히 제기되어 왔고 윤석열 정부에서도 집권 초기부터 "유산취득세 과세방식"으로 변경하겠다는 의지를 꾸준히 보여주고 있는 것 같은데, 언제쯤 개정될지는 미지수다.

(2) 상속재산의 평가액이 너무 높아졌다.

상속세에서 제일 중요한 것은 상속재산의 평가 문제이다.

과거부터 상속재산 평가는 "시가"가 원칙이지만, "시가"가 확인되지 않는 경우 "정부가 정한 평가액"으로 평가하여 상속세를 과세했다.

과거에는 "시가"의 범위가 현재보다 작았기 때문에 대부분 "정부가 정한 평가액"을 기준으로 상속세를 과세했다.

"정부가 정한 평가액"은 대표적인 것으로 토지는 "공시지가"가 있으므로, 일반적으로 토지는 "공시지가"로 평가하여 상속세를 계산하는 것으로 오해하는 경우도 있다.

주택, 토지 등 부동산이 투기바람 등으로 가격 급등의 시기를 겪으면서 "정부가 정한 평가액"도 급등하였고, 상속재산 평가방법이 대한 상속세법을 개정하여 상속 되는 재산의 2년 내 매매가액 또는 유사한 재산의 2년 내 매매사례가액을 "시가"로 사용할 수 있도록 하였다.

이렇게 부동산 시장에서 자연적으로 발생한 "시가"의 범위를 확장하여 상속재산을 평가하는 방법 이외에 국세청의 내부지침에 의해 상속 또는 증여되는 재산을 내부적으로 선택하여 감정평가 한 높은 금액으로 과세할 수 있도록 하고 있다.

그 동안 일반인이 상식으로 알고 있던 "정부가 정한 평가액(토지의 경우 공시지가)"으로 평가할 수 있는 경우는 점점 축소되고, 자연적 또는 인위적으로 형성된 "유사한 시가"로 평가하여 상속세를 부담하는 경우가 점점 확대되고 있어 상속세 부담이 커지고 있다.

(3) 약 28년 전 공제액을 현재까지 적용하고 있다.

상속세가 과세 되는 모든 나라에서 상속인들을 위해 상속재산에서 일정 금액을 공제해 주고 있다.

우리나라에서도 상속인을 위해 기초공제, 자녀공제, 미성년자공제, 연로자공제, 장애인공제와 일괄공제를 선택하여 공제받을 수 있도록 하고 있고, 배우자가 있는 경우 배우자공제의 명칭으로 일정액을 상속재산에서 공제해 주고 있다.

여러 공제 중 실무에서 가장 많이 사용하는 공제에 대해 살펴보면, 기초공제로 2억원을 공제해 주고 있는데, 이 금액은 1997년부터 28년이 지난 현재까지 적용되고 있다.

그리고 상속인 중 자녀가 1명이라도 있는 경우 최소 5억원을 일괄 공제해 주고 있는데, 이 금액은 1997년부터 28년이 지난 현재까지 적용되고 있다.

배우자가 상속받는 재산에 대해 배우자상속공제로 최소 5억원에서 최대 30억원까지 한도로 공제해 주고 있는데, 이는 1997년부터 28년이 지난 현재까지 적용되고 있다.

세월을 반영하지 못하고 적은 기초공제, 일괄공제, 배우자공제액으로 상속세를 많이 부담하는 결과가 된다.

정부와 국회에서 모두 공제액의 인상 필요성은 공감하는 것 같은데 현실은 세법개정이 이루어지지 않고 있다.

(4) 2000년 1월 1일부터 현재까지 50% 상속세율을 적용하고 있다.

　종전 5억5천만원 초과되는 상속재산에 40%의 상속세율을 적용하고 있었는데, 1997년 상속세율을 인상하여 50억원 초과하는 금액에 50%의 상속세율을 적용하도록 하였다.

　그런데 IMF 시기인 2000년 1월 1일부터 30억원 초과하는 금액에 50%의 상속세율을 적용하도록 개정하였고, 이렇게 정한 세율을 현재까지 적용하고 있다.

　50%의 상속세율도 높은 세율이라 국민의 세금부담이 높은 것인데, 그 적용 구간을 IMF 시기에 50억원 초과에서 30억원 초과로 낮춘 것은 합리적으로 설명이 안 된다.

　주식을 상속하는 경우 최대주주에게 20% 할증세율 제도가 적용되어 60%세율을 적용받는 경우가 있기 때문에 현재 대한민국이 세계 최고의 상속세율이라고 평가 받고 있다.

　현 정부에서 2024년 세법개정시 상속세율 인하를 추진했지만, 국회의 문턱을 넘지 못했다.

> **의 견**

세율측면에서 일본이 최고 55%의 세율을 적용하고, 이 세율이 세계 최고세율이라고 한다.

그러나 실질적 상속세 부담은 대한민국이 최고라고 한다.
그 이유는 다른 나라는 유산취득세 과세방식을 적용하고, 상속재산에서 공제해 주는 금액이 크고, 실질 세율도 우리나라보다 적기 때문이라고 생각한다.
상속세가 많은 것도 문제이지만, 많은 상속세를 납부할 수 있는 현금이 없는 것도 큰 문제다.

우리나라는 상속재산이 부동산인 경우가 많은데, 상속인은 취득세와 상속세를 현금으로 부담해야 한다.

그러나 일반적인 경우 수천만원, 수억원의 현금을 보유하고 있는 사람은 별로 없다.
따라서 부모로부터 갑자기 상속받는 자녀들은 일단 3.5%의 이자를 부담하며 수년동안 분할 납부를 신청하고 추후 상속받은 부동산을 양도하여 조달한 자금으로 상속세를 납부하는 경우가 있다. 이러한 이유로 상속받은 부동산은 2~3번만 상속되면 전부 국가소유가 된다는 농담도 있다.

윤석열 정부에서 상속세 세율을 인하하고, 상속 공제액을 상향하려고 노력하고 있지만, 언제 상속세법이 개정되어 실현될지는 미지수다.
상속재산이 대부분 부동산이고 자녀들은 상속세를 납부할 현금이 없어 겪어야 하는 고통, 경제에 미치는 영향 등을 감안하여 상속세법의 전체적인 개정이 필요하다고 생각한다.

> **사 례** 세계 1위 손톱깎이 회사 쓰리쎄븐! 상속세 때문에 회사를 팔았다.

먼지 2009년 3월 5일자 한겨레신문에 나온 『손톱깎이 세계1위 '777' 처량한 몸값 깎기』 한겨레신문 기사를 소개한다.

▣ 한겨레신문 기사

한국 중소기업의 간판스타로 꼽히는 세계 1위 손톱깎이 회사 쓰리세븐(777)의 주인이 바뀔 처지에 놓였다. 쓰리세븐 손톱깎이가 시장 매물로 나온 것은 이번이 두 번째다. 그것도 최근 반년 사이에 주인이 두 번 바뀔 지경이 된 것이다.

1975년 설립된 쓰리세븐은 30여년 세계 손톱깎이 시장을 제패해 왔을 뿐 아니라 세계 최대의 항공기 제조업체 보잉사와 '777' 상표를 놓고 상표권 분쟁을 벌여 이긴 것으로도 유명하다. 이 전통의 업체에 위기가 처음 찾아온 것은 지난해였다.

쓰리세븐이 만난 위기는, 다름 아닌 상속세였다. 한우물만 파오다 새 성장 동력을 마련하려고 2005년 크레아젠이라는 바이오회사를 인수한 게 발단이 됐다. 창업자 고(故) 김형규 회장은 137억원을 들여 크레아젠을 인수한 뒤, 2006년부터 1년여 사이 쓰리세븐 주식 240만여 주, 약 370억원 어치를 자회사인 크레아젠과 임직원, 가족에게 증여했다.

그런데 김 회장이 지난해 1월 갑자기 세상을 떠나면서 증여가 상속으로 변해 버렸다. 현행 법률상 증여자가 5년 이내에 사망하면 증여가 상속으로 간주되고, 증여세가 아닌 상속세를 내도록 돼 있다.

중국산 짝퉁제품 때문에 고전하며 실적이 내려가던 쓰리세븐에 창업자의 갑작스런 죽음과 설상가상의 상속세 문제까지 터진 것이다.

이 때문에 임직원과 유가족은 약150억원이 넘는 상속세를 물게 됐고, 거액의 세금을 내기 위해 회사 지분을 중외홀딩스에 넘겼다.

■ **김 회장의 자녀들이 150억원이나 되는 상속세를 전부 내야 하는 것일까?**

김 회장으로부터 증여를 받은 이들은 상속인이 아닌 크레아젠의 임직원 등 다른 사람들이다. 그런데 왜 김 회장의 자녀들이 150억원이나 되는 상속세를 전부 내야 하는 것일까?

피상속인이 5년 이내에 상속인 외의 자에게 증여한 금액은 상속재산에 포함되어 상속세가 계산되기 때문에 김 회장과 자녀들은 150억원 상속세를 전부 내야 한다.

김 회장은 약 370억원을 크레아젠의 임직원 등에게 증여를 했는데, 증여를 받은 사람들은 자신들이 받은 금액에 대해 증여세를 내면 될 뿐이다. 만약 370명이 각각 1억원씩 받았다면 이들은 최저 세율인 10%를 적용받아 각각 1천만원씩 총 37억원의 증여세만 내면 된다.

그런데 약 370억원이 상속재산에 포함되면 상속세율은 최고세율인 50%가 적용된다. 40%만큼 상속세 추가 부담이 발생하는 것이다. 370억원에 40%세율을 곱한 150억원의 상속세를 추가로 더 내야 하고, 그 금액은 상속인들이 고스란히 부담해야 한다.

결국 김 회장의 자녀들은 상속세부담을 이기지 못해 눈물을 머금고 회사를 중외홀딩스에 넘겼다.
우여곡절 끝에 회사를 되찾아오기는 했지만, 그 과정에서 M&A의 대상이 되는 등 어려움을 겪었다. 상속인 이외의 자에게 증여한 금액이 상속재산에 포함되어야 하는지에 대해 많은 논란을 불러일으킨 사례이고, 2025년 2월 현재도 관련 세법은 동일하게 적용된다.
그런데 김 회장이 지난해 1월 갑자기 세상을 떠나면서 증여가 상속으로 변해 버렸다. 현행 법률상 증여자가 5년 이내에 사망하면 증여가 상속으로 간주되고, 증여세가 아닌 상속세를 내도록 돼 있다.

중국산 짝퉁제품 때문에 고전하며 실적이 내려가던 쓰리세븐에 창업자의 갑작스런 죽음과 설상가상의 상속세 문제까지 터진 것이다.

이 때문에 임직원과 유가족은 약150억원이 넘는 상속세를 물게 됐고, 거액의 세금을 내기 위해 회사 지분을 중외홀딩스에 넘겼다.

▣ 김 회장의 자녀들이 150억원이나 되는 상속세를 전부 내야 하는 것일까?

김 회장으로부터 증여를 받은 이들은 상속인이 아닌 크레아젠의 임직원 등 다른 사람들이다. 그런데 왜 김 회장의 자녀들이 150억원이나 되는 상속세를 전부 내야 하는 것일까?

피상속인이 5년 이내에 상속인 외의 자에게 증여한 금액은 상속재산에 포함되어 상속세가 계산되기 때문에 김 회장과 자녀들은 150억원 상속세를 전부 내야 한다.

김 회장은 약 370억원을 크레아젠의 임직원 등에게 증여를 했는데, 증여를 받은 사람들은 자신들이 받은 금액에 대해 증여세를 내면 될 뿐이다. 만약 370명이 각각 1억원씩 받았다면 이들은 최저 세율인 10%를 적용받아 각각 1천만원씩 총 37억원의 증여세만 내면 된다.

그런데 약 370억원이 상속재산에 포함되면 상속세율은 최고세율인 50%가 적용된다. 40%만큼 상속세 추가 부담이 발생하는 것이다. 370억원에 40%세율을 곱한 150억원의 상속세를 추가로 더 내야 하고, 그 금액은 상속인들이 고스란히 부담해야 한다.

결국 김 회장의 자녀들은 상속세부담을 이기지 못해 눈물을 머금고 회사를 중외홀딩스에 넘겼다.

우여곡절 끝에 회사를 되찾아오기는 했지만, 그 과정에서 M&A의 대상이 되는 등 어려움을 겪었다. 상속인 이외의 자에게 증여한 금액이 상속재산에 포함되어야 하는지에 대해 많은 논란을 불러일으킨 사례이고, 2025년 2월 현재도 관련 세법은 동일하게 적용된다.

13. 상속세를 절세할 수 있는 방법이 있나요?

핵 심 | 장기간 동안 다양한 절세방법 연구 활용

상속세는 과거 부자들만 내는 세금으로 인식돼 왔으나 전국 부동산 가격의 상승 및 기타 재산가치 상승으로 대부분의 국민이 상속세를 내야 하는 시대가 되었다. 따라서 상속세 절세에 관심 있는 국민이 점차 늘고 있다.

상속세는 사람이 사망했을 때 보유한 재산을 기준으로 재산이 많으면 상속세도 많이 내고 적으면 상속세도 적게 내는 것 이다.

사람이 사망하면 사망당시 존재하는 부동산, 예금 등 재산은 쉽게 파악되기 때문에 사망당시 존재하는 재산으로 상속세를 크게 절세할 수 있는 방법은 표면적으로 많지 않다.

그러나 상속세법에 있는 절세 혜택을 미리 파악하여 그 혜택조건에 충족될 수 있도록 미리미리 준비한다면 많은 상속세를 절세할 수 있다.

사람들은 사망당시에 보유한 재산을 줄이는 것이 상속세를 절세할 수 있는 방법이라고 생각하고 생전에 재산을 합법적인 방법 또는 불법적인 방

법 등 여러 가지 방법으로 자녀들에게 재산을 무상으로 이전 시키고 있고, 이것을 "증여"라 한다.
즉, 상속세 회피 또는 절세를 위해서 생전에 다양한 방법으로 "증여"를 해야 한다.

정부는 "증여"를 이용한 상속세 회피를 방지하기 위해 상속세의 보완세적 성격으로 "증여세"를 만들어 과세하고 있다. 따라서 상속세와 증여세는 항상 연계해서 생각하고 판단하여야 할 것이다.

정부는 사전증여를 통한 상속세 회피를 방지하기 위해 사망자에 대해 <u>원칙적으로 상속세 조사를 하게 되어 있고</u>, 상속세 조사는 <u>사망일로부터 소급하여 10년</u>(정부가 세금을 부과할 수 있는 법적 최고 기간은 15년이므로 간혹 15년을 소급하는 경우도 있다) 동안 자금흐름, 부동산 변동 상황, 채무변동 상황 등을 면밀히 살펴보면서 자녀들에게 재산이 편법으로 증여되었는지 보는 것이다.
예외적으로 소규모 재산 등 국세청이 정한 기준에 해당하는 경우 상속세 정밀조사 없이 간편조사로 신고내용 및 기타 필요한 내용만 확인하는 경우도 있다.

상속세를 절세하려면 부모의 연령 및 건강상태, 재산규모와 종류, 자녀들의 능력과 유대관계, 상속분쟁의 가능성, 계모 계부 및 혼외 자 출생 유무 등 『각자의 입장에 맞는 합법적인 다양한 절세방법을 찾아 오랜 기간 절세 계획을 세워 실시』하여야 한다.

합법적인 다양한 절세방법이란, 생전에 세법에 규정된 여러 가지 방법 중 각자의 입장에 맞는 다양한 절세 방법을 찾아 계획을 세우는 것이다. 상속재산이 변경되거나 부모님 의중이 변화되거나 세법이 변경 되는 경우 절세계획을 변경해야 할 것이다.

일반적인 경우 사망일로부터 10년 이내에 자녀(상속인)에게 증여한 재산 또는 사망일로부터 5년 이내에 상속인이 아닌 손자·손녀, 사위, 며느리 등에게 증여했던 재산을 사망 시 보유한 상속재산과 합산하여 높은 세율로 상속세를 과세한다.

그리고 자녀가 부모 재산을 원활히 이전 받으려면 이전받는 재산의 취득세 및 증여세 등을 납부할 수 있는 자금력이 있어야 한다.

이렇게 10년 또는 5년 전 증여했던 재산이 상속재산에 포함되어 과세되는 것을 피하고 자녀의 자금력을 확보하면서 진행해야 하므로 절세계획에 오랜 기간이 필요한 것이다.

따라서 상속세를 절세할 수 있는 방법은 생전에 각자의 입장에 맞는 여러 방법의 증여·매매 등의 방법을 이용한 합법적 절세방법을 찾아 장기간 절세계획을 세워 진행하는 것이라고 할 수 있다.

14. 사망 후 진행해야 할 기한별 상속절차가 어떻게 되나요?

핵심 사망일부터 15개월(비거주자는 18개월) 동안 기한별 절차

가족 중 누군가가 사망하면 상속인들은 슬픔을 뒤로 한 채 상속과 관련된 절차들을 기한 내에 하여야 하고, 기한 내 하지 못하면 회복할 수 없는 불이익이 있는 경우도 있다. 따라서 가족이 사망한 경우 어떤 절차를 언제까지 하여야 하는지 전체적으로 파악하고 있어야 한다.

이하에서 필자의 경험을 바탕으로 父가 사망한 경우를 예로 상속인들이 어떤 절차를 언제까지 진행하여야 하는지 순서별로 간략히 살펴본다.

(1) 父 사망시 사망일부터 3일 ~ 5일 동안 장례절차를 진행하는 것을 모르는 사람은 없을 것이다. 이때 사망진단서 또는 사체검안서를 발급받아야 하고, 장례비용, 납골비용 영수증을 수취하여 상속세 신고 시 활용하여야 한다.

(2) 사망일로부터 1개월 이내 父의 주소지 관할주민센터에서 사망신고

를 하여야 한다. 1개월 경과하면 5만원 이하의 과태료가 있다.

사망 신고시 父의 재산관련 내용을 알아보기 위해 "안심상속원스톱 서비스"를 신청할 수 있다.

이 서비스는 한 번에 父의 부동산, 금융재산, 채무, 연금, 보험 등을 조회하는 것으로 사망일로부터 6개월 이내에 서비스 신청이 가능하다.

이 서비스를 신청하면 <u>父 명의의 통장이 사고 처리되어 출금하지 못한다</u>. 급히 사용할 자금이 필요한 경우 서비스 신청 전에 미리 인출하여 보관하는 것이 좋을 수 있다.

(3) 상속받는 재산 중 재산평가심의위원회의 심의를 받아 평가액을 확정해야 할 재산이 있는 경우가 있을 수 있다. 이런 상속재산에 대해 평가를 받고 싶은 경우 사망일(상속개시일)이 속하는 달의 말일부터 2개월 이내(상속인 중 1명이라도 비거주가 있는 경우 5개월 이내)에 평가심의위원회에 심의를 요청하여야 한다.

<u>재산평가문제는 상속세액의 크기와 직접 연관되는 아주 중요한 것인데</u> 이 기간 내 심의를 요청하지 않으면 납세자가 원하는 평가액을 인정받을 수 없다.

평가심의위원회에 재산평가 심의를 요청할 수 있는 경우는 상속재산 중 상속개시일로부터 소급하여 6개월 경과하고 2년 이내 기간 중 매매가액, 감정가액, 공매·경매가액 또는 유사한 재산의 매매 사례가액이 있는 재산에 대해 그 매매가액 등으로 평가를 원하는 경우가 있을 수 있다.

예를 들면, 2024.10.24. 사망하고 소급하여 6개월 되는 2024.4.25. ~ 2022.10.24.사이에 매매가액 등이 있는 상속재산이 있고 매매가액 등으로 평가받기를 원한다면 2024.12.31.까지 위원회에 심의를 요청하여야 한다.

(4) 대부분 망인의 재산이 채무보다 많다. 그러나 간혹 재산보다 채무가 더 많은 경우가 있다. 망인의 채무가 재산보다 많은 경우 상속인이 단순 상속받게 되면 큰 불이익이 있으므로 이를 회피하는 방법으로 "상속포기"와 "한정승인"절차를 두고 있다.

상속포기 및 한정승인 모두 상속개시 있음을 안 날부터 3개월 이내 가정법원에 하여야 한다. 그러나 경우에 따라 예외적으로 재산보다 채무가 많은 것을 알게 된 날부터 3개월을 기산하는 경우도 있다.

(5) 상속받는 부동산 중 감정평가가 필요한 부동산이 있는 경우 사망일부터 6개월 되는 날 이내에 감정하여 평가서 작성까지 마무리하여야 한다. 주의할 것은 상속세 신고기한은 사망일로부터 6개월 되는 달의 말일까지인데, 이 신고기한과 감정평가기한이 다르므로 주의하여야 한다.

(6) 상속세 신고는 사망일로부터 6개월 되는 달의 말일까지 상속세 신고를 하여야 한다. 이 기한 내 신고하지 않으면 20%의 무신고가산세가 있다.

6개월 동안 상속세 신고준비하고 신고까지 마무리하여야 하는데, 상속세 준비는 한 번에 되는 것이 아니고 검토하면서 추가증빙이 필요한 경우 이를 준비하여야 하고 관련법과 예규 판례 등을 검토해야 하므로 6개월은 긴 시간이 아니다.

그리고 이 신고기한 내 상속인들은 상속재산분할을 협의하고 상속등기까지 마무리하는 것이 좋다. 상속재산분할 협의가 되지 않더라도 이 기한 내 취득세를 납부하여야 한다. 납부하지 않으면 20%의 가산세가 있다.

(7) 위 (6)의 설명 중 망인 또는 상속인 중 1명이라도 외국에 주소를 둔

경우(비거주자에 해당하는 경우)에는 사망일로부터 9개월 되는 달의 말일까지를 상속세 신고기한으로 한다. 취득세 납부도 연장되어 사망일로부터 9개월 되는 달의 말일까지 납부하면 가산세 20%가 없다.

(8) 상속세 납부할 세액을 10년 이내 기간 동안 연부연납하거나, 물납하는 경우 상속세 신고(6개월 또는 9개월 내)와 함께 연부연납 또는 물납을 신청하여야 한다.

(9) 배우자상속공제를 5억원 이상 최대 30억원까지 혜택을 받기 원한다면, 배우자가 상속받는 재산 중 부동산은 상속재산분할 소송이 없다면 늦어도 상속세 신고기한(6개월 또는 9개월 내) 경과 후 9개월 이내 상속재산분할 협의에 의해 "상속재산 협의분할 등기"를 한 경우에 한하여 인정하고 있다.
부동산 이외 다른 상속재산도 9개월 내 협의분할이 종료되어야 한다.

(10) 상속세 세무조사는 상속세 신고기한(6개월 또는 9개월 내) 경과 후 9개월 이내 세무조사를 실시하도록 되어 있으나, 9개월 경과하여 세무 조사하는 경우도 있다. 국세청 자체 분석으로 상속재산이 미미하거나 세무조사의 필요성이 없는 경우 서면검토하거나 간편 조사로 신고내용과 기초내용만 확인하고 종결하는 경우도 있을 수 있다.

(11) 상속받은 부동산을 사망일로부터 6개월 이내 매매계약하면 매매금액으로 상속세 과세되고, 상속세 신고기한 경과 후 9개월 이내 매매계약하면 재산평가심의위원회의 심의를 거쳐 매매금액으로 상속세를 다시 계산할 수 있다.

따라서 사망일 이후 15개월 이내 매매할 의사가 있으면 6개월 이내, 15개월 이내 또는 15개월 이후 중 어느 시점에 매매 계약하는 것이 절세에 유리한지 검토하고 진행하는 것이 좋을 것이다.

어떤 절차든지 진행하면서 정해진 기한을 준수하지 않으면 불이익을 당하게 되므로 상속절차도 기한을 잘 체크하면서 진행하여야 불이익을 피하면서 절세혜택을 받을 수 있을 것이다.

한눈에 보는 기한별 상속관련 절차

사망당일	• 사망진단서 또는 사체검안서 발급 ⇒ 병원 및 경찰서로부터 발급받는다.
사망일부터 3~5일 이내	• 장례절차 진행 ⇒ 장례비용, 납골비용 등 영수증을 수취하여야 한다.
사망일부터 1개월 이내	① 사망신고서 제출 ⇒ 사망인의 주소지 관할주민센터 등에서 사망신고 한다. ② 상속재산 및 부채 파악 ⇒ 상속재산은 사망인 주민등록지 주민센터, 구청에서 『안심상속 원스톱 서비스』를 제공받아 확인한다. ⇒ 사망 후 6개월 이내에 하면 되지만, 상속여부에 대한 판단을 위해서는 사망신고와 함께 미리 해두는 것이 좋다
사망일부터 2개월 되는 날의 말일이내	상속재산 중 사망일로부터 소급하여 2년 이내(사망일부터 소급하여 6개월은 제외한 기간)기간 중 ① 매매가액, 감정가액, 공매·경매가액 또는 ② 유사한 재산의 매매 사례가액이 있는 상속재산으로 ① 또는 ② 금액으로 평가를 상속인이 원하는 경우 기한 내에 재산평가심의위원회에 심의를 요청하여야 한다. 망인이 비거주자 이거나 상속인 중 1인이라도 비거주자가 있는 경우 사망일로부터 5개월 되는 날의 말일까지 심의를 요청할수 있다.

사망일부터 3개월 이내	① 상속을 단순승인, 상속포기 또는 한정승인 여부에 대한 판단을 하여야 한다. ② 상속포기신청 또는 한정승인 심판청구 ⇒ 상속포기와 한정승인은 사망인 주소지 관할가정법원에 한다. ⇒ 상속포기나 한정승인이 없을 경우 3개월 경과시 단순승인 된다.
사망일부터 6개월 되는 날까지	상속재산을 감정 평가하는 경우 ⇒ 사망일부터 6개월 되는 날 이전에 신고할 재산의 감정평가서가 작성 완료되어야 한다.
사망일부터 6개월 되는 달의 말일까지 (피상속인 또는 상속인 중 1명이라도 비거주가가 있는 경우 6개월을 9개월로 한다)	① 상속재산의 분할방법 결정, 상속세의 신고 및 납부 ⇒ 6개월(또는 9개월) 이내에 상속세를 신고 및 납부해야 하고 신고기한 경과 시 가산세가 부과된다. ⇒ 상속재산 분할협의가 완료되지 않아도 신고는 해야 한다. ② 상속재산 분할이 완료된 경우 상속재산 등기 및 취득세 납부 ⇒ 상속재산 관할등기소에서 등기한다. ③ 피상속인의 소득세를 신고·납부하여야 한다.
상속세 신고기한(6개월 또는 9개월) 경과 후 9개월 이내	① 배우자 상속받는 재산은 늦어도 신고기한 경과 후 9개월 이내 상속등기 등을 하여야 하고, 부득이 등기 못한 경우 그 사유서를 제출하여야 한다. ② 상속세 세무조사 ⇒ 상속세 신고기한 경과 후 9개월 이내 세무조사를 실시하도록 되어 있으나, 9개월 경과해서 세무 조사하는 경우도 있다. 국세청 자체 분석으로 세무조사 필요성이 없는 경우 조사를 배제하거나 약식으로 하고 있는 경우도 있다.

15. 상속재산은 어떻게 확인할 수 있나요?

핵 심 사망 신고시 "안심상속 원스톱 서비스" 신청

망인이 갑자기 사망한 경우 상속인들은 망인의 재산에 대해서 정확히 알 수 없다

불의의 사고로 망인이 갑자기 사망하였거나 평소 소유한 재산을 그 가족들에게 알려주지 못한 경우라도 상속인은 법정신고기한까지 부동산 및 금융재산 등 상속재산에 대하여 상속세를 신고·납부하게 되어 있으므로 상속재산이 파악되지 않으면 상속세를 제때 신고·납부하지 못하는 경우도 발생할 수도 있었다.

2015년 6월 30일부터 사망신고 시 일괄로 간편하게 상속재산을 통합 조회할 수 있는 '안심상속 원스톱 서비스(www.gov.kr)'가 시행되었다. 이 서비스를 이용하면 관할 지자체에서 사망신고를 하는 자리에서 바로 상속재산 조회를 신청할 수 있고, 구체적인 내용은 아래와 같다.

(1) 안심상속 원스톱서비스(사망자 등 재산조회 통합처리 신청) 제도가 있다.

안심상속 원스톱서비스란, 행정안전부에서는 상속인이 망인의 금융거래, 토지, 자동차, 세금 등의 재산 확인을 위해 개별기관을 일일이 방문하지 않고, 한 번의 통합신청으로 문자·온라인·우편 등으로 결과를 확인하는 서비스를 말하고, 현재 지방자치단체에서 시행하고 있다.

안심상속 원스톱서비스를 통해 제공받을 수 있는 정보는 다음과 같다.

구 분	제공하는 정보
금융거래	피상속인 명의의 모든 금융 채권과 채무
연 금	• 국민연금 : 가입 및 대여금 채무 유무 • 공무원 연금 : 가입 및 대여금 채무 유무 • 사립학교 교직원연금 : 가입 및 대여금 채무 유무 • 군인연금 : 가입 유무 • 건설근로자퇴직연금 : 가입 유무
국 세	국세 체납액 및 납부기한이 남아 있는 미납세금, 국세 환급금
지방세	지방세 체납내역 및 납부기한이 남아 있는 미납세금, 지방세 환급금
토 지	개인별 토지 소유현황
건축물	개인별 건축물 소유현황
자동차	자동차 소유내역

(2) 신청자격은 상속인과 상속인의 대리인이다.

상속인은 민법상 제1순위 상속인인 사망자의 직계비속과 배우자다
 제1순위 상속인이 없을 경우에 한하여 제2순위 상속인인 사망자의 직계존속과 사망자의 배우자가 신청가능하며, 제1순위 및 제2순위 상속인이 없을 경우에는 제3순위 상속인이 신청가능하다.
 그러나 제1순위 상속인의 상속포기로 인한 제2순위 상속인은 제외된다.

(3) 신청방법 및 신청 시기는 다음과 같다.

안심상속 원스톱서비스 신청은 사망신고와 동시에 또는 사망일(상속개시일)이 속한 달의 말일부터 1년 까지 다음 방법에 따라 신청할 수 있다.
- 온라인 신청 : 정부24(www.gov.kr)에서 신청할 수 있다.
- 방문 신청 : 가까운 시·구, 읍·면·동(주민센터)에 방문하여 신청할 수 있다.

(4) 신청에 필요한 서류는 다음과 같다.

안심상속 원스톱서비스를 신청할 때에는 다음 서류를 제출하여야 한다.
① 재산조회 통합처리 신청서
② 신청인의 신분증(대리 시 대리인의 신분증, 상속인의 위임장 및 본인의 서명사실 확인서(또는 인감증명서)
③ 가족관계증명서(사망신고 이후에 별도로 통합처리 신청을 하는 경우에만 제출)

(5) 조회결과는 다음과 같이 확인한다.

　신청인이 신청 시 선택한 방식(우편, 문자, 방문수령 등)에 따라 조회결과를 확인할 수 있다.
　금융거래, 국세, 연금의 경우에는 해당기관의 홈페이지에서 신청인이 조회결과를 각각 확인할 수 있다.

(6) 사망일로부터 소급하여 금융거래내역이 필요하다.

　금융거래의 경우 거래 금융기관과 계좌번호 및 안심상속원스톱서비스 신청시점의 잔액만 알려준다. 따라서 자세한 망인의 금융거래내역 및 사망일 잔액증명서 등은 상속인이 사망진단서와 가족관계증명서를 가지고 해당 금융기관에 방문하여야 한다. 금융거래내역은 엑셀 파일로 받아야 원활한 상속세 검토가 이루어 질 수 있다.

참고 　상속세 신고를 위해 어떤 서류가 필요한가요?

　상속세 신고서에 첨부하여 세무서에 제출하는 서류는 간소화하여 기본적인 서류를 제출하고, 추후 상속세 세무조사 받는 경우 추가로 필요한 서류를 제출하는 것이 좋다고 생각한다.
　그러나 올바른 상속세 신고를 위해선 관련된 자료를 충분히 검토하는 것이 절세에 유리할 것이다
　상속세 검토 및 신고를 준비하는 과정에 필요한 기본적인 서류들을 아래에 정리했으므로 실무에 참고 하시기 바란다.

1. 기본서류

○ 피상속인의 가족관계증명서
○ 상속인(모두)의 주민등록등본
○ 유언장(있는 경우에 한함)
○ 사망진단서(또는 시체검안서)
○ 상속재산 분할협의서 사본
   (상속재산 정리 후 최종 작성하여 신고서에 첨부하여 제출)

2. 상속재산과 관련하여 필요한 서류

(1) 사망일 현재 상속재산으로 신고하는 재산에 관련된 서류

구 분	서 류
부동산 등	○ 토지, 건물 : 등기부등본, 임대차계약서 등 ○ 입주권 : 조합원 주택공급계약서 등 ○ 분양권 : 주택공급계약서, 매매계약서 등 ○ 골프 및 콘도회원권 등 : 회원증 또는 회원확인증 등 　※ 시가 평가 관련 　　- 매매계약서, 감정평가서, 토지수용확인서, 　　　경락대금완납증명서 등
금융재산 (사망일 현재)	○ 예금·펀드 등 : 예금잔액증명서, 거래조회표 등 ○ 보험금 : 보험료 납입증명서, 해약시 해약환급금 계산서 등 ○ 국·공채 : 국·공채 잔액증명서 등 ○ 주권상장주식 : 유가증권 잔고 증명서 등 ○ 비상장주식 : 비상장주식을 평가할 수 있는 서류 　- 사망일 전 3년간의 세무조정계산서, 결산보고서, 감사보고서 등 　- 사망일 현재의 재무제표 및 주식등변동상황명세서, 법인의 자산· 　　부채 관련 서류(부동산, 예금, 유가증권, 퇴직급여추계액명세서 등)

구분	서류
사전증여재산	○ 상속인에게 사망일 전 10년이내 증여한 경우 증여세 신고서 사본 등 ○ 상속인이외의 자에게 사망일 전 5년 이내 증여한 경우 증여세 신고서 사본 등
보험금	보험금 지급 내역서 등
퇴직금	퇴직소득 원천징수영수증 등
신탁재산	신탁잔액증명서 등
차량 등	○ 차량(자동차등록증 또는 자동차등록 원부), 선박(선박 원부), 어선(어선 원부), 항공기(항공기등록 원부), ○ 상속으로 소유권이전 취득세 영수증 등
기 타	영업권, 어업권, 특허권, 실용신안권, 상표권, 디자인권, 저작권, 광업권, 국외재산 등 이 있는 경우 관련 증빙 등

(2) 사망일 전 2년 이내 거래 확인 위해 필요한 서류 - 필수서류

구 분	서 류
현금·예금 및 유가증권	사망일 전 2년 이내의 모든 통장(정기·적금, 보통예금 등) 입·출금 거래내역조회표 및 소명할 서류 등
부동산 및 부동산에 관한 권리	사망일 전 2년 이내 부동산 등 매매계약서 사본, 소명할 서류 등
부담채무	사망일 전 2년 이내 대출거래내역서, 소명할 서류 등
기타 재산	관련 서류

(3) 사망일 전 10년 이내 사전증여재산 확인 위해 필요한 서류 - 선택

구 분	서 류
사망일 전 10년 이내에 상속인 및 5년 이내에 상속인 이외의 자에게 증여한 재산이 있는지 확인	○ 사망일 전 10년 이내의 모든 통장 　(정기·적금, 보통 금 등) 입·출금 거래내역조회표 등 ○ 사망일 전 10년 이내의 부동산 양도, 채무발생 서류

3. 공과금 · 장례비용 및 채무 관련 서류

구 분	서 류
공과금	사망일 현재 피상속인이 부담해야 할 공과금 (소득세, 부가가치세, 재산세, 종합부동산세, 전화요금, 수도요금, 전기료, 아파트 관리비 등 각종 제세공과금 영수증 및 납부서)
장례비용	장례비 관련서류(영수증, 신용카드매출전표, 납골당 계약서 등)
채무 (사망일 현재)	○ 금융회사 등의 대출관련 잔액 확인 서류(부채잔액증명서) ○ 임대건물의 경우 상가, 주택의 임대차계약서와 부가가치세 신고서(주택의 경우 사업장현황 신고서) 사본 ○ 신용카드 월별 이용대금 명세서(상속개시일 이후 결제분) ○ 병원비 미지급액(일자별 진료비 납입확인서) ○ 차용증서(사채는 이자지급 내역 등이 필요) 등 채무를 확인할 수 있는 서류

16. 상속포기로 후 순위 상속인이 상속받는 경우 상속세에 영향 있나요?

> **핵 심** 10가지 상속공제 적용배제

홀로 계시던 부모님이 사망한 경우 1순위 상속인은 자녀가 되고, 2순위 상속인은 손자·손녀가 된다.

부모님이 생전에 손자·손녀에게 모든 재산을 상속하겠다고 유언을 남기거나, 1순위 상속인인 자녀가 "민법에 의한 상속포기"를 하는 경우 2순위 상속인의 손자·손녀가 상속받게 된다.

이렇게 상속포기를 하거나 유언에 의해 1순위 상속인이 상속받지 못하고 1순위 이외의 다른 사람이 상속받는 경우 다양한 상속공제 절세혜택을 받지 못한다.

구체적으로 기초공제(2억원), 자녀공제(1인당 5천만원), 미성년자공제(19세까지 연1천만원), 연로자공제(65세 이상, 1인당 5천만원), 장애인공제(기대수명까지 연1천만원), 일괄공제(5억원), 배우자공제(최소5억, 최대 30억), 금융재산상속공제(금융재산의 20%로 최소 2천만원에서 최대 2억원 한도), 동거주택상속공제(최대6억원), 재해손실공제의 각종 상속세 혜택을 받을 수 없다.

그러나 1순위 상속인이 없는 경우 2순위 상속인이 상속받거나, 1순위 및 2순위 상속인이 없어 3순위 상속인으로 <u>상속순위가 자연적으로 이전되는 경우 각종 공제혜택을 받을 수 있지만</u>, 유언, 상속포기 등 인위적으로 상속순위를 변경하는 경우 각종 공제혜택을 배제하고 있다.

예를 들면, 母와 형제가 함께 살던 중 미혼의 큰 아들이 예금 10억원의 재산을 남기고 사망하였다면, 상속 1순위는 母이고, 상속 2순위는 남동생이 된다. 연로하신 母가 상속받으면 나중에 또 상속세가 있기 때문에 母가 상속포기하고 남동생이 10억원을 전부 상속받는 경우가 있다.

이 경우 母가 상속받았으면 일괄공제 5억원(기초공제, 자녀공제, 미성년자공제, 연로자공제, 장애인공제를 합한 금액이 5억원 이하인 경우 최소 5억원을 공제해 주고 이를 "일괄공제"라 칭한다), 금융재산상속으로 2억원을 공제 받아 3억원(10억-5억원-2억원)에 대한 상속세로 약 5천만원을 부담하면 된다.

그러나 母가 상속포기 했기 때문에 7억원의 공제혜택을 한 푼도 못 받아 10억원에 대한 상속세로 약 24,000만원을 내야한다.

의 견

실무에서 상속포기하면 상속재산에서 각종공제 혜택이 없다는 것을 모르고 상속포기하여 가산세를 포함한 상속세를 징수 당하는 경우가 간혹 있으므로 주의하여야 할 것이다.

17. 계부모 사망 시 의붓자녀(계자)는 재산을 상속받을 수 있나요?

핵 심 의붓자녀 상속권 없다.

　요즘 이혼가정이 증가하고, 새로운 배우자를 만나 재혼가정을 꾸리는 경우도 많이 늘어났다.
　재혼 가정의 자녀는 계부 또는 계모와 새로운 생활을 하면서 친부모와 친자녀의 관계 못지않게 좋은 관계를 형성하고, 때로는 연세가 많아진 계부·계모를 부양 하는 경우도 있다.

　그러나 재혼한 배우자의 자녀(의붓자녀)는 자연혈족관계도 아니고 법정혈족관계도 아니기 때문에 민법상 계모·계부(계부모)의 재산 상속인이 되지 않는다.

　계부모가 의붓자녀에게 재산을 물려주고 싶은 경우 상속권이 없으므로
　① 생전에 재산을 증여를 하거나,
　② 생전 유언을 통해 상속하는 방법 중 선택할 수 있다.

의붓자녀가 계부모 재산의 상속권을 가지려면 계부모가 친양자로 입양하는 것이다. 민법에서 친양자로 입양하면 법정혈족관계를 인정하여 상속권을 주기 때문이다.

계부모가 의붓자녀에게 재산을 증여하는 경우
① 재혼한 배우자의 생전에 증여하면 증여재산공제로 5천만원 공제가 인정되지만,
② 재혼한 배우자가 사망한 후 증여하는 경우 1천만원 공제를 적용한다.

18. 신고해야 할 상속재산은 어떤 것들이 있나요?

> **핵심** 사망일 소유재산, 10년 이내 증여 및 증여로 보는 재산

망인의 상속세 신고시 상속재산으로 신고해야 할 재산은 사망일 기준으로 망인의 재산이라고 할 수 있는 모든 재산과 사망일로부터 소급하여 10년 이내 상속인 또는 5년 이내 상속인 이외의 자에게 증여한 재산과 경제적 효과가 증여로 인정되는 금액을 상속재산에 포함하여 상속세 신고를 하여야 한다. 이하에서 좀 더 구체적으로 살펴보기로 한다.

(1) 사망일 현재 망인의 재산이라고 할 수 있는 모든 재산은 상속재산이다.

사망일 현재 망인에게 귀속되는 모든 재산을 말하며,
① 금전으로 환산할 수 있는 경제적 가치가 있는 모든 물건
② 재산적 가치가 있는 법률상 또는 사실상의 모든 권리를 포함한다.
따라서 토지·건물 등 부동산, 각종 회원권, 자동차, 예금, 채권, 무채재산권, 신탁수익권 등도 포함되며, 영업권도 상속재산에 포함된다.

망인이 유언으로 상속인 또는 상속인 이외의 자에게 증여하는 재산도 상속재산에 포함한다.

다만, 망인의 일신에 전속하는 것으로서 사망으로 인하여 소멸되는 것(예 : 부양청구권, 생활보호수급권 등)은 제외한다.

망인의 사망으로 상속인 등이 지급받는 보험금, 퇴직금을 상속재산에 포함시켜야 하고, 망인이 신탁한 재산과 망인이 신탁의 이익을 받을 권리와 수익자연속신탁 수익권은 상속재산에 포함한다.

사망일 현재 보유하고 있는 차명예금, 차명주식, 차명부동산 및 가수금 등이 있는 경우 상속재산에 포함하여야 하지만, 각자 상황에 따라 잘 판단하여야 한다.

(2) 상속세법에서 규정한 추정상속재산은 상속재산으로 본다.

망인이 사망 전에 재산을 처분한 금액 또는 통장에서 인출한 금액이 사망일로부터 소급하여
① 1년 이내 2억원 이상이거나
② 2년 이내 5억원 이상인 경우로서 처분금액 또는 인출한 금액의 용도가 객관적으로 명확하지 않은 금액에 대해 일정금액을 상속재산에 합산하여야 한다.

그리고 망인의 채무로 사망일로부터 소급하여
① 1년 이내 2억원 이상이거나
② 2년 이내 5억원이상 채무가 발생한 경우 채무의 사용처가 객관적으로 명확하지 않은 금액에 대해 일정금액을 상속재산에 합산하여야 한다.

망인이 사망 전 부동산을 매각한 경우 매각금액의 통장에 입금 유무를 잘 확인하여야 하고, 입금 안 된 금액은 그 사용처를 확인하고 상속재산 포함유무를 판단하여야 한다. 그리고 매각금액의 사용처도 확인해 두어야 한다.

(3) 사망일로부터 10년 또는 5년 이내 증여한 재산을 상속재산에 합산한다.

사망일로부터 소급하여 10년 이내 상속인에게 증여한 재산 및 5년 이내 상속인 이외의 자에게 증여하고 증여세 신고한 부동산, 주식, 현금 등이 있는 경우 상속재산에 합산한다. 실무에서 실수로 합산신고를 누락하는 경우가 종종 있다.

망인이 증여하고 증여세 신고하지 못한 재산이 있는 경우에도 상속재산에 합산하여야 한다.

상속세 세무 조사하는 경우 망인의 통장을 사망일로부터 소급하여 10년 동안 거래내역을 조사하는데, 거래내역 중 상속인 또는 상속인 이외의 자에게 증여하고 증여세 신고가 되어있지 않은 금액은 상속재산에 합산하므로, 상속세 신고시 미리 망인의 10년 동안 통장 거래내역을 확인하여 증여한 금액이 있으면 상속재산에 합산하여 신고하는 것을 고려하여야 한다.

(4) 증여의 경제적 효과로 증여세 과세되는 증여이익은 상속재산에 합산한다.

망인이 사망일로부터 10년 이내 상속인 또는 5년 이내 상속인 이외의 자에게 경제적 효과가 증여로 인정될 수 있는 이익을 제공하여 증여세 과세대상이 되는 것으로 상속증여세법에 상속재산에 합산하도록 열거한 증여에 대해 상속재산에 합산하여야 한다.

예를 들면, 망인이
① 부동산을 자녀에게 저가 양도하거나 고가로 양수하여 자녀가 얻은 이익이 증여세 과세되는 금액
② 자녀에게 금전을 무상 대여하여 자녀가 얻은 이익이 증여세 과세되는 금액
③ 자녀에게 부동산을 무상 사용하게 하여 자녀가 얻은 이익이 증여세 과세되는 금액
④ 망인이 가족법인을 통해 자녀 등에게 무상증여로 본 이익이 증여세 과세되는 금액 등이 있다.

그러나 자녀가 얻은 이익은 있지만 예외에 해당하여 증여세가 과세되지 않은 금액은 합산하지 않는다.

의 견

위에서 열거된 상속재산, 증여재산 및 증여이익을 합친 일정금액을 기준으로 내부 업무처리 지침에 따라 상속세 세무조사를 일선세무서 또는 지방국세청에서 나누어 실시하고, 조사강도는 차이가 없다고 생각한다.

상속세 세무조사 할 때 상속재산을 신고해야할 재산 중 누락된 재산이 있는지 확인하는 절차를 제일 먼저 진행하고, 실무적으로 망인이 생전에 증여한 재산 또는 증여의 경제적 효과가 있는 증여에 대해 상속재산에 합산하는 것을 누락하는 실수가 종종 발생하므로 주의하여야 한다.

19. 망인이 빌려준 회수 불분명한 채권을 상속재산으로 신고해야 하나요?

핵심 사망일 현재 상황으로 채권유무 판단

부모님이 지인에게 금전을 빌려주고 이자를 받기로 했다면, 빌려준 원금과 부모님 사망일까지 받지 못한 이자를 합한 금액을 상속재산에 포함시켜 상속세 신고를 해야 한다.

그러나 부모님이 빌려준 금전을 받을 수 없는 경우(회수 불가능한 채권) 또는 일부만 회수 가능한 경우 등이 있을 수 있다.
이 경우 다음과 같은 기준으로 상속재산에 포함 유무를 결정하여야 할 것이다.

첫째, 회수불가능한 채권인지, 일부만 회수할 수 있는지 등의 판단시점은 <u>부모님 사망일 기준으로 판단</u>한다. 따라서 사망일 이후에 채무자의 도산 등의 사유로 회수 불가능한 경우 회수불가능채권으로 보지 않기 때문에 상속재산에 포함하여야 한다.

둘째, 회수불가능한 채권인지 유무는 사망일 당시 상황으로 일반적으로 채무자가 파산, 화의, 회사정리 혹은 강제집행 등의 절차개시를 받거나 사업폐쇄, 행방불명, 형의 집행 등에 의하여 채무초과의 상태가 상당 기간 계속되면서 달리 융자를 받을 가능성도 없고, 재기의 방도도 서 있지 않는 등의 사정에 의하여 사실상 채권을 회수할 수 없는 상황에 있는 것이 객관적으로 인정될 수 있는지의 여부로 결정하여야 할 것이다.

셋째, 회수 불가능한 채권금액이 얼마인지 판단할 때, 상속재산인 금전채권의 전부 또는 일부 금액이 사망일 현재 회수 불가능한 것으로 인정되지는 않더라도 사망일 당시에 그 회수가능성을 의심할 만한 중대한 사유가 발생(이미 채무자의 자금사정이 어려워 상당기간 채권의 회수가 지연되거나 채무자의 신용상태가 급격히 악화 되는 등의 사유가 발생한 경우를 말한다)하여 채권원금에 사망일까지 미수이자 상당액을 가산한 금액으로 그 채권가액을 평가하는 것이 현저히 불합리하다고 인정되는 경우에는 그 금액을 상속재산으로 평가할 수 없고 다른 객관적이고 합리적인 방법에 의해 평가하도록 판시한 대법원 판례가 있다.

즉, 사망일 기준으로 채권금액 전부 회수할 수 없는 경우 회수할 수 있는 금액으로 평가한 금액을 상속재산으로 할 수 있다고 판결한 대법원 판례라고 생각한다.

> **의 견**

회수 불가능한 채권 및 일부만 회수할 수 있다는 객관적 사실관계를 망인의 자녀(상속인)가 입증해야 상속재산에서 제외시킬 수 있는데, 현실적으로 자녀들이 금전을 빌려준 구체적 내용과 채무자의 변제 능력 등 개인적 사정을 알 수 없기 때문에 회수가능 채권인지, 회수불가능한 채권인지, 회수 불가능한 금액이 얼마인지 정확히 확인하고 적법한 판단으로 상속재산에 포함 유무를 결정하는 것은 어려운 일이다.

만약, 상속인(자녀)은 회수할 가능성이 미미하거나 거의 없는 망인(부모님)의 채권과 미수이자를 상속재산에 포함시켜 상속세를 냈는데, 추후 채권과 미수이자를 회수하지 못하는 경우 상속세만 부담하는 아주 억울한 일이 발생할 수도 있다.

따라서 망인의 금전채권을 상속재산으로 할 것인지 등은 현실적인 상황 등을 고려해 판단하고 결정하여야 할 것이다.

20. 상속재산은 자녀, 상속채무는 배우자가 상속받을 수 있나요?

> **핵심** 상속받은 재산을 초과한 채무 상속은 증여

　망인의 상속재산과 채무는 상속인이 승계하도록 되어 있다.
　상속재산은 상속인들이 협의하여 분할하여야 하지만, 협의가 안 되는 경우 법정상속지분대로 분할하게 되어 있다.

　민법에서 상속채무는 원칙적으로 상속개시와 동시에 당연히 법정상속분에 따라 공동상속인에게 귀속되는 것이므로, 상속재산분할의 대상이 될 여지가 없다.
　따라서 상속인들이 협의하여 특정 상속인이 상속채무를 전부 또는 일부 승계하는 협의가 인정되지 않는다.
　단, 채권자가 채권에 대해 상속인들의 협의 내용을 승낙하는 경우 채무 분할이 가능하다.

　국세청은 상속세와 관련하여 상속개시 후 최초로 공동상속인간에 상속재산을 협의 분할함에 있어 특정상속인이 법정상속분을 초과하여 재산을

취득하는 경우에도 증여세 과세 문제는 발생하지 않지만, <u>상속인 중 1인이 그가 상속받은 재산가액을 초과하는 채무를 인수함으로써 다른 상속인이 얻은 이익에 대하여는 증여세가 과세</u>된다고 해석하고 있다.

 예를 들면, 2005.11.15 아버지가 사망하여 아파트를 어머니와 아들(23세)이 1/2씩 공동 상속받았다. 아파트의 현재시가는 15억원 정도이나 아파트를 담보로 한 아버지의 부채가 8억원이 있다.
 아파트를 공동 상속받고 어머니가 부채 8억원을 갚기로 약정하였다.
 이 경우 어머니가 부채를 갚았을 경우 아들에게 채무액 8억원 중 1/2에 해당하는 4억원에 대하여 증여세를 과세한다.

 따라서 민법과 달리 상속세법에서는 상속채무를 상속인들의 협의분할을 인정하지만, 각 상속인이 받은 상속재산을 초과하는 상속채무를 승계받기로 협의한 경우 증여세 문제가 발생한다.

21. 퇴직금은 상속세에 어떤 영향이 있나요?

핵 심 망인이 사장이면 상속채무, 임직원이면 상속재산

망인(피상속인)이 개인사업 운영 중 사망한 경우 직원에게 지급할 퇴직금이 있고, 법인을 운영하면서 임직원으로 급여를 받던 중 사망한 경우 임직원으로 받아야 할 퇴직금이 있다.

지급해야 할 퇴직금은 상속채무이고 받아야 할 퇴직금은 상속재산이므로 구분해서 살펴보면 아래와 같다.

(1) 개인사업으로 종업원에게 지급할 퇴직금은 상속채무다.

사망자가 개인 사업을 하던 중 사망한 경우, 사업과 관련하여 고용한 직원의 퇴직금을 미지급하고 사망하였기 때문에 사망일까지 지급할 퇴직금 상당액은 사망자의 상속채무에 해당하여 상속재산에서 공제 받을 수 있다.

직원에게 지급할 퇴직금 상당액은 고용계약이나 퇴직금지급규정에 의해

지급해야 할 금액을 확인할 수 있는 경우 해당 금액으로 하고, 확인할 수 없는 경우 근로기준법에 의해 계산된 금액으로 자녀 등 상속인이 실제 부담하는 금액을 상속채무로 상속재산에서 공제할 수 있다.

(2) 근로자로 재직 중 사망으로 받아야 할 퇴직금은 상속재산이다.

망인(피상속인)이 근로자로 재직하면서 급여를 받던 중 사망한 경우 회사로부터 받아야 할 퇴직금은 상속재산으로 상속세 신고하여야 하고, 설사 받지 못하여도 상속재산에 포함하여야 한다.

(3) 법인의 임원으로 근무 중 사망한 경우 퇴직금은 상속재산이다.

망인(피상속인)이 영리법인의 사장 또는 임원으로 회사를 운영하던 중 사망한 경우 법인으로부터 받아야 할 퇴직금은 상속재산에 해당한다.

사장을 포함한 임원에 대한 퇴직금은 별도로 정관에 규정하거나, 정관에서 위임된 임원퇴직금지급규정 등에 의해 구체적으로 계산될 수 있는 퇴직금을 상속재산으로 한다.

임원에 대한 퇴직금에 대해
① 정관에 지급규정이 없거나
② 임원퇴직금지급규정이 없지만, 주주총회 결의로 사망한 임원의 퇴직금을 구체적으로 정한 경우 그 금액을 퇴직금으로 인정하여 상속재산에 포함시킨다.

그러나 임원 퇴직금에 대해 주주총회 결의가 없거나 결의가 있어도 명확히 결의하지 않은 경우 상속재산에 포함시키지 않는다.

주의할 것은 법인사업을 하던 사장이 사망하여 임원퇴직금지급규정 등에 의해 회사로부터 받아야 할 퇴직금을 상속인이 받지 않거나, 가족이 주주로 되어 있는 법인(가족법인)의 경우 법인에 근무하는 가족이 사망한 경우 퇴직금을 지급하지 않는 경우가 있다.
이런 경우 상속인이 퇴직금을 안 받아도 상속재산으로 상속세가 과세되고, 퇴직금을 상속인이 받아 법인에 퇴직금(퇴직금에 대한 소득세를 차감한 금액)을 증여한 것으로 취급되어 법인세가 과세되므로 주의하여야 할 것이다.

퇴직금에 대해 퇴직 소득세와 상속세가 과세되면, 중복과세로 퇴직금의 2/3정도를 세금으로 납부하는 결과가 될 수 있다. 따라서 퇴직금문제가 발생할 수 있는 경우 미리 검토하고 준비하면 절세할 수 있다고 생각한다.

(4) 상속받는 주식 평가시 법인이 지급할 퇴직금은 부채로 본다.

가족법인의 주주면서 임원에 해당하는 자가 사망한 경우 가족법인 주식 평가 시 임원에게 퇴직금지급규정 등이 있어 퇴직금을 지급해야 한다면 법인부채에 포함하여 주식을 평가해야 하고, 퇴직금지급규정 등이 없어 퇴직금을 지급하지 않았다면 법인부채에 포함시키지 않고 주식을 평가해야 한다.

22. 보험금에 상속세 또는 증여세가 과세되는 기준은 무엇인가요?

> **핵심** 보험료 불입자와 피보험자의 관계

보험금으로 상속세 또는 증여세가 과세되는 보험은 생명보험과 손해보험이 있다.

생명보험은 사람의 신체에 대해 발생한 사고를 보상목적으로 하는 보험이고, 손해보험은 사고로 인해 재산에 발생한 손해를 보상하는 보험이다.

보험에 가입할 때 보험가입자(계약자), 보험사고의 대상이 되는 피보험자, 보험사고 발생시 보험금을 수령하는 보험수익자가 있다.

보험료를 실제 누가 부담했는지가 중요한데 일반적으로 보험계약자가 보험료를 납입하지만 계약자 이외의 자가 보험료를 실제 납입하는 경우도 있다.

요즘은 보험료를 통장에서 자동이체로 납입하는 경우가 대부분이므로 누가 실제 보험료를 납부했는지 쉽게 확인 할 수 있다.

(1) 보험료 납입자의 사망으로 받는 보험금은 상속재산이다.

생명보험과 손해보험에서 실제 보험료를 납입한 사람이 피보험자로 사망하여 수령하는 보험금은 상속재산에 포함된다.

전업주부인 아내가 남편에게 받은 생활비를 절약하여 보험료를 납부한 경우 피보험자가 남편으로 사망하여 받은 보험금은 상속재산에 포함될 수 있다. 그 이유는 남편 돈으로 보험료를 납부했기 때문이다.

보험금의 수익자가 특정 상속인으로 지정된 경우 지정된 상속인이 수령하고 상속재산에 포함하여야 한다. 다른 상속인이 수령하거나 수령하여 다른 상속인이 사용하는 경우 증여에 해당될 수 있다.

보험금의 수익자가 배우자인 경우 배우자상속공제 한도 계산시 상속재산에 포함하고, 배우자가 상속받은 재산에 포함하여 공제 한도를 판단한다.

보험금을 수령하는 수익자가 상속인 또는 상속인 이외의 자가 될 수 있는데, 상속인 이외의 자가 보험금을 수령하는 경우 "유증"받은 것으로 보아 상속재산에 포함한다.

상속인 이외의 자가 보험금을 "유증"받은 경우 상속공제가 배제되고, 상속인 이외의 자가 손 자녀인 경우 상속세가 30% 할증과세 된다. 그리고 배우자상속공제 한도 계산시 상속재산에 포함하지 않는다.

상속인 이외의 자가 보험금 수령을 포기하는 경우 상속인의 협의분할대상 상속재산에 해당한다.

(2) 보험금 사고 발생하기 전 보험료납입자가 사망한 경우 보험료가 상속재산이다.

보험계약자(보험료 납부자)와 피보험자가 다른 경우로서 보험사고가 발생하기 전에 보험계약자가 사망한 경우에는 「상속세증여세법」의 보험금의 상속·증여 규정은 적용되지 않는다.

망인이 납부한 보험료상당액은 상속재산으로서 상속개시일까지 망인이 납부한 보험료의 합계액과 이에 가산되는 이자수입상당액을 합계하여 상속재산으로 평가하여 상속재산에 포함한다.

다만, 상속인이 상속개시 후에 당해 보험계약을 해지하고 수령하는 해약환급금을 상속재산의 가액으로 하여 상속세를 신고하는 경우에는 그 해약환급금 상당액으로 평가할 수 있다.

실무에선 해약환급금 예상액으로 평가하는 경우도 있다.

(3) 보험료 납입자가 생존하며 받는 보험금은 증여재산이다.

보험사고 시점에 보험료를 납입한 사람이 살아있는 경우 보험료 납입자가 수익자(보험금 수령인)에게 보험금을 증여한 것으로 보고 증여세를 과세한다.

(4) 자녀가 보험료 납입하고 피보험자가 부모인 경우 증여, 상속 아니다.

피보험자를 부모님으로 하고 보험의 계약자 및 수익자를 자녀명의로 하고 자녀가 적법하게 얻은 소득 또는 자금으로 보험료를 납입하던 중 부모님이 보험사고 발생하여 자녀가 보험금을 수령하는 경우 증여세 또는 상속세 과세 문제는 발생하지 않는다.

이는 자녀 본인의 자금으로 보험료를 납입하고 본인이 보험금을 받는 것이기 때문에 증여 또는 상속에 해당되지 않는다.

(5) 실질 보험료 납입자의 판단이 중요하다.

보험금에 대한 증여세 또는 상속세 문제는 실질적인 보험료 납입자와 보험금 수령인이 누구인가에 따라 세금문제가 결정된다고 할 수 있다.

부모가 보험을 계약하고 보험료 납부 중 계약자를 자녀로 변경하고 자녀가 보험료를 납부하는 경우 보험사고 발생으로 수령하는 보험금은 전체 보험료를 각자 납부비율로 안분하여 증여액 또는 상속금액을 판단한다.

부모가 자녀에게 보험료 상당액을 현금으로 증여한 후 자녀가 증여받은 자금으로 보험료를 납입하는 경우가 있다.

이 경우 현금을 증여하는 시점에 증여세가 발생하고 추후 보험금을 수령하는 시점에 수령한 보험금에서 납입한 보험료를 차감한 보험차익이 발생하는 경우 그 보험차익에 대해 추가 증여세를 과세하도록 되어 있다.

의 견

보험회사는 해약환급금 및 중도 인출금을 포함한 보험금을 지급하거나 계약자의 명의를 변경하는 경우, 지급명세서 또는 명의변경명세서를 분기마다 세무서장에게 제출하여야 한다.

이러한 절차 때문에 매월 보험료를 납입하는 경우에는 증여가 드러나지 않지만, 향후 보험금 지급 관련 자료가 국세청에 통보되어 증여재산인지 상속재산인지 알 수 있는 상황이 발생하게 되므로 주의하여야 한다.

23. 조부모가 불입한 보험금의 수익자가 손 자녀인 경우 상속세에 영향이 있나요?

핵심 법정상속인 유무에 따라 세금 차이발생

부모님이 생명보험 또는 손해보험계약을 하고 보험료를 납부하던 중 부모님 사망을 원인으로 자녀가 수령하는 보험금은 상속재산에 포함되어 상속세가 과세된다.

그러나 조부모가 보험료를 납입하던 중 사망으로 보험금 수익자로 지정된 손자·손녀가 보험금을 받는 경우 손자·손녀가 법정상속인에 해당하는지 유무에 따라 상속세에 큰 영향을 미친다.

(1) 손자·손녀가 법정상속인이 아니면서 받는 보험금은 상속공제 못 받는다.

보험금의 수익자가 자녀 등 법정상속인으로 지정되어 있어서 자녀 등이 보험금을 받는 경우 상속재산 중 금융재산으로 분류되어 20%의 금융재산상속공제 혜택(한도 2억원)을 받을 수 있고, 보험금에서 기초공제, 자녀공제, 미성년자공제, 장애인공제 등 각종 상속공제 혜택을 받을 수 있다.

그러나 보험금의 수익자가 자녀 등 법정상속인이 아닌 손자·손녀 등 다른 사람으로 지정되어 있는 경우 유언증여로 취급하여 보험금을 상속재산에 포함하지만, 법정상속인이 상속받는 재산이 아니므로 20%의 금융재산 상속공제 혜택을 받을 수 없고, 보험금에서 각종 상속공제 혜택을 받지 못한다.

그리고 보험금의 수익자가 자녀 등 법정상속인이 아니고 세대를 건너뛴 손자·손녀가 받는 보험금에 대해 30% 할증세율을 적용하여 상속세를 많이 부담하게 된다.

이러한 피해를 없애려면 상속세 신고기한 전에 손자·손녀가 보험금을 받을 권리를 포기하면 된다.
받을 권리가 포기된 보험금은 자녀 등 법정상속인이 상속받게 되어 금융재산 상속공제 및 각종 상속공제 혜택을 적용받을 수 있고 상속세 30% 할증세율도 적용되지 않는다.

따라서 절세를 원한다면 보험금을 받을 권리를 포기하는 절차를 밟아 손자·손녀가 법적으로 보험금을 받을 권리를 포기하고 자녀 등 법정상속인이 상속받게 하면 각종 공제혜택을 받으면서 30% 할증세율도 적용받지 않아 상속세를 절세할 수 있고, 보험금을 상속받은 자녀가 손자·손녀(자녀의 아들, 딸)에게 증여하면 증여재산공제(5천만원, 미성년자는 2천만원)의 혜택을 받으면서 30% 할증세율을 피할 수 있다.

(2) 손자·손녀가 법정상속인인 경우 보험금은 상속공제 받는다.

부모님이 먼저 사망하고 조부모가 나중에 사망한 경우 손자·손녀가 대습상속인으로 조부모의 법정상속인에 해당한다.
위에서 설명하였듯이 손자·손녀가 법정상속인에 해당하는 경우 각종 상속공제 혜택을 모두 받을 수 있고, 상속세에서 30% 할증세율도 적용받지 않는다.

24. 사망 전 현금을 인출하면 상속세를 절세할 수 있나요?

> **핵심** 인출액의 사용처 입증책임은 상속인

부모님이 중병으로 위중한 경우 자녀 등은 추후 상속세를 걱정하고 부모님 통장에 예금이 많이 있으면 상속될 재산을 줄이기 위해 현금을 인출하는 경우가 있다.

많은 금액을 현금 인출하기 어려우므로 수표로 인출하거나 지인명의로 송금하여 부모님 은행잔고를 줄이는 경우도 있다. 엄격히 말하면 이런 행위는 절세가 아니라 탈세행위 이다.

국세청은 상속세를 조사하는 경우 망인(피상속인)의 은행거래내역 및 상속인의 은행거래내역을 조사할 수 있고, 망인의 출금전표 및 망인 통장에서 발행된 수표의 최종 귀속자까지 확인하기 위해 이서된 수표 뒷면을 금융기관에 요청할 수 있다.

이러한 조사과정에서 망인 통장에서 인출된 현금, 수표 등이 상속인에게 귀속된 것이 확인되면 증여세 및 상속세를 과세한다.

통장에서 "순 인출된 금액"이 상속개시일로부터 2년 이내 5억원 이상, 1년 이내 2억원 이상인 경우로서 사용처가 확인되지 않는 금액이 순 인출액의 20% 또는 2억원 중 소액을 초과하는 경우 그 초과액은 상속재산에 포함하도록 하여 현금인출 등으로 상속세 회피하는 것을 방지하고 있다.

현금을 포함하여 순 인출액이 1년 이내 2억원 미만이거나 2년 이내 5억원 미만인 경우 현금 등 인출액의 사용처를 밝히지 않아도 된다.

순 인출액이 2억원 또는 5억원 이상으로 사용처를 밝혀야 하는 경우 그 책임은 상속인에게 있고, 밝히지 못하면 상속재산으로 추정하여 상속세를 부담해야 한다.

"순 인출된 금액"이란, 『현금·수표인출, 타인송금, 카드대금, 정기예금, 생활비, 전기료 등 모든 인출액에서 인출된 금액 중 재 입금된 금액을 차감한 금액』을 말한다.

사례를 들어 설명하면 아래와 같다.

사례 1

망인이 1년 이내 현금, 수표, 생활비, 카드대금, 통신비 등으로 통장에서의 인출액이 19,000만원이고 인출된 금액 중 재 입금된 금액이 0원인 경우 "1년 이내 순 인출된 금액"이 2억원 미만이므로 19,000만원에 대해 추가 상속세 과세문제를 다투지 않을 수 있지만, 상속인에게 귀속된 금액이 확인되면 증여세 및 상속세를 징수한다.

사례 2

망인이 2년 동안 인출한 내역이 현금인출 1억원, 타인송금 2억원, 카드대금 1억원, 정기예금 3억원, 생활비 1억원으로 총 인출액이 8억원이고, 정기예금 만기로 재 입금된 금액이 2억원인 경우가 있다.

이 경우 순 인출액은 6억원(총 인출액8억원-재입금액 2억원)으로 2년 이내 5억원 이상이므로 인출금의 사용처를 세무서에 소명하여야 하며 소명하지 못한 금액은 상속재산으로 추정하여 상속세가 과세될 수 있다.

이때 사용처를 밝히지 못하는 금액이

① 순 인출액 6억원의 20%(12,000만원) 미만인 경우 6억원 전부 사용처를 밝힌 것으로 인정해주고,

② 순 인출액 6억원의 20% 이상인 경우 20% 이상 되는 금액은 상속재산에 포함하여 상속세를 과세한다.

귀속이 명확히 확인되지 않는 인출금은 모두 사용처가 확인되지 않는 금액으로 본다.

따라서 사용처가 확인되지 않는 금액은 현금인출 1억원과 타인송금 2억원으로 총 3억원이 된다.

사용처가 확인되지 않는 3억원 중 12,000만원(6억원의 20%)을 차감한 18,000만원을 상속재산에 합산하여 상속세를 과세한다.

사례 3

사례로 설명하긴 어렵지만 경우에 따라 세무서는 <u>20% 기준 없이 특정 현금 인출은 모두 증여 및 상속재산에 합산</u>하여 상속세를 과세하는 경우도 있을 수 있다.

의 견

위 사례에서 알 수 있듯이 상속세 절세를 위해 사망 전 현금인출 문제는 통장 전제를 보고 판단할 수 있는 깃이지, 의뢰인의 단순한 몇 마디로 판단할 수 있는 사항은 아니다.
사망 전 현금인출금액은 금융재산상속공제(20%)를 적용받지 못하는 문제도 있다.
따라서 사망 전 현금인출이 상속세 절세를 위해 반드시 좋은 것은 아니지만, 현금인출은 상황에 따라 다르게 판단할 수 있다.

25. 권리금(영업권)이 있는 사업장을 자녀에게 상속·증여시 세금이 있나요?

| 핵 심 | 영업권은 증여세, 상속세, 기타소득으로 과세 |

점포를 매매하면서 위치 또는 영업이 잘 되는 정도에 따라 주고받는 금액을 일상적으로 "권리금"이라고 하는데, 법률상 용어는 "영업권"이라고 한다.

그러나 일상에서 사업장의 시설물과 함께 영업권을 묶어서 권리금이라고 하는 경우가 대부분 이지만, 여기선 순수한 영업권을 기준으로 설명한다.

"영업권"이란 여러 가지 영업상 기능 내지 특성으로 동종의 사업을 영위하는 다른 회사의 통상수익보다 높은 수익을 올릴 수 있는 초과수익력이라는 무형의 재산적 가치를 말한다고 할 수 있다.

쉽게 말해 다른 동종의 영업장보다 높은 이익을 창출하는 것에 대해 금전으로 평가한 가치를 말하는 것이다.

영업권을 평가하는 방법은 시가로 하고 시가를 알 수 없는 경우 지난 3년 동안의 영업성과로 평가한다.

개인이 운영한 사업장에서 발생한 영업권을 이전하는 경우 다음과 같이 과세한다.

첫째, 토지, 건물 및 부동산에 관한 권리와 함께 영업권을 양도하는 경우 양도소득에 포함하여 양도소득세로 과세한다.

둘째, 영업권을 영업장과 함께 타인에게 양도하는 경우 기타소득으로 과세한다. 주로 사업장을 임차한 경우 발생한다.

셋째, 영업권을 영업장과 함께 자녀에게 상속하는 경우는 상속세, 증여하는 경우는 증여세를 과세해야 한다.

사업장을 자녀에게 증여하는 경우
① 사업장의 시설물 평가액과
② 상속증여세법에 규정된 영업권 평가방법으로 평가한 영업권 평가액을 합친 금액을 증여받은 금액으로 증여세를 계산하여야 한다.

일반적으로 말하는 권리금이 약 2억원 하는 식당이 있고 2억원의 구성이
① 시설물가액 15,000만원,
② 영업권 평가액 5천만원이라면 사업장을 증여받는 자녀는 2억원을 증여받은 금액으로 증여세를 내야하고, 시설물 15,000만원은 내용연수대로 감가상각하고, 영업권 평가액 5천만원은 5년 동안 균등하게 감가상각 하여 식당의 비용으로 처리하여 소득세 등을 절세할 수 있다.

주의할 것은 父와 子(또는 부부)이 공동사업체로 운영하다가 子 1인 단독사업체로 전환하는 경우가 있다.

이 경우 父 지분에 해당하는 사업체 재산에 대하여 증여세가 과세되며, 그 사업체의 父 지분에 대한 영업권 평가액을 증여한 것으로 인정하여 증여세를 과세하도록 국세청에서 해석하고 있다.

따라서 가족이 음식점, 병원, 약국 등을 공동명의 사업체로 운영하다가 단독사업체로 전환하는 경우 공동사업을 그만두는 가족의 영업권을 평가하고, 영업권 평가액에 대해 대가를 받으면 기타소득, 대가를 안 받으면 증여세로 세금을 내야한다.

그리고 사망으로 영업장을 자녀에게 상속하는 경우에도 원칙적으로 영업권을 평가하여 상속재산에 포함시켜 상속세를 과세하도록 되어 있다.

그러나 사장의 높은 기여로 많은 이익이 발생하는 사업장인 경우 사장이 사업에 참여하지 않거나 사망하여 과거처럼 많은 이익이 발생할 수 없는 사업장이라면 영업권을 평가하여 증여세 또는 상속세를 과세하는 것은 무리라고 생각한다.

26. 수증자가 먼저 사망한 경우 증여자의 상속세에 어떤 영향이 있나요?

핵심 증여자가 10년 이내 증여재산의 상속재산 합산배제

증여자가 사망 전 상속인에게 10년 이내 증여한 재산 및 상속인 이외의 자에게 5년 이내 증여한 재산은 상속재산에 합산하도록 되어 있다.

이때 증여자가 사망 전 10년 이내 상속인에게 증여 또는 상속인 이외의 자에게 5년 이내 증여한 재산이 있는 경우 <u>증여자 사망일(상속개시일)에 생존하지 않은 수증자(상속인 또는 상속인 이외의 자)에게 증여한 재산은 증여자의 상속재산에 합산하지 않는다.</u>

현실적으로 아내가 남편에게 증여받고 남편보다 먼저 사망하는 경우, 자녀가 부모에게 증여받고 사고로 부모보다 먼저 사망하는 경우가 있을 수 있다.

이해를 돕기 위해 부부간 증여로 설명하겠다.
그 동안 가부장적 사회에서 부부가 결혼해서 함께 모은 재산이 모두 남

편명의로 되어 있는 경우가 많았다.

만약 아내가 중병으로 먼저 사망하는 경우가 있을 수 있는데, 이 경우 아내 명의로 된 재산이 없으므로 상속세는 없지만, 남편이 아내보다 늦게 사망하여 배우자가 없는 상태에서 상속이 이루어지면 배우자상속공제(최소 5억원에서 최대 30억원)를 받지 못해 상속세가 많아질 수 있다.

예를 들면, 부부가 결혼하여 자녀를 출산하고 함께 모은 재산이 모두 남편명의로 되어 있고 그 금액이 약 11억원인 상태에서 남편이 먼저 사망하면 자녀 때문에 적용받는 일괄공제 5억원을 공제받고, 배우자상속공제로 최소 5억원을 추가 공제받아 총 10억원을 상속재산에서 공제하고 나머지 1억원에 대해 10%의 상속세율로 약 1천만원의 상속세를 내면 된다.

그런데 아내가 먼저 사망하면 배우자상속공제 5억원을 공제 받지 못해 6억원(상속재산 11억원- 일괄공제 5억원)에 대해 30% 높은 초과누진세율로 약 12,000만원의 상속세를 부담해야 한다.

아내가 먼저 사망하여 11,000만원(12,000만원-1천만원) 상속세를 더 부담한 결과가 된다.

만약, 아내가 중병으로 먼저 사망할 가능성이 있다고 판단되면 절세계획으로 아내 사망 전 6억 원 또는 그 이상금액을 아내에게 증여할 수 있다. 아내에게 6억원을 증여하면 증여세가 없고, 아내가 사망하면 자녀와 남편 때문에 각각 5억원씩, 총 10억원까지 상속공제를 받게 되므로 증여받은 6억원이 상속되어도 상속세가 없는 결과가 된다.

아내가 증여받은 6억원은 자녀가 상속받는 것으로 하고, 얼마 후 남편이 사망하면 상속재산이 5억원이므로 일괄공제 5억원을 하면 상속세를 계산할 대상 금액이 0원이므로 상속세가 한 푼도 없게 된다.

반면, 증여재산이 부동산인 경우 아내에게 증여할 때와 자녀에게 상속할 때 각각 취득세를 부담하므로 2번 내는 결과가 된다.

<u>가족관계는 사망당시 존재하는 가족에 대해서만 인정하므로</u> 남편 사망시 아내가 없으므로 아내에게 증여한 6억원은 남편 상속재산에 합산하지 않고, 배우자공제 5억원도 적용받을 수 없다.

이 사례에서 <u>모든 재산이 남편에게 있는 경우</u> 남편과 아내의 사망 순서에 따라 사전에 어떻게 절세 계획을 하느냐에 따라 상속세가 약 12,000만원 되거나 0원이 될 수 있다.

부부의 사망순서를 이용하여 절세방법을 찾는 것이 여러 가지 마음 아픈 일이겠지만, 부부의 재산분포와 규모 등을 고려해 어쩔 수 없는 상황인 경우 현실적으로 고려해 볼만한 절세방법이라고 생각한다.

그리고 조부가 손자(상속인 이외의 자)에게 재산을 증여했는데, 손자가 교통사고로 먼저 사망한 경우에도 조부 사망시점에 손자가 존재하지 않으므로 손자에게 5년 이내 증여한 재산을 상속재산에 합산하지 않는다.

27. 법인의 "가지급금(불분명한 지출금)"이 상속세에 어떤 영향이 있나요?

> **핵심** 가지급금 발생 원인별 세금문제

"가지급금"이란 법인이 회계상 지출된 금액이 어느 용도 또는 목적으로 지출된 것인지 불분명한 지출금을 말한다.

실무적으로 가지급금이 발생하는 원인은
① 대표이사 또는 임원 등이 개인적 목적으로 회사자금을 인출(차용)한 경우
② 회사를 위해 지출했는데 영수증이 없는 경우
③ 장부상 이익을 많이 남기기 위해 "분식회계"한 경우로 구분할 수 있다.

가지급금 발생 원인별 세금문제를 검토해보면 다음과 같다.

첫째, 대표이사 등이 인출(차용)하여 개인적 목적으로 사용한 사실이 증빙자료에 의해 명백한 경우 대표이사가 회사에 갚아야 할 채무이므로 대표이사 등이 사망시 상속재산에서 채무로 공제 받을 수 있다.

둘째, 회사를 위한 지출인데 영수증을 받지 못한 경우 대표이사 또는 자금 사용자의 상여로 보아 소득세를 과세할 수 있다. 이때 대표이사 등이 사망한 경우 그 상속인이 소득세 등 납세의무를 승계 받는다.

셋째, 회사의 신용도를 높이거나 대출을 연장하기 위해 여러 가지 불법으로 회사의 매출과 자산을 속여 일부러 장부상 이익을 많이 남긴 경우가 있을 수 있다. 참고로 이런 경우를 "분식회계"라 한다.

매출과 자산을 속이는 내용에 따라 관련 법인에 부가가치세, 법인세를 과세할 수 있고, 관련 임원 등에게 소득세를 과세할 수 있다.

대표이사 등이 개인적 목적으로 인출한 가지급금으로 사망 시 채무로 인정받으려면, 금융자료 등 객관적 증빙으로 명확히 확인되어야 채무로 인정받을 수 있다.

실무적으로 법인 장부에 있는 가지급금의 발생원인은 여러 가지 원인이 혼재되어 있어 채무로 인정받지 못하는 경우도 있으니 주의하기 바란다.

28. 법인 장부에 "가수금"이 있는 경우 상속세에 어떤 영향이 있나요?

핵 심 상속채권, 무이자에 대해 상속세 과세

법인을 운영하면서 법인 장부에 채무로 "가수금"이 발생하는 경우가 있고, 이 "가수금"은 발생원인에 따라 상속세 및 다른 세금에 영향을 미친다. 이하에서 그 내용을 살펴본다.

(1) 법인의 가수금 발생원인 별 세금문제 다르다.

회사의 회계장부에 "대표이사 가수금"이 발생하는 원인을 3가지로 구분할 수 있고, 각각의 원인별 세금문제가 발생한다.

첫째, 실제 회사 운영이 어려워 대표이사가 개인자금을 회사에 빌려주고 "대표이사 대여금(가수금)"으로 처리하는 경우가 있다.

대표이사가 회사에 빌려준 자금이 적법한 자금 출처라면 추가 과세문제가 없다. 그러나 대표이사 가수금 발생 원천이 세금을 납부한 자금, 대여금 또는 부동산 매각자금 등으로 적법한 자금이 아니면 발생원천에 따라 추가 과세문제가 발생한다.

받아야 할 가수금을 포기하는 경우 가족주주에게 증여세 문제가 있을 수 있고, 대표이사 사망시 가수금은 망인의 채권이므로 상속세 문제가 있는데 이는 뒤에서 설명한다.

둘째, 법인의 매출누락액을 법인통장에 입금하고 변칙적으로 "대표이사 대여금(가수금)" 처리하는 경우도 있다.

이 경우 법인의 매출누락분에 대한 법인세, 부가가치세, 가산세 등이 과세되고, 대표이사 대여금으로 기재된 금액을 대표이사의 상여로 처리한다. 따라서 대표이사에게 소득세가 과세되고, 대표이사 사망시 상속인에게 소득세 납세의무가 승계된다.

가수금을 대표이사 상여로 처리하면 회사는 지급하여야 할 의무가 발생한 것으로 대표이사 사망시 미지급하였으면 채권으로 상속재산에 포함하여 상속세 신고하여야 한다.

셋째, 회사에 입금된 금액인데 입금 원인을 알 수 없어 "대표이사 가수금"으로 기재하는 경우가 있다.

이런 경우는 원인을 찾아 적법하게 처리하여야 할 것이다.

(2) 가수금에 대해 상속세 있다.

"가수금"이 대표이사가 회사에 대여한 채권이라면 대표이사가 사망한 경우 상속세 문제는 3가지를 검토하여 상속재산에 포함하여야 한다.

첫째, 망인의 채권으로 상속재산에 포함한다.

가수금은 대표이사의 입장에선 채권이고 법인의 입장에선 채무다. 따라서 대표이사 사망시 가수금은 상속재산으로 상속세가 과세된다.
만약 법인이 채무 변제능력이 없어 가수금을 법인으로부터 회수할 수 없는 상황에서 사망한 경우에도 가수금은 상속재산에 포함되어 상속세를 내야하는 문제가 발생한다.
즉, 채권으로 회수할 가능성이 없거나 희박해 채권으로 가치가 없는데 상속재산에 포함되어 상속세를 내야 하는 상황이 될 수 있는 것이다.

회수가능성이 없는 채권은 상속재산에 포함시키지 않을 수 있지만 과세관청으로부터 인정받는 것이 쉽지 않다. 따라서 회수 가능성이 없다고 판단되는 채권은 법인 해산 또는 지분정리 등 미리 준비하여 상속재산에 포함시키지 않을 수 있도록 절세방법을 연구하여야 할 것이다.

둘째, 소급하여 5년 동안 이자상당액을 상속재산에 합산한다.

상속개시 전 5년 이내 상속인이외의 자에게 증여한 재산은 상속재산에 합산하도록 되어 있다. 법인은 상속인 이외의 자에 해당하여 상속개시 전 대표이사가 법인에 자금을 대여하고 이자를 받지 않은 금액만큼을 대표이사가 법인에 증여한 금액으로 본다.
따라서 상속개시 전 5년 이내 무이자 금액만큼을 상속재산에 합산하도록 되어 있다.

그리고 5년 동안 무이자 합산금액의 증여세 산출세액 상당액을 상속세에서 공제해 준다. 그 이유는 법인은 무이자만큼 법인이익이 증가하여 법인세를 부담한 상태이기 때문에 법인세와 상속세의 중복과세를 조정해주기 위한 것이다.

셋째, 소급하여 6년~10년까지 무이자이익으로 증여세 과세된 금액은 합산한다.

대표이사 가수금이 무이자로 법인이 얻은 이익에 대해 법인 주주 중 상속인에 해당하는 배우자와 자녀가 얻은 이익 금액에 대해 상속개시일로부터 소급하여 6년부터 10년 이내 상속인 주주별 무이자 이익이 1억원 이상 되어 증여세 과세된 증여금액을 상속재산에 합산하여 상속세를 계산하고 관련 증여세를 상속세에서 공제한다.

위 둘째와 셋째를 함께 정리하면, 대표이사 가수금이 10년 전부터 무이자로 있는 상태에서 사망한 경우 사망일로부터 소급하여 5년 이내 계산된 가수금 무이자금액은 1천만원 초과시 전액 상속재산에 합산하고, 6년부터 10년 이내는 무이자로 계산된 금액 중 대표이사의 배우자와 자녀가 주주로 얻는 이익이 1억원 이상 되어 증여세 과세된 금액만 상속재산에 합산하는 것이다.

예를 들면, 대표이사가 10년 전부터 법인에 가수금 50억원이 있었는데 갑자기 사망한 경우 아래 내용으로 상속세 준비를 하여야 할 것이다.
① 대표이사가 법인에 대여한 50억원을 채권으로 상속재산에 포함하여 상속세를 계산한다.
② 법인에 50억원을 무이자로 대여함으로 무이자 금액만큼 법인이 사전 증여받은 결과가 된다.

법인은 상속인 이외의 자에 해당하므로 사망일 전 5년 동안 무이자 이익의 합계액 115,000만원(50억원×4.6%×5년)을 상속재산에 합산하고 증여세 상당액 3억원(115,000만원×40%-16,000만원)을 상속세에서 차감해 준다.

③ 그리고 6년부터 10년까지 기간 중 상속인인 배우자와 자녀가 주주로서 가수금 무이자로 얻는 이익이 1억원 이상 되어 증여세로 과세된 증여금액이 있는 경우 상속재산에 합산하고 관련 증여세 상당액을 상속세액에서 공제하여 상속세 신고를 하여야 할 것이다.

의 견 절세를 위한 사전 노력

실무적으로 배우자와 자녀 등 가족을 주주로 하는 가족법인을 만들어 재력이 있는 부모 또는 조부모 등으로부터 많은 금액의 가수금을 받아 법인 명의로 부동산을 취득하는 방법 등을 증여세 및 상속세 절세방법으로 활용하는 경우 위와 같은 과세문제가 발생한다.

오랜 기간 법인 경영이 어려워 대표이사가 적법한 자금을 법인에 대여하고 사망일 현재 전부 또는 일부 금액을 법인으로부터 회수 불가능 한 경우가 있다. 이 경우 일부 또는 전액을 상속재산에서 제외 할 수 있다는 대법원 판례가 있지만, 가수금의 회수불능 유무 판단, 어느 정도 회수 가능한지 판단 문제 등에 많은 어려움이 있고 추후 과세관청의 인정이 불투명한 경우가 많다. 따라서 회수하기 어려운 가수금은 피해를 줄이는 방법을 사전에 잘 연구해야 할 것이다.

> **참고** **가수금에 대한 증여세 문제**

참고로 대표이사가 법인에 대여한 가수금의 증여세 문제로
① 법인이 채무를 무이자로 사용함으로서 대표이사의 가족주주가 얻는 이익에 대한 증여문제가 있고
② 법인의 구조조정 등으로 대표이사가 법인으로부터 받아야 할 가수금을 포기하는 경우 대표이사의 가족주주에게 증여문제가 있다.(자세한 내용은 '질문109'을 참고하기 바란다)

29. 사망 전 인출한 수표로 그 행방을 알 수 없는 경우 상속세에 영향이 있나요?

핵 심 회수 안 된 수표 상속재산으로 과세가능

　망인(피상속인)이 사망 전 은행예금을 수표로 출금하였는데 수표가 사망일 이후 수표의 최종 소지자가 은행에 지급 요청한 사실이 없어 <u>수표의 최종소지자를 확인할 수 없는 경우에 그 수표는 상속재산으로 보고</u> 상속세를 과세한다는 국세 심판례 및 유사한 대법원 판례가 있다.

　은행에 회수 안 된 수표를 상속재산으로 보는 논리는 다음과 같다.

　첫째, 수표 인출 후 오랜 기간 동안 금융기관에 지급을 제시한 사실이 없고, 수표를 인출한 사망자가 재산취득 및 부채상환 등에 사용한 사실이 확인되지 않아 제3자(상속인 이외의 자를 말함)에게 이전되었다고 볼 수 없다.

　둘째, 사망자가 사망시까지 수표를 보관하고 있다가 사망으로 자녀 등 상속인에게 상속되었다고 추정된다고 할 것이고, 이러한 추정을 자녀 등

상속인들이 반증할 만한 증빙을 달리 제시하지 못하고 있다.

셋째, 만일 수표를 분실하거나 도난당했다면 <u>법원에 제권신청하여 제권 판결</u>(발행된 수표를 분실, 도난당한 경우 법적으로 무효화시키는 판결임)을 받음으로써 재산권을 행사할 수 있는 것으로 본래의 상속재산에 해당한다.

의견

간혹 큰 금액의 수표를 인출 후 사망하여 상속세 세무조사를 할 때까지 그 수표가 은행에 회수되지 않아 수표의 최종소지자가 확인되지 않는 경우가 있을 수 있다.
이런 경우 그 인출된 수표금액을 상속재산에 포함하여 상속세를 과세할 수 있으므로 주의하여야 할 것이다.

그리고 은행에서 발행된 수표가 수년 뒤에 은행에 입금된 경우 관련 금융기관에서 국세청에 통보하는 것으로 알고 있다.

30. 조상의 묘가 있는 선산을 상속받는 경우 상속세 혜택이 있나요?

핵심 선산(금양임야) 및 묘토의 비과세 조건들

父가 조상의 제사를 모시면서 조상의 분묘(무덤)가 있는 임야(이를 "금양임야" 또는 "선산"이라고 한다)를 소유하고 있는 경우가 있고, 이런 경우는 父가 장남인 경우가 대부분이다.

그리고 조상의 분묘가 있는 임야와 인접한 거리에 있는 농지를 소유하고 경작해서 얻은 농작물 및 그 농작물로 얻은 소득으로 조상분묘의 벌초 등 조상의 묘지관리 비용에 충당하는 경우가 있는데 이런 농지를 "묘토인 농지"라 한다.

이러한 금양임야와 묘토인 농지는 아래 조건에 따라 상속재산에서 제외한다.
① 제사를 모시는 자(배우자 또는 자녀)가 상속받아야 한다.
② 상속받는 임야 면적 중 9,900㎡(3천평)까지, 묘토는 1,980㎡(6백평)까지 상속 재산에서 제외시켜주는데, 금양임야 및 묘토가액을 합하

여 2억원을 한도로 비과세 해 준다.

예를 들어, 父의 상속재산에 15,000㎡의 금양임야가 있고 1㎡당 개별공시지가가 22,000원 이라면 9,090㎡(평가액 199,980,000원)을 상속재산에서 공제 받을 수 있다.

묘토에서 얻은 농작물 또는 소득으로 금양임야 관리에 충당한 사실을 입증하면 상속세 절세 혜택을 받을 수 있는데, 실무적으로 묘토인 농지로 혜택을 받는 경우는 별로 없고 금양임야를 보유하여 혜택을 받는 경우가 대부분이라고 할 수 있다.

중요한 것은 금양임야와 묘토를 제사를 주제하는 자가 상속받아야 하는 것이다.
① 제사를 주제하는 자는 공동상속인들끼리 협의하여 정해야 하고,
② 협의가 힘든 경우 망인의 직계비속 중 적서불문, 남녀불문하고 최근친 연장자가 제사를 주제하는 자로 한다.
③ 망인의 배우자와 자녀들 모두 제사를 주제하는 자로 정해도 비과세 혜택을 적용받을 수 있다.

조상의 분묘가 임야가 아닌 농지, 대지 등에 위치한 경우에도 선산으로 인정되어 동일한 혜택을 적용받을 수 있다.

부모님 사망당시를 기준으로 상속재산에 조상의 묘지가 있고 제사를 모시는 상속인만 정하면 절세 혜택을 받을 수 있다.
상속세 절세 혜택을 받은 것에 대해 상속 후 별도의무를 이행하여야 하

는 등의 사후관리 규정은 없다.

따라서 상속 후 묘지 이장 등이 필요한 경우 양도시기에 제한이 없으므로 아무 때나 금양임야, 묘토를 양도해도 비과세 받은 상속세를 추징당하지 않는다.

그리고 추후 비과세 받은 금양임야, 묘토를 양도할 때 취득가액은 사망일에 상속재산으로 평가된 금액이 적용된다.

만약 금양임야의 면적이 9,900㎡이내이고 공시지가가 2억원 미만인 경우라면, 추후 양도를 대비하여 감정평가액으로 상속세 신고하는 것도 생각해 볼 수 있다.

31. 상속재산을 좋은데 사용하면 비과세 받을 수 있나요?

핵심 상속세를 비과세하는 내용들

과거 어느 조사기관에서 대학에 기부하는 동문들의 현황을 조사한 결과, 1억원 이상의 고액을 기부하는 동문은 모두 70세 이상의 고령인 것으로 조사되었다.

수십 년 동안 모은 재산을 절세하면서 자녀에게 물려주더라도, 일부 재산은 사회에 기부하고 싶어 하는 경우가 많이 있다.

상속재산을 사회에 기부하면 상속세를 비과세 하고 기부 목적대로 사용 유무 등을 사후관리 하지 않는 경우와 사후 관리하는 경우가 있는데 구분하여 간략히 살펴본다.

(1) 기부하면 비과세하고 사후관리 안하는 경우가 있다.

① 망인이 유언증여 또는 사인증여를 통해 국가·지방자치단체 또는 지방자치단체조합, 공공도서관·공공박물관 등 공공단체에 증여하는 상속재산은 비과세로 상속세를 비과세한다.

② 사회통념상 인정되는 이재민 구호금품, 치료비, 불우한 자를 돕기 위하여 유언하는 상속재산으로서 상속개시 전에 망인이 증여하였거나 유언증여·사인증여에 의하여 지급하여야 할 것으로 확정된 재산은 비과세로 상속세를 과세하지 않는다.

③ 망인이 유언증여를 통해 사내근로복지기금, 우리사주조합, 공동근로복지기금 및 근로복지진흥기금에 증여하는 상속재산은 비과세로 상속세를 과세하지 않는다.

④ 망인이 유언증여를 통해 정당에 증여한 상속재산은 비과세로 상속세를 과세하지 않는다.

⑤ 정치자금법에 따라 정당에 기부한 정치자금은 증여세 및 상속세를 부과하지 않는다.

⑥ 상속인이 기부하는 것으로 상속인이 상속재산 중 증여재산을 정하여 상속세 신고기한 내 국가·지방자치단체 또는 지방자치단체조합, 공공도서관·공공박물관 등 공공단체에 증여하는 상속재산은 비과세로 상속세를 비과세한다.

⑦ 망인이 조상의 제사를 모시면서 조상의 분묘(무덤)가 있는 임야(이를 "금양임야" 또는 "선산"이라고 한다)와 조상의 분묘가 있는 임야와 인접한 거리에 있는 농지(이를 "묘토인 농지"라 한다)를 ㉠ 제사를 모시는 자(배우자 또는 자녀)가 상속받는 경우로서 ㉡ 상속받는 임야 면적 중 9,900㎡(3천평)까지, 묘토는 1,980㎡(6백평)까지 상속 재산에서

제외시켜주는데, 금양임야 및 묘토가액을 합하여 2억원을 한도로 비과세 해 준다.(질문29 참조)

(2) 기부하면 상속세 면제하고 사후 관리하는 것도 있다.

문화, 예술, 환경, 교육, 장학 등 공익사업은 국가 또는 지방지치단체 등에서 육성하여야 할 사업이나 예산 또는 행정력 등의 한계로 공익법인 등이 이를 대신 수행하는 점 등을 고려하여 공익법인 등에 출연하는 재산에 대해서는 상속세의 과세가액에서 불산입하는 조세지원제도를 시행하고 있다.

공익사업에 기부하는 방법은 2가지가 있다.
첫째, 망인이 기부하는 방법으로 망인이 생전에 유언증여 또는 사인증여로 공익법인에 기부하는 뜻을 남기고 사망 후 상속세 신고기한 내에 출연하는 방법이 있다. 부득이한 사유가 있는 경우 그 사유가 없어진 날로부터 6개월 이내 출연여야 한다.

둘째, 상속인이 기부하는 방법으로 망인의 유언·사인증여 없이 상속인이 상속재산을 공익법인에 출연하는 경우로 상속인 모두 합의된 의사로 상속세 신고기한 내에 출연하는 방법이 있다. 부득이한 사유가 있는 경우 그 사유가 없어진 날로부터 6개월 이내 출연여야 한다.

공익법인 등이 상속세 면제제도를 악용하여 상속세 면제받은 후에 그 출연재산을 출연자가 사용·수익하는 등 편법적인 상속행위를 규제하고자 여러 가지 사후관리 규정을 두고 있고, 위반시 상속세와 증여세를 추징하거나 가산세를 부과한다.

> **의견**

기부하는 경우에도 그 절차와 내용을 잘 알고 기부해야한다. 좋은 마음으로 진행한 기부가 법에서 정한 요건을 충족하지 못해 상속세 등을 추징당한 사례도 있다.

필자는 상속재산에 상속세를 많이 과세하여 분배하는 것보다 상속재산에 대한 기부문화를 활성화 시키는 것이 건전한 사회발전에 더 유익하다고 생각한다.

> **사건** 좋은 마음으로 세금 없다는 장학재단에 기부했다가
> 증여세·상속세 세금폭탄 맞았네?

힘들고 어려운 유년시절을 보내고 늦은 나이에 사업이 크게 성공하여 200억대 자산가가 되면서 장학재단에 특별한 관심을 갖게 되었고, 자신이 죽으면 회사 주식 50%을 장학재단에 기부해 달라는 유언을 남겼다.

아버지의 유언대로 아버지가 돌아가시자마자 상속인은 아버지의 회사 지분 50%를 장학재단에 기부하였다.

그런데 어이없는 상황이 벌어졌다.

아버지에 대한 상속세 세무조사를 받는 과정에서 아버지 회사 지분 50%를 장학재단에 기부한 주식에 대해 상속인은 상속세를 내야하고, 장학재단은 증여세를 내야 한다는 의견을 들었다.

상속인은 상속세를 내고, 장학재단은 증여세를 내야 한다고 하는데 그 이유는 무엇일까?

상속증여세법에서는 피상속인이나 상속인이 공익을 목적으로 하는 법인에 상

속재산을 출연하면 그 재산에 대해서는 상속세를 내지 않도록 하고 있다.

하지만 주식의 경우에는 예외가 있다. 공익법인에 발행주식 총수의 10%(성실공익법인은 20%)가 넘는 주식을 기부하면 그 초과분에 대해서는 상속세를 내야 한다. 그리고 공익법인이 10%를 초과하는 주식을 증여받으면 10% 초과분에 대해 증여세를 내야 한다.

부동산이나 다른 재산과 달리 왜 주식에 대해서는 이런 제한을 두는 것일까?

공익법인에 주식을 기부하는 방법으로 재산을 편법 승계시키거나 회사에 대한 지배권을 유지하는 것을 막기 위해서이다. 공익법인에 주식을 기부할 경우 형식적으로는 공익법인이 주식을 보유하게 되지만, 기부자나 그 특수 관계인들이 공익법인의 이사회를 장악하면 내용적으로는 주식에 대한 지배권을 행사하게 된다.

이렇듯 세금은 내지 않으면서 편법 승계 또는 지배권 유지가 가능하기 때문에 발행주식 총수의 10%(성실공익법인은 20%)까지만 기부를 인정해 주고 있다.

상속인은 피상속인의 유언에 따라 순수한 마음으로 장학재단에 기부를 했지만, 상속인은 상속세를 내야하고 장학재단도 증여세를 내야 하는 곤경에 처하게 되었다.

편법 승계 등 악용을 막기 위해 어쩔 수 없다지만, 상속인과 같은 선의의 피해자도 생길 수 있을 것 같다.

그리고 현재까지 선의의 피해자를 구제해 줄 수 있는 예외 규정은 없는 것으로 알고, 사전에 조금만 확인 했으면 피해를 최소화 할 수 있었을 것으로 생각한다.

32. 망인 명의로 된 종중소유 부동산은 상속세를 내야 하나요?

핵 심 종중재산은 상속재산 제외

현재 "부동산 실권리자명의 등기에 관한 법률(부동산실명법)"에 의해 주택 및 토지를 실제로 소유하고 있는 사람의 이름으로만 등기·등록할 수 있도록 규정되어 있다.

부동산을 타인 명의로 명의신탁한 경우 규정 위반으로 과징금과 벌금형 또는 징역형의 형사 처분을 받도록 규정하고 있다.

그러나 종중소유 부동산을 종원 명의로 한 것은 명의신탁에 해당하는 불법이지만, "부동산 실권리자명의 등기에 관한 법률"에 불법의 예외를 인정하여 과징금 등의 처벌을 받지 않도록 규정하고 있다.

대지, 임야는 종중 명의로 등기할 수 있지만, 부동산 중 농지의 경우 농지법에 의해 종중명의로 등기할 수 없기 때문에 어쩔 수 없이 "농지"를 종원명의로 명의신탁 할 수밖에 없고, 이러한 사례는 주위에서 쉽게 볼 수 있다. 종중 소유 부동산으로 명의신탁하는 부동산은 "농지"가 대부분 이라고 할 수 있다.

종원의 입장에서 종중부동산을 명의수탁하고 있다가 사망한 경우 망인의 재산이 아니므로 상속인은 상속세를 낼 필요가 없다.

따라서 종원이 사망하여 상속세 신고를 해야 하는 경우 자녀들은 그 재산이 종중재산임을 구체적으로 입증할 수 있는 종중회의록, 종중재산목록, 종중회장의 확인서, 재산세 납부내역 등 증거자료를 구비하여 상속세 신고시 제출하거나, 추후 상속세 세무 조사시 제출하면 상속세를 피할 수 있다.

의견

종중의 입장에서 종중재산을 명의신탁한 종원이 사망하는 경우 종중재산이라고 입증해야 하는 번거로움을 피하려면, 종중이 지방자치단체에 명의신탁 사실을 신고하여 재산세가 종중명의로 고지되도록 해두는 것도 좋은 방법 중 하나라고 생각한다.

종중의 입장에서 종중 소유 부동산의 명의수탁자가 사망하여 다른 종원 명의로 명의 이전하는 경우 상속세, 증여세, 양도소득세는 없을 수 있지만, 취득세는 추가로 부담하여야 한다.

33. 생전에 금전을 대여·애인에게 용돈 지급한 경우 상속세에 어떤 영향이 있나요?

핵 심 귀속자는 증여세, 상속인은 상속세 부담

상속인은 10년 이내, 상속인 이외의 자는 5년 이내 피상속인이 증여한 재산은 상속재산에 합산하도록 되어 있으므로 실무적으로 상속세 세무조사를 하는 경우 사망일로부터 소급하여 10년 이내
① 부동산을 양도한 경우 양도가액의 사용처
② 통장에서 인출한 금액의 사용처
③ 채무가 발생한 경우 채무액의 사용처를 구체적으로 확인하는 경우가 있다.

망인이 생전에 일부금액을 지인에게 빌려주었고 이런 사실을 지인도 인정하고 100% 받을 수 있는 경우 망인이 받을 채권으로 상속재산에 포함시켜 상속세 신고를 하여야 할 것이다.

그러나 사망일 현재 지인에게 빌려준 자금을 자녀들이 회수 불가능한 것으로 인정되는 경우 상속재산에 포함시킬지 유무를 잘 판단하여야 한

다. 받지도 못할 채권을 상속재산이라고 신고하면 상속세만 내는 모양이 될 수 있기 때문이다.(질문18 참조)

만약 망인이 금전을 지인에게 빌려준 사실을 입증할 수 있는 근거가 없고, 지인이 망인 생전에 증여한 것이라고 주장하고 달리 이를 반론할 증거가 없다면 증여로 보고 지인에게 증여세를 과세해야 한다.

마찬가지로 망인이 생전에 여자 친구에게 생활비와 용돈을 주었다면 이 금액은 증여로 보아 여자 친구에게 증여세를 과세해야 할 것이다.

문제는 지인과 여자 친구에게 증여했다는 금액의 발생시기(증여시기)가 문제이다.

망인의 사망일로부터 5년 이전에 발생한 금액이라면 지인과 여자 친구가 증여세를 부담하는 것으로 세금문제는 종결 될 것이다.

그러나 망인의 사망일로부터 5년 이내에 발생한 금액이라면 지인과 여자 친구에게 증여한 금액을 망인의 상속재산과 합산하여 추가상속세를 납부해야 하는데, 세법상 이 추가상속세를 지인과 여자 친구가 부담하는 것이 아니라 배우자와 자녀(상속인)가 부담하도록 되어 있다.

예를 들면, 망인의 사망일이 2024.12.15. 이고 여자 친구에게 생활비와 용돈으로 준 돈이 10억원이라고 가정하면,
　① 이 금액이 2019.12.15. 이전에 발생한 금액이라면 여자 친구가 증여
　　세를 내는 것으로 세금문제는 종결되지만,

② 이 금액이 2019.12.16.부터 2024.12.15.까지 발생한 금액이라면 여자 친구가 증여세를 내는 것 이외에 10억원이 상속재산에 합산되어 계산된 추가 상속세를 상속인(자녀 및 배우자)이 부담해야 하는 문제가 발생한다.

따라서 자녀 및 배우자는 보지도 못한 자금에 대한 추가 상속세까지 부담하는 억울하고 황당한 일을 겪게 된다.

의 견

필자의 생각으로 망인과 애인의 관계, 송금액의 성격 등의 입증책임은 과세관청에 있고, 송금액이 어떤 거래관계에 대한 대가라면 증여세 및 상속세 과세가 어려울 수 있지만, 대신 소득세가 과세될 수 있다고 생각한다.

34. 망인의 병원비, 간병비, 생활비를 자녀가 부담한 경우 상속세 혜택이 있나요?

> **핵심** 망인의 재산으로 병원비 등 부담하는 방법

　망인이 생전에 큰 병으로 오랜 기간 투병하시면 병원비와 간병비 등 치료비가 상당히 많이 지출되고, 별도 소득이 없는 망인의 생활비도 오랜 기간 누적되면 상당히 많을 것이다.

　생전에 자녀의 재산으로 부담한 망인의 병원비, 간병비, 생활비 등은 상속재산에서 공제받거나 혜택을 받을 수 없다. 따라서 자녀들은 억울한 상속세를 부담하는 결과가 될 수 있다.

　현실적으로 자녀들이 부모님에게 효도하기 위해 오랜 기간 많은 병원비 등을 지급하였는데 상속세에서 혜택을 받지 못하는 안타까운 일들이 종종 발생하고, 경우에 따라 미리 준비하지 않은 것을 후회하는 사례가 많이 있다.

　가능하면 망인의 재산에서 병원비, 생활비 등을 부담하는 방법을 찾아

지급하도록 해야 상속인도 편할 것이고, 추후 상속재산이 줄어들어 상속세를 절세할 수 있을 것이다.

따라서 망인이 현금성 자산이 있으면 이 금액에서 지출하도록 하고, 망인이 부동산만 있으면 임대보증금을 올리거나 대출받아 지급할 수도 있다.

부모와 자녀 사이에 금전소비대차도 가능하므로 객관적으로 인정받을 수 있는 절차를 통해 부모가 자녀에게 금전을 차용하여 병원비, 간병비, 생활비 등으로 사용할 수도 있다.

망인이 보유한 현금성 자산으로 병원비 등을 지급하면 상속재산이 그만큼 감소하는 것이고, 망인이 은행차입 등 채무를 발생시켜 병원비 등을 지급하면 채무액은 상속받는 재산에서 공제받아 순수하게 상속받는 재산이 줄어들어 상속세를 절세할 수 있는 것이다.

따라서 부모님의 병원비, 간병비, 생활비 등으로 지출될 자금을 망인과 상속인이 미리 준비하면 상속재산에서 공제받거나 상속세의 불이익은 피할 수 있다고 생각한다.

> **사 례**　자녀들이 협의하여 부담한 병원비를 피상속인의 채무로 인정

부모님이 중증치매 및 고관절 등으로 많은 병원비, 간병비 등이 지출되는 상황에서 자녀들이 자금을 모아 병원비 등을 선 지급하고 추후 부모님 사망시 상속재산을 처분하여 변제받기로 부모님과 자녀들이 합의하고 자녀들이 병원비 등을 지급하다가 부모님 사망 후 상속재산을 처분하여 먼저 지급한 병원비를 정산한 사례가 있다.

이 사례에 대해 법원(1심)에서 본인의 치료 및 요양에 필요한 비용을 지급할 의무는 기본적으로 본인 자신에게 있고, 생계를 같이하는 자녀라 하더라도 그가 부모에 대해 부담하는 부양의무에 병원비 지급의무가 당연히 포함된다고 볼 수 없다고 판단하면서 자녀들이 먼저 부담한 병원비를 부모님의 채무로 인정해 상속재산에서 공제해준 사례가 있다.

35. 중환자인 부모의 예금을 자녀 통장에 이체하여 병원비 등에 사용해도 되나요?

핵심 부모 예금을 자녀가 위탁 관리하는 방법

    일반적으로 부모님 명의 통장에 자금이 있는 경우 직접 인출하여 생활비, 병원비 등을 지출하며 생활하다 사망한 경우 남은 잔액을 상속재산으로 신고한다.

    그러나 재산이 있는 부모님의 병원비, 간병비, 생활비 등을 자녀가 부담하던 중 부모님이 사망한 경우 자녀가 부담한 병원비 등은 상속세 계산시 전혀 고려하지 않기 때문에 억울한 상황이 발생하는 경우도 있다.
    따라서 재산이 있는 부모님의 경우 부모님 재산으로 병원비, 생활비 등을 사용하는 것이 상속세를 절세할 수 있는 방법이라고 할 수 있다.

    부모님의 통장에 예금이 많이 있는 상태에서 부모님이 치매 등 중대한 질병이 발병할 수 있다. 이 경우 부모님은 개별적으로 정상적인 생활과 판단을 할 수 없는 상태에서 예금을 인출 또는 금융거래를 한다거나 재산을 관리하기가 어려운 상태가 있을 수 있다.

이런 경우 부득이하게 부모님의 재산을 자녀 등이 위탁관리 하면서 부모님의 병원비, 간병비 등을 지출 할 수밖에 없는 상황이 있을 수 있다.

관련 심판례를 살펴보면, 관련증빙에 의해 부모님이 중대한 질병으로 스스로 정상적인 판단과 재산관리 능력이 없어 부득이하게 자녀가 부모님 자금의 위탁관리를 위해 인출 또는 자녀명의의 통장으로 이체하여 치료비, 생활비, 간병비 등을 지급한 사실이 영수증 등에 의한 증빙이 없어도 사회 통념상 인정될 수 있는 경우에는 증여로 보기 어렵다고 하였다.

즉, <u>부득이하게 부모님 통장에서 자녀 통장으로 이체된 금액이라도 부모님을 위해 사용된 금액이 객관적 증빙 또는 객관적 정황과 사회통념에 부합하는 경우 증여세를 과세할 수 없는 내용</u>의 심판례라고 생각한다.

의견

따라서 필자의 의견으로 부모님 통장에 많은 현금이 있는 상태에서 치매 등 중대한 질병으로 부모님 스스로의 정상적인 판단과 재산관리능력이 없다고 인정될 수 있는 경우 자녀 명의로 이체하여 부모님의 병원비, 간병비, 생활비를 지출하면서 최대한 증빙을 확보하여서 기록을 남기고, 자녀가 얻는 이익 없이 자녀통장으로 이체하여 사용하고 남은 금액은 상속재산으로 신고하면 억울한 증여세 및 상속세를 피할 수 있다고 생각한다.

차명계좌 사용에 대한 위법유무의 판단문제는 있을 수 있지만, 범죄행위 또는 탈세 등의 불법행위를 위한 것이 아니므로 불법으로 판단하는 것은 무리라고 생각한다.

36. 차입금(은행, 개인), 임대보증금으로 생활비, 병원비 사용시 상속세 절세되나요?

> **핵심** 상속 채무인정과 금융재산상속공제 영향

　부모님이 소유한 부동산으로 받은 임대보증금, 자녀 또는 지인에게 차용한 금액 또는 은행에서 차용한 금액을 은행에 예금해두고 부모님이 생활비, 병원비, 간병비 등으로 사용하다 일부 잔액을 남기고 사망하는 경우가 있을 수 있다.

　이 경우 2가지 방법으로 상속세에 대한 영향을 검토할 수 있다.

(1) 부모님 사망시 채무로 인정되는지 유무이다.

　임대보증금, 자녀 또는 지인으로부터의 차입금, 은행채무 모두 부모님채무로 인정되어 상속재산에서 공제 받을 수 있다. 따라서 상속세 절세효과가 있다.

　자녀의 재산으로 부모님 생활비 등을 지원하면 상속재산에서 공제혜택이 없지만, 부모님이 본인 채무를 발생시켜 그 자금으로 생활비 등을 지급하면 추후 상속재산에서 채무로 공제해 주므로 상속세 절세에 유리하다.

중요한 것은 명백한 채무로 인정되어야 하는 것인데, 임대보증금 및 은행채무는 채무로 인정받는 것이 용이하다. 그러나 자녀 등에 대한 개인 차입금은 자금의 원천, 대여금을 확인할 수 있는 차용증 등 관련증빙을 잘 준비해야 채무로 인정받을 수 있다.

(2) 금융재산상속공제 혜택을 받을 수 있는지 유무이다.

현행 세법에 사망일 기준으로 은행 등 금융기관에 순 금융재산이 있는 경우 이 잔액의 20%의 금액(최소 2천만원에서 최대 2억원을 한도)을 상속재산에서 공제해 주는 제도가 있는데, 이를 "금융재산상속공제"제도라고 한다.

여기서 "순 금융재산"이란 쉽게 말해 은행 등 금융기관에 보관된 예금(금융재산)에서 금융기관에서 빌린 채무(금융부채)를 차감한 금액을 말한다.
망인이 미결제한 카드사용대금도 금융부채에 해당한다.

임대보증금 및 자녀 등에 대한 개인 차입금을 은행에 예금하고 사용하다가 사망한 경우 남아있는 은행 잔액에 대해 금융재산상속공제 혜택을 받을 수도 있다.
그러나 은행 차입금을 병원비 등으로 사용하다 남아 있는 은행잔액에 대해서는 금융재산상속공제를 받을 수 없다.

임대보증금 및 개인 차입금은 금융기관의 금융부채가 아니므로 금융재산에서 공제하지 않아 순 금융재산이 플러스 금액이고, 은행 채무는 금융기관의 금융채무로 금융재산에서 공제하므로 순 금융재산이 마이너스 금액이기 때문이다.

예를 들면, 부모님이 임대보증금을 5억원 받아(또는 개인차입금으로 5억원을 빌린 경우 포함) 은행에 예금하고 병원비, 생활비 등으로 1억원을 사용하고 은행 잔액으로 4억원이 있는 상태에서 사망한 경우,
① 5억원은 상속재산에서 부채로 공제받고,
② 은행에 남아 있는 순 금융재산 4억원(금융재산 4억원 - 금융부채 0원)에 대해 20%인 8천만원을 "금융재산상속공제"로 상속재산에서 공제받아 상속세를 절세할 수 있다.

그러나 은행에서 5억원을 차용하여 병원비, 생활비 등으로 1억원 사용하고 4억원이 은행 잔액으로 남아 있는 경우 순 금융재산은 마이너스 1억원(금융재산 4억원 - 금융부채 5억원)이므로 금융재산상속공제 혜택을 받을 수 없는 것이다.

의 견

병원비 등을 자녀에게 의존하지 않고 각자의 상황에 맞게 임대보증금을 올리거나, 자녀 등에게 차용 하거나 은행에서 차입하여 생활비와 병원비 등의 재원으로 사용하면 자녀 등에게 금전적 피해를 주지 않으면서 절세에 도움이 될 것으로 생각한다.

37. 망인의 금융재산을 1명의 상속인 계좌에 모두 이체해서 분배해도 되나요?

핵심 임시이체 후 협의분할 가능

현실적으로 상속재산으로 다수의 금융기관에 보통예금·정기예금이 있는 경우가 있다. 이 경우 각 통장을 기준으로 재산을 분할하지 않고, 상속인 중 1명의 통장으로 모든 보통예금, 정기적금, 보험금 등 금융재산을 이체하여 모은 전체 금융재산금액을 가지고 상속인들이 분배를 협의한 금액으로 송금하면서 금융재산의 상속분할을 마무리하는 경우가 대부분이다.

이런 경우 망인의 금융재산을 모으고 분배하는 과정에서 증여세 및 상속세가 어떻게 되는지 물어보는 경우가 많이 있다.

국세청은 상속재산을 분할하기 전에 상속재산에 해당하는 예금을 특정 상속인이 임의로 본인명의로 변경한 후 공동상속인 사이에 상속재산을 협의하여 분할(분배)을 확정하고, 그 내용에 따라 명의 변경 또는 분배하는 경우에는 증여로 보지 않도록 해석하고 있다.

실무적으로 망인의 예금 잔액을 특정 상속인 1인 명의로 통합하여 장례비, 기타 비용에 사용하고 남은 잔액을 분배하는 경우가 많다.

가능하면 상속세 신고기한(사망일로부터 6개월 또는 9개월 되는 날의 말일까지)까지 분할(분배)을 확정하는 것이 바람직하다고 생각하고, 상속세 신고기한이 경과하여도 최초로 상속인들이 협의하여 분할된 금액을 각 상속인에게 이체하는 것은 증여세가 과세되지 않는다.

그러나 상속인들이 협의하여 금융재산을 분배한 이후에 각자 상속받은 금융재산을 다시 주고받는 것은 증여로 볼 가능성이 있으므로 주의하여야 한다.

38. 상속재산에서 공제하는 공과금, 장례비용, 채무는 무엇인가요?

핵심 인정되는 공과금, 장례비용, 채무의 범위

국내에 살다가 사망한 경우(거주자) 망인의 이름으로 내야 할 공과금, 망인이 변제해야 할 채무 및 상속인이 지출한 장례비를 상속재산에서 공제해 준다. 그 구체적인 내용을 살펴보면 아래와 같다.

(1) 망인 책임의 공과금으로 인정되는 종류

망인이 납부할 의무가 있는 조세·공공요금 기타 이와 유사한 것을 상속재산에서 공제한다.

구체적으로 사망일 기준 또는 사망일까지의 재산세, 종합부동산세, 부가가치세, 종합소득세 등은 망인에게 납부책임이 있다. 이렇게 망인이 부담할 법적책임이 있는 공과금은 상속재산에서 공제한다.

따라서 사망일까지 발생한 가산세, 가산금, 강제징수비, 과태료 등은 상속재산에서 공제하지만, 사망일 이후 금액은 제외한다.

(2) 망인의 장례비로 인정되는 금액

망인의 장례비는 무조건 5백만원을 공제하지만, 증빙이 있는 경우 최대 1천만원까지 공제해 준다. 별도로 봉안시설 또는 자연장지에 지출된 비용으로 최대 5백만원까지 상속재산에서 공제한다.

49제로 사찰시주금은 장례비용으로 공제대상이 아니다.

그러나 망인의 재산으로 사찰에 기부한 금액이 "공익법인 출연금"으로 인정되는 경우 상속재산에서 공제되는 기부금에 해당되어 상속세 절세효과가 있다. 해외에 사는 비거주자가 사망하여 국내 재산에 상속세 과세하는 경우 장례비공제는 인정하지 않는다.

(3) 망인의 채무로 인정되는 채무의 종류

사망일 현재 망인이 변제해야 할 것으로 확정된 채무로서 상속인이 실제 부담하는 사실이 입증되는 채무는 상속재산에서 공제한다.

대표적인 채무로 임대보증금, 금융기관 차입금, 차용증 등으로 채무사실이 확인되는 사채, 상속개시일까지 미지급이자, 개인사업을 한 경우 외상매입금 등 사업관련 채무, 직원에 대한 퇴직금, 회사에서 차입한 가지급금, 미결제 신용카드 사용액, 병원비 미지급액, 간병비 미지급액, 아파트관리비, 통신요금, 건강보험료 등이 있다.

망인이 대출조건을 충족하지 못해 배우자, 자녀 등 다른 사람 명의로 대출(차명 대출금)받아 망인이 사용하는 경우에도 망인의 채무로 공제 받을 수 있다.

망인이 생전에 중환자실에 있는 등 부득이한 상황에서 병원비를 상속인이 대납하고 사망한 경우에도 망인의 채무로 공제해준 사례가 있다.

39. 상속재산에서 자녀로 인해 공제해 주는 것이 있나요?

핵심 기초공제, 자녀공제, 미성년자공제, 장애인공제, 연로자공제

상속재산에서 상속인인 자녀 및 배우자별로 개별적 사정에 따라 일정금액을 공제해 주는 상속공제가 있는데, 그 종류가 5가지로 내용은 아래와 같다.

첫째, 국내 거주자 또는 해외 거주하는 비거주가 사망시 기본적으로 상속재산에서 2억원을 공제해 주고 이를 "기초공제"라 한다. 특별한 조건 없이 상속재산에서 공제한다.

둘째, 태아를 포함하여 자녀가 상속인인 경우 1인당 5천만원을 공제해 주고 이를 "자녀공제"라 한다.

셋째, 태아를 포함한 19세 미만의 상속인이 있는 경우 만 19세 될 때까지 년 1,000만원을 공제해 주고 이를 "미성년자공제"라 한다.

넷째, 상속인의 나이가 65세 이상인 경우 1인당 5천만원을 공제해 주고 이를 "연로자공제"라 한다. 즉, 고령화 시대에 자녀들이 65세 이상인 경우에도 "연로자공제"를 적용받을 수 있다.

그러나 상속인 중 배우자에 대해서는 연로자공제를 인정하지 않는다.

다섯째, 상속인 중 장애인이 있는 경우 남은 기대여명(생존년수)까지 매년 1천만원을 상속재산에서 공제해 주고 있는데 이를 "장애인공제"라 한다. 상속인 중 배우자도 장애인 공제 혜택을 적용받을 수 있다.

장애인 공제 혜택을 받을 수 있는 장애인은 아래와 같다.
① 「장애인복지법」에 따른 장애인
② 「장애아동 복지지원법」 21조에 따른 발달재활서비스를 받고 있는 장애아동
③ 「국가유공자 등 예우 및 지원에 관한 법률」에 의한 상이자 및 이와 유사한 사람으로서 근로능력이 없는 사람
④ 중증질환, 희귀난치성 질환 또는 이와 유사한 질병·부상으로 인해 중단 없이 주기적인 치료를 요하는 자로서 의료기관의 장이 취업·취학 등 일상적인 생활에 지장이 있다고 인정 하는 자

위 5가지 개별적 공제액의 합계액이 최소 5억원에 미달하는 경우 5억원을 상속재산가액에서 공제해주고 이를 "일괄공제"라고 한다. 즉, 순 상속재산가액이 최소 5억원까지는 상속세를 과세하지 않겠다는 뜻이다.

자녀가 상속인으로 미성년자인 경우 자녀공제와 미성년자공제를 중복해서 적용받을 수 있고, 자녀가 상속인으로 장애인인 경우 자녀공제와 미

성년자공제, 장애인공제를 모두 중복해서 적용받을 수 있다.

실무적으로 계산해보면, 자녀가 7명이상, 미성년자가 2명 이상 또는 장애인이 있는 경우 각각 개별적 공제방법을 적용받으면 5억원 이상을 상속재산에서 공제받는 혜택을 받을 수 있다.

이는 상속세 절세에 유리할 수 있으므로 실무에서 잘 살펴봐야 할 것이다.

예를 들면,

> 상속인으로 성년의 자녀가 7명인 경우 55,000만원(2억+5천×7명)을 공제 받을 수 있고, 자녀가 15세의 아들 1명인데 장애인이라면 95,000만원(2억원(기초공제)+5천만원(자녀공제)+1천만원×4년(미성년자공제)+1천만원×기대여명66년(장애인공제))까지

상속재산에서 공제 받아 절세할 수 있다.

자녀가 없어 배우자가 단독으로 상속받는 경우 5억원의 일괄공제는 적용받을 수 없고 개별공제만 적용받을 수 있는데 구체적으로 "배우자공제 + 기초공제 2억원 + 배우자가 장애인인 경우 장애인공제"를 적용받을 수 있다.

공제 적용에 착오가 있는 경우 과소신고가산세를 부과하지 않는다.

40. 망인에게 상속인 이외의 동거부양가족이 있는 경우 상속세 혜택이 있나요?

핵 심 동거부양가족에 대한 미성년자공제, 장애인공제, 연로자공제

상속인은 아니지만 망인의 재산으로 생계를 유지하며 망인이 사실상 부양하고 있던 상속인 이외의 동거가족으로 직계존속(배우자의 부모를 포함한다), 직계비속, 형제자매가 있는 경우가 있다.

이를 "동거하는 부양가족"이라고 하고 이 부양가족에 대해서도 공제조건이 충족되면 미성년자공제, 연로자공제, 장애인공제를 받을 수 있다.

즉, 상속인 이외의 자로서 동거하면서 망인의 재산으로 생계를 유지하여 망인이 사실상 부양하고 있다고 판단되는 망인의 동거가족으로 부모와 장인, 장모, 손 자녀, 형제자매에 대하여 다음과 같은 상속공제를 적용할 수 있다.

① 19세 이하가 있는 경우 19세가 될 때까지 매년 1천만원씩 상속재산에서 공제해주는 "미성년자공제"
② 65세 이상 되는 사람이 있는 경우 1인당 5천만원의 "연로자 공제"
③ 장애인이 있는 경우 기대수명(생존년수)까지 년 1천만원씩 "장애인공제"

상속인 이외의 자로서 망인과 동거하는 가족이어야 하고, 실무적으로 "<u>망인에게 부양의무가 있는지, 망인의 재산으로 사실상 부양하고 있는지 유무의 판단</u>"이 중요하다.

사실판단 문제 등으로 다툼이 있을 수 있는 여지가 많아 잘 적용하지 않아 간과하는 경우가 있는데, 공제 혜택을 받을 수 있는 경우라면 상속세 절세에 좋은 방법이라고 생각한다.

공제 적용에 착오가 있었던 경우 과소신고가산세를 부과하지 않는다.

41. 배우자상속공제를 많이 받으려면 어떻게 해야 하나요?

> **핵 심** 상속재산분할협의서 및 협의분할 등기

 망인이 보유하던 상속재산은 그 배우자와 함께 공동으로 형성한 것에 대하여 다음 세대로 이전 할 때 과세하여야 한다는 1세대 1회 과세원칙과, 생전에 부부생활을 하던 배우자가 사망한 이후에 다른 한편의 배우자가 경제적으로 영속성을 가지고 살 수 있게 하여야 한다.
 다만, 거주자의 사망으로 인하여 그 배우자가 망인의 재산을 상속받는 경우 지나치게 고액의 상속재산이 비과세 되는 것을 방지하기 위해 실제 상속받은 금액 중 30억원 범위 내의 금액을 상속세과세가액에서 공제하도록 규정하고 있고, 구 구체적 내용은 아래와 같다.

(1) 30억원까지 배우자상속공제 받기위한 조건들

 망인에게 민법상 혼인신고 된 법률상 배우자가 있는 경우 배우자상속공제를 다음 중 선택해서 적용받을 수 있다.
 ① 5억원을 공제받는 방법

② 민법상 배우자의 법정상속지분 금액과 실제 배우자가 상속받은 금액 중 적은 금액을 『5억원초과하고 30억원 이하의 범위 내』에서 공제받는 방법

배우자가 상속받는 재산이 없어도 5억원을 공제 받을 수 있다.
그러나 5억원 ~ 30억원까지 배우자상속공제를 받으려면 아래 조건들을 모두 충족하여야 한다.

첫째, "상속재산분할협의서"를 작성하여야 한다.
상속인들의 의견으로 배우자상속지분에 대한 상속재산을 분할하는 협의가 있어야 한다.
그리고 이를 입증하여야 하는데, 가장 적합한 증빙은 상속인 모두 동의하여 서명날인 한 "상속재산분할협의서"라고 생각한다. 요즘은 아니지만 과거 이 협의서가 없어서 배우자상속공제를 인정받지 못한 사례도 있다.

둘째, 상속재산 분할 협의한 내용대로 배우자 명의로 상속재산을 분할하여야 한다.
분할 방법으로 부동산은 등기원인을 "협의분할에 의한 상속"으로 배우자 명의로 등기 되어야 한다. 법정지분으로 상속받아 등기원인을 "상속"으로 한 경우 "협의분할"로 인정받지 못해 배우자상속공제를 못 받는 경우가 있으니 주의하여야 한다.

상속부동산이 배우자 명의로 협의분할 상속등기 없이 피상속인 명의에서 매수인 명의로 이전된 경우 배우자상속공제를 인정받지 못한다.
피상속인 명의에서 강제 수용된 경우 등 예외적으로 인정되는 경우도

있지만 주의하여야 한다.
 배우자가 주식을 상속받는 경우 주주명부에 배우자 명의로 명의개서 하여야하고, 등록이 필요한 재산은 배우자 명의로 등록하여야 한다.

셋째, 위 첫째와 둘째를 다음 기한까지 마무리 하여야 한다.
① 사망일로부터 6개월 또는 9개월(상속인 중 1명이라도 비거주가 있는 경우) 되는 달의 말일(상속세 신고기한)까지 마무리하여 상속세 신고 시 관련서류를 제출하여야 한다.
② ①의 기한까지 마무리하여 제출하지 못한 경우 <u>상속세신고기한의 다음날부터 9개월 되는 달의 말일(사망일로부터 15개월 또는 18개월의 말일)</u>까지 마무리하여 관련서류를 제출하여야 한다.
③ ②의 기한까지 마무리하여 제출할 수 없는 경우 "<u>상속재산미분할신고서</u>"를 ②의 기한 내 제출하고 후속 절차를 진행해야 한다.

 위 요건을 충족하지 못해 배우자상속공제를 인정받지 못하는 경우 수억원의 상속세가 추징되는 사례가 있으니 주의하기 바란다.

 예를 들어, 상속재산이 100억원, 상속인으로 배우자와 자녀 3명이고 배우자가 27억원을 상속받는 경우가 있다. 이때 배우자의 법정상속지분이 33억원(100억원 × 1.5(배우자 법정지분)/4.5)이지만 배우자가 실제 상속받을 재산가액 27억원이므로 33억원과 27억원 중 소액인 27억원을 배우자상속공제 한다.
 만약 배우자가 상속받는 재산가액이 40억원이라면 40억원과 한도 30억원 중 소액인 30억원을 배우자상속공제 한다.
 그러나 상속인들이 법정상속지분대로 분할하기에 특별히 협의할 필요성이 없으므로 협의분할 기한 내에 상속재산 분할 협의가 없거나, "협의분할"을 원인으로 상속등기하지 않은 경우 배우자상속공제는 5억원만 인정되어 수억원의 상속세를 추징당하게 된다.

(2) 상속재산으로 보험금이 있는 경우

추가해서 주의할 것으로 상속인들 사이에 <u>상속재산으로 협의분할 대상 재산은 민법상 상속재산에 한정</u>한다. 따라서 상속재산으로 의제하는 보험금이 문제될 수 있다.

첫째, 자녀가 수익자로 보험금을 받는 경우가 있다.
父가 자녀를 수익자로 하는 생명보험계약을 하고 보험료를 납부하던 중 사망으로 자녀가 수익자로 받는 보험금은 자녀의 고유재산에 해당하고 민법상 상속재산에 해당하지 않는다.

민법상 상속재산이 아니므로 상속세법에서 간주 상속재산으로 규정하여 상속세를 과세하는 것이다. 따라서 보험금은 협의분할 대상 재산이 아니다.

<u>자녀가 수익자로 된 보험금은 자녀 고유재산이므로 母가 상속받을 수 없고</u>, 배우자 법정상속지분금액을 계산할 때 父의 상속재산에 그 보험금을 포함시켜 법정지분을 계산하면 안 된다.

만약 자녀가 수익자로 된 보험금을 母가 상속받으면 母에게 증여세가 과세될 수 있고, 배우자의 법정상속지분 계산의 기준이 되는 父의 상속재산에 보험금을 포함시키면 법정한도가 잘못 증가하여 추후 가산세와 함께 상속세를 추징당할 수 있다.

둘째, 父, 즉 망인이 보험금 수익자인 경우가 있다.

망인이 생전 본인을 피보험자와 수익자로 지정하고 보험계약하여 보험료 납부 중 사망한 경우 보험수익자가 사망한 것이므로 상속개산이 된다는 대법원 판례가 있다.

따라서 이 경우 수령하는 보험금은 협의분할대상 재산에 포함하여 배우자 지분을 계산하여야 할 것이다.

셋째, 배우자가 보험금 수익자인 경우

배우자가 수익자로 보험금을 받는 경우 배우자상속재산 법정한도 계산 시 총 상속재산가액에 배우자가 받는 보험금을 포함하여 민법상 배우자지분을 계산하여야 한다.

그리고 배우자가 실제 상속받은 재산에 배우자가 받은 보험금을 포함한 금액과 배우자지분을 비교하여 적은 금액을 배우자상속공제 받는다.

(3) 상속재산으로 보는 퇴직금이 있는 경우

망인의 퇴직금에 대해 수령권자가 정해져 있으면 그 수령권자의 고유재산이 되어 상속재산으로 협의분할대상이 되지 않는다는 대법원 판결이 있다.

반면, 수급권자가 정해져 있지 않은 경우 상속재산으로 협의분할 대상이라는 대법원 판결이 있다.

보험금과 같이 퇴직금도 수령권자의 지정 유무를 확인하여 배우자 지분을 계산하여야 할 것으로 생각한다.

(4) 과소신고가산세 적용 배제

배우자상속공제 적용에 착오가 있어 과다하게 공제하여 상속세를 적게 신고한 경우 과소신고가산세를 부과하지 않는다.

> **참고** 대법원(대법2023두44061, 2023.11.02.) 및
> 조세심판원에서 정리한 배우자상속공제 요건

　최근 대법원 및 조세심판원에서 배우자상속공제의 요건을 다음과 같이 판단하고 있다.
　배우자의 법정상속지분 금액과 실제 상속받은 금액 중 적은 금액을 5억원 이상 최대 30억원 이하의 범위 내에서 배우자상속공제를 받으려면, <u>사망일로부터 15개월 되는 달의 말일(재산분할기한)까지 다음의 요건을 충족하여야 한다.</u> 그러나 소송 등으로 기한 내 협의가 안 되는 경우 "상속재산미분할신고서"를 분할기한 내 제출하고 후속 절차를 진행해야 배우자상속공제를 받을 수 있다.

첫째, 상속인들의 의견으로 상속재산 분할 협의가 있어야 한다.
　상속인 중 미성년자가 있는 경우 상속과정에 이해관계가 존재하지 않는 특별대리인 선임 없이 상속재산 분할 협의를 한 경우 법적 효력이 없는 분할협의가 되어 배우자상속공제를 받을 수 없다. 법정지분대로 상속협의한 경우에도 협의한 내용을 세무서에서 확인할 수 있어야 한다.

둘째, 협의 된 내용대로 분할(등기·등록·명의개서 필요한 것은 등기 등을 한 것에 한정함)하여야 한다.
　부동산의 경우 등기원인을 "상속"이 아닌 "협의분할"로 하여야 한다.
　법정상속지분대로 부동산 상속등기를 하는 경우 다른 상속인들의 동의 없이도 "상속"을 등기원인으로 상속 등기할 수 있는데, 이 경우

과거에는 조세심판원에서 "협의분할"로 인정해 준 사례가 있는데, 대법원 판례(대법2023두44061, 2023.11.02.)이후 조세심판원에서도 "협의분할"만 인정하고 있다.

부동산의 경우 상속인들이 협의는 하였는데 <u>상속인들의 귀책사유로 배우자 등 상속인 명의로 협의분할 등기 절차를 생략하고 피상속인 명의에서 매수인에게 직접 소유권을 이전</u>하는 경우가 있다. 이런 경우 5억원 이상 배우자상속공제를 인정받지 못하므로 주의하여야 한다.

피상속인 명의에서 재산분할 기한 이내에 강제 수용되거나, 피상속인이 잔금 수령 전 매수인에게 매매용 인감증명서 등 부동산 소유권을 위한 서류를 모두 전달하고 사망하여 매수인이 피상속인 명의에서 소유권이전 한 경우 심판례 및 기획재정부 해석에서 상속인 명의로 분할등기 못 한 부득이한 사유로 인정하여 배우자상속공제를 인정한 사례가 있다.

셋째, <u>상속재산 분할사실을 재산분할 기한까지 납세지관할세무서장에게 신고하여야 한다.</u>

신고방법으로 사망일로부터 15개월(상속인 중 비거주가 있는 경우 18개월) 되는 달의 말일까지 "상속재산분할협의서"를 제출하는 것이다. 조세심판원 및 대법원에서 상속재산분할사실을 신고하도록 한 것은 "협력의무"를 부과한 것으로 배우자상속공제의 필수적 요건으로 볼 수 없다고 하였다.

따라서 재산분할 신고기한 내 협의한 내용대로 실제 재산분할 된 경우 실질과세원칙에 따라 배우자상속공제를 인정하고 있다.

42. 배우자상속공제를 받는 것이 절세에 유리한가요?

> **핵 심**   배우자가 상속세 전액납부 및 단기재상속세액공제

 망인의 상속인으로 배우자와 자녀가 있는 경우 배우자에게 상속되는 재산은 배우자 사망시 자녀들이 추가 취득세 및 상속세를 내고 상속받아야 한다. 이런 이유로 망인의 상속재산을 배우자가 아닌 자녀들이 많이 상속받는 것이 절세에 유리하다고 생각하는 경우가 많이 있다.

 그러나 다음과 같은 2가지의 경우 때문에 절세측면에서 배우자가 많이 상속받는 것이 유리할 수 있다.

(1) 배우자가 상속받은 재산에서 상속세 전액을 납부할 수 있다.

 상속세 납부책임은 상속인 각자가 상속받은 금액에 대한 상속세를 각자가 납부하도록 규정하면서, 상속세 전액을 상속인 모두가 공동책임(연대납세의무)지도록 규정하였다.
 따라서 상속인 중 누군가가 자기가 상속받은 부분에 대한 상속세를 납

부하지 않으면 다른 상속인이 상속받은 재산가액을 한도로 납부할 책임이 있다.

따라서 상속인으로 배우자와 자녀1명이 있고 모두 납부할 상속세 이상의 재산을 상속받았다면, 배우자 또는 자녀 중 아무나 1명이 상속세를 전부 납부해도 법적으로 문제되지 않는다.

예를 들면, 상속재산이 40억원, 상속인으로 배우자와 자녀2명, 배우자가 20억원 자녀가 각각 10억원씩 상속받고 상속세가 19억원인 경우가 있다.
이때 배우자가 상속받은 20억원으로 상속세 19억원을 전부 부담해도 된다.
배우자가 상속세를 전부 부담하면, 자녀들은 상속세 부담 없이 각각 10억원씩 상속받고, 추후 배우자 사망시 상속재산은 1억원만 남는 결과가 되어 배우자 사망시 추가 상속세는 없게 된다.

주의할 것은 상속받은 재산을 초과하여 상속세를 부담하는 경우 그 초과 부담부분은 증여가 된다. 배우자가 17억원 상속받았는데 상속세를 19억원 부담했다면 자녀 2명에게 각각 1억원씩 증여로 인정되어 증여세를 내야 한다.

(2) 배우자가 상속받은 재산은 단기상속공제 받을 수 있다.

1차 상속이 이루어지고 짧은 기간 내에 상속된 재산이 다시 2차 상속이 이루어지는 경우 중복과세문제가 발생한다. 이런 문제해결을 위해 상속세법은 "단기상속공제"라는 제도를 두고 있다.(질문49 참조)

그 내용은 1차 상속이 된 재산이 10년 이내 2차 상속재산에 포함(재상속 재산)된 경우 재 상속재산에 대해 1차 상속시 부담한 세액을 1년에 10%씩 차감하여 2차 상속재산에 대한 상속세에서 공제해 주는 제도이다.

예를 들면, 1차 상속시 10억원 현금을 배우자가 상속받고 이 현금에 대한 상속세가 1억원 이였다. 3년 뒤 배우자가 사망하고 2차 상속재산에 현금 7억원이 남아 재 상속되는 경우 2차 상속세에서 49,000만원(1억원×7억원/10억원×70%)을 공제해 준다.

의 견

실무적으로 배우자상속공제를 최대한 적용받도록 배우자와 자녀들이 상속재산을 협의 분할하여 상속세를 절세하고, 배우자는 상속받은 재산으로 상속세를 전부 부담함으로써 자녀들은 상속세 부담 없이 재산만 상속받도록 하는 방법을 기본 절세방법으로 많이 활용한다.
배우자가 고령인 경우 단기상속공제를 많이 받는 경우가 있다.

배우자에게 기본 재산이 있는 상태에서 배우자상속공제를 잘 활용하면 절세에 큰 도움이 될 것으로 생각한다.

43. 망인과 동거한 자녀를 위한 상속세 혜택이 있나요?

핵 심 | 최대 6억원까지 동거한 주택 상속공제 인정

부모님을 모시고 함께 오랜 기간 동거하면서 효도한 자녀를 위해 "동거주택상속공제"라는 제도를 두고 있고, 그 내용은 아래와 같다.
① 부모님이 1세대 1주택 소유자 또는 무주택자로 있는 기간 중 부모님 사망일로부터 소급하여 10년 이상 자녀가 함께 동거하여야 한다.
② 부모님 사망당시 부모님이 보유한 1세대 1주택을 함께 동거한 무주택자인 자녀가 상속받아야 한다.
③ 그 상속주택가액(주택을 담보로 채무가 있는 경우 채무를 공제한 상속주택가액)이 6억원 이하인 경우 전액, 6억원을 초과하는 경우 6억원을 상속재산에서 공제해 준다.

예를 들면, 무주택으로 부모와 자녀가 8년 동안 전세로 동거하다가 父 명의로 1주택을 취득하여 3년 동안 함께 거주하던 중 父가 사망하였고, 사망당시 1주택가액이 8억원 이라면,
① 父가 무주택 8년과 1주택 기간 3년을 합친 11년 동안 동거 하였고

② 父 사망당시 동거한 자녀가 무주택자로서 그 1주택을 상속받는 경우
③ 1주택가액 8억원에서 6억원을 공제하고 2억원만 상속세 과세한다.

10년 이상 父와 동거기간(실제 한집에서 같이 살면 동거기간에 포함)을 판단하는 경우 무주택기간과 父의 1주택 소유기간을 모두 통산하여 판단한다.
따라서 父가 1주택을 소유하고 있지만 주택을 임차하여 함께 10년 이상 거주한 경우에도 주택상속공제를 받을 수 있다.
동거기간 중 이사, 자녀결혼 등의 이유로 부득이 일시적 2주택이 되었어도 법에서 정한 기한 내 1주택을 양도하면 주택상속공제를 받을 수 있다.

부모님을 동거·봉양 하던 중 아들이 먼저 사망하여 며느리가 계속하여 부모님을 모시는 경우에도 동거주택상속공제를 적용받을 수 있고, 부모님과 자녀 공동명의 1주택을 소유하던 중 부모님 사망으로 부모님 소유지분만 상속받는 경우에도 적용받을 수 있다.

주택과 상가가 같이 있는 겸용주택의 경우 주택 면적이 더 크면 전체면적, 다가구주택도 전체면적을 요건 충족시 동거 주택상속공제를 적용할 수 있다.
"동거주택상속공제"를 적용받을 수 있는 경우 자녀들끼리 협의하여 부모님을 모신 자녀가 부모님 소유 1주택을 상속받을 수 있도록 잘 협의하는 것이 절세에 유리하다고 생각하지만, 여러 명이 공동으로 상속받은 경우 부모님을 모신 자녀의 상속지분에 상당하는 금액만 "동거주택상속공제" 혜택을 받을 수 있다.

망인 또는 상속인, 상속인의 배우자가 망인이 사망하기 전에 발생된 제3

자의 상속으로 인해 공동 상속받은 주택으로 소수지분을 소유한 경우 상속받은 소수 지분 주택은 주택으로 보지 않고 "동거주택상속공제"를 적용하고 있다.

예를 들면, 父가 아들부부와 함께 동거하던 중 며느리 부모(장인, 장모)의 사망으로 며느리가 주택을 소수지분으로 상속받은 것이 있는 경우 며느리의 소수상속지분 주택은 주택으로 보지 않고 父 "사망시 동거주택상속공제"를 판단한다.

동거주택상속공제 적용에 착오가 있었던 경우 과소신고가산세를 부과하지 않는다.

취득세 절세 방법

상속받은 부동산에 대한 취득세율이 일반적으로 2.8%이지만, 무주택 가구의 상속인이 주택을 상속받는 경우 0.8%의 낮은 취득세율을 적용받고, 여러 명이 공동 상속받는 경우 가장 많은 지분을 상속받는 자가 무주택 가구의 상속인인 경우 주택 전체금액에 0.8%의 낮은 취득세율을 적용받는다. 절세에 참고하기 바란다.

> **의 견**
>
> 실무적으로 상속세 절세 요건을 모두 충족했다고 생각했는데, 10년 이상의 동거기간 중 부모 또는 자녀가 <u>주택으로 사용한 오피스텔 등을 취득하여</u> 2주택이 되는 기간이 일부 발견되어 상속세 절세 혜택을 못 받는 경우가 있다. 따라서 동거기간 10년 중 2주택인 경우가 있는지 사전에 꼼꼼히 확인하여야 할 것이다.

44. 재촌·자경하던 농지는 상속세 혜택이 있나요?

핵 심 최대 30억원까지 농지상속공제

재촌·자경하던 망인과 상속인의 경우 망인의 농지 상속에 대해 "영농상속공제"로 상속세 혜택을 주고 있다.

이는 망인의 뒤를 이어 상속인이 영농을 계속할 것을 전제로 농민의 경제활동을 지원하고 영농의 물적 기반이 되는 농지를 보존하고자 하는데 취지가 있다.

영농상속 농지가액을 1996년은 2억원을 인정했는데 현재는 최대 30억원을 인정하고 있다.

최근 정부는 영농 대규모화를 통한 농가 경쟁력 강화를 지원하기 위하여 2022.12.31.부터 영농상속공제 혜택 농지가액을 20억원에서 30억원으로 확대하였고, 주된 내용은 아래와 같다.

(1) 영농상속공제를 받기위한 조건들이다.

① 망인(피상속인)이 사망 8년 전부터 계속 재촌·자경한 농민이어야 한다.
② 공제대상 농지는 망인이 사망 전 2년 이상 계속해서 영농에 사용한 농지여야 한다.
③ 농지를 상속받는 자녀가 다음 중 하나에 해당하여야 한다.
　첫째, 부모 사망일 현재 18세 이상으로 상속개시일 2년 전부터 계속하여 직접 영농에 종사할 것
　둘째, 관련법에 따라 지정된 "후계 농업경영인"에 해당 할 것
　셋째, 동일계 고등학교를 졸업한 경우
④ 망인이 65세 이전에 사망하거나 천재지변 및 인재 등 부득이한 사유로 사망한 경우에는 자녀가 2년 이상 자경하지 않아도 영농상속공제를 받을 수 있다.
⑤ 배우자가 농지를 상속받아도 영농상속공제가 가능하고, 배우자상속공제와 중복하여 적용받을 수 있다. 따라서 배우자가 농지를 상속받는 경우 절세효과를 극대화 할 수 있다.
⑥ 상속받는 농지 중 일부 농지만 영농상속공제를 받을 수도 있다.
⑦ 망인(피상속인)의 농지를 여러 명의 상속인이 공동으로 상속받은 경우 재촌·자경하는 상속인의 상속분에 대해서만 공제 받을 수 있다.
⑧ 주거지역에 편입된 농지라도 실제 농작물 재배에 사용되는 경우 지목에 관계없이 농지로 사용되고 있으면 공제를 받을 수 있다.

위와 같은 조건들을 충족한 망인(피상속인)이 자녀 또는 배우자에게 상속하는 농지가액을 30억원 한도 내에서 상속재산에서 공제한다.

영농상속공제 적용에 착오가 있었던 경우 과소신고가산세를 부과하지 않는다.

(2) 영농상속공제를 배제하고 공제액을 추징하는 경우가 있다.

그러나 아래와 같은 경우 영농상속공제를 배제하고 공제받은 금액을 추징당한다.

년 3,700만원 이상 소득이 있는 경우

영농기간을 계산할 때 영농에 종사한 망인 및 상속받는 자녀 모두 영농에 종사해야 할 필요한 기간(망인은 8년, 자녀는 2년)에 사업소득금액(농업에서 발생한 소득, 부동산임대소득, 농가부업소득은 제외)과 총 급여액 합계액이 3,700만원 이상 되는 연도는 영농에 종사하지 않은 기간으로 판단하여 영농상속공제를 받을 수 없으므로 주의하여야 한다.

영농사실을 소득기준 3,700만원 이상 유무를 판단할 때 사업소득과 총급여액의 합계로 판단하며, 농업소득, 이자소득, 배당소득, 연금소득, 기타소득, 부동산임대소득, 농가부업소득은 소득에서 제외되므로 주의 하여야 한다.

망인 또는 상속인이 과거 탈세범으로 처벌된 사실이 있는 경우

영농에 종사한 부모(망인)와 농지를 상속 받을 자녀가 상속개시 10년 전부터 영농과 관련된 탈세, 회계부정으로 징역형·벌금형을 받은 사실이 없어야 한다.

이 규정은 2023년 1월 1일부터 시행되므로 시행일 이후 처벌받은 사실이 없으면 적용받을 수 있다.

상속받고 상속인이 자경하지 않은 경우 등

농지를 상속받은 자녀가 상속받은 날 부터 5년 이내 정당한 사유 없이
㉠ 영농상속공제를 받은 농지를 처분하거나
㉡ 영농에 종사하지 않은 경우
㉢ 영농과 관련된 탈세, 회계부정으로 징역형·벌금형을 받는 경우 영농상속공제를 취소하고 상속세와 이자상당 가산세를 징수한다.

(3) 농지의 감정평가액으로 영농상속공제 받을 수 있다.

영농상속공제를 받은 농지를 양도할 때 취득가액은 상속개시일에 평가한 금액으로 한다. 따라서 기준시가로 평가했으면 기준시가, 감정평가 했으면 감정평가액을 취득가액으로 인정한다.

농지의 기준시가가 얼마 안 되는 경우 최대한 30억원까지 감정 평가하여 영농상속공제 혜택을 받는 다면 추후 당해 농지를 양도하는 경우 취득가액을 기준시가보다 높은 감정평가액으로 인정받아 양도소득세를 절세할 수 있다.

예를 들면, 영농상속공제 받을 농지의 정부고시가격이 10억원인 경우 10억원을 영농상속공제 받으면 추후 농지 양도시 취득가액이 10억원이고, 15억원으로 감정평가해서 영농상속공제 받으면 추후 농지 양도시 취득가액이 15억원으로 인정받아 양도소득세를 절세할 수 있다.

영농상속공제 대상 농지는 국세청이 감정 평가하여 상속세 과세하는 대상에서 제외되므로 감정평가 유무는 상속인이 판단하면 된다.

(4) 영농자녀의 증여세 감면과 영농상속공제 병행하면 절세에 유리하다.

영농자녀가 있다면 영농자녀에 대한 증여세 1억원 감면 혜택과 30억원의 영농상속공제 혜택을 잘 활용하면 상속재산으로 약 36억원까지 상속세 없이 물려받을 수 있고, 상황에 따라 더 많은 금액을 증여세 및 상속세 없이 물려받을 수 있다.

(5) 영농법인도 영농상속공제를 받을 수 있다.

망인이 가족과 함께 최대주주로 지분을 50%이상 가지고 영농법인을 8년 이상 운영하던 중 사망한 경우 18세 이상의 상속인이 2년 전부터 영농법인에 종사하고 상속세 신고기한 내 임원으로 취임하여 신고기한부터 2년 이내 대표이사로 취임하는 경우 상속되는 영농법인 주식가액으로 30억원 범위 내에서 영농상속공제를 받을 수 있다.

(6) 초지, 축사 등도 적용가능하다.

영농상속공제는 농지뿐만 아니라 초지, 산림지, 축사 및 축사용지, 어선, 어업권, 어업용 토지, 염전에 대해서도 관련 요건 충족시 적용받을 수 있다.

(7) 양도소득세 감면받을 수 있다.

농지를 상속받으면서 영농상속공제를 받고 8년 이상 재촌·자경농지의 요건을 충족하여 농지를 양도하는 경우 양도소득세 1억원을 감면을 받을 수 있다.

농지의 영농상속공제와 양도소득세 감면을 모두 적용받는 다면 좋은 절세효과를 얻을 수 있다.

(8) 농지의 취득세 감면받을 수 있다.

영농상속공제 대상 농지를 상속받는 경우 취득세를 50% 감면받을 수 있다.

이때 주의할 것은 영농상속인의 소득기준을 판할 때, 『이자소득, 배당소득, 사업소득, 근로소득, 연금소득, 기타소득을 모두 포함한 종합소득금액』에서 『농업소득, 부동산임대소득, 농가부업소득을 제외한 금액』이 3,700만원 미만이어야 취득세를 감면받을 수 있다.

위 영농상속공제 적용시 3,700만원의 소득기준과 상이하므로 주의하여야 한다.

45. 부모의 가업을 절세하며 상속받는 방법이 있나요?

핵심 가업상속공제 조건 및 사후관리

중소기업 등을 운영하던 부모가 사망한 경우 높은 상속세율 때문에 자녀가 사업을 승계 받아 운영할 수 없게 되고, 그 결과 사회적으로 일자리가 없어지는 등 여러 가지 문제를 발생시켜 왔다.

이런 문제해결을 위해 오랜 기간 부모가 운영한 사업을 상속세 부담 없이 자녀가 승계 받아 운영하는 것을 지원하기 위해 "가업상속공제 제도"를 두고 있다.

정부에서 가업상속공제 제도를 <u>납세자에게 과거보다 유리한 방향으로 세법개정과 세법해석을 변경하였고, 국세청에서 많이 활용할 것을 적극 지원하는 추세</u>에 있어 많은 사주들의 관심도가 점점 높아지고 있다.

중소기업과 매출액 5천억 미만의 중견기업이 적용받을 수 있지만, 여기선 중소기업 중심으로 설명한다.

(1) 기업요건-10년 이상 영위한 사업(가업)이어야 한다.

① 모든 업종이 되는 것이 아니라 법에서 정한 업종에 한하여 적용한다.
② 법에서 정한 업종을 주된 업종으로 망인(피상속인) 사망일로부터 소급하여 10년 이상 계속한 사업에 대해 적용한다.
　주된 업종을 표준산업분류표상 대분류 내 업종으로 변경한 경우 연속된 업종으로 인정되어 함께 10년 이상을 판단하지만, 인정 못 받는 업종으로 변경한 경우 변경한 시점부터 새로 주된 업종으로 10년을 기산하여야 한다.
③ 개인사업 및 법인사업 모두 적용가능하다.
　개인 사업을 법인으로 전환하여도 적용될 수 있고, 이 때 개인 및 법인 사업기간을 합산하여 10년 이상을 판단한다.
④ 그리고 망인과 가족 등이 40%(상장법인은 20%)를 초과하는 최대주주인 상태로 망인이 가업에 실제 참여 한 때부터 기산하여 사망일까지 계속된 기간이 10년 이상이어야 한다.

(2) 피상속인 요건-망인(피상속인)이 대표이사로 재직하여야 한다.

① 망인이 거주자로서 가족 등 특수관계인과 지분을 40%(상장법인은 20%)이상 10년 이상 계속해서 보유하고 있었어야 한다.
　40%이상 지분 중 망인 지분이 가장 크지 않아도 가업상속공제 적용 가능하다.
② 망인이 대표이사로 오랜 기간 재직하여야 한다.
　망인이 사업기간 중 50%이상의 기간 또는 상속개시일로부터 소급해서 10년 중 5년 이상의 기간을 대표이사로 재직하여야 한다.

망인의 대표이사직을 자녀가 미리 승계 받아 사망일까지 자녀가 대표이사로 재직하는 경우 망인은 대표이사직에서 물러나기 전 과거에 10년 이상의 기간을 대표이사로 재직한 사실이 있어야 한다.

③ 대표이사 재직기간은 연속된 10년이 아니라 통산 가능하며, 법인의 경우 법인등기부등본에 대표이사로 등재되어 대표이사직을 수행한 기간을 뜻한다.

(3) 상속인 요건-18세 이상의 상속인이 물려받아 대표이사로 취임하여야 한다.

① 망인의 사망일 이전에 2년 이상 가업에 종사한 상속인으로서 망인의 사망일 현재 18세 이상의 상속인(자녀, 배우자 등 법정상속인)이 가업을 물려받아야 한다. 2년 이상의 가업종사기간은 통산한다.
그러나 아래의 경우 상속인이 2년 이상 가업에 종사하지 않아도 가업을 승계 받을 수 있다.

  ㉠ 망인(피상속인)이 65세 이전에 사망하는 경우
  ㉡ 망인이 천재지변 등 부득이한 사유로 사망한 경우
  ㉢ 가업을 승계 받는 상속인이 망인 사망일로부터 소급하여 2년 이내 기간 중 병역의무, 취학, 질병 등 이유가 있는 경우

② 가업을 물려받은 상속인이 상속세 신고기한 이내에 임원으로 취임하여야 하고, 신고기한 경과 후 2년 이내 법인등기부등본에 대표이사로 기재되어야 한다.

③ 가업을 승계 받는 상속인이 가업재산을 상속받고 운영은 상속인의 배우자(사위, 며느리)가 해도 가업상속공제 받을 수 있는데, 이 경우 배우자가 위 ①, ②의 조건을 모두 충족하여야 한다.

상속인의 배우자가 운영해도 인정해 주는 것은 법인가업만 인정되고 개인가업은 인정되지 않는다.
④ 상속인이 다른 사업을 하는 경우에도 망인의 가업을 상속받아 겸직해도 된다.
⑤ 가업상속재산을 상속협의가 되지 않아 여러 명이 공동으로 상속받는 경우에도 요건을 충족한 상속인이 받는 상속재산만 가업상속공제 받을 수 있다.
⑥ 가업상속은 망인의 배우자가 받고 운영은 자녀가 하거나, 반대로 상속은 자녀가 받고 운영은 망인의 배우자가 하는 경우 가업상속공제를 받을 수 없다.
⑦ 가업상속받는 자녀가 해외에 거주지를 두고 있는 비거주자인 경우에도 적용받을 수 있다.
⑧ 망인의 배우자도 가업상속공제를 받을 수 있고, 배우자상속공제와 중복해서 적용받을 수 있다.
⑨ 가업상속공제 받을 수 있는 주식 일부만 가업상속공제 받는 것으로 선택가능하다.

(4) 10년 동안 조세포탈, 회계부정으로 처벌사실 없어야 한다.

망인(피상속인)과 가업을 상속받는 상속인이 2020년 1월 1일 이후 10년 동안 가업의 경영과 관련하여 조세포탈 또는 회계부정으로 징역형 또는 벌금형의 처벌을 받은 사실이 없어야 한다.

(5) 사업관련 자산만 가업상속공제 적용한다.

개인사업을 가업 상속하는 경우

망인이 운영하던 사업이 개인사업인 경우 망인 소유로 개인 사업에 직접 사용된 토지, 건축물, 기계장치 등 사업용 자산 금액에서 해당 자산에 담보된 채무를 공제한 금액을 가업상속공제 할 수 있다. 2025년 상속되는 것부터 비사업용 토지는 가업용 자산에서 제외하므로 사전에 잘 검토하여 준비 하여야 할 것이다.

법인사업을 가업 상속하는 경우

법인사업의 경우 망인이 가지고 있는 것은 당해법인의 주식이고 이 주식이 상속되는 재산이다.

법인의 주식가치는 모든 재산을 포함하여 주식가치를 평가해야 하는데, 법인 재산은 사업관련 재산과 사업무관 재산으로 나눌 수 있다.

망인 소유 주식가치 중 법인의 사업관련 재산의 주식가치 부분에 대해 가업상속공제 대상 재산이 된다.

사업무관 자산으로 분류하고 있는 것은 법인의 비사업용 토지, 타인에게 임대하는 부동산, 대여금, 5년 평균현금 보유액의 200%를 초과하여 보유한 현금, 영업활동 관련 없는 주식 등이 있다.

따라서 법인 재산 중 사업관련 재산이 많아야 가업상속공제를 많이 받을 수 있으므로 절세하려면 미리 준비하여 사업관련 재산비중을 높여야 할 것이다.

2025.01.16.부터 소액주주인 임직원과 최대주주의 친족이 아닌 임직원

의 사택(국민주택규모 85㎡ 이하 또는 기준시가 6억원 이하의 주택으로 사망일 현재까지 5년 이상 계속하여 무상으로 제공하는 주택을 말한다)은 사업관련 자산을 본다.

2025.01.16.부터 대여금으로 임직원(자녀의 학자금을 포함)의 학자금과 기준시가 6억원 이하의 주택 전세자금은 사업관련 자산으로 본다.

그리고 상속되는 망인 소유 주식이 모두 10년 이상 보유하지 않아도 적용될 수 있다.

예를 들면, 망인 소유주식 15,000주 중 10,000주는 40% 이상으로 10년 이상 보유, 5,000주는 10년 미만 보유한 경우 15,000주 모두 가업상속공제 가능하다.

(6) 가업영위기간별 가업상속공제 한도가 다르다.

망인(피상속인)이 법에서 정한 업종을 주업으로 가업 영위한 기간에 따라 가업상속공제 받는 사업관련 재산가액의 한도에 차이를 두고 있다.

가업영위 기간	사업관련재산가액
10년 이상 20년 미만인 경우	300억원 한도 내 공제
20년 이상 30년 미만인 경우	400억원 한도 내 공제
30년 이상인 경우	600억원 한도 내 공제

위 한도는 개인사업인 경우 가업상속재산에서 그 재산에 담보된 채무와 비사업용 토지를 공제한 금액으로 판단하고, 법인사업인 경우 주식평가액 중 사업관련 재산가액 비율이 차지하는 금액으로 판단하여야 한다.

(7) 가업상속공제 신청서를 제출하여야 한다.

가업상속공제를 받으려면 별도로 정해진 상속세 신고서 양식을 작성하고 관련 서류를 첨부하여 상속세 신고기한 내 제출하여야 한다.

신고기한을 경과해서 추후 조사받는 과정에 제출해도 조건 충족된 경우 공제받을 수 있다.

가업상속공제 적용에 착오로 과다 공제받은 경우 과소신고가산세를 부과하지 않는다.

(8) 공제 받은 후 5년 동안 지켜야 할 의무가 있다.

가업상속공제 받고 특별한 이유 없이 5년 동안 아래사항을 지켜야 하고, 지키지 못한 경우 상속세와 이자상당액을 납부하여야 한다.

① 상속받은 주식 처분, 대표이사 미 종사, 주된 업종 변경, 1년 이상 휴업·폐업, 2020년 1월 1일 이후 조세포탈·회계부정으로 처벌받는 일들이 없어야 한다.

단, 업종 변경에 대해 표준산업분류표상 대분류 내 업종변경은 허용해 주고 있다.

② 그리고 혜택 받은 가업용 재산을 40%이상 처분하지 말아야 한다.

③ 가업상속공제 후 5년 동안 정규직 근로자 수의 전체평균과 총급여액의 전체 평균액이 사망 전 2년 동안의 평균 근로자 수의 90%와 평균급여의 90%에 모두 미달해서는 안 된다.

반대로 평균근로자의 90% 또는 평균급여의 90% 중 1가지만 충족하면 요건 충족으로 추징되지 않는다.

(9) 가업용 재산 처분시 망인의 취득가액을 적용한다.

가업상속공제를 받고 5년 이상 사업을 잘 운영(사후관리 요건 충족)하고 가업상속 재산 중 양도소득세 과세대상이 되는 토지, 주식 등을 양도하는 경우 취득가액을 상속개시 전 당초 취득가액(망인의 취득가액, 법인의 최초 취득가액)을 적용하도록 되어 있다.

많은 전문가들이 다양한 사례를 통해 추후 양도소득세까지 고려하여 가업상속공제를 적용받는 경우와 적용받지 않는 경우를 비교해 본 결과, 가업상속공제를 적용받고 양도소득세를 납부 하는 것이 절세에 도움 되는 것으로 계산되었다.

따라서 공제받은 상속세보다 적은금액을 양도소득세로 납부하는 결과가 된다.

(10) 가업상속공제 대신 가업상속재산에 대한 상속세 납부를 유예하는 제도가 있다.

가업상속재산에 대한 "상속세 납부를 유예해 주는 제도"가 2023년 처음 신설되었다.

2023년부터 가업상속재산에 대해 가업상속공제 혜택과 상속세 납부유예혜택 중 선택하여 적용할 수 있도록 하였다.

기본 내용은
① 사망자와 상속받는 자녀가 위에서 설명한 가업상속공제 요건을 충족 하였는데

② 가업상속공제를 적용받지 않은 중소기업으로서
③ 납세담보를 제공한 경우
④ 가업을 상속받은 자가 가업상속재산을 양도, 상속, 증여하는 시점까지 상속세 납부를 유예해 주는 제도이다.

그러나 사후적으로 다음의 경우 납부유예 된 세액 전부 또는 일부와 이자상당액(년 2.9%)을 납부하여야 한다.
① 가업을 상속받은 자녀가 가업에 계속 종사하지 않는 경우
② 가업 상속받은 주식 지분이 감소하는 경우
③ 정규직 근로자 수와 총 급여액이 상속일 이전 2년 동안의 평균 근로자 수 및 급여의 70%이상을 상속일 이후 5년간 유지하지 못하는 경우
④ 개인 사업을 가업승계 받은 경우 가업재산을 40%이상 처분한 경우

사후관리 요건에 업종을 유지해야 하는 요건이 없다. 즉, 납부유예 신청의 경우에는 업종을 변경해도 된다.
그리고 고용유지 인원 및 총 급여액도 직전 2년 평균 고용인원 및 총급여액의 70% 이상을 유지하는 것을 요건으로 하고 있다. 즉 30% 이내의 고용인원 및 총 평균급여 축소를 인정하고 있다.

그리고 상속세 납부유예를 신청하는 세액의 120%에 해당하는 재산을 납세담보로 제공하도록 규정되어 있는데, 현실적으로 고액의 납세담보제공이 어려운 경우가 많이 있을 수 있다.
따라서 실무에서 활용가능성은 미미하다.

(11) 가업상속공제의 적극적 활용이 필요하다.

가업상속공제는 1996년은 1억원 공제를 인정했는데, 현재 최대 600억원까지 인정하고 있다.

가업상속에 대해 정부에서도 긍정적 방향으로 진행하고 있고, 가업상속에 대한 상속세 절세 혜택은 아주 큰 혜택이므로 약 10년 전부터 사전에 충분히 검토하여 최대 절세혜택을 받도록 하여야 할 것이다.

사후적으로도 지켜야 할 여러 가지 조건들을 미리 잘 살펴보고 진행한다면 추징되는 일은 별로 없을 것으로 생각한다.

(12) "기회발전특구"로 이전 등을 하는 경우 가업상속공제 사후관리 쉬워진다.

가업상속공제를 신청한 법인이 정부에서 지정한 "기회발전특구"로
① 법인 본사가 소재하거나 본점 또는 주사무소를 이전하고
② 본사 및 그 밖의 사업장에 상시 종사하는 근무인원의 50%이상인 경우 위에서 언급한 가업상속공제의 사후관리 요건(상속인의 대표이사 취임 등, 주된 업종변경, 자산 40%이상 처분, 가업 미종사, 주식 처분 등)을 완화해 주고 있다.

"기회발전특구"로 지난 2024년 6월 25일 산업통상부에서 "대구, 부산, 전남, 경북, 전북특별자치도, 경남, 대전, 제주특별자치도 중 일부 지역"을 발표하였다.

46. 상속인이 협의하여 부동산 대신 금전을 받아도 되나요?

핵심 상속세와 양도소득세 과세

상속인이 여러 명인 경우 일부 상속인은 상속부동산의 자기상속지분을 상속등기하지 않고 다른 상속인에게 넘기면서 금전을 받는 경우가 있다.

예를 들면, 기준시가가 5억원 하는 토지를 자녀 A, B가 상속받아야 하는데 자녀 A가 1/2의 자기지분을 다른 자녀 B가 상속등기 하도록 하면서 금전으로 4억원을 받는 경우가 있다.

이는 자기 지분을 다른 상속인에게 금전을 받고 양도하는 것으로 상속세와 양도소득세 문제가 발생한다.

첫째, A가 포기하는 부동산 1/2지분의 대가로 받는 금액 4억원으로 전체 부동산을 평가하면 8억원이 되는데 이 금액으로 상속부동산을 평가하여 상속세를 계산하여야 한다.

당초 상속 지분대로 상속등기하고 금전거래가 없었다면 상속부동산에 대해 기준시가 5억원으로 평가해서 상속세를 계산하는데, 부동산 1/2지분의 매매금액 4억원으로 전체를 평가하면 8억원이 되므로 이 금액으로 부동산을 평가하여 상속세를 계산하므로 상속세가 늘어난다.

둘째, 1/2지분에 대해 금전을 받은 A상속인은 양도소득세를 내야하는데 상속받은 1/2평가액 4억원이 취득가액이 되고 받은 금액도 4억원이다. 따라서 취득가액과 양도가액 모두 4억원으로 양도차익이 없어 내야 할 양도소득세는 없지만 양도소득세 신고는 해야 한다.

셋째, 상속받은 부동산을 8억원으로 평가받아 부동산 전부를 상속받은 B상속인은 추후 당해 부동산 양도시 취득가액을 8억원으로 인정받아 양도소득세를 계산하게 된다. 그 결과 상속세를 조금 더 부담할 수 있지만 양도소득세를 절세하는 효과가 있을 수 있다.

의 견

절세 등 여러 가지 측면에서 일부러 상속재산을 시가로 감정평가 받아 상속세를 신고하는 경우도 있으므로, 상속 부동산에 대해 상속 등기 전 매매거래가 상황에 따라 절세방법으로 이용할 수도 있고 가족 각자의 상황을 서로 고려해 매매가 필요한 경우 잘 활용할 수 있다.

47. 가족법인에 재산을 상속하면 상속세를 절세할 수 있나요?

> **핵심** 주주 구성에 따라 상속세 차이 발생

영리법인은 자연인이 아니므로 상속인이 될 수 없어 상속세가 없다.
사망하면서 영리법인에 재산을 상속하려면 미리 유언장으로 사망 후 법인에 재산을 주겠다는 뜻을 남겨야 한다.

사망하면서 재산을 영리법인에 주겠다는 뜻(증여)을 남기는 방법으로
① 유언장에 재산을 법인에 증여하겠다고 유언을 남기거나("유언증여"라 한다)
② 법인과 생전에 재산을 증여하기로 약정하면서 재산이전은 사망 후 이전하는 것("사인증여"라 한다)으로 하는 방법이 있다.

망인이 재산을 영리법인에 유언증여 또는 사인증여 했다면, 증여받은 재산은 법인 이익이 되어 법인세(법인세율이 9%, 19%)만 부담하고 상속세는 없다.
상속인이 받는 것처럼 상속재산에 합산하여 추가 상속세(상속세율이

10%~50%)가 없기 때문에 세율차이만큼 변칙적으로 상속세를 절세하면서 가족 주주에게 이익을 줄 수 있다.

주주의 이익은 유증 받은 재산가액에서 납부한 법인세를 차감한 금액만큼 법인의 재산이 증가하여 증가한 재산만큼 주식가치가 상승한 결과가 된다.

이러한 점을 이용한 상속세 회피를 방지하기 위해 영리법인에 유증한 망인의 배우자와 직계비속(자녀 손자·손녀를 말함)이 주주로 있다면, 망인의 유증으로 주주인 배우자와 직계비속이 상속세를 적게 부담한 세액으로 다음과 같이 계산된 금액을 상속세를 과세하도록 규정되어 있다.

> * 배우자와 직계비속 각자가 부담할 상속세
> = [(영리법인 증여재산에 대한 상속세 상당액 − 법인에 증여재산× 10%] × 배우자와 직계비속 각자의 주식 지분율]

그리고 주식가치 상승분에 대한 이중과세를 조정해 주기 위해 추후 배우자와 직계비속이 추가상속세 과세된 주식을 양도하는 경우 당초 주식 취득가액에 다음과 같이 계산된 주식가치 상승 액을 취득가액에 합산한다.

> * 배우자와 직계비속 각자의 당초 취득가액에 가산할 금액
> = 영리법인이 유증 받은 상속재산가액 × 배우자와 직계비속 각자의 주식 지분율

그러나 주주가 망인(피상속인)의 배우자, 직계비속(자녀, 손자·손녀)에 해당하지 않는 경우 상속세를 추가과세하지 않는데, 대표적인 가족으로 사위, 며느리가 있으며, 사위, 며느리가 주주로 지분을 가지고 있는 경우 추가 상속세가 없으므로 이 부분을 절세에 활용할 수 있다.

예를 들면, 아들이 40%지분, 며느리가 60%지분이 있는 영리법인에 부모가 사망시 10억원을 유언증여 하였다면 법인은 10억원의 이익에 대해 법인세를 납부하고 10억원은 상속재산에 합산하지 않는다. 법인 주주들은 10억원에서 법인세를 차감한 금액만큼 법인자산이 늘어나 각 주주들은 주식가치가 상승한 효과를 얻게 된다.

이때 주주 중 아들 지분 40%에 대한 주식가치 상승분에 상속세를 별도로 아래와 같이 계산하여 과세한다.

> * 아들이 추가 부담할 상속세 5,600만원
> = [법인에게 증여한 10억원에 대한 상속세 상당액이 24,000만원
>   (10억원×30%-6천만원) - 10억×10%] × 40%

추후 아들이 40%의 주식지분을 양도하는 경우 최초 취득가액에 4억원(10억원 × 40%)을 가산한 금액을 취득가액으로 양도차익을 계산하여야 한다.

며느리의 60%지분에 대해서는 추가 상속세가 없고, 취득가액에 가산해 주는 금액도 없다.

사위와 며느리의 주식지분에 대해서는 추가 상속세가 없으므로 가족 간 주주의 구성과 주식 지분비율을 어떻게 할 것인가를 사전에 검토하여 절

세방법으로 잘 활용할 수 있다고 생각한다.

사위와 며느리에게 사전 증여하면 손해라고 생각하는 경우도 있지만, 어차피 손 자녀에게 승계될 것이기 때문에 손해가 아니라고 생각하는 분들도 있다.

의 견

배우자·직계비속이 상속받은 것으로 간주되는 금액의 신고방법 및 납부방법에 대한 구체적인 규정은 없고, 가산세 관련 명확한 규정도 없어 실무에서 혼란이 있을 수 있다.

필자가 생각하는 합리적인 방법은 상속세 신고시 별도의 첨부서류와 함께 신고하고 납부는 별도의 납부서로 납부하는 것이 타당하다고 생각한다.

48. 상속받고 사망하여 재 상속되는 경우 상속세는 어떻게 되나요?

핵심 10년 이내 다시 상속하는 재산의 세액공제

상속받은 재산에 대해 상속세를 냈는데, 얼마 안 되서 상속받은 자가 사망하여 상속받은 재산이 다시 상속되어 추가 상속세를 내는 경우가 있다.

예를 들면 남편의 1차 사망 후 아내가 바로 2차 사망하거나 고령화 시대에 연로하신 부모님이 1차 사망 후 자녀가 2차 사망하는 경우가 있을 수 있다.

이런 경우 단기간 내에 동일한 재산에 대해 상속세가 2번 과세(중복과세)되는 결과를 초래한다.

이러한 중복과세를 방지하고 세금 부담을 완화해 주기 위한 방법으로 현행 세법에 상속받은 재산이 10년 이내 재 상속되는 경우 "단기 재 상속에 대한 세액공제"라는 제도를 두고 1차 상속세 납부한 세액을 2차 상속세 계산시 일부를 공제해 주고 있다.

재 상속 되는 재산이란 1차 상속 후 10년 이내에 다음과 같은 방법으로 2차 재 상속이 되는 재산을 말한다.
① 1차 상속시 상속받은 재산이 2차 상속시 그대로 재 상속 되는 재산
② 1차 상속받은 재산을 매각하여 다른 형태로 재산을 보유하다가 재 상속되는 재산
예를 들면, 부동산을 상속받았는데 매각하여 현금 보유 중 사망하여 현금이 상속되는 경우다.
③ 1차 상속받은 재산을 상속인에게 증여하여 2차 상속시 증여재산으로 합산 과세되는 재산
④ 상속인에게 사전증여재산으로 1차 상속시 합산 과세한 재산이 2차 상속재산에 포함된 재산

2차 재 상속되는 재산에 대해 1차 상속받을 때 부담한 상속세를 사망일로부터 재 상속기간에 따라 아래와 같이 1년에 10%씩 감액하여 2차 상속세에서 일부 공제해 준다.

재 상속 기간	공제율	재 상속 기간	사업관련재산가액
1년 이내	100%	6년 이내	50%
2년 이내	90%	7년 이내	40%
3년 이내	80%	8년 이내	30%
4년 이내	70%	9년 이내	20%
5년 이내	60%	10년 이내	10%

예를 들면, 父 사망으로 1차 상속재산 20억원 중 母가 8억을 상속받고 총 상속세로 2억원을 부담했는데 母가 1차 상속받은 재산을 보유하던 중

1년 6개월 뒤 사망하여 자녀가 2차 상속받는 경우가 있다.

　이 경우 2년 이내 재 상속받은 8억원에 대해 父 사망시 부담한 상속세 7천2백만원(2억원×8억원/20억원×90%) 상당액(이해를 돕기 위해 간단히 계산한 금액)을 母 사망으로 계산된 상속세에서 공제 해 준다.

> **의 견**
>
> 10년 이내 재 상속받는 일이 과거에는 별로 없었는데, 고령화 시대로 접어들면서 과거보다 자주 발생하는 것 같다.
> 상속세 신고준비를 하면서 상속부동산의 등기부등본과 상속재산의 형성과정을 잘 살펴보면 단기 재 상속 되는 재산인지 판단할 수 있다.

49. 해외 거주(비거주자)하던 중 사망한 경우 상속세는 어떻게 계산하나요?

> **핵심** 기초공제 이외 다른 상속공제 적용배제

상속세를 계산할 때 제일 먼저 판단해야 하는 것은 망인이 국내에 사는 거주자인지 또는 국외에 사는 비거주자인지 어디에 해당하는지 판단하는 것이다.

그 이유는 망인이 거주자인 경우 사망당시 존재하는 국내·국외 모든 재산에 대해 상속세가 과세되고 상속세법에 있는 여러 가지 공제혜택을 받을 수 있지만, 망인이 비거주자에 해당하는 경우 국내 소재하는 재산에 대해서만 상속세를 부담하고 기본공제혜택 이외 다른 공제혜택은 받지 못하기 때문이다.

거주자와 비거주자의 구분은 국적과 관계없이 국내에 주소가 없거나, 계속하여 183일 이상 국내에 거주할 것을 통상필요로 하는 직업을 두지 않는 경우 비거주자로 보고 그 이외의 경우는 거주자로 본다.
구체적으로 사망한 사람의 직업, 생계를 같이하는 가족, 자산상태, 선박 또는 항공기의 승무원의 경우 근무기간 외 통상 있는 장소, 영주 목적 등을 종합적으로 고려하여 거주자 또는 비거주자 유무를 판단하는 경우도 있다.

<u>망인이 비거주자에 해당하는 경우 국내에 소재하는 상속재산에 한하여 아래와 같이 상속세가 과세되고, 상속인이 거주자 또는 비거주자 인지는 망인의 상속세에 영향이 없다.</u>

① 사망한 날로부터 9개월이 되는 달의 말일까지 주된 상속재산 소재지 관할세무서에 상속세 신고를 하여야 하고, 취득세도 이 기한까지 신고·납부 하여야 한다.
② 국내 소재하는 재산 중 사망일로부터 10년 이내 상속인에게 증여한 재산과 5년 이내 상속인 이외의 자에게 증여한 재산이 있는 경우 상속재산에 합산하여 상속세를 계산하여야 한다.
③ 상속재산에서 공제해주는 공과금 및 채무가 있는 경우 국내 소재 상속재산에 관련된 공과금과 채무, 국내 사업장이 있는 경우 이 사업장 관련성이 확인된 사업성 공과금, 채무를 공제해준다.
④ 장례비용은 공제해주지 않는다.
⑤ 상속재산에서 공제해주는 기초공제, 미성년자공제, 장애인공제, 연로자공제, 배우자상속공제, 금융재산상속공제, 동거주택상속공제 등이 있는데, <u>망인이 비거주자인 경우 기초공제 2억원과 감정평가수수료</u>(상속재산을 감정하여 신고하는 경우 지출된 수수료)만 공제혜택을 주고 다른 공제혜택은 없다.

<u>망인이 비거주자인 경우</u> 국내 소재 상속재산에 대해서만 상속세를 내야

하지만, 국내에 상속재산이 있고 자녀 등 상속인이 국내 거주하더라도 배우자상속공제, 자녀공제, 미성년자공제, 장애인공제, 금융재산상속공제 등 상속공제를 받지 못한다.

그러나 망인이 거주자에 해당하는 경우 해외재산과 국내재산 모두 상속세를 내야하지만, 상속인이 비거주자인 경우에도 가업상속공제를 포함하여 여러 종류의 상속공제 혜택을 받을 수 있다.

의 견

상속세 절세를 위해 거주자 또는 비거주자 중 어느 것이 유리한지는 각자의 상황에 따라 다를 수 있고, 세금 때문에 고의로 거주자 또는 비거주자로 요건을 충족해 놓는 경우가 있다.
따라서 그 구분에 대해서도 납세자와 과세관청의 다툼이 많이 있을 수 있다.

절세를 원한다면 거주자와 비거주자가 어떻게 구분되고 상속세 적용이 어떻게 차이 나는지 등을 미리 종합적으로 검토하여 과세관청과 다툼이 없도록 절세계획을 세워야 할 것이다.

50. 부동산 협의분할시 고려해야 할 양도소득세 문제는 무엇이 있나요?

> **핵심** 1주택 비과세, 재촌 자경농지, 비사업용 토지 등

망인의 상속부동산으로 주택, 상가, 토지로 농지, 임야, 목장용지 등이 있을 수 있다.

상속받은 부동산은 상속인이 원하는 용도로 하거나 상황이 되면 양도를 해야 할 것이다. 상속 현황에 따라 양도할 때 양도소득세가 차이나는 경우가 있으므로 부동산 별로 구분하여 살펴보기로 한다.

(1) 주택을 상속받는 경우

1세대 1주택으로 비과세 요건을 충족한 경우 양도소득세를 비과세 받을 수 있는데, 본의 아니게 주택을 상속받아 2주택이 되는 경우가 있다.

이런 경우를 대비하여 1세대 1주택(일반주택)을 보유한 상속인이 <u>주택을 상속(상속주택)받아 2주택을 보유하던 중 당초 보유하고 있던 일반주택을 양도하는 경우에는 1개의 주택을 소유하고 있는 것으로 보아 비과세를 적용받을 수 있다.</u>

이때 "일반주택"과 "상속주택"은 다음 내용대로 판단한다.

"일반주택"은 상속개시 당시 보유한 주택 또는 상속개시 당시 보유한 조합원입주권·분양권이 완공되어 취득한 주택을 말한다.

"상속주택"은 상속받은 주택 또는 상속받은 조합원입주권·분양권이 완공되어 취득한 주택을 말한다.

망인이 상속개시 당시 2주택 이상을 소유한 경우에는 다음에서 정하는 순위에 따른 1주택(선순위 상속주택)을 "상속주택"으로 본다.

상속주택이 2주택 이상인 경우 선순위 상속주택은
① 망인이 소유한 기간이 가장 긴 1주택,
② 망인이 거주한 기간이 가장 긴 1주택,
③ 망인이 상속개시 당시 거주한 1주택의 순서로 정한다.

요약하면 1세대 1주택으로 비과세를 받을 수 있는 상황에서 부모님 사망으로 부모님 소유주택을 상속받는 경우 부모님이 1주택이면 상관없지만 2주택 이상이면 "선순위 상속주택"으로 부모님 소유기간이 가장 긴 주택을 상속받아야 상속인 본인 소유주택 양도시 1세대1주택 비과세를 받을 수 있고, 상속받은 주택도 상황에 따라 비과세 받을 수 있다.

그러나 1세대1주택을 소유한 상속인이 부모님이 2주택 이상 소유한 경우 "선순위 상속주택" 이외의 주택을 상속받고 본인소유 주택을 양도하면 비과세를 적용받지 못한다.

망인의 1주택을 상속인들이 공동상속 받는 경우도 있고, 2주택 이상을 상속받은 경우 모든 주택을 공동상속 받는 경우도 있을 수 있다.

망인 소유 1주택을 공동상속 받는 경우 지분이 가장 큰 상속인의 주택으로 보고 다른 상속인들의 소수지분자는 주택이 없는 것으로 보고 상속인의 1세대1주택 비과세 유무를 판단한다.

그리고 망인 소유 2주택 이상을 공동상속 받는 경우 선순위 상속주택의 순서에 따라 "보유기간이 가장 긴 주택"을 기준으로 보유지분이 가장 큰 상속인의 주택으로 보고 다른 상속인들의 소수지분은 주택소유로 보지 않은 것으로 보고 각 상속인의 1세대 1주택 비과세 유무를 판단한다.

보유기간이 가장 긴 주택 이외 다른 주택을 지분으로 상속받은 경우 소수지분이라도 1주택을 추가로 보유한 것으로 2주택 보유로 취급하여 1세대 1주택 비과세를 받지 못할 수 있다.

의 견

상속인들이 상속개시 전 1주택 또는 2주택이라도 양도하는 주택에 대해 1세대 1주택 비과세를 받을 수 있는 상황이 있다. 이때 주택을 소유한 부모님 사망으로 상속인들이 어떤 상속 주택을 어떤 지분으로 어떻게 상속 받느냐에 따라 각 상속인들이 상속 받기 전 보유하고 있던 1세대 1주택의 비과세 혜택 유무가 달라질 수 있다.

따라서 사전에 잘 검토하여 상속재산 분할 협의를 하는 것이 절세에 좋을 것이다.

(2) 농지를 상속받는 경우

거주자가 농지를 소유하고 농지소재지 또는 인접지에 거주하면서 8년 이상 자경한 경우 양도소득세를 1년에 1억원 및 5년에 2억원까지 감면한다.

망인이 생전에 재촌 자경한 농지를 상속인이 상속받아 다음 중 한 가지 경우로 양도하는 경우 8년 이상 재촌·자경 농지로 양도소득세를 감면받을 수 있다.
① 망인이 8년 이상 재촌·자경한 농지를 상속받아 <u>상속인이 1년 이상 재촌·자경하고 양도하는 경우</u>
② 망인이 재촌·자경한 기간과 상속인의 재촌·자경 기간을 <u>통산하여 8년 이상인 경우</u>
③ 망인이 8년 이상 재촌·자경한 농지를 상속받아 <u>상속인이 재촌·자경하지 않고 3년 이내 양도하는 경우</u>

 상속받은 농지에 대해 8년 이상 재촌·자경한 농지의 양도소득세 감면은 상속인 별로 판단한다.
 예를 들면, 5명의 상속인이 있고 1필지 농지가 상속되는 경우 5명 상속인이 모두 재촌·자경 농민으로 상속 농지의 양도소득세 감면 요건을 충족했다면 5명이 공동상속 받아 추후 양도시 양도소득세를 1인당 1억원씩 최고 5억원까지 감면받을 수 있다.

> **의 견**
>
> 상속 농지가 여러 필지이고, 상속인도 여러 명이라면 양도소득세 감면을 받기 위한 각 상속인의 상황에 따라 감면받을 수 있는 방법으로 농지를 분할할 수도 있을 것이다.

(3) 비사업용 토지를 상속받는 경우

농지, 임야, 목장용지, 초지, 대지 등으로 지목별로 양도소득세법에 정한 용도로 2년 이상 사용하지 않고 양도하는 경우 양도소득세 및 지방세로 세금을 11% 더 과세한다.

지목별로 법에 규정한 비사업용 토지인 상태에서 상속받아 양도하면 11%의 세금을 더 부담해야 한다.

비사업용 토지를 상속받은 경우라고 해도 상속받아 2년 이상 지목별 용도에 따라 법에서 정한 사업용 용도로 사용하다 양도하면 사업용 토지로 인정될 수 있다.

그리고
① 농지의 경우 망인이 8년 이상 재촌·자경한 농지,
② 임야의 경우 망인이 8년 이상 거주(소재지 또는 인접지)한 지역에 있는 임야,
③ 목장용지의 경우 8년 이상 축산업을 영위하는 자가 소유하는 목장용지를 상속받아 양도하는 경우 무조건 비사업용으로 보지 않도록 규정되어 있다.

이런 점들을 미리 고려하여 상속재산을 분할 한다면 좋을 것 이라고 생각한다.

51. 상속될 부동산을 언제 양도해야 상속세와 양도소득세를 절세할 수 있나요?

핵 심 양도시기별 상속세와 양도소득세의 차이

부모님이 위중하여 조만간 사망할 가능성이 있거나 망인이 된 경우, 상속될 부동산 또는 상속받은 부동산의 양도시기에 따라 5가지로 구분하여 상속세와 양도소득세를 살펴볼 수 있다.

(1) 부동산을 양도하고 잔금 받은 후 사망하는 경우가 있을 수 있다.

망인이 양도한 부동산이므로 양도소득세 납부 후 잔액이 상속재산이 될 것이다.

여기서 중요한 것은 사망일로부터 소급해서 1년 이내 매매대금을 2억원 이상 받거나, 2년 이내 5억원 이상 받고 양도한 경우 자녀들은 매각대금의 사용처를 아래와 같은 기준에 의해 알고 있어야 한다.

① 매매대금이 10억원 이하인 경우는 매매대금의 80% 이상 사용처를 밝혀야 하고, 사용처를 밝히지 못하는 금액이 20%를 초과하는 경우

20% 초과액을 상속재산에 가산하여 상속세를 계산한다.
② 매매금액이 10억원 초과하는 경우 매매대금에서 2억원을 차감한 금액 이상 사용처를 밝혀야 하고, 밝히지 못하는 금액이 2억원을 초과하는 경우 2억원 초과액을 상속재산에 가산하여 상속세를 계산한다.

예를 들면, 부모님 사망일로부터 소급하여 2년 이내 9억원을 받고 양도한 부동산이 있고 사용처로 확인된 금액이 6억원이라면, 12,000만원(9억원-6억원-9억원×20%)을 상속재산에 가산하여 상속세를 계산하고, 양도한 부동산 가액이 15억원이고, 사용처 확인된 금액이 10억원이라면 3억원(15억원-10억원-2억원)을 상속재산에 가산하여 상속세를 계산한다.

따라서 부모님이 위중한 상황에서 부동산을 양도한 경우 매매대금 사용처를 명확히 해두어야 불이익을 피할 수 있고, 일부 사용처는 밝히지 못해도 불이익을 피할 수 있다.

상속증여세법은 사망일로부터 2년 이내 양도한 부동산의 매매대금 사용처를 밝히도록 되어 있지만, 상속세 세무 조사시 사망일로부터 10년 이내 양도한 부동산의 매매대금 사용처를 확인하여 증여부분이 있으면 증여세 및 상속세를 과세하는 경우가 있다.

실무적으로 요즘 매매대금은 거의 통장으로 송금 받는다. 따라서 통장으로 입금되지 않은 금액이 매매대금의 20% 또는 2억원 초과 유무를 판단하여 초과하는 경우 사용처를 알고 있어야 피해를 방지 할 것이다.

(2) 부동산 매매계약 후 6개월 경과하여 사망하고 사망일 이후 잔금을 받는 경우가 있다.

사망일로부터 6개월 전에 부동산 매매계약이 되고 잔금을 받지 못한 상태에서 사망한 경우 부동산 평가는 사망일로부터 6개월 밖에 있으므로 기준시가로 평가하는 것이 원칙이다.

그러나 예외적으로 사망일로부터 2년 이내 매매계약이 되어 있는 부동산에 대해 평가심의위원회의 심의를 거쳐 매매금액으로 상속재산을 평가하기로 결정된 경우 매매금액으로 평가할 수 있다.

평가심의위원회(국세청과 지방국세청에 재산평가심의위원회를 두고 있다)에 심의 요청은 납세자 및 세무서가 신청할 수 있다. 주의할 것은 납세자가 재산평가심의위원회에 상속재산의 평가심의를 요청할 때는 상속세 신고기한 만료 4개월 전에 신청하여야 한다.

따라서 상속인은 상속세와 양도소득세를 비교하여 전체적으로 세금을 적게 내는 방법을 찾아 의사결정을 하여야 할 것이다.

부모님 사망 후 받게 되는 잔금은 취득세 및 상속세를 현금으로 납부해야 하는 현실적 문제 해결에도 큰 도움이 될 수 있다.

(3) 부동산 매매계약 후 6개월 이내 사망하고 사망일 이후 잔금을 받는 경우가 있다.

일반적으로 상속부동산의 평가는 기준시가로 평가하여 상속세를 계산하는 경우가 많은데, 사망일로부터 6개월 이내 매매계약하고 계약금을 받은 경우 매매금액으로 부동산을 평가하여 상속세를 계산해야 한다.
일반적으로 정부가 고시한 기준시가보다 매매가액이 더 크므로 상속세는 더 부담할 수 있지만, 계약된 매매가액으로 상속받았기 때문에 <u>매매가액이 취득가액과 양도가액이 되므로</u> 양도차익이 0원이다. 따라서 양도소득세는 없다.

이 경우 상속세율보다 양도소득세율이 더 높기 때문에 상속세를 조금 더 부담하고 양도소득세를 많이 줄이는 것이 전체적으로 절세되는 경우가 있을 수 있다.
부모님 사망 후 받게 되는 잔금은 현금으로 세금을 납부해야 하는 문제 해결에도 큰 도움이 될 수 있다.
<u>부득이 상속될 부동산을 양도해야 한다면 필자의 의견으로 가장 좋은 부동산 양도시기라고 생각한다.</u>
매매계약 후 6개월 내에 매매가액의 80%정도는 부모님 사망 전에 받고, 나머지 20%정도는 사망 후 받는 다면 절세에 가장 좋은 양도시기라고 생각한다.
일부 수령한 매매대금이 망인의 금융재산(예금)으로 남아 있는 경우 금융재산상속공제 20%(2억원 한도)를 받을 수 있다.

그리고 상속세를 좀 더 부담하는 대신 양도소득세를 0원으로 할 수 있으며, 현금 납부할 상속세와 취득세 등 재원으로 활용할 수 있는 장점이 있다.

(4) 사망일로부터 15개월 이내 매매계약을 하는 경우가 있을 수 있다.

사망일로부터 15개월 이내 매매계약 된 경우 아래와 같이 2가지로 구분하여 판단하여야 한다.

첫째, 사망일로부터 6개월 이내 부동산 매매계약을 하고 계약금을 받은 경우 매매계약금액을 "시가"로 보게 되어 있으므로 반드시 매매계약금액으로 부동산을 평가하여 상속세를 내야 한다.

상속세는 "시가"로 평가받아 계산해도, 양도소득세는 매매금액이 취득가액과 양도가액이 되고 중개수수료 및 상속등기 취득세 등이 있으므로 양도차손이 되어 양도소득세는 없다.

둘째, 상속세과세표준 신고기한(사망일로부터 6개월이 되는 달의 말일)부터 9개월 이내 부동산 매매계약이 되고 계약금을 받은 경우 평가심의위원회의 심의를 거쳐 매매계약금액으로 상속재산을 평가하기로 결정된 경우 매매계약금액으로 평가하여 상속세를 다시 계산하여 추가로 상속세를 자진신고하거나 세무서에서 과세할 수 있다.

납세자가 평가심의를 요청할 때는 매매 등이 있는 날로부터 6개월 이내에 하여야 한다.

"매매 등이 있는 날"에 대한 구체적 기준일은 없지만, 매매계약일로 하는 것이 합리적이라고 생각한다.

이렇게 상속세를 추가 납부하는 경우 양도소득세는 없게 된다. 매매금액으로 상속세를 계산하였기 때문에 위 첫째의 경우와 같은 효과가 있다.

(5) 사망일로부터 15개월 경과하여 매매계약을 하는 경우가 있을 수 있다.

상속세 신고기한 내 상속부동산을 기준시가로 평가하여 신고하고, 사망일로부터 15개월의 말일이 경과하여 상속받은 부동산을 매매계약하고 계약금을 받는 경우 당초 기준시가로 상속세 신고한 것을 정정 할 수 없다.

따라서 양도한 상속부동산의 취득가액은 기준시가가 되어 매매가액과 차액에 대해 양도소득세를 내야 한다.

> **의 견**
>
> 필자의 의견으로 상속될 부동산을 상속개시 전 또는 상속개시 후 양도하는 경우 어느 것이 가장 좋다고 쉽게 단정지울 수 없다.
> 집안마다 환경과 상황이 다르고 최근 상속세 부담이 커지면서 수억원의 상속세를 내야 하지만 현금이 없는 경우 자녀들이 큰 어려움을 겪을 수 있고 이러한 문제 해결을 위해 상속부동산을 조속히 매매하는 것을 고민해야 하는 경우가 많이 있다.

52. 법인대표가 사망한 경우 법인이 보유한 여유 자금으로 상속세를 낼 수 있나요?

> **핵심** 상속받은 주식을 발행법인에 매각하는 방법

    비상장 영리법인의 주식을 상속받게 되면 사망일을 기준으로 계산한 주식평가액을 상속재산가액으로 하여 상속세를 내야 하는데, 법인의 재무구조가 좋으면서 보유된 여유자금이 많이 있다면 상당한 우량기업으로 주식가치도 높게 평가되어 내야할 상속세도 많을 것으로 생각한다.

    상속세 납부를 위해 비상장법인이 보유한 여유자금을 임의로 인출하면 위법행위로 불이익을 받을 수 있다.

    대주주인 대표가 사망한 경우 법인의 여유자금을 상속인은 다음 절차를 통해 상속인 소유로 확보하여 상속세를 납부할 수 있다.

    첫째, 대표가 보유한 주식의 상속인을 정한다. 이때 법인이 발행한 주식 중 대표가 소유한 상속주식을 명확히 확인할 수 있도록 하여야 하므로 "주권"이 발행된 주식으로 하는 것이 좋다.

둘째, 사망일 이후 빠른 시일 내에 상법상 절차에 의해 법인주식을 소각할 목적으로 법인의 자기주식 취득절차를 진행한다.

셋째, 상속인이 상속받은 주식 중 일부 또는 전부를 법인에 매도하고, 법인은 자기주식을 취득하게 된다.

넷째, 주식 매도대금을 상속세 납부 재원으로 사용한다.

이런 절차는 대부분의 주식을 가족이 소유한 가족법인에서 진행할 때 원활하게 진행 될 수 있고, 타인이 주주로 많이 있는 경우 진행에 어려움이 있을 수 있다.

위 절차로 상속인이 상속받은 주식을 법인에 매도하여 법인이 자기주식을 취득하면, 사망일을 기준으로 평가한 주식가치가 상속인의 주식 취득가액이 되고, 상속받은 주식을 상속 직후 법인에 양도하기 때문에 양도가액과 취득가액이 거의 동일하여 주식 매매차익이 발생하지 않는다.

따라서 사망일 기준으로 평가된 주식가치로 상속세만 부담하고 양도소득세 등 추가 세금문제가 발생하지 않을 수 있다.

예를 들면, 사망일이 2022.05.31.이고 이날을 기준으로 비상장법인의 1주당 주식 평가액이 10만원이라면, 사망 즉시 상법상 절차를 거쳐 법인이 주식소각을 목적으로 2022.07.01.을 기준일로 평가한 1주당 10만원(상황에 따라 조금 더 계산될 수도 있음)으로 자녀가 상속받은 주식을 회사에 양도한다면, 2022.05.31. 상속개시일의 주식 취득가액이 1주당 10만원이고 2022.07.01. 주식 양도일의 주식 양도가액이 1주당 10만원으로 동일하여 양도차익이 발생하지 않아 양도소득세가 없다.

어차피 1주당 10만원으로 평가되어 상속세를 내야 하는 상황에서 회사에 주식을 10만원에 양도할 수 있는 방법을 찾아 회사에 양도하면서 상속세를 낼 수 있는 현금자산을 만드는 것이다.

이러한 이점 때문에 실무에서 상속인이 상속세 재원을 마련하는 방법으로 상속받은 비상장주식을 발행법인에 주식 소각목적으로 주식을 양도하는 방법을 이용하는데, 주의할 것은 상법에 규정된 자기주식 취득의 법적 절차를 잘 지켜야 인정받을 수 있다.

53. 상속세 납부를 위한 현금재원을 사전에 어떻게 준비해 주는 것이 좋을까요?

핵심 상속세 납부할 현금 재원의 다양한 준비방법

삼성 이건희 회장님의 사망으로 약 12조원의 상속세를 내야할 현금이 없어 상속인들이 대출받아 상속세를 납부하는 어려움을 겪고 있다.

상속인이 현금 납부하는 상속세 때문에 어려움을 겪는 일들은 오래전부터 문제가 되어 왔다.

최근에는 부동산 등 재산가치 상승으로 아파트 1채만 있어도 상속세를 내야하는 일반인들이 증가하면서 현금으로 납부하는 상속세 때문에 어려움을 겪는 사람들이 증가하고 있다.

상속세를 납부하지 못하면 부동산 압류, 공매 등의 악순환에 빠지게 될 것이기 때문에 상속세 납부를 위해 일반인들은 보유한 부동산을 급매하거나 이를 담보로 대출 받는 등 여러 가지 노력을 하게 된다.

따라서 이러한 문제 해결을 위해 상속세를 낼 정도로 재산이 있는 부모는 자녀가 추후 내야 할 상속세 재원마련을 어떻게 도와줄 것인가를 미리 고민해 봐야 할 것이다.

상속세는 현금납부가 원칙이고, 예외적으로 부동산 등으로 물납을 허용하고 있다.

현금납부 할 때 상속세 재원은 첫째, 부모로부터 상속받은 상장주식, 예금, 보험금 등 현금성 재산이거나 둘째, 자녀가 노력해서 축적한 고유재산 중 보유하고 있는 현금성자산 또는 보험을 통해 준비한 보험금 등이 될 것이다.

(1) 생전에 상속세 재원을 준비하는 경우

일반적으로 경제활동이 한창인 자녀들이 결혼하여 자녀를 키우고 가정을 유지하면서 수천만원 또는 수억원이 필요한 취득세 및 상속세를 납부할 만큼 현금성 재산을 축적하는 경우는 극히 드물다고 할 수 있다.

따라서 필자는 부모가 사망 시 자녀가 납부할 상속세를 걱정한다면, 부모는 사망 전 상속재산 중 현금성 자산 비중을 어느 정도 만들어 놓는 것이 좋다고 생각한다.

상속재산 중 현금성 자산을 만들어 놓는 방법으로 필자는 아래 방법을 생각해 본다.
① 부동산을 매각하고 매각대금을 은행에 예금해 두는 경우
② 임대보증금을 많이 받아 은행에 예금해 두는 경우
③ 부모가 생명보험 또는 손해보험에 가입하여 보험료를 납부하고 사망 시 보험금을 받게 하거나 종신보험에 가입해 놓는 경우
④ 임대료가 많이 발생하는 부동산을 사전에 증여하고 자녀가 받는 임대료를 예금 등으로 누적해 두는 경우

⑤ 현금을 며느리나 사위에게 사전 증여하고 정기예금 등을 하면서 5년 이 경과하기를 기다리는 경우

사전에 상속세 납부할 재원을 준비하려는 의지와 시간이 있으면 상속세를 절세하면서 여러 방법으로 상속세 납부를 위한 현금성 자산을 미리 준비할 수 있다고 생각한다.

위 ① ~ ③ 의 방법으로 준비된 자금을 금융기관에 예금 또는 주식 등 금융재산으로 보유하다 사망하면 순 금융재산가액의 20%(최소 2천만원, 최고 2억원을 한도)에 해당하는 금액을 상속재산에서 공제받아 상속세도 절세할 수 있다.

상속세 납부할 재원 준비를 위해 부동산을 매각하는 방법에 있어서
① 부모가 생전에 매각하는 방법과
② 자녀가 부동산을 상속받아 매각하는 방법 중 어느 방법이 전체적으로 절세할 수 있는지는 구체적으로 검토하고 계산해 보지 않으면 알 수 없고, 미래에 세법이 바뀌는 것을 감안하면 절세 유무를 판단할 수 없다.

의 견

필자의 의견으로, 얼마가 될지 모르는 절세를 위해 자녀가 부동산을 상속받아 자금이 없어 상속세를 못 내고 여러 가지 어려움을 겪는 것 보다는 부모가 미리 부동산을 매각하여 현금성 재산을 상속하여 상속세 계산시 금융재산 상속공제를 적용 받아 절세 혜택도 보면서 상속세를 납부할 수 있는 현금성 자산을 물려주는 것이 좋다고 생각한다.

(2) 상속인이 불입한 보험료로 받은 보험금

자녀의 노력으로 현금 납부할 상속세 재원을 마련하는 방법으로 보험을 설명하는 경우도 있다.

그 내용은 생명보험이나 손해보험에서 보험금의 지급사유에 피보험자로 부모의 사망을 원인으로 하여

① 자녀가 보험계약을 하고 직접 보험료를 납입하거나
② 계약은 부모가 했어도 보험료는 자녀가 납입 하는 보험으로 부모님 사망 시 보험금 수익자로 자녀가 보험금을 받게 하는 것이다.

이렇게 자녀가 얻은 소득으로 불입한 보험료에 대한 보험금은 자녀의 자금으로 발생한 결과물에 해당한다. 따라서 이런 보험금은 자녀의 것이기 때문에 상속세가 과세되지 않으면서 상속세 납부재원으로 사용할 수 있다.

이때 자녀가 납입하는 납입보험료는 자녀가 얻은 소득, 채무 등 자금출처가 명확한 자금으로 납입하여야 한다.

만약 자녀가 부모님으로부터 증여받은 재산으로 보험료를 납부한 경우
① 보험료를 납부하도록 증여받은 재산에 대해 증여세를 내야하고
② 수령한 보험금에서 증여받은 재산에서 납입한 보험료를 차감한 금액을 추가 증여받은 것으로 보아 추가 증여세를 과세한다.

보험 계약자가 자녀, 피보험자가 부모, 수익자가 자녀인 경우 부모사망으로 자녀가 수령하는 보험금에 대한 보험료를 자녀의 소득으로 납부했는지, 부모가 대신 납부했는지 국세청에서 확인할 수 있다.

따라서 자녀의 노력으로 얻은 소득 또는 재산으로 보험료를 납부할 수 없다면 실행하기 어려운 방법이라고 생각한다.

54. 상속세를 수년 동안 분할 납부하거나 상속받은 재산으로 납부할 수 있나요?

> **핵심** 상속세 10년 동안 연부연납 및 부동산 등으로 물납

모든 세금은 현금납부가 원칙이다.

그러나 상속세의 경우 납부할 만큼 보유한 현금이 없는 경우 해결 방법으로 2가지를 규정하고 있다.

(1) 할부라고 할 수 있는 "연부연납" 제도가 있다

연부연납 제도는
① 납부할 세액이 2천만 원을 초과하는 경우로서
② 상속세 신고·납부기한 내에 1천만원 이상의 상속세를 납부하고
③ 나머지 금액에 대해 최대 10년 이내 기간(연부연납기간) 중 납부할 기간을 정하여 분할 납부를 세무서에 신청하고 승인되면
④ 세무서에 납세담보를 제공하고 연부연납기간 동안 각 회분의 분할납부 세액이 1천만원을 초과하면서 균등한 금액을 매년 1회씩 세액을 나누어 납부하는 제도이다.

연부연납은 승인받은 기간 동안 상속세 납부를 지연시키는 것이다. 따라서 지연기간 동안 이자상당액("연부연납가산금"이라 한다)을 부담하도록 규정하였다. 이자율은 2024.03.21.부터 년 3.1%를 적용하는데 이자율이 변경되면 변경일 이후 연부연납기간 동안 잔여 미납세액은 변경된 이자율을 적용한다(매년 3월 경 새로운 이자율을 발표한다).

예외적으로 가업상속공제 한도초과액 및 일정한 조건을 충족한 중소기업 또는 중견기업의 경우 상속세 연부연납기간을 20년 또는 10년 거치 후 10년 동안 연부연납 할 수 있도록 하였다.

필자의 경험으로 납부할 상속세를 신고·납부기한 내 전액 납부하는 경우는 별로 없고 대부분 연부연납을 신청한다.
최근에는 연부연납 이자율이 은행이자율보다 낮기 때문에 연부연납을 신청하는 사례도 있다.

(2) 상속재산으로 "물납" 할 수 있도록 하고 있다.

물납은
① 상속세 납부세액이 2천만원을 초과하는 경우로서
② 상속재산에 부동산과 유가증권이 차지하는 비율이 50% 초과하고
③ 납부할 상속세가 상속되는 금융상속재산보다 많은 경우로서
④ 신고기한 내 세무서에 신청하여 허가를 받은 경우 물납할 수 있다.
물납할 수 있는 상속재산은 부동산과 유가증권 등이 있다.

물납은 상속세 납부할 현금재원이 부족한 경우 물납을 허용하는 것이

다. 따라서 현금화가 용이한 금융재산 등이 많이 있는 경우 물납을 제한하기 위해 다음 중 적은 금액을 한도로 하고 있다.

　　㉠ 물납에 충당할 수 있는 부동산과 유가증권가액에 대한 상속세 납부세액
　　㉡ 상속세액 - 순 금융재산 - 상장유가증권

즉, 부동산과 유가증권에 대해 납부할 상속세를 먼저 상장주식 처분금액과 현금으로 납부하고 미납한 상속세를 물납할 수 있도록 하고 있다.

물납할 수 있는 재산은 관리·처분이 용이한 국내 소재 상속 부동산, 국채, 공채, 유가증권 등이 있고, 비상장주식은 다른 상속재산이 없거나 미미한 경우 제한적으로 허용하고 있다.(질문55 참조)

상장주식은 원칙적으로 물납을 허용하지 않지만, 최초 상장 등 관련법으로 처분이 제한된 경우 물납을 허용한다.

2023년부터는 상속재산에 문화재·미술품이 포함되어 있는 경우 문화재·미술품의 물납을 허용하고 있다.

55. 비상장주식으로 상속세를 납부 할 수 있는 방법이 있나요?

| 핵 심 | 법인의 자기주식 취득방법과 물납 조건들 |

망인이 사주로 비상장법인을 운영하다 사망하여 비상장법인의 주식을 상속받는 대부분의 상속인들은 비상장주식으로 상속세를 납부하기를 원한다.

그 이유는 비상장주식이 시장에서 거래되지도 않는데 세법상 높게 평가되어 상속세만 많아지기 때문이다.

과거에는 비상장주식의 물납을 쉽게 허용했지만, 2008년부터 제한적으로 허용하고 있다.

(1) 상속받은 비상장주식으로 상속세를 납부하는 방법은 2가지가 있다.

첫째, 법인이 상속되는 자사주를 매입해 주는 방법이다.

망인이 사주로 가족법인을 잘 운영하여 법인에 여유 여유자금이 있는 상태에서 사망한 경우 법인이 주식 소각목적으로 여유 자금을 활용하여 상속

인이 상속받는 주식을 일부 또는 전부를 매수해 주는 방법이다.(질문52 참조)

가족법인이기 때문에 소각목적으로 자기주식을 취득해도 경영권에는 지장이 없다.
상속인은 상속세법상 평가된 주식 평가액으로 상속세 신고하여야 하는데, 이 금액으로 법인에 주식을 양도하면 양도소득세 없이 현금을 확보하여 상속세를 납부할 수 있다.
결과적으로 상속받은 비상장주식으로 상속세를 납부한 것과 같은 결과가 된다.

둘째, **비상장주식으로 물납하는 방법이다.**
아래의 경우 비상장주식으로 상속세를 물납할 수 있다.
① 상속되는 재산이 비상장주식 이외 다른 상속재산이 없는 경우
② 상속되는 재산 중 국채, 공채, 상장유가증권으로 상속세를 물납에 충당해도 부족한 경우

그리고 비상장주식으로 물납할 수 있는 납부세액의 범위를 규정하고 있다.

> * 물납할 수 있는 납부세액의 범위
>   = 상속세 납부세액 − [상속세 과세가액(10년 내 증여재산 포함) − 비상장주식 가액 − 상속인이 거주하는 주택과 부수토지(담보된 채무 있으면 차감한 금액)]

비상장주식으로 물납하기 위해 다른 재산을 미리 증여하면 물납할 수 있는 범위가 축소되어 결국 비상장주식으로 물납할 수 없게 된다.

비상장주식으로 물납할 수 있는 납부세액의 범위 내에서 다음 중 소액을 물납신청세액의 한도로 규정하고 있다.
  ㉠ 물납에 충당할 수 있는 부동산과 유가증권가액에 대한 상속세
   납부세액
  ㉡ 상속세액 - 순 금융재산 - 상장유가증권

따라서 상속받은 현금 및 상장주식이 있으면 먼저 현금과 상장주식으로 상속세를 납부하고 부족한 상속세 부분을 비상장주식으로 물납할 수 있다.

비상장주식으로 물납할 수 있는 경우를 쉽게 정리하면, 상속재산 대부분이 비상장주식과 피상속인이 상속인과 거주하는 1주택이고, 다른 상속재산이 없거나 있어도 아주 미미한 경우에 가능하다.

(2) 주의할 내용

특히 주의할 것은 매입소각하는 주식 또는 물납하는 주식이 상속받은 비상장주식이라는 것을 명확히 알 수 있어야 한다. 따라서 주권이 발행되어 있어야 자사주 매입소각 및 물납을 할 수 있다.

비상장주식을 상속(증여 포함)받을 때 증권거래세는 없지만 물납할 때 증권거래세 35/10,000를 부담하여야 한다.

물납에 대해 양도소득세(물납 허가일이 양도일이 된다)를 납부해야 하는데, 비상장주식의 상속받은 금액과 물납 신청한 금액이 동일하므로 양도차익이 없어 양도소득세도 없을 것이다.

상장주식은 언제든지 현금화가 가능하므로 물납할 수 없지만, 최초 상

장하는 등 관련법에 따라 일정기간 처분이 제한된 경우 비상장주식과 같은 방법으로 물납을 허용하고 있다.

현실적으로 중소기업을 운영하시는 사장님들 중 본인 사망시 납부할 상속세 때문에 걱정하시는 분들이 많이 있다.
상속하는 비상장주식으로 상속세를 물납하려면 여러 가지 제한이 있으므로 물납을 원하시는 분들은 사전 준비가 많이 필요할 것으로 생각한다.

증여세는 비상장주식으로 물납이 허용되지 않는다.

56. 상속 받는 부동산의 취득세는 어떻게 계산하나요?

핵 심   정부 고시가격에 상속에 대한 취득세율 적용

부동산을 상속받는 경우 취득세를 내야한다.

상속세는 상속재산금액에서 공제해 주는 금액이 있어 상속세가 0원인 경우도 있지만, 상속받는 부동산의 취득세는 공제해 주는 금액이 없어 납부해야 할 취득세가 항상 존재한다.

기본적으로 상속받는 부동산의 취득세는 부동산 평가액에 따라 결정되기 때문에 상속인들에게 큰 부담이 되는 경우가 있다.

매매 또는 증여로 부동산을 취득하는 경우 "시가에 해당하는 금액"에 매매·증여의 취득세율을 적용한다.

그러나 상속으로 부동산을 취득하는 경우 "시가에 해당하는 금액"보다 저가라고 할 수 있는 "정부 고시가격"에 상속에 대한 취득세율을 적용한다.

중요한 것은 상속세 신고는 감정평가액 등으로 하여도 상속 취득세는 "정부 고시가격"으로 계산하는 것이다.

즉, 토지, 주택, 아파트 등 공동주택, 상가 등 부동산을 상속받는 경우

취득세는 『각 부동산에 대해 정부에서 정한 고시가격 × 상속에 대한 취득세율』을 적용하여 계산하고, 이 금액에 농어촌특별세 및 교육세가 추가된다.

각 부동산에 대해 정부가 정한 고시가격은
① 토지의 경우 "개별공시지가"
② 단독주택의 경우 "개별주택가격"
③ 아파트 등 공동주택의 경우 "공동주택가격"
④ 건축물의 경우 "행정자치부에서 발표한 기준을 참고하여 각 지방자치단체에서 결정한 금액"으로 정하고 있다.

상속에 대한 취득세율은
① 일반건물과 농지 이외 토지 2.8%이고
② 무주택 가구의 상속인이 주택을 상속받는 경우 0.8%
③ 일반농지는 2.3%, 2년 이상 자경한 자가 상속받는 경우 1.15%의 세율을 적용한다.

참고로 망인이 1주택을 보유하던 중 사망하여 1주택을 여러 명의 상속인이 공동 상속받는 경우 가장 많은 지분을 상속받는 자가 무주택 가구의 상속인인 경우 주택 전체금액에 0.8%의 취득세율을 적용한다.

따라서 주택을 상속받는 경우 무주택 가구 상속인이 주택을 상속받아야 총 0.8%의 낮은 취득세율과 교육세율을 적용받을 수 있고, 주택을 공동 상속받는 경우 무주택 가구 상속인의 상속지분이 가장 많아야 전체 주택가액에 0.8%의 낮은 세율을 적용받아 절세할 수 있다.

Part 3

상속 및 증여 재산의 평가방법

57. 상속 또는 증여받는 부동산의 평가는 어떻게 해야 하나요?

> **핵 심** 시가, 담보채권액, 매매사례가액, 정부 고시가액 순서로 점검

　부동산을 상속 또는 증여받는 경우 상속·증여받는 부동산의 "시가"로 평가하여 상속세 또는 증여세를 납부하는 것이 원칙이지만, 현실적으로 "시가"가 없는 경우가 많이 있다.
　따라서 "시가"가 없는 경우 "유사 부동산의 매매가액(매매사례가액)"을 평가액으로 할 수 있도록 규정하였고, "유사 부동산의 매매가액"이 없는 경우 "정부 고시가격 등"으로 평가할 수 있도록 규정하였다.

　필자는 상속·증여받는 재산의 평가문제가 제일 중요하다고 생각한다. 그 이유는 평가액에 따라 상속세·증여세가 크게 달라지기 때문이다.
　평가문제에 대해 실무에서 여러 가지 평가방법 중 어느 평가방법을 우선순위로 적용할 것인가 하는 문제에 여러 가지 혼동하는 경우가 많이 있으므로 주의하여야 한다.
　혼동하기 쉬운 상속·증여받는 부동산의 평가방법에 대해 우선순위를 아래에 순서대로 정리하였으니 참고하기 바란다.

(1) "시가"로 평가하는 것이 원칙이다.

부동산 상속의 경우 사망일(상속개시일) 전 후 6개월 이내 매매가액, 감정가액, 수용, 공매경매가액이 있으면 이를 "시가"로 인정한다. "시가"로 인정되는 평가액이 2개 이상이면 사망일에 가장 가까운 가액으로 한다.
"가장 가까운 날"의 판단은 사망일로부터 매매계약일, 감정평가서작성일, 보상가액·경매가액 또는 공매가액이 결정된 날을 기준으로 한다.
감정가액을 시가로 적용하는 경우 2군데 이상의 감정기관 평가액의 평균액으로 하고, 부동산의 정부 고시가격이 10억원 이하인 경우(토지는 필지별로, 개별건물은 등기된 1개의 물건별로 판단) 1군데 감정기관 평가액도 시가로 인정한다.
부동산을 증여하는 경우 증여등기일 전 6개월, 후 3개월 내 "시가"를 찾아 위와 같이 적용하면 된다.
요즘은 정부에서 감정 평가하여 "시가"로 과세하는 사례가 증가하고 있고, 납세자 스스로 감정 평가하여 상속·증여세를 좀 더 부담하면서 추후 양도소득세를 절세하는 사례가 늘고 있다.

담보하는 채권액이 시가보다 큰 경우가 있다.
위에서 설명한 "시가"가 있는 경우에도 당해 부동산이 담보하는 채권액이 "시가"보다 더 큰 경우 담보하는 채권액으로 부동산을 평가한다.
예를 들면, 상속받는 부동산에 대해 사망일로부터 6개월 내 8억원의 감정평가액이 있는데, 당해 부동산을 은행담보로 발생한 채무가 6억원 있고, 임대보증금으로 3억원이 있어 당해 부동산이 담보하는 채권액이 총 9억원인 경우 부동산 평가액은 9억원으로 상속세 신고를 하여야 한다.
실무에서 실수하지 않도록 주의하여야 한다.

(2) 사망·증여일로부터 소급하여 2년 이내 "시가"가 있는 경우가 있다.

사망·증여일로부터 소급하여 6개월경과 후 1년 6개월 이내 기간 중 상속·증여하는 부동산에 대한 매매가액, 감정가액, 수용, 공매·경매가액이 있고 가격변동에 특별한 사정이 없다고 인정되는 경우 평가심의위원회의 심의를 거쳐 "시가"로 사용할 수 있다.

납세자의 입장에서 평가심의위원회에 심의 요청은 상속세 과세표준 신고기한 만료 4개월 전(증여의 경우 증여세 과세표준 신고기한 만료 70일 전)까지 신청해야 한다. 이 기한 내 신청하지 않으면 인정받을 수 없다.

과세관청은 상속·증여세 부과제척기한 내에 기한의 제한 없이 평가심의위원회에 심의를 요청하여 상속·증여받는 부동산의 평가액으로 결정하여 과세할 수 있으므로 주의하여야 한다.
실무적으로 국세청이 감사할 때 지적되어 평가심의위원회 심의를 거쳐 추가 과세하는 경우가 있다.

(3) 상속·증여세 신고 후 결정기한 내 "시가"가 있는 경우가 있다.

상속세는 사망일로부터 6개월 되는 날의 말일까지 신고하고, 국세청은 신고기한 경과 후 9개월 이내 상속세를 결정하도록 되어있다.
증여세는 증여일로부터 3개월이 되는 날의 말일까지 신고하고 국세청은 신고기한 경과 후 6개월 이내 상속세를 결정하도록 되어있다.
이렇게 신고기한 경과 후 상속세 결정기한은 9개월, 증여세 결정기한은 6개월인데 이 결정기한 내에 상속·증여받는 부동산이 매매, 수용, 감정평가, 공매·경매가 있는 경우 매매계약일, 감정평가서 작성일, 수용결정일로부터 6개월 이내에 입증자료를 첨부하여 평가심의위원회에 심의를 신청하고 승인받으면 매매가액 등을 평가액으로 할 수 있다.

납세자에게는 기한이 있지만, 과세관청은 위 (2)에서와 같이 기한제한 없이 평가심의위원회에 심의를 요청할 수 있으니 주의하여야 한다.
위 (2)와 동일하게 국세청 감사에서 지적하여 추가 과세 될 수 있다.
상속세, 증여세 신고·납부가 모두 끝나고 세금문제를 잊어버리고 있다가 갑자기 상속부동산을 매각하거나 수용 되는 경우가 있는데, 이런 경우 문제가 될 수 있다.
매매의 경우 매매계약일 등 "시가"로 평가하는 기준일이 "결정기한"을 경과해서 있으면 "시가"로 사용할 수 없다. 따라서 사안별 미리 검토하고 진행하면 불이익은 피할 수 있다고 생각한다.

(4) 상속·증여일 전 6개월부터 신고일까지 "유사 매매사례가액"이 있는 경우가 있다.

상속·증여받는 부동산에 대해 위 (1) ~ (3)의 "시가"가 없는 경우 해당 부동산과 면적·위치·용도·종목 및 기준시가가 동일하거나 유사한 다른 부동산의 매매가액, 감정가액, 수용가액, 경매공매가액("매매사례가액"이라 한다)으로 상속·증여받는 부동산을 평가할 수 있도록 규정하였다.

매매사례가액은 아파트 등 공동주택에 주로 사용된다.
매매사례가액으로 아래 3가지를 모두 충족한 유사한 주택의 매매사례가액을 상속·증여받는 주택의 평가액으로 할 수 있다.

① 상속·증여받는 주택과 동일한 공동주택단지 내에 있을 것.
② 상속·증여받는 주택과 주거전용면적의 차이가 평가대상 주택의 5% 이내일 것.
③ 상속·증여받는 주택과 공동주택가격의 차이가 평가대상 주택의 5% 이내일 것.

위 요건을 모두 충족한 주택이 둘 이상인 경우에는 상속·증여받는 주택과 공동주택가격 차이가 가장 작은 주택의 매매사례가액을 적용한다.

위와 같은 조건들을 충족한 유사한 부동산의 매매가액(매매계약일 기준)이 부동산의 상속일 또는 증여일 전 6개월부터 상속·증여세 신고일까지 있고 그 유사한 부동산의 매매가액을 상속·증여받는 부동산의 평가액으로 신고한 경우에 한하여 적법한 평가액으로 인정한다.

예를 들면, 증여받고 싶은 아파트의 시가가 5억원으로 알고 있는데 갑자기 같은 동의 아파트가 2025.02.02. 4억원에 매매된 사례가 있다. 이 경우 증여받고 싶은 아파트를 2025.05.03. 증여받으면서 당일 증여세 신고를 하였다. 신고일 이후 2025.05.04. 같은 동 아파트가 55,000만원에 매매되었다.

이 경우 증여받은 아파트 평가를 매매사례가액으로 하는 경우 증여세 신고일 이후 매매사례가액 55,000만원은 "시가"로 사용할 수 없고 증여세 신고일 이전의 매매사례가액을 시가로 사용할 수 있으므로 2025.02.02. 매매된 4억원으로 평가받을 수 있다.

이 방법은 납세자에게 필요한 경우 선택하여 실무에서 사용되는 방법이다.

유사 부동산의 매매사례가액을 선택하는 경우 특수관계인 사이에 매매된 부동산의 매매사례가액이 객관적으로 부당하다고 인정되는 경우 유사

매매사례가액으로 사용하지 않는다.

특수관계인 사이의 거래는 중개인 없이 거래하는 경우가 대부분이라고 생각하니 참고하기 바란다.

그리고 유사한 주택의 매매가액보다 상속·증여받는 주택에 담보된 채권액이 더 큰 경우 그 채권액으로 평가한다.

(5) 사망·증여일로부터 소급하여 2년 이내 "유사 매매사례가액"이 있는 경우가 있다.

사망·증여일로부터 소급하여 6개월경과 후 1년 6개월 이내 기간 중 상속·증여받는 부동산과 유사한 부동산의 매매, 수용, 감정평가, 공매·경매가액이 있고 가격변동에 특별한 사정이 없다고 보이는 경우 평가심의위원회의 심의를 거쳐 시가로 사용할 수 있다.

평가심의위원회에 심의 요청은 납세자의 입장에서 상속세 과세표준 신고기한 만료 4개월 전(증여의 경우 증여세 과세표준 신고기한 만료 70일 전)까지 신청해야 하지만, 과세관청은 기한의 제한 없이 요청할 수 있으니 주의하여야 한다.

실무적으로 국세청이 감사할 때 지적되어 평가심의위원회 심의를 거쳐 추가 과세하는 경우가 있다. 따라서 과세관청은 상속·증여세 부과제척기한 내에 기한의 제한 없이 평가심의위원회에 심의를 요청하여 상속·증여받는 부동산의 평가액으로 결정하여 과세할 수 있으므로 주의하여야 한다.

위 (4)에서와 같이 특수관계인 사이에 매매된 부동산의 매매사례가액은 유사매매사례가액으로 사용하지 않을 수 있고, 상속·증여받는 주택에 담보된 채권액이 매매사례가액보다 더 큰 경우 그 채권액으로 평가한다.

(6) 정부 고시가격 등 "보충적 평가액"으로 평가하는 경우가 있다.

위 (1) ~ (5)에서 설명한 것처럼 "시가, 유사부동산의 매매사례가액"이 없는 경우 다음 중 큰 금액으로 평가하고, 그 평가된 금액을 "보충적 평가액"이라 한다.
① 정부 고시가격
② 임대부동산인 경우 임대료 환산가액
③ 당해 재산에 담보하는 채권액이 있는 경우 그 채권액

"정부 고시가격"은 부동산별로 정부에서 고시한 금액으로 "토지는 공시지가, 주택은 개별주택가격, 아파트 등 공동주택은 공동주택가격, 상가는 기준시가"를 말한다.

임대부동산의 임대료 환산가액은 사망일, 증여등기일을 기준으로 『임대보증금＋월 임대료×100』으로 계산한다.

예를 들면, 임대보증금이 1억원이고 월세가 3백만원인 경우 임대료 환산평가액은 『1억원 + 3백만원 × 100 = 4억원』으로 계산된다.

당해부동산에 담보된 채권액은 위 (1)에서 사례를 참고하기 바란다.

(7) 보충적 평가액과 시가 추정 액이 5억원 이상 차이나는 경우가 있다.

상속·증여받는 부동산 평가할 때 시가, 매매사례가액이 없어 "보충적 평가액"으로 평가해야 할 때 최종적으로 국세청에서 감정평가해서 과세할 수 있는 부동산인지 검토해야 한다.

이 부분은 별도의 질문으로 "질문59"에서 자세히 설명하였으니 참고하기 바란다.

간단히 설명하면, 추정시가와 정부 고시가격 등 보충적 평가액과 차이가 5억원 이상 차이나는 아래 부동산은 국세청이 감정평가를 의뢰하여 평가된 금액으로 상속세 증여세를 과세할 수 있다
① 주택 : 단독주택, 공동주택. 단, 동거주택상속공제가 적용되는 주택 제외.
② 비주거용 부동산 : 임대부동산, 오피스텔, 상업용 건물 등
③ 지상에 건축물이 없는 토지 : 주거지역·상업지역·공업지역·택지 등 개발사업지구로 지정된 지역에 있는 농지, 초지, 산림지 등
국세청에서 감정 평가하여 추가 과세하는 경우 국세청이 감정평가수수료를 지급하고 감정평가 한 금액으로 추가 과세하지만, 신고불성실가산세, 납부지연가산세는 부과하지 않는다.

납세자가 감정 평가하는 경우 납세자 비용으로 감정평가 하지만, 500만원 범위 내에서 감정평가수수료를 상속재산에서 공제해 준다.

(8) 기타 부동산 평가할 때 참고할 사항들

부동산의 일부를 지분으로 증여·상속받는 경우 일부 지분에 대한 감정평가액으로 평가할 수 있다. 그러나 지분만 평가한 금액으로 환산하여 전체를 평가할 수 없다.
겸용주택의 경우 주택부분은 개별주택가격으로 평가하고 상가부분은 감정평가액으로 평가할 수 있다.
대출목적으로 감정평가한 평가액도 "시가"로 사용할 수 있다.

58. 부동산 이외 상속·증여받는 재산은 어떻게 평가해야 하나요?

> **핵심** 입주권, 분양권, 회원권, 차량, 서화 등 평가방법

상속·증여받는 재산은 대부분 부동산과 주식이고, 이 재산 대한 평가문제는 설명할 내용이 많아 별도의 질문으로 설명하였다.

현실적으로 부동산, 주식과 함께 일부 다른 재산이 상속 또는 증여되는 경우가 있고 모든 평가는 "시가"가 원칙이다.

이하에서 실무에서 자주 발생할 수 있는 재산을 중심으로 평가방법을 설명한다.

① 예금·저금·적금 등은 『예입총액+미수이자-원천징수세액』으로 평가한다.

② 조합원 입주권의 평가는 『조합원 권리가액 + 납입액 + 프리미엄』 또는 2군데 이상의 감정기관이 평가한 감정가액의 평균액으로 평가한다.

납입액이 없고, 받을 청산금이 있는 경우 청산금을 일부 받은 경우와 받지 않은 경우 평가액에 차이가 발생할 수 있다.

③ 분양권 평가는 『평가기준일까지 납입한 금액 + 프리미엄』 또는 2군데 이상의 감정기관이 평가한 감정가액의 평균액으로 평가한다. 그러나 <u>2025년부터 공급계약서상 공급가액이 10억원 이하인 분양권은 1개의 감정기관의 평가액으로 평가</u>할 수 있다.
④ 골프회원권·승마회원권·콘도미니엄 회원권·종합체육시설 회원 등 특정시설물 이용권 평가는 시가(매매사례가액이 있는 경우 적용가능), 시가표준액 순서로 평가한다.
　이런 이용권은 매매사례가액이 있는 경우가 대부분이라고 할 수 있다.
⑤ 차량, 기계장치 등 평가는 재취득가액, 장부가액(취득가액-감가상각비), 시가표준액 순서로 평가한다. 차량의 경우 취득세 과세표준(시가표준액)으로 평가하는 경우가 있다.
⑥ 상품, 재품 등의 평가는 재취득가액, 장부가액 순서로 평가한다.
⑦ 서화·골동품은 2군데 이상의 감정기관이 평가한 감정가액의 평균액으로 평가한다.
⑧ 동물도 상속재산에 포함되고, 재취득가액, 장부가액 순서로 평가한다.
⑨ 가상자산으로 국세청장이 고시하는 가상자산사업자의 사업장에서 거래되는 가상자산은 평가기준일 전·이후 각 1개월 동안에 해당 가상자산사업자가 공시하는 일평균가액의 평균액으로 평가한다.
　그 밖의 가상자산 사업장에서 공시하는 거래일의 일평균가액 또는 종료시각에 공시된 시세가액 등 합리적으로 인정되는 가액으로 평가한다.

59. 상속·증여받은 부동산을 국세청이 감정평가해서 과세할 수 있나요?

> **핵심** 정부 고시가격과 추정시가의 차액이 5억원 이상

정부는 지난 2019년 2월 12일부터 상속 또는 증여받는 재산 중 꼬마빌딩 등 일부 재산에 대해 국세청이 감정기관을 지정하여 평가한 감정가액으로 상속세와 증여세를 과세할 수 있도록 하였다.

국세청은 지난 4년 동안 시행한 결과 세수 확보에 긍정적 효과가 크다고 판단하여 정부로부터 감정평가 예산을 과거보다 더 많이 확보하여 <u>2025년부터 감정평가 대상을 크게 확대하였다.</u>

이하에서 2025년부터 시행되는 내용을 좀 더 구체적으로 살펴보기로 한다.

(1) 국세청이 감정평가를 의뢰할 수 있는 부동산을 별도로 정하고 있다.

아래 부동산을 상속 또는 증여받는 경우 국세청은 감정평가액으로 과세할 수 있다.

① 주택 : 단독주택, 공동주택. 단, 동거주택상속공제가 적용되는 주택을 상속하는 경우 제외한다.

② 비주거용 부동산 : 비주거용 일반부동산, 비주거용 집합부동산(상업용 건물, 오피스텔 등)
③ 지상에 건축물이 없는 토지 : 주거지역·상업지역·공업지역·택지 등 개발사업지구로 지정된 지역에 있는 농지, 초지, 산림지, 축사용지, 염전 등

법인의 경우 토지, 건물 등이 자산가액의 50% 이상인 경우 보유한 부동산을 국세청이 감정평가해서 주식가치를 평가할 수 있다.

(2) 국세청이 감정평가를 의뢰하는 기준이 있다.

감정평가 대상 선정을 위해 5개 이상의 감정평가 법인에 의뢰하여 추정시가(최고값과 최소값을 제외한 가액의 평균값)를 산정하여 아래 기준에 따라 부동산의 감정평가 대상을 선정할 수 있다.
① 추정시가와 정부고시가격 등 보충적 평가액과 차이가 5억원 이상인 경우
② 추정시가와 보충적 평가액 차이의 비율이 10%이상[(추정시가-보충적평가액)/추정시가]인 경우

실무적으로 추정시가와 정부 고시가격과 차액이 5억원 이상 될 수 있다면 국세청이 감정평가액으로 과세할 수 있다고 생각해야 할 것이다.

(3) 국세청이 감정평가를 의뢰할 수 있는 기간이 있다.

증여세 및 상속세 결정기한 이내 국세청이 감정 평가하여 과세할 수 있다.
구체적으로 증여세 결정기한은 증여세 신고기한 경과 후 6개월 이내이므로 증여일이 속하는 달의 말일부터 9개월 이내 국세청이 감정 평가하여 과세할 수 있다.

상속세 결정기한은 상속세 신고기한 경과 후 9개월 이내 이므로 사망일이 속하는 달의 말일부터 15개월(상속인 중 비거주자가 있는 경우 18개월) 이내 국세청이 감정 평가하여 과세할 수 있다.

(4) 국세청이 감정 평가하는 경우 가산세를 면제한다.

국세청이 감정평가를 의뢰하고, 평가심의위원회의 심의를 거쳐 동 감정가액으로 상속·증여재산을 평가함에 따라 추가 납부할 세액이 발생하는 경우 신고 불성실 및 납부지연 가산세는 면제 된다.

의 견

국세청이 2군데 감정기관에 감정평가 의뢰하여 평가한 금액이 있는 경우에도 납세자와 평가액의 다툼을 없애기 위해 세무조사과정에 납세자에게 납세자가 의뢰한 별도의 감정평가액을 요구하여 4군데 감정가액의 평균액으로 평가하는 경우도 있다.
국세청에서 감정 평가하여 과세한 것에 대해 납세자가 인정 못하고 소송까지 진행하는 경우가 있는데, 경우에 따라 판결이 다른 것으로 보인다.
국세청에서 감정평가 의뢰하여 평가된 금액으로 과세하는 경우 부동산 실물의 현 상황을 정확히 반영하여 평가된 것인지 확인해볼 필요는 있다고 생각한다.
국세청에서 감정평가 할 수 있는 대상인 경우 납세자와 세무전문가는 충분히 협의하여 판단하여야 하고, 최근에는 납세자가 국세청과 마찰을 줄이기 위해 스스로 감정가액으로 신고하는 경우가 늘고 있다.
이 경우 감정평가 수수료를 최대 500만원까지 상속·증여받는 재산가액에서 공제해 준다.

60. 감정평가 해서 상속세 신고하는 것이 좋은 경우가 있나요?

> **핵심** 감정평가가 유리한 5가지 경우

　상속받는 부동산은 대부분 정부에서 고시한 가격(기준시가)으로 평가하여 상속세 신고를 하는데, 일부 부동산을 선택하여 정부 고시가격보다 높은 감정평가금액으로 상속세를 신고하는 경우가 있다.

　이는 상속받은 부동산을 정부고시가격 보다 높게 평가하여 상속세를 조금 더 내는 대신 취득가액을 감정평가액으로 인정받아 추후 부동산 양도시 양도차익을 줄여 양도소득세를 더 많이 절세하겠다는 절세 전략이라고 할 수 있다.

　상속받는 부동산의 취득세는 증여 또는 매매와 달리 <u>기준시가로 취득세를 과세하도록 되어 있으므로 감정평가해도 취득세에 전혀 영향이 없다.</u>

　필자는 실무에서 다음과 같은 사례의 경우 상속재산을 감정 평가하여 상속세 신고할 것을 고객과 논의하고 있다.

(1) 양도소득세율과 상속세율 차이를 이용하는 방법

　이 방법은 상속세를 조금 더 내고 상속세 납부한 금액 이상으로 양도소득세를 절세하는 방법이다.

　구체적으로 상속받은 부동산을 정부 고시가격보다 높은 금액으로 감정평가 받아 감정평가액과 정부고시가격의 차액에 대해 낮은 상속세율로 상속세를 납부하고 상대적으로 상속세율보다 높은 양도소득세율을 회피함으로서 평가차액에 대해 양도소득세율과 상속세율의 차이만큼 세액을 절세하는 방법이다.

　기본적으로 평가차액이 5억원까지는 상속세율이 10%~20%이지만, 양도소득세율은 6%~40%까지 높은 세율(지방세 10% 추가해야 함)이 적용되므로 약 20%의 세율차이를 이용한 절세방법이라고 할 수 있다.

　상속세율과 양도소득세율을 비교하면 아래 표와 같다.

세율 비교

(단위: 원)

양도소득세율 (지방소득세 10% 별도)		상증·증여세율	
세율이 적용되는 이익	세율	세율이 적용되는 이익	세율
1,400만원 이하	6%	1억원 이하	10%
1,400만원 초과~5,000만원 이하	15%		
5,000만원 초과~8,800만원 이하	24%		
8,800만원 초과~1.5억원 이하	35%		
1.5억원 초과~3억원 이하	38%	2억원 초과~5억원 이하	20%
3억원 초과~5억원 이하	40%		
5억원 초과~10억원 이하	42%	5억원 초과~10억원 이하	30%
10억 초과	45%	10억원 초과~30억원 이하	40%

예를 들면, 감정평가로 1억원 증가된 경우 상속세로 최소 1천만원(1억원×10%) 납부하지만, 추후 양도시 양도차익이 1억원 감소하면 양도소득세와 지방세로 최소 2,211만원([(1억원 × 35%) -1,490만원] × 1.1) 이상 감소한다.

따라서 전체적으로 최소 1,211만원 이상 절세효과가 있다.

감정평가로 3억원 증가한 경우 상속세는 최소 4천만원(3억원×20%-2천만원) 증가할 수 있지만, 추후 양도시 양도차익이 3억원 감소하여 양도소득세는 최소 9,460만원(3억원×38%-1,940만원)이상 절세와 지방세 10%를 추가하면 최소 총 10,406만원 이상 절세 할 수 있다.

따라서 세액 전체로 판단하며 약 6,406만원(10,406만원-4천만원)이상 절세 효과가 있다고 할 수 있다.

양도소득세 세율은 6%~45% 이지만, 비교할 수 있는 상속세 세율은 10%~ 40%이다.

즉, 전체적으로 상속세율이 양도소득세율보다 적기 때문에 상속부동산을 감정평가해서 상속세 신고하는 것이 절세효과가 있다고 생각한다.

(2) 상속공제 최소 10억원을 이용하는 방법

상속인으로 배우자와 자녀가 있는 경우 배우자 때문에 최소 5억원공제, 자녀 때문에 최소 5억원공제 받아 최소 총 10억원을 상속공제 받을 수 있다. 따라서 상속재산이 기준시가 10억원 이하의 부동산만 있을 때 감정 평가하여 상속세 신고하는 것이 상속세 및 양도소득세 등 전체적으로 절세에 유리하다.

예를 들면, 상속되는 부동산의 기준시가액이 6억원이고 이 금액으로 상속재산을 평가하여 신고한다면 상속재산이 10억원 이하이므로 상속세는 없지만, 몇 년 뒤 10억원에 양도하는 경우 취득가액은 6억원으로 양도차익 4억원에 해당하는 양도소득세를 내야 한다.

그러나 상속부동산 감정평가액이 9억원이라면 9억원으로 상속세 신고하여도 총 상속재산이 10억원 이하이므로 상속세는 없지만, 몇 년 뒤 부동산을 10억원에 양도하는 경우 취득가액은 9억원이 되어 양도차익 1억원에 대한 양도소득세를 부담하면 된다.

기준시가 또는 감정평가액 중 어느 것으로 상속재산을 평가하여 신고해도 상속세는 없지만, 양도차익을 4억원에서 1억원으로 3억원 감소시키는 결과로 양도소득세 및 지방소득세를 최소 1억원 이상 절세할 수 있다.

(3) 배우자상속공제 최대 30억원을 이용하는 방법

망인의 배우자가 있는 경우 배우자가 상속받는 재산은 배우자의 법정상속지분(배우자 법정지분 1.5)까지 배우자상속공제로 최고 30억원을 한도로 상속재산에서 공제해 준다.

상속 부동산을 정부 고시가격보다 큰 금액으로 감정평가 받아 감정평가액으로 상속세 신고하면 배우자의 법정상속지분금액도 높아지고, 배우자상속공제액도 많아진다. 그리고 추후 배우자상속공제받은 부동산 양도시 높은 감정평가액이 취득가액이 되어 양도차익을 감소시켜 양도소득세를 절세할 수 있다.

예를 들면, 상속인으로 배우자와 자녀 1명이고 배우자가 상속받는 부동산의 정부 고시가격(기준시가)이 13억원이라면, 감정평가 없이 상속세 신고하는 경우 배우자상속공제 5억원, 일괄공제 5억원으로 총 10억원을 상속재산에서 공제받아 상속재산 3억원에 대해 상속세를 부담하고 추후 부동산 양도시 취득가액은 13억원이 인정된다.

그러나 상속부동산을 20억원으로 감정평가 받는다면, 배우자상속공제 한도 12억원(20억원×1.5/2.5)을 적용받고 일괄공제 5억원을 받아 총 17억 원을 상속재산에서 공제받는 혜택을 받을 수 있다.
결국 상속재산 20억원 중 3억원에 대해서만 상속세를 부담한다.
그러나 추후 부동산 양도시 취득가액은 감정평가액 20억원이 된다.
감정평가해서 상속세 신고함으로서 추후 상속부동산 양도시 양도차익이 7억원 줄어들어(20억원 - 13억원) 양도소득세를 크게 절세할 수 있다.

<u>감정평가를 받아 배우자상속공제를 최대한 받으면서 상속세를 일부 부담하는 경우에도 양도소득세를 크게 절세할 수 있는 경우가 있으므로</u> 사례에 따라 잘 검토해서 활용하면 절세에 크게 도움이 될 것으로 생각한다.

(4) 영농상속공제 최대 30억원을 이용하는 방법

망인이 경작하던 농지를 영농인 배우자 또는 자녀가 상속받아 5년 이상 경작하는 경우 최대 30억원까지 영농상속공제로 상속재산에서 공제해 준다.
따라서 영농상속공제 받는 <u>농지가액을 최대 30억원까지 높게 평가해도 상속세가 없다.</u>
영농상속공제 신청한 농지의 정부고시가격(기준시가)이 30억원 미만이라면, 감정평가 받아 30억원까지 최대한 높은 금액으로 영농상속공제를 받아도 추가 상속세는 없다. 그리고 추후 농지를 양도할 때 취득가액은 감정평가액이 되어 기준시가와 차액만큼 양도차익을 감소시켜 양도소득세를 절세할 수 있게 된다.

사례에 따라 농지를 30억원 이상 감정평가 받아 상속세를 일부 부담하는 경우에도 양도소득세를 크게 절세할 수 있는 경우가 있으므로 잘 검토해서 활용하면 절세에 도움 될 수 있다.

(5) 금양임야 2억원까지 비과세를 이용한 방법

조상의 분묘가 있는 임야("금양임야"라 한다)는 9,900㎡(3천평)까지 2억원을 한도로 상속세를 비과세 하고 있다.
조상의 분묘가 있는 토지는 대지, 농지 등 지목에 관계없이 금양임야로 비과세한다.
조상의 분묘가 있는 9,900㎡ 이내의 금양임야로 기준시가가 2억원 이하인 경우 감정평가 받아 상속세 신고하면 상속세보다 많은 금액의 양도소득세를 절세할 수 있는 경우가 있으므로 사례에 따라 감정평가 하여 절세 방법으로 활용할 수 있다.

의 견

위와 같은 사례들을 통해 필자는 의뢰인에게 양도소득세가 점점 많아지는 환경 속에서 상속세 신고시 상속재산에 대한 감정평가를 잘 활용하면 상속세를 조금 더 내는 대신 양도소득세를 크게 절세할 수 있다고 설명하고 있다.

61. 부동산 취득 후 2년 이내 가격 상승·하락 중 사망한 경우 어떻게 신고해야 하나요?

핵 심 사망일, 취득계약일과 감정평가서 작성일의 비교

　부동산 특히 아파트를 예로 들어 설명하면, 취득 후 6개월 이내 사망하였는데 사망 당시 아파트 가격이 상승 또는 하락하는 경우가 있을 수 있다. 일반적으로 사망일로부터 6개월 이내 아파트를 취득하였으므로 취득가액으로 평가하여 상속세를 신고하는 경우가 일반적이다.

　그리고 아파트 취득 후 2년 이내 사망하였는데 사망 당시 아파트 가격이 상승 또는 하락하는 경우가 있을 수 있는데 국세청이 평가심의위원회 자문을 거쳐 2년 내 취득가액으로 상속세를 과세할 수 있다.
　그러나 상속인은 상속세 또는 양도소득세를 고려하여 사망당시 상승 또는 하락된 아파트 평가액으로 상속세 신고를 원하는 경우가 있다.

　이렇게 취득가액 이외 "변동된 아파트 시가"로 상속세를 신고하려면 감정평가를 하여 취득가액 이외 "새로운 시가"를 만들어야 한다.
　감정평가액은 2군데 이상의 감정기관(정부 고시가격이 10억원 이하인

경우 1군데 이상의 감정기관)에 감정을 의뢰한 감정가격으로 하여야 한다. 이 때 감정기관은 법인 또는 개인 모두 가능하다.

매매계약일로부터 6개월 내 사망한 경우 감정평가 할 때 주의사항

상속재산 평가를 위해 사망일 전 후 6개월 이내 시가가 2개 이상 있는 경우 <u>사망일로부터 가장 가까운 날의 시가로 평가하도록 규정되어 있다.</u>

사망일 전 후 6개월 이내에 취득가액과 감정가액이 있는 경우 사망일로부터 가장 가까운 날의 판단은 취득계약일과 감정평가서 작성일로 판단한다.

따라서 취득가액 보다 우선하여 감정평가액을 시가로 인정받으려면, <u>매매계약일부터 사망일까지의 기간 보다 사망일부터 감정평가서 작성일까지 기간이 짧아야 한다.</u>

예를 들면, 父가 아파트를 10억원에 2024.06.01. 계약하고 잔금은 2024.08.04.지급하면서 등기하였다. 아파트 가격이 상승하여 약 13억원 하는데 갑자기 2024.10.31. 父가 사망하였다.

아파트를 13억원으로 인정받아 상속세를 신고하려면, 2025.3.31. 이전에 감정평가를 마무리하여 감정평가서 작성일이 2025.03.31. 이전 날자가 기재된 감정평가서가 있어야한다.

그 이유는 아파트 계약일인 2024.06.01.부터 사망일인 2024.10.31.까지 5개월 이므로 사망일부터 5개월 이내의 기간에 감정평가서 작성이 완료되어야 취득가액보다 감정평가액을 우선하여 시가로 적용하기 때문이다.

일반적으로 사망일로부터 6개월 되는 날까지 감정평가 받거나 또는 상속세 신고기한(사망일로부터 6개월이 되는 날이 속하는 달의 말일)까지 감정평가 받으면 된다고 생각하는 경우가 있는데 이는 잘못 알고 있는 것이다.

사망일 전후 6개월 이내기간에
① 정부공시가격 이외의 시가가 없는 경우 사망일로부터 6개월 이내 작성된 감정평가액이 있어야 감정평가액으로 신고할 수 있으므로 사망일로부터 2년 내 취득가액을 적용받지 않으려면 6개월 내 감정 평가하여 신고하면 된다.
② 그러나 위 사례와 같이 6개월 내 취득가액이 있는 경우 취득 계약일부터 사망일까지 기간보다 짧은 기간 내에 작성된 감정평가액이 있어야 감정평가액으로 신고할 수 있다. 이 기간을 초과하여 상속세 신고기한에 임박하여 감정평가하면 인정받지 못한다.

증여의 경우에도 증여등기일 전 6개월 및 등기 후 3개월 이내 기간에 시가가 2개 이상 있는 경우 증여등기일로부터 가장 가까운 날의 시가를 적용하도록 되어 있으므로 상황에 따라 잘 판단해야 한다.

상속세 및 증여세에서 가장 중요한 것은 상속재산, 특히 부동산의 경우 얼마로 평가할 것인가가 제일 중요하다고 생각한다. 따라서 상속이 되면 평가문제부터 검토해야할 것이다.

62. 아파트를 기준시가로 자녀에게 증여하고 싶은데 어떻게 해야 하나요?

핵 심   기준시가로 평가할 수 있는 방법 찾기

아파트를 증여하는 경우 증여일 현재 시가로 평가하여 증여세를 과세하도록 되어 있고, 시가로 평가할 수 없는 경우 "기준시가(정부 고시가격)"으로 평가할 수 있도록 되어 있다.

따라서 "시가"로 적용되는 것을 피할 수 있는 방법을 찾으면 "기준시가"로 평가해서 증여할 수 있는 것이다.

2025년부터 시가와 정부 고시가격이 5%이상 차이나는 아파트, 오피스텔 등에 대해 국세청이 선택한 부동산은 감정평가한 평가액으로 증여세 및 상속세를 과세할 수 있도록 내부 지침이 정해졌지만, 실무에서 감정 평가할 수 있는 대상보다는 감정 평가할 수 없는 대상이 훨씬 많을 것으로 생각한다.

아래에서 아파트를 사례로 "기준시가"로 평가할 수 있는 경우를 설명 하였지만, 아파트, 주택, 상가 등 모든 부동산을 기준시가로 평가하여 증여

할 수 있는 내용이므로 아파트 이외 다른 부동산을 증여할 경우에도 적용되는 내용이다. 편의상 "시가"로 매매가액 이외는 없는 것으로 설명한다.

(1) 부동산 매매가액 등 "시가"로 인정되는 금액이 없어야 한다.

"시가"로 인정되는 금액으로 "증여하는 아파트의 매매가액"과 "유사 아파트의 매매사례가액"이 있다.

유사 아파트의 매매사례가액이란, 증여하고자 하는 아파트의 면적·위치·용도·종목 및 기준시가가 동일하거나 유사한 다른 아파트의 매매·감정가액(2군데 감정하면 평균액)·공매·경매가액이 있는 경우를 말한다. 그러나 특수관계인 사이에 매매된 아파트의 유사매매사례가액은 "시가"로 사용하지 않는다.

"시가로 인정되는 금액"이 다음과 같은 기간 내에 없어야 "기준시가"로 평가할 수 있다.

첫째, 증여일 전 6개월 내 "증여하는 아파트의 매매가액"이 없어야 한다,
둘째, 증여일 전 6개월 내 증여세 신고서 접수일까지 "유사 아파트의 매매사례가액"이 없어야 한다,
셋째, 증여일 전 6개월경과 후 1년 6개월 이내 "증여하는 아파트의 매매가액"과 "유사 아파트의 매매사례가액"이 없어야 한다,
넷째, 증여일 전 6개월경과 후 1년 6개월 이내 "증여하는 아파트의 매매가액"과 "유사 아파트의 매매사례가액"이 있어도, 특별한 사유 등으로 가격변동이 발생하여 증여시점에 새로운 가격으로 가격변동이 있을 수 있다고 판단되어야 한다.

(2) 증여세 신고서 접수일 이전 약 1달 동안 "유사 아파트의 매매사례가액"이 없어야 한다.

증여일로부터 소급하여 2년 이내 증여하는 아파트의 매매가액 및 유사 아파트의 매매사례가액은 국토교통부의 실거래가액 공개시스템(매매계약 후 1개월 이내 공개), 국세청 홈텍스를 통해 확인할 수 있다.

문제는 증여일로부터 소급하여 약 1개월 이내 매매계약 된 "유사 아파트의 매매사례가액"이다.

부동산 매매계약 후 1개월 이내 관할 구청 등에 매매사실을 신고하게 되어 있으므로 신고를 1개월 기간 말에 하는 경우가 있다. 이 경우 증여세 신고시점부터 약 1개월 전의 기간 동안 유사매매사례가액이 있는지 공개된 정보에 의해 확인할 수 없기 때문이다.

따라서 아파트 인근 중개사사무소의 확인을 거쳐 최근 1개월 이내 인근 아프트의 매매사례가액이 없는 것을 확인하고 바로 법원에 증여등기를 접수한 즉시 "기준시가"로 평가하여 증여세 신고하는 방법이다. 즉 등기접수일과 증여세 신고서 접수일이 동일한 날짜로 한다.(질문57, (4)를 참조하기 바란다)

증여세 신고 후에도 국토교통부의 실거래가액 공개를 확인하면서 증여세 신고 후 신고일 이전에 매매계약 체결된 유사매매사례가액이 이 없으면 기준시가 평가액 신고가 인정되어 절세할 수 있는 것이고, 매매계약 체결된 가액이 있으면 수정신고를 통해 신고세액공제 적용 및 가산세 불이익을 피하면 될 것이다.

한마디로 요약하면 증여일로부터 소급하여 2년 이내 증여하려는 아파트 및 유사아파트의 매매가액 등 "시가"가 없거나, 2년 동안 동일한 아파트의 가격변동을 입증할 수 있는 경우 "기준시가로 평가하여 증여세 신고할 수 있다.

증여의 의사결정 및 증여시점에 약 1달 동안 유사매매사례가액을 확인할 수 없는 위험을 가지고 진행하는 절세방법이므로 사전에 납세자에게 충분히 설명하고 동의를 받아 진행하여야 할 것이다.

의 견

2025년부터 "시가"가 없는 아파트의 경우 "추정 감정가액과" "기준시가"가 약 5억원 이상 차이나는 경우 국세청이 감정 평가하여 증여세를 과세할 수 있도록 업무지침이 변경되었다.

현실적으로 "시가"가 약 10억원 정도 내외인 경우 국세청의 감정평가 대상이 될 가능성은 미미하다고 생각한다.
"기준시가"로 평가 될 수 있으면, 기준시가로 증여 또는 매매하거나 기준시가를 기준으로 30% 낮은 가액으로 매매 할 수도 있다.
필자는 위 설명을 적용할 수 있는 사례가 있으면 적극적으로 활용하고 있다.

63. 비상장법인의 주식 이동시 사전에 검토할 사항은 무엇인가요?

핵 심 비상장주식 평가의 중요성

법인으로 사업을 시작하는 것은 비상장법인을 설립하여 사업을 시작하는 것이다.

비상장법인으로 사업을 시작하여 성공하면 코스피, 코스닥에 상장하게 되는 것이다.

일반적으로 비상장법인의 주식은 코스피, 코스닥, 코넥스 같이 공개된 거래시장에서 불특정 다수인 사이에 거래하는 것이 아니고 가족 또는 지인들과 해당 법인의 주식을 양도·증여·상속으로 주식을 이동시키는 경우가 대부분이라고 할 수 있다.

비상장법인의 주식가치는 공개된 시장에서 거래되는 것이 아니므로 객관적으로 형성되어 공개된 가격이 없어 가족 또는 지인들과 임의 금액으로 거래하는 경우가 대부분이다.

따라서 주식가치가 높을 수 있어도 단순히 액면금액, 액면금액보다 조금 더 높은 금액 또는 낮은 금액으로 비상장주식을 거래하면서 양도소득세,

증여세 또는 상속세를 회피하는 경우가 많이 있다.

이렇게 거래하는 여러 가지 이유 중 비상장주식의 객관적 평가액을 쉽게 알 수 없고 그 주식으로 특별한 이익을 본다고 생각하지 않기 때문이다.
그러나 주식 변동으로 인해 이익을 보는 경우도 많이 있어 객관적 주식 평가액을 판단하기 위해 상속증여세법에 비상장주식의 객관적 평가액을 계산하는 방법을 규정하였다.

이 평가방법으로 계산한 평가액보다 높은 금액 또는 낮은 금액으로 주식을 거래한 경우 그 차액에 양도소득세, 증여세 또는 상속세를 추가 징수하고 있다.

비상장법인의 주식을 가족 등 특수관계인이 서로 매도자 및 매수자가 되어 상속증여세법상 평가액보다 훨씬 낮은 금액으로 매매 거래하는 경우
① 주식 매수자 입장에서 상속증여세법상 평가액보다 낮은 금액으로 매입한 경우 그 차액만큼 무상이익이 생긴 것이므로 증여세 과세문제가 생길 수 있고,
② 주식 매도자 입장에선 낮게 받은 금액을 양도가액으로 하지 않고 상속증여세법상 평가액을 양도가액으로 정하여 주식의 양도소득세를 계산하도록 규정하였기 때문에 많은 양도소득세를 부담하는 문제가 발생될 수 있다.

그리고 아래와 같이 비상장법인의 자본금을 유상증자 또는 유상 감자하는 경우에도 상속증여세법상 평가액을 기준으로 증여세문제가 발생한다.
① 유상증자의 경우, 비상장법인이 증자를 목적으로 신주를 상속증여세

법상 평가액보다 저가 또는 고가로 발행하는 경우 기존 주주가 각각 지분율대로 신주를 인수하지 않아 발생한 실권주(실권주를 실권 처리하는 경우, 실권주를 기존 특정주주에게 재배정하는 경우 또는 실권주를 제3자에게 배정하는 경우를 말한다)로 인한 지분율 변동에 대하여 증여세 문제가 발생할 수 있다.
② 유상감자의 경우, 비상장법인이 감자를 목적으로 상속증여세법상 평가액보다 저가 또는 고가로 특정 주주의 주식만 매입 소각하여 잔존 주주가 얻는 이익에 대해 증여세 문제가 발생할 수 있다.

실무에서 비상장법인의 주식을 소유하였지만, 경영권도 없고 배당도 안 하므로 주식을 가지고 있어도 쓸모없다고 생각하는 등 여러 가지 이유 때문에 비상장법인의 주식가치를 상속증여세법상 평가액보다 과소평가하는 경우가 많이 있다.

비상장주식 평가액을 사전 검토 없이 임의대로 과소평가한 금액으로 매매 또는 증여금액을 정하여 거래하고 나중에 세금 폭탄을 맞는 경우가 실무에서 종종 발생하여 법적 다툼이 된 사건도 많이 있다.

간혹 비상장주식을 고의로 고가 또는 저가로 평가하여 지분율을 변동시키거나 절세목적 등에 이용할 수 있는데, 이때도 어느 정도 고가 또는 저가로 할 것인가 결정하려면 상속증여세법상 주식 평가액을 알아야 적법한 방법으로 목적을 이룰 수 있다.

따라서 비상장법인의 주식거래나 자본금 변동으로 주주의 지분율이 변동될 수 있는 경우 반드시 비상장 주식에 대해 상속증여세법상 평가 방법으로 올바른 평가액을 먼저 계산하고, 이를 근거로 관련 내용들을 사전에 검토하고 실행해야 억울한 일들이 없을 것이다.

적법하게 평가된 주식가액을 기준으로 증여세, 양도소득세, 법인세, 소득세 등 세금문제를 사전 검토하고 상황에 맞게 실행해야 불이익을 피할 수 있고 절세 등 필요한 결과를 만들 수 있다고 생각한다.

의 견

실질이 적자법인인데 은행 대출기한 연장 및 입찰 등의 목적으로 흑자 재무제표를 민드는 경우가 있고, 이런 일들이 수년 동안 반복되면 주식의 실질가치는 0원인데 장부 가치는 수십만원씩 평가되는 경우가 있다. 이런 법인은 조속히 장부상 주식가치를 낮출 수 있도록 노력하여야 할 것이다.

그리고 회사에선 평소 높게 주식이 평가되지 않도록 관리하는 것이 좋다고 생각한다.

64. 상속·증여받는 주식은 어떻게 평가하나요?

> **핵심** 상장주식 4개월 평균액, 비상장주식의 5가지 평가방법

(1) 상장주식의 평가방법

"상장주식"이란 유가증권시장과 코스닥시장에 상장된 주식을 말하고, 이런 상장주식을 상속·증여받는 경우 평가액은 평가기준일(사망일, 증여일) 이전·이후 각 2개월 동안 거래소의 최종 시세가액(거래실적 유무를 따지지 아니한다)의 평균액으로 한다.
<u>즉 4개월 최종 시세가액의 평균액으로 평가한다.</u>

상속·증여되는 모든 재산은 "시가"로 평가하지만, 상장주식은 "시가"로 평가하지 않는다.
간혹 상속·증여받은 상장주식의 평가방법, 평가액을 모르고 양도하여 피해를 보는 경우도 있다.
합병, 증자 등 여러 상황이 있지만, 상장주식을 어느 한 시점을 기준으로 평가하지 않고 일정기간의 평균액으로 평가한다는 사실에 주의하여야 한다.

(2) 비상장주식의 평가방법

"상장주식 이외의 주식을 비상장주식"이라 하고, 실무에서 비상장주식 평가문제 때문에 어려움을 겪는 일이 종종 발생한다.

상속·증여받는 비상장주식의 1주당 평가를 간략히 요약하면 아래 표와 같다.

구 분		평 가 방 법
원 칙	방법1	"시가"로 평가
예 외	방법2	순자산가치로 평가
	방법3	"순자산가치 + 과거 '3년의 순이익가치"로 평가
	방법4	"순자산가치 + 미래 이익가치"로 평가
	방법5	평가심의위원회 결정 금액으로 평가

각 방법의 상세한 주식평가방법은 복잡하고 설명하기 어려우므로 아래에서 각 방법에서 알아야 할 기본내용과 이해하는 정도로 간략히 설명한다.

방법 1 : "시가"로 평가하는 경우

비상장주식의 평가는 원칙적으로 "시가"로 평가한다.

'시가'라 함은 불특정 다수인 사이에 자유롭게 거래가 이루어지는 경우에 통상적으로 성립된다고 인정되는 가액을 말한다.

좀 더 구체적으로 '시가'라 함은 원칙적으로 정상적인 거래에 따라 형성된 객관적 교환가격을 의미하며, 객관적인 교환가치를 적정하게 반영하는 일반적이고 정상적인 거래인지 여부는 거래당사자들이 각기 경제적 이익의 극대화를 추구하는 대등한 관계에 있는지, 거래당사자들이 거래 관련 사실에 관하여 합리적인 지식이 있으며 강요에 의하지 아니하고 자유로운 상태에서 거래하였는지 등 거래를 둘러싼 제반 사정을 종합적으로 검토하여 결정하고 있다.

그리고 다음의 경우는 "시가"로 인정되지 않는다.
① 가족 등 특수관계인과의 거래가액으로 객관적으로 부당하다고 인정되는 경우
② 거래된 비상장주식의 액면가액 합계액이 발행주식 총액의 1% 또는 3억원 중 적은 금액 미만인 경우
③ 물납된 비상장주식을 특수관계인이 공매·경매로 취득하는 경우
④ 최대주주의 특수관계인이 주식을 공매·경매 등으로 취득한 경우

일반적으로 비상장주식은 거래자체가 별로 없고, 거래가 있는 경우에도 불특정인과 자유롭게 거래한 통상적 거래금액이라고 인정받기 어려워 "시가"를 인정받는데 한계가 있다.

방법2 : "순자산가치"로 평가하는 경우

법인 주식을 평가할 때 주식의 "시가"가 없고, 다음사유가 있는 경우 "순자산가치"로만 주식을 평가한다.
① 상속·증여세 신고기한 내 법인의 청산절차를 진행하는 경우
② 사업자의 사망 등으로 사업을 계속하기가 곤란한 경우
③ 법인 설립 후 매출이 발생하지 않았거나, 매출 발생 후 3년 이내이거나, 휴업·폐업 중인 경우

④ 법인 자산총액 중 부동산 등 비율이 80% 이상인 경우
  부동산 등이란, 평가법인이 소유한 토지, 건물, 부동산을 취득할 수 있는 권리, 전세권, 등기된부동산임차권, 다른 법인의 주식가액에 대한 부동산 비율을 모두 합친 것을 말한다.
⑤ 법인 자산총액 중 주식 등 비율이 80% 이상인 경우
⑥ 법인 설립시 존속기한이 정해진 법인으로 잔여 존속기한이 3년 이내인 경우

대표가 사망하여 법인을 계속 운영하기 어려운 경우 등 "순자산가치"로만 주식을 평가해야 하는 경우가 종종 있으므로 위 사유를 잘 기억하고 있어야 한다.

방법3 : 1주당 '순자산가치 + 최근 3년간 순손익가치'로 평가하는 경우

법인 주식을 평가할 때 실무에서 가장 많이 사용되고 있는 방법으로 주식의 "시가"가 없고, "순자산가치"로 평가할 사유가 없는 경우 1주당 "순자산가치 + 최근 3년간 순손익가치"로 평가한다.

상속개시일(사망일) 또는 증여일을 기준으로 "자산평가액-부채평가액+영업권평가액"의 "순자산가치"와 상속일 또는 증여일 전 3년 동안 영업성적으로 계산한 "순손익가치"로 비상장주식을 평가하는 방법이다.

일반적으로 "순자산가치"에 가중치 2를 부여하고 "순손익가치"에 가중치 3을 부여하여 주식을 평가한다. 그러나 법인이 토지 등 부동산 자산을 50%이상 보유한 경우 "순자산가치"에 가중치3, "순손익가치"에 가중치2를 부여하여 주식을 평가한다.

주식평가액을 인위적으로 낮추는 것을 방지하기 위해 "순자산가치"의 80%를 평가액 최저한도로 하고 있다.

"순자산가치"계산은 상속개시일 또는 증여일 현재의 가치로 자산에서 부채를 차감한 금액에 영업권평가액을 가산한 금액으로 한다.
① 법인의 자산 평가는 시가 또는 보충적평가액으로 하지만, 재무제표상 장부가액이 더 큰 경우 장부가액으로 평가한다. 개발비는 자산에서 제외한다.
② 법인의 부채는 평가기준일 현재 확정된 채무를 말한다. 부채 중 퇴직금의 경우 평가기준일 현재 임원 및 사용인 전원 퇴직할 경우 지급해야 할 금액으로 한다.
③ 영업권은 초과 수익력을 의미하므로 최근 3년간 순손익가치의 50%가 향후 5년 동안 계속될 것이라는 전제로 평가기준일의 현재가치로 평가한 금액으로 계산한다.

"1주당 최근 3년간 순손익가치"계산은 평가기준일(상속개시일 또는 증여일) 직전 3개년도의 당기순손익액을 계산하고, 평가기준일로부터 가까운 년도를 기준으로 가중치로 3, 2, 1을 부여하여 계산한 금액의 평균액을 순손익가치환원율 10%로 나누어 계산한다.

당기순손익액이란, 과다한 경비, 지급이자, 법인세, 업무무관 지출, 접대비 한도 초과액 등 일부 비용을 인정하지 않는 세법상 이익이 아니고, 법인이 얻은 모든 수입에서 법인이 지출한 비용을 모두 공제한 <u>회계상 이익을</u> 말한다.

방법 4 : 1주당 '순자산가치 + 미래추정이익'으로 평가하는 경우

방법2로 1주당 주식을 평가할 때 과거 3년 내에 다음과 같은 일시적 우발적사건이 발생하여 "최근 3년의 순손익가치"로 주식을 평가하면 객관적인 평가액이 될 수 없는 경우가 있다.
① 회사의 자산수증이익, 채무면제이익, 보험차익, 재해손실, 증권·부동산 처분손익 등으로 이익이 많이 발생한 경우
② 합병·분할 또는 주요 업종이 변경되어 3년이 안된 경우
③ 1년 이상 휴업한 경우
④ 기타의 경우 등이 있다.

이러한 사유에 해당하여 최근 3년의 순손익가치로 주식 평가할 수 없는 경우 신용평가전문기관·회계법인·세무법인 중 2개 이상의 기관 또는 법인이 평가한 "미래 추정이익"으로 평가할 수 있다.

1주당 주식가치를 "미래 추정이익"과 "순자산가치"로 평가한 경우
① 1주당 미래 추정이익의 산정기준일과 상속일·증여일이 같은 연도에 속해 있으면서
② 상속세·증여세 신고기한 내 1주당 미래추정이익 평가서를 작성하여 제출하여야 한다.

"미래 추정이익"을 계산하려면 비용도 많이 들고 국세청에서 인정받는 것도 불투명하므로 실무적으로 활용되는 경우는 희박한 것으로 알지만, 이런 방법이 있다는 것 정도는 알고 있어야 할 것 같다.

방법 5 : 평가심의위원회에서 결정한 금액으로 평가하는 경우

납세자가 다음 각 호의 어느 하나에 해당하는 방법으로 평가한 평가액을 첨부하여 평가심의위원회에 비상장 주식 등의 평가액 및 평가방법에 대한 심의를 신청하는 경우 평가심의위원회가 심의하여 제시하는 평가액에 의하거나 그 위원회가 제시하는 평가방법 등을 고려하여 계산한 평가액으로 평가할 수 있다.

다만, 납세자가 평가한 가액이 보충적 평가방법에 따른 주식평가액의 100분의 70에서 100분의 130까지의 범위 안의 가액인 경우로 한정한다.

① 상장된 같은 업종의 법인 주식가액을 이용하여 평가
② 향후 유입될 예상 현금흐름을 할인율 적용하여 평가
③ 향후 주주가 받을 예상 배당수익을 할인율 적용하여 평가
④ 그 밖에 일반적으로 공정하고 타당한 것으로 인정되는 방법으로 평가

실무적으로 거의 활용되지 않는 방법이지만, 이런 방법이 있다는 것 정도는 알고 있어야 할 것 같다.

(3) 주식평가액의 관리가 필요하다.

유가증권시장과 코스닥시장에 상장된 주식은 공개된 시장에서 "시가"가 정해지므로 납세자가 주가를 관리할 수 없다.

그러나 비상장주식은 상속·증여 뿐 아니라 증자·감자·합병의 경우에도 주식평가액이 필요하고 가족 등 특수관계인이 매매 거래하는 경우에도 주식평가액이 필요하다.

비상장주식 평가액은 지나치게 과대하게 평가되어 불이익을 받는 경우가 종종 있다.

따라서 평소 본인이 운영하는 비상장법인의 주식평가액이 과대하게 평가되지 않도록 관심을 가지고 꾸준히 관리해야 절세할 수 있다고 생각한다.

참고로 기획재정부 및 심판례는 인정하지 않지만, 방법4의 "순자산가치+미래추정이익"으로 평가가 불합리한 경우 대법원에서 방법2의 "순자산가치"로 평가를 인정하였다. 즉, 법원의 여러 판례를 보면 합리적인 평가를 폭 넓게 인정한다고 볼 수 있다.

Part 4

증여세를 절세하는 방법

65. 재산이 어느 정도 돼야 증여하는 것이 상속세 절세에 유리한가요?

핵심 40%, 50%의 높은 상속세율을 피하는 기준

사망으로 상속되는 경우 상속재산에서 공제하는 금액은 배우자가 있는 경우 최소 5억원을 공제 받고, 자녀 등 배우자 이외 상속인이 있는 경우 최소 5억원을 공제받아 최소 10억원을 상속재산에서 공제받을 수 있다.

따라서 일반적으로 10억원을 초과하는 금액에 대해 상속세율(상속세율 적용 구간과 증여세율 적용 구간은 동일하다)이 1억원까지는 10%, 1억원 초과분부터 5억원까지는 20%, 5억원 초과분부터 10억원까지는 30%, 10억원 초과분부터 30억원까지는 40%, 30억원 초과분부터는 50%의 세율이 적용된다.

예를 들면, 배우자와 자녀가 있고 상속재산으로 부동산이 21억원 있다면 10억원을 공제한 나머지 11억원에 대해 1억원은 10%, 1억원~5억원 부분은 20%, 5억원~10억원 부분은 30%, 10억원~11억원 부분은 40%의 세율로 상속세를 부담해야 한다.

그리고 21억원으로 평가된 부동산이 시간이 갈수록 계속 가치가 상승한다면, 추가 가치상승부분에 대해 40% 또는 50%의 높은 상속세율이 적용될 것이다.

이러한 상황에서 일반적으로 상속재산이 20억원을 초과하고 부동산 등 재산 가치가 계속 상승할 것으로 기대되는 경우 추가 가치상승부분에 대해 40% 또는 50%의 높은 상속세를 부담하지 않는 것이 절세방법이다.

따라서 필자는 재산이 약 20억원을 초과하는 경우 그 초과부분에 40% 또는 50%의 높은 상속세를 부담하지 않는 방법으로 미리 증여하여 10% ~ 30%의 증여세율로 증여세만 부담한다면 사전 증여를 하여 세율차이 만큼 절세 효과를 누릴 수 있다고 설명한다.

절세를 위해 사전 증여할 때 누구에게 어떤 재산을 얼마나 증여할 것인가 하는 것은 여러 가지를 고려해야 하지만, 사전 증여를 하면 증가하는 부동산 가치는 증여받는 자(수증자)의 것이 되므로 가치상승에 대한 추가 상속세를 부담하지 않아도 되고, 10년(상속인에게 증여재산 합산기간) 또는 5년(상속인 이외 자에게 증여재산 합산기간)이 경과하면 상속재산과 합산하여 추가 상속세를 과세하지 않기 때문에 절세효과를 누릴 수 있다.

재산이 많을수록, 특히 부동산, 주식 등 재산 가치가 상승할 것으로 예상되는 재산을 보유한 경우 높은 상속세율을 고려하여 사전증여를 적극적으로 검토해 볼 필요가 있다고 생각한다.

66. 어떤 재산을 먼저 증여하는 것이 상속세 등 절세에 유리한가요?

핵심 증여할 재산 선택 시 고려할 사항들

여러 종류의 재산을 보유하고 있으면서 자녀에게 증여계획이 있다면, 다음 내용을 참고하여 증여계획을 세우면 증여세 및 상속세 절세에 도움이 될 것으로 생각한다.

(1) 미래에 재산가치가 많이 상승될 것이 기대되는 자산을 미리 증여하는 것이 좋다.

가치가 계속 상승하는 재산을 보유하던 중 사망한 경우 사망시점까지 상승한 가치에 대해 상속세를 내야 한다.

그러나 사전 증여한 경우 증여시점 이후에 상승한 재산 가치는 증여받은 자녀의 소유가 되므로 증여시점 이후 상승한 가치에 대해 추가 증여세 또는 상속세가 없는 만큼 절세 효과를 얻을 수 있다.

따라서 여러 재산 중 미래 자산가치가 가장 많이 상승 할 것으로 예상되는 재산을 미리 증여하는 것이 절세에 유리하다.

예를 들면, 아버지가 5억원으로 평가되는 A부동산을 자녀에게 증여 후 3년 뒤 아버지가 사망하였는데 사망시점에 A부동산 가치가 상승하여 8억원으로 평가되는 경우가 있다.

증여받고 10년 이내 아버지 사망으로 증여재산을 상속재산에 합산할 때 A부동산 가액을 5억원으로 상속재산에 합산한다.

만약 A부동산을 사전에 증여하지 않았다면 8억원으로 A부동산을 평가하여 상속세를 계산했을 것이다. 사전 증여했기 때문에 증여시점부터 사망시점까지 상승한 3억원에 대해 추가 증여세나 상속세 없이 자녀의 재산이 된 것이다.

(2) 임대소득 등 소득이 많이 발생하는 자산을 우선 증여하는 것이 좋다.

임대소득 등 소득이 많이 발생하는 자산을 우선 증여하면 부모의 임대소득을 자녀에게 분산시켜 부모의 소득세 등을 절세하고, 증여 후 매년 줄어든 소득만큼 상속재산이 적어지기 때문에 추후 상속세를 절세할 수 있다.

그리고 자녀는 새로운 소득이 발생되고, 이 자금을 모았다가 추가 증여 또는 상속받을 때 취득세, 증여세, 상속세 등의 자금으로 사용할 수 있기 때문이다.

특히 자녀가 부동산 등 재산 취득할 때 자금출처가 될 수 있는 효과도 있다.

<u>부모는 재산을 늘리지 않고, 대신 자녀의 재산을 늘려주면서</u> 절세하는 방법이라고 할 수 있다.

세금내고 축적한 재산에 대해 사망 시 다시 상속세를 과세하는 것은 이중과세라는 주장도 있다. 이 주장을 인정한다면 소득이 많이 발생하는 재산을 미리 증여하면 이중과세를 피할 수 있다.

(3) 특정 자녀에게 주고 싶은 재산이 별도 있다면 그 재산을 미리 증여하는 것이 좋다.

상속재산에 대해 자녀들끼리 법정 다툼(유류분 소송)이 생길 경우 1차로 사망일 현재 존재하는 상속재산으로 반환하고, 2차로 유언증여(사망 이후 재산을 증여하도록 유언을 남기는 것) 또는 사인증여(사망자와 수증자가 생전에 사망한때 증여효력이 생기는 증여계약)로 받은 재산을 반환하는 방법으로 다툼을 정리한다.

그래도 부족분이 있을 때 3차로 생전 증여받은 재산을 반환 대상에 포함한다. 순차로 반환하다 보면 생전에 증여한 재산을 반환대상까지 포함하여 다툼을 정리하는 경우가 드물기 때문에 좋은 재산을 특정 자녀에게 먼저 증여하면 자녀들끼리 상속 분쟁이 되더라도 증여의 효과가 그대로 유지될 가능성이 많다. 이런 이유로 특정 자녀에게 주고 싶은 재산이 있으면 미리 증여하는 것이 좋다고 설명하는 것이다.

> **의 견**
>
> 위에서 설명한 증여하고 싶은 재산을 선택할 때 고려할 사항들은 기본적인 것들이고, 증여자 및 수증자의 개별적 입장 차이 등으로 상황에 따라 고려할 사항들이 달라질 수 있다.
> 현재 증여하는 것은 미래를 위한 것이므로 각자 생각하는 미래에 맞는 고려사항들을 참고하여 증여하는 것이 최선이라고 생각한다.

67. 증여받은 재산을 반환 하는 경우 증여세 문제는 어떻게 되나요?

핵 심 | 합의 반환, 사해행위취소·유류분 등 반환시 증여세 환급

증여받은 재산은 여러 가지 상황에서 자의 또는 타의에 의해 반환하는 경우가 있다. 이때 증여받은 재산을 반환하는 내용에 따라 발생하는 증여세 문제는 아래와 같다.

(1) 증여받은 현금 반환은 인정 안 된다.

부모에게 자녀가 금전을 증여받았는데 사정이 있어 증여를 취소하고 받은 금전을 부모에게 반환하는 경우가 있다.

이 경우 당초 자녀가 증여받은 금전 및 증여를 취소하고 자녀가 반환한 금전 모두 증여세를 과세한다. 즉 증여세를 2번 내야 하므로 현금증여와 반환은 주의하여야 한다.

(2) 증여받은 부동산을 반환하는 경우 반환 시기별 차이 있다.

금전과 달리 부동산을 증여받는 경우 다음과 같이 구분하여 증여세 과세유무를 판단한다.

첫째, 부동산 증여 등기 후 증여세 신고기한(증여 등기한 날부터 3개월 되는 달의 말일)내 당초 증여계약을 해제하고 반환등기하면 당초 증여와 반환 모두 증여가 없는 것으로 본다.

둘째, 증여세 신고기한 경과 후 3개월 내(증여 등기한 날부터 6개월 되는 달의 말일) 반환하면 당초 증여는 증여세 과세되어 자녀는 증여세를 내야 하지만, 반환은 증여세를 과세하지 않으므로 부모는 증여세를 낼 필요가 없다.

셋째, 그러나 위 둘째의 기한(증여 등기한 날부터 6개월 되는 월의 말일) 경과 후 반환하면 당초 증여와 반환 모두 증여세 과세되므로 자녀 및 부모 각각 증여세를 내야 한다.

(3) 사해행위취소소송의 판결로 반환 하는 경우 증여세 환급한다.

채무자가 채권자에게 채무를 갚지 않기 위해 채무자가 소유한 재산을 자녀 등 제3자에게 허위로 이전하거나 자녀 등 제3자와 채권·채무가 있는 것처럼 허위계약 등을 하는 행위를 "사해행위(詐害行爲)"라고 한다.

이렇게 채무자가 채권자에게 채무변제를 하지 않으려고 고의로 재산권(부동산 등)을 자녀 등 제3자에게 이전한 경우 채권자가 이전행위를 취소하고 당초 채무자에게 원상회복을 법원에 청구하는 소송을 제기할 수 있는데 이 소송을 "사해행위취소소송"이라 한다.
    채권자가 "사해행위취소소송"에서 승소하면 자녀 등 제3자에게 소유권 이전된 재산은 다시 채무자의 재산으로 환원된다. 채무자의 재산으로 환원된 재산에서 채권자는 채권 회수 절차를 진행하여 채권을 회수하게 된다.

    흔히 사업실패를 했거나 사업실패를 예상한 부모가 채무를 피하기 위해 사전에 부동산을 자녀에게 증여하는 경우가 있을 수 있다. 이 경우 채권자가 자녀를 상대로 증여를 취소하는 "사해행위취소소송"을 제기할 수 있다.
    소송에서 채권자가 승소한 경우 증여세까지 납부하고 증여받은 재산에 대한 법률적 증여행위가 취소되고 다시 부모 재산으로 반환되어 결론적으로 자녀는 증여받은 것이 하나도 없게 된다.

    증여받은 것이 없게 되므로 당초 증여받을 때 납부한 증여세를 국세청으로부터 반환(환급)받아야 하는 문제가 발생한다.

    종전에 국세청은 환급해 주지 않았는데, 2023.10.31. 환급해 주는 것으로 예규를 변경하여 현재는 환급을 원활히 해주고 있다.
    소송에 대한 판결로 반환하는 것이므로 그 판결일로부터 3개월 이내 경정청구를 해야 환급받을 수 있다고 생각한다.

(4) 유류분 소송의 판결로 반환하는 경우 증여세 환급한다.

    자녀가 부모에게 부동산을 증여받았는데 부모 사망 후 다른 자녀가 증여받은 부동산에 대해 소송을 제기하여 당초 증여가 취소되어 증여받은 부동산을 반환하는 경우가 있는데 이를 "유류분 소송"이라 한다.

유류분 소송의 결과 일부 증여재산을 반환하는 경우 당초 반환하는 증여재산에 대해 납부한 증여세를 환급 받을 수 있는데, 판결일부터 3개월 이내 경정청구를 해야 환급받을 수 있다.

반환받은 당초 증여재산은 상속재산이 되어 반환받은 상속인에게 상속세 납세의무가 발생하고 판결일로부터 6개월 이내 상속세 신고를 해야 가산세를 피할 수 있다.

의 견

실무적으로 부모님 사망 후 사전증여재산에 대해 유류분 소송이 필요한 경우 변호사 비용, 추가 발생하는 세금문제 등을 확인하고 진행하는 것이 좋다고 생각한다. 간혹 생각보다 실익이 적고 가족관계만 해치는 경우가 있을 수 있다.

(5) 조건부증여(효도증여계약서)에 의해 반환하는 경우 증여세 환급가능하다.

자녀에게 부동산을 증여할 때 "부모에게 생활비를 주고 매월 부모를 방문하는 등을 이행할 것"을 조건으로 증여하고 조건을 이행하지 않는 경우 증여받은 재산을 반환하기로 하고 증여하는 경우가 있다. 이런 것을 "부담부증여"라 하고 "효도증여계약"이라고도 한다.

조건부증여 후 증여조건을 이행하지 않아 증여 후 6개월 뒤에 반환하는 경우 당초 증여 및 반환 모두 증여세가 있다.

국세청 및 기획재정부에서 증여세 과세대상이 되는 재산이 "취득원인무효의 판결"에 의하여 그 재산상의 권리가 말소되어(형식적인 재판절차만 경유한 사실이 확인되는 경우는 제외한다) 증여받은 재산을 반환하는 경우에만 당초부터 증여가 없는 것으로 해석하고 있다.(질문11 참조)

따라서 소송에 의해 취득원인무효판결로 반환하는 경우 당초증여 및 반환 모두 증여가 아니므로 납부한 증여세를 환급받을 수 있다고 생각한다. 환급 받으려면 판결일로부터 3개월 내 환급 신청하여야 할 것이다.

(6) 반환받는 재산에 대한 취득세 없다.

부동산 취득세의 경우 당초 증여를 취소하고 소유권 원상회복의 방법으로 반환하는 경우 반환에 대한 취득세는 과세되지 않으므로 사안별로 반환에 대한 취득세 문제를 확인해 봐야 한다.

부동산 증여절차는 증여계약서를 작성하여 부동산 소재지 지방자치단체에 취득세를 납부한 후 법원에 증여 등기신청을 하고 법원으로부터 증여를 원인으로 소유권이전 됨으로 모든 절차가 마무리 된다.

그런데 간혹 증여에 대한 취득세까지 납부하고 법원에 증여등기 신청을 하지 않고 증여를 취소하는 경우가 있다. 이런 경우 증여계약을 취소하면 3개월 내 계약해제신고서, 공정증서 등으로 계약해지사실 확인할 수 있는 경우 처음부터 증여 없는 것으로 인정하여 취득세를 환급받을 수 있다.

68. 상속재산 분할을 취소하고 다시 분할등기 하는 경우 증여세가 있나요?

핵 심 증여세 있는 경우와 없는 경우

상속에서 가장 중요한 것은 상속인들이 협의하여 상속재산을 나누어 갖는 것(분배) 이다.

상속재산 분배를 협의하는 기간이 짧을 수도 있고 길어질 수도 있다.

민법상 상속재산은 시간에 제한 없이 언제든지 상속인들이 협의분할 할 수 있도록 인정하고, 그 효력은 상속개시 당시(사망일)로 소급해서 효력이 인정된다.

간혹 상속인들의 의사 또는 제3자의 영향으로 상속재산이 재분할 되는 경우 다음과 같은 증여세 문제가 있다.

(1) 상속인들이 협의분할 후 재 협의분할시 증여세 있다.

상속인들이 협의하여 최초로 상속재산을 협의 분할하여 상속재산 협의 분할등기하고, 추후 상속인들이 당초 협의 분할한 내용을 취소하고 원점에서 다시 상속재산을 재분할하는 경우가 있을 수 있다.

이때 특정 상속인이 당초 협의하여 분할된 상속지분을 초과하여 상속지분이 늘어난 경우 상속지분이 감소된 자로부터 늘어난 부분을 증여받은 것으로 보아 증여세를 과세하도록 규정하고 있다.

즉, 상속 등기한 것을 취소하고 당초 지분을 변경하여 상속 등기하는 경우 지분 변동에 대해 증여세를 과세한다.

(2) 재분할해도 증여세 없는 경우가 있다.

그러나 세법상 상속세 신고기한(사망일로부터 6개월 또는 9개월이 속하는 달의 말일까지) 이내 재분할에 의해 당초 상속분을 초과하여 취득하는 것은 증여세가 없다. 즉, 상속세 신고기한 내 재분할하는 것은 여러 번 변경 등기해도 증여세가 없다.

그리고 신고기한이 지나서라도 상속인들이 최초로 상속재산을 협의 분할하여 나누면서 각 상속인이 자신의 법정상속지분(배우자 1.5, 자녀 1 등)을 초과하여 상속재산을 취득하더라도 증여세가 없다.

상속인이 협의하지 않고 상속인의 의사와 관계없이 아래와 같이 상속인 이외의 자가 법정지분대로 상속등기 한 것을 취소하고 상속인들이 상속재산의 협의분할에 따라 재분할하는 경우 재분할 되어 상속지분이 증가한 부분에 대해서는 증여세를 과세하지 않는다.

　㉠ 채무가 많은 특정 상속인의 채권자가 상속회복청구의 소를 제기하여 법원의 확정판결에 따라 상속인 및 상속재산에 변동이 있는 경우

ⓒ 채무가 많은 특정 상속인의 채권자가 민법 404조에 의해 채권자 대위권 행사로 상속인들의 의사와 관계없이 공동상속인들의 법정상속분으로 상속 등기되는 경우

즉, 상속인들의 의사와 관계없이 관계법령에 의해 상속등기된 것은 추후 상속인들이 최초로 협의하여 재분할하여 상속 등기한 지분이 변경된 것은 증여로 보지 않겠다는 것이다.

(3) 상속재산 재분할하는 경우 취득세 없다.

추가적으로 부동산 상속재산을 분할할 때 취득세가 과세되고 다시 재분할 하는 경우에도 취득세가 과세 된다.

그러나 다음과 같은 이유로 상속재산을 재분할하는 경우 추가 취득세는 과세하지 않는다.

① 상속세 신고기한 이내 재분할하는 경우
② 상속회복 청구의 소에 의해 재분할하는 경우
③ 채권자 대위권 행사로 재분할하는 경우

상속재산 재분할 시 지분 증가에 대해 증여세를 과세하지 않는 사유와 동일하다.

의견

실무적으로 상속세 신고기한 이내 올바른 상속세 신고도 중요하지만, 더 중요한 것은 상속인들의 상속재산분배 문제라고 생각한다.

따라서 상속세 신고기한 동안 충분히 협의하여 다툼 없이 상속재산을 분배할 수 있도록 하는 것이 좋다고 생각하고, 상속세 신고기한 이내는 여러 번 상속재산을 재분할해도 추가 증여세, 취득세가 없다.

69. 증여재산공제 적용시 직계존속의 범위는 어디까지인가요?

핵심 부모, 계부모, 조부모, 외조부모

혈연관계로 본인을 기준으로
① 상위관계에 있는 부모, 조부모, 외조부모를 직계존속이라 하고
② 하위관계에 있는 자녀, 손 자녀를 직계비속이라 한다.
부모 등으로부터 증여받는 경우 증여재산공제는 기본공제 5천만원(미성년자 2천만원)과 결혼·출산증여공제 1억원을 공제 받을 수 있다.

(1) 증여재산공제

먼저 증여재산공제액은 증여받는 자(수증자)가 상위 혈연관계에 있는 직계존속으로부터 10년 이내 증여받는 총 합계액에서 5천만원을 공제받고, 수증자가 미성년자(태아를 포함)인 경우 2천만원을 공제받는다.
그런데 특이한 것은 직계존속의 범위에 "부모가 재혼하여 법률상 배우자에 해당하는 계모, 계부(조부모가 재혼한 경우 그 배우자를 포함한다)를 포함"하도록 규정되었다.

따라서 父, 母, 계부, 계모, 조부, 조모, 외조부, 외조모로부터 10년 이내 증여받는 총 금액에서 5천만원을 공제 받을 수 있다.

예를 들면, 성년의 자녀가 父에게 2천만원을 증여받았다면, 10년 이내 父, 母, 계부, 계모, 조부, 조모, 외조부, 외조모로부터 추가 증여받는 금액 중 3천만원만 추가증여공제가 인정되어 10년 동안 총 5천만원을 공제받을 수 있는 것이다.

만약 계부(또는 계모)한테 5천만원을 증여 받았으면 5천만원 증여재산공제를 받을 수 있기 때문에 10년 이내 父, 母, 계부, 계모, 조부, 조모, 외조부, 외조모로부터 추가 증여받는 금액이 있다면 이미 5천만원 모두 공제 받았으므로 추가로 공제를 받을 수 있는 금액은 없다.

(2) 결혼·출산증여공제

결혼·출산증여공제는 혼인 또는 출산 시 증여받는 재산에 대한 증여세 부담을 완화하기 위하여 2024년 1월 1일 이후 증여받는 재산부터 혼인·출산 증여재산공제를 적용한다.

부모, 계부모, 조부모, 외조부모로부터
① 거주자가 혼인신고일(혼인관계증명서상 신고일) 전후 2년 이내에 혼인을 이유로 증여받는 재산에서 1억원을 추가 증여공제하거나,
② 거주자가 자녀의 출생일(출생신고서상 출생일)부터 2년 이내에 자녀 출산을 이유로 증여받는 재산에서 1억원까지 추가 증여공제가 가능하다.
결혼 및 출산 증여공제액의 총 한도는 1억원으로 하고 있다.

위 공제는 수증자가 국내에 거주하는 거주자이어야 공제를 받을 수 있고, 비거주자인 경우 공제받지 못한다.

반대로 증여자가 비거주자인 경우에도 수증자만 국내에 주소를 두고 있는 거주자라면 모두 공제해 준다.(질문71 참조)

70. 직계존속, 직계비속, 계부모 및 계자녀의 증여세는 어떻게 되나요?

핵 심 5천만원 증여공제액 및 합산과세 유무

법률상 부부일지라도 친부모 및 계부모로부터 증여받는 경우 증여세 계산에 차이를 두고 있고 아래에서 구분하여 살펴보기로 한다.

(1) 친부모로부터 증여받는 경우 증여세 계산방법

부모님을 기준으로 법률상 혼인관계에 있는 친부와 친모로부터 성년인 자녀가 증여받는 금액에서
① 5천만원을 공제해 주는데,
② 공제 방법은 친부와 친모에게 증여받은 재산은 합산한 금액에서 5천만원을 공제해 주고 남은 합산금액에 세율을 적용하여 증여세를 과세한다.

예를 들면, 법률상 부부관계에 있는 친부에게 7천만원, 친모에게 6천만원을 증여받은 경우 친부와 친모로부터 증여받은 금액을 합산한 13,000

만원에서 5천만원을 공제한 나머지 8천만원에 증여세율을 적용하여 증여세를 내야 한다.
그러나 부모가 법률상 이혼한 이후에 자녀가 증여받는 재산은 증여시점에 부부가 아니므로 합산하지 않는다.(질문73 참조)

예를 들면, 친부에게 7천만원을 증여받았는데, 부모의 이혼 후 친모에게 6천만원을 증여받은 경우 증여세를 각각 계산한다.

(2) 계부모로부터 증여받는 경우 증여세 계산방법

자녀의 입장에서 재혼한 부모의 법률상 배우자를 계모, 계부라고 하는데, 계모, 계부의 입장에서 재혼한 배우자의 자녀를 "계자녀(의붓자녀)"라고 한다.
만약 부모가 이혼 또는 사별하고 법률상 재혼한 경우
① 계모 또는 계부로부터 성년인 계자녀가 재산을 증여받는 경우 5천만원을 공제받을 수 있는지?
② 재혼한 부모로부터 증여받은 재산과 계부, 계모로부터 증여받은 재산을 합산하여 증여세를 내야 하는지? 에 대해 의문이 생길 수 있다.

이와 관련된 세법규정과 국세청 해석은 아래와 같다.
증여문제는 기본적으로 증여할 때 상황을 기준으로 판단한다.
첫째, 증여재산공제액 5천만원에 대해 증여시점에 부모와 법률상 혼인관계 있는 배우자에게 증여받는 경우에도 공제해 주므로, 부모의 법률상 배우자인 계모 또는 계부로부터 증여받는 경우에도 5천만원을 공제받을 수 있다.

그러나 재혼한 부모가 사망하고 계모 또는 계부는 재혼하지 않은 상태에서 계모·계부로 부터 증여받는 금액은 증여시점에 부모의 법률상 배우자가 아니므로 5천만원 공제 혜택을 받지 못하고 친족으로 1천만원 공제 혜택을 받을 수 있도록 하고 있다.

부모가 이혼한 경우 생부와 생모, 법률상 배우자인 계부 또는 계모로부터 10년 이내 증여받는 금액을 모두 합친 금액에서 5천만원을 공제받을 수 있다.

둘째, 친부와 친모가 법률상 혼인관계인 상태에서 자녀가 10년 동안 증여받은 재산을 합산한 금액에 증여세율을 적용하여 증여세를 내야 한다.
그러나 친부와 재혼한 계모(또는 친모와 재혼한 계부)로부터 각각 증여받은 재산은 법률상 부부일지라도 합산하지 않고 증여세를 각각 계산한다.

(3) 직계비속과 계자녀(의붓자녀)로부터 증여받는 경우 증여세 계산방법

거주자인 조부 등 직계존속이 손자 등 직계비속으로부터 증여받는 경우도 있다.
거주자인 직계존속이 직계비속으로부터 10년 이내 증여받는 금액에서 5천만원을 공제해 주도록 규정이 되어 있다.

그런데 특이한 것은 직계비속의 범위에 "부모가 재혼한 경우 법률상 배우자의 자녀, 손자녀 등을 포함"하도록 규정되었다.

따라서 직계존속에 해당하는 부모, 조부모 등이 직계비속에 해당하는 자녀, 손자·손녀, 의붓자녀(계모 또는 계부의 친자녀를 말하고 "계자녀"라고도 한다) 등으로부터 10년 이내 증여받는 총 금액에서 5천만원을 공제받을 수 있다.

자녀는 부모가 이혼 또는 사별하기 전 父와 母로부터 증여받는 금액을 합산하여 증여세를 계산하는데, 반대로 부와 모가 자녀로부터 증여받은 금액은 합산하여 증여세를 계산하지는 않는다.

71. "혼인·출산에 따른 증여재산공제"는 어떤 경우 혜택을 받을 수 있나요?

핵 심 혼인신고 및 출산으로 최대 1억원 증여공제

혼인 또는 출산을 이유로 직계존속에게 증여받는 자금에 대한 증여세 부담을 완화하기 위하여 2024년 1월 1일 이후 증여받는 것부터 혼인·출산 증여재산공제를 신설하였다.

직계존속에게 증여받는 재산으로 혼인 증여재산 공제와 출산 증여재산 공제를 모두 적용받는 경우 통합 공제한도는 1억원을 적용한다.

이때 직계존속에 조부모, 계부 또는 계모도 포함된다.

이하에서 혼인 증여재산공제와 출산 증여재산공제를 나누어 설명한다.

(1) 혼인 증여재산공제

혼인 증여재산공제는 거주자가 혼인신고일(혼인관계증명서상 신고일) 전후 2년 이내에 직계존속으로부터 혼인을 이유로 증여받는 재산에서 1억원을 공제한다.

2024.01.01.부터 직계존속에게 증여받는 재산으로 증여일이 혼인신고일 전 후 2년 이내 증여받는 재산에 대해 1억원까지 공제해 준다.

2024.01.01. 이전에 혼인신고 한 경우로서 2024.01.01. 이후 증여받는 경우 혼인신고일로부터 증여일까지 기간 중 2년 이내기간에 1억원 범위 내에서 증여받으면 혜택을 받을 수 있다.

예를 들면, 2023.12.30. 혼인 신고하였으면 2025.12.30.까지 증여받으면 혜택을 받을 수 있다.

증여는 2024.01.01. 이후 증여한 금액에 대해 적용하므로 2024.01.01 이전 증여한 금액을 결혼에 대한 증여로 혜택을 주장할 수 없다.

혼인으로 증여받는 재산에 대해 1억원을 공제 받는 것은 자녀에 대한 5천만원 증여재산공제액과 별도로 증여 혜택을 받는 것이다.

따라서 혼인한 경우 남편이 부모님으로부터 1억원과 증여공제액 5천만원을 증여받는 경우 15,000만원을 증여세 없이 증여받을 수 있다.

동일한 방법으로 아내가 부모님으로부터 15,000만원을 증여받는 경우에도 증여세가 없다.

결국, 혼인한 경우 양가 부모님으로부터 최대한 각각 15,000만원씩 총 3억원을 증여세 없이 증여받을 수 있다.

혼인 신고 전 증여받고 약혼자가 사망하거나 불법 부당행위 등으로 민법에 근거한 약혼 해제사유 등 혼인할 수 없는 중대한 사유가 있는 경우 그 사유가 있는 달의 말일부터 3개월 이내 증여자에게 반환하는 경우 처음부터 증여가 없는 것으로 본다. 따라서 반환 시에도 증여세는 없다.

혼인에 대한 증여공제를 받고 다음 사유에 해당하여 수정 신고하는 경우 무신고·과소신고 가산세는 없지만, 증여세 신고기한의 다음날부터 수정신고 등을 하고 납부한 날까지 년 8.03%의 이자상당액의 가산세가 부과된다.

① 증여받고 약혼해제사유에 해당하는데 3개월 내 반환하지 않은 경우 증여일로부터 2년이 되는 달의 말일부터 3개월 내 혼인 증여재산공제를 받지 않는 것으로 수정 신고하는 경우
② 혼인 전 증여받고 2년 이내 혼인(혼인신고)을 하지 않는 경우 2년이 되는 달의 말일부터 3개월 내 혼인 증여재산공제를 받지 않는 것으로 수정 신고하는 경우
③ 혼인 무효소송으로 혼인이 무효 된 경우 그 판결이 확정된 달의 말일부터 3개월 이내 혼인 증여재산공제를 받지 않는 것으로 수정 신고하는 경우

조세회피목적 이외에 혼인 증여재산공제를 받고 이혼하는 경우 혼인 증여재산공제는 유지된다.

(2) 출산 증여재산공제

2024.01.01.이후 거주자가 자녀의 출생일(출생신고서상 출생일)부터 2년 이내에 직계존속으로부터 출산을 이유로 증여받는 경우 1억원까지 출산 증여재산공제를 받을 수 있다.

출산시 증여받는 재산에 대해 1억원을 공제 받는 것은 자녀에 대한 5천만원 증여재산공제액과 별도로 증여 혜택을 받는 것이다.

따라서 자녀를 출산한 경우 남편이 부모님으로부터 1억원과 증여공제액

5천만원을 증여받는 경우 15,000만원을 증여세 없이 증여받을 수 있다.

동일한 방법으로 아내가 부모님으로부터 15,000만원을 증여받는 경우에도 증여세가 없다.

결국, 자녀를 출산한 경우 양가 부모님으로부터 최대한 각각 15,000만원씩 총 3억원을 증여세 없이 증여받을 수 있다.

출산 증여재산공제를 받는 것은 사후관리 규정이 없으므로 추징되지 않는다.

(3) 혼인 및 출산 증여재산공제 적용되는 증여재산

현금, 주식, 부동산, 다른 재산을 증여하는 경우 결혼 또는 출산 증여재산공제를 받을 수 있다.

증여세법에 일반적인 증여가 아니지만 증여와 같은 경제적 효과가 있는 증여예시규정, 증여추정·증여의제 규정의 경우 증여로 보고 증여세를 과세하도록 되어 있지만, 이렇게 경제적 효과를 증여로 보는 금액은 결혼·출산 증여재산공제를 적용하지 않는다.

(4) 1억원을 공제받는 방법

결혼 및 출산할 때 마다 1억원씩 증여공제 하는 것으로 오해하는 경우가 있다.

결혼 및 출산하는 경우 직계존속에게 증여받는 총 증여가액 한도가 1억원 이다.

예를 들면, 결혼할 때 부모와 조부모에게 각각 2천만원을 증여(합계 4천만원)받고, 자녀를 출산하여 부모에게 3천만원을 증여받고, 둘째를 출산하여 조부모에게 3천만원을 증여받는 방법으로 총 1억원을 증여받을 수 있다.

실무에서 손 자녀가 결혼할 때 조부모가 결혼자금을 증여하는 경우 및 자녀 또는 손 자녀가 출산한 경우 축하금으로 수백만원 또는 수천만원을 주는 경우가 종종 있다. 이런 경우 대부분 1억원 범위 내에서 증여공제 혜택을 받을 수 있다고 생각한다.

정확히 증여세 신고를 해두면 추후 자금출처 등에 유용하게 사용할 수 있고, 여러모로 좋을 것으로 생각한다.

(5) 5천만원 공제와 1억원 공제 순서

자녀에 대한 증여재산공제 5천만원과 결혼·출산증여재산공제 1억원은 선택하여 적용받을 수 있다.

예를 들면, 결혼·출산 증여공제를 먼저 적용받고, 후에 증여재산공제 5천만원을 받을 수 있다.

(6) 출산시 취득세 감면

출산에 대한 지방세 혜택으로 부모가 2025.12.31.까지 자녀를 출산하고 함께 상시 거주할 목적으로 12억원 이하 주택을
 ① 출산일로부터 5년 내 또는
 ② 출산일 전 1년 내 취득하여 1세대 1주택인 되는 경우 취득세를 다음과 같이 감면한다.
  ㉠ 주택취득가액이 5억원 미만인 경우 100% 감면한다.
  ㉡ 주택취득가액이 5억원 이상인 경우 5백만원을 감면한다.

72. 증여자와 수증자가 거주자 또는 비거주자로 국내·국외 재산 증여시 증여세 차이가 있나요?

핵심 증여재산공제 및 증여자의 증여세 납부 책임에 차이

국내에 거주하는 가족끼리 국내 재산을 증여하는 경우가 일반적인데, 증여 재산이 해외에 있거나 증여자 또는 수증자가 해외에 거주하는 경우 등이 있을 수 있다.

특히 해외에 이민 가서 주택을 구입하고 오래 살다가 국내 귀국해서 국내에 거주하면서 해외에서 거주했던 주택을 해외에 있는 자녀에게 증여하는 경우가 있을 수 있다.

경우에 따라 우리나라 국세청이 과세권을 행사할 수 없어 증여세가 없는 것으로 생각할 수 있는 경우도 있으므로 이하에서 전체적으로 정리해 본다.

상속증여세법에서 국내에 오랜 기간 거주하면 거주자, 해외에 오랜 기간 거주하면 비거주자로 분류한다.

거주자, 비거주자 판별은 국내에 주소 또는 183일 이상 거소를 두고 있는지 유무에 따라 판별한다.

국적과 무관하지만 개별적 상황에 따라 구분 기준이 다를 수 있다.

거주자 및 비거주자의 국내 재산 및 국외 재산의 증여에 대해 증여세를 과세하고 있다. 그러나 세법 적용에 조금씩 차이를 두고 있으며 그 내용은 아래와 같다.

(1) 증여자인 父와 수증자인 子가 모두 거주자이고 국내외 재산을 증여하는 경우

국내에 사는 父(거주자)가 국내에 사는 子(거주자)에게 국내 및 국외 재산을 증여하는 경우
① 子가 증여재산공제 5천만원을 공제받을 수 있고
② 子가 증여세를 신고·납부하여야 하며
③ 父가 증여세를 대신 납부해 주면 추가 증여로 인정되어 子가 추가 증여세를 내야 한다.

(2) 거주자인 父가 국내 재산을 비거주자인 직계비속에게 증여하는 경우

일반적으로 국내에 살고 있는(거주자) 자녀 또는 손자·손녀에게 증여하는 경우 10년 동안 증여하는 재산가액을 합쳐 성년은 5천만원, 미성년자(만 19세)는 2천만원을 공제해 주는데 이를 "직계비속에 대한 증여재산공제"라 한다.

그러나 해외에 장기간 거주(비거주자)한 자녀, 손자·손녀에게 국내재산을 증여하는 경우 이러한 증여재산공제 혜택을 주지 않는다.

그리고 증여세는 증여받은 사람(수증자)이 내야하고 증여한 사람(증여자)이 증여세를 대신 납부해 주면 이 역시 추가 증여가 되기 때문에 증여세에 대한 추가 증여세가 과세된다.

그러므로 해외에 장기간 거주한 자녀 또는 손자·손녀에게 국내 재산을 증여한 것에 대해 해외 거주하는 자녀 또는 손자·손녀가 증여세를 신고하고 납부해야 하지만, 해외에 있는 자녀 등에게 우리나라 과세권을 행사하기 어려워 증여시점부터 수증자와 함께 증여자에게 연대납세의무를 부여하도록 규정하고 있다.

증여자와 해외에 사는 수증자 모두에게 증여세를 내야할 책임을 부여하고 있기 때문에 아무나 먼저 증여세를 납부하면 되므로 증여자가 증여세를 납부해 주는 것을 인정하고 있다.

따라서 증여자인 父 또는 조부모가 해외에 있는 자녀 등에게 국내 재산을 증여하고 증여세를 신고할 때 증여세를 대신 납부해 줘도 추가 증여에 해당하지 않기 때문에 증여세에 대한 추가 증여세가 없다.

해외에 사는 자녀, 손자·손녀에게 증여할 때 5천만원(미성년자 2천만원)의 증여재산공제 혜택을 못 받는 불이익이 있지만, 부모나 조부모가 증여세를 대신 납부해줘도 불이익이 없는 이점을 이용해 절세하면서 증여 계획을 설계할 수 있다고 생각한다.

(3) 거주자인 父가 국외 재산을 비거주자인 子에게 증여하는 경우

국내에 사는 父가 국외에 사는 子(비거주자)에게 국외 재산을 증여하는 경우

① 국제조세법에 국내에서 증여세를 납부하는 경우 <u>증여재산공제 5천만원</u>을 공제받을 수 있고
② 국외에 있으면서 증여받은 아들(비거주자)에게 증여세 납세의무를 부여하지 않고
③ 증여자인 父(거주자)에게 증여세 신고·납부 의무를 부여하고 있다. 따라서 증여자인 父가 납부한 증여세는 추가증여로 보지 않는다.
　父에게 증여세 신고·납부의무를 부여하고 있으므로 3%의 증여세액공제를 적용받고 증여세 연부연납도 신청할 수 있다.

　<u>사례로 해외에 오랜 기간 살다가 귀국하여 살면서 해외에서 거주하던 주택을 해외에 살고 있는 자녀에게 증여하는 경우 증여재산공제 5천만원을 공제받을 수 있고, 거주자가 된 부모가 증여세를 신고하고 납부하여야 한다.</u>

　국내에 사는 조부가 해외에 사는 손자·손녀에게 해외 재산을 증여한 경우 30% 할증세율을 적용한 증여세에 대해 관련 의무를 이행하여야 한다.

(4) 비거주자인 父가 국내재산을 거주자인 子에게 증여한 경우

　국외에 사는 父(비거주자)가 국내에 사는 子에게 국내 재산을 증여하는 경우
① 子가 증여재산공제 5천만원을 공제받을 수 있고
② 子가 증여세를 신고·납부하여야 하며
③ 父가 증여세를 대신 납부해 주면 추가 증여로 인정되어 子가 추가 증여세를 내야 한다.

73. 이혼·사별한 부모에게 증여받는 재산도 합산해서 증여세 계산 하나요?

핵 심 혼인신고 된 친부모에게 증여받은 재산 합산과세

동일인에게 10년 동안 증여받은 재산은 합산하여 증여세를 과세한다.

동일인이란 한 사람을 뜻하는 것으로 한 사람한테 10년 동안 조금씩 또는 많이 증여받는 모든 재산은 합산하여 증여세를 과세한다는 것이다. 10년 동안 증여한 것을 합산하면 증여금액이 커질 것이고 그러면 적용되는 증여세율도 높아져 세 부담이 늘어날 것이다.

현행 증여세법에 父와 母로 부터 증여받는 경우 10년 동안 증여받은 재산을 합산하여 증여세를 과세하도록 규정하였다. 따라서 父, 母 각각 한사람이 증여한 것으로 증여세를 계산한 것보다 높은 세율을 적용받아 많은 증여세를 부담하게 된다.

이렇게 父母가 증여한 금액을 합산하는 기준은 "증여시점에 증여받는 사람(수증자)의 직계존속으로 법률상 부부관계에 있는 자"를 말한다.

직계존속에는 조부모와 외조부모도 포함되므로 증여받는 재산을 부모님과 동일하게 판단하여야 한다.

즉, 父 또는 母로부터 증여받을 때 부모가 법률상 부부일 때 증여받은 금액은 합산하여 증여세를 계산하지만, 이혼·사별 전 한쪽의 부모에게 증여받은 재산과 이혼·사별 후 다른 한쪽의 부모로부터 증여받는 재산은 합산하지 않는다.

예를 들면, 2021년 父로부터 1억원 증여받고, 2023년 母로부터 2억원 증여받았다면 총 3억원에 대한 증여세를 계산해야 한다.
그러나 父가 1억원 증여 후 2022년 사망(또는 이혼)하고, 2023년 母로부터 2억원을 증여받았다면 2억원에 대한 증여세만 계산하여 납부하면 된다.

수증자의 계부·계모는 직계존속이 아니므로 계부·계모로부터 증여받는 금액과 父 또는 母로부터 증여받는 금액은 합산하지 않는다.

주의할 것은 계부·계모로부터 증여받는 금액과 父·母로부터 증여받는 금액에 대해
① 증여재산공제를 할 때는 합친 금액에서 5천만원을 증여받는 재산에서 공제해 준다. 그러나
② 증여세 계산 할 때는 합친 금액이 아니고 각각 증여 받은 금액에 증여세율을 각각 적용하여 증여세를 계산한다.

예를 들어, 2020년에 父로부터 2천만원, 2021년에 계모로부터 5천만원, 2023년 父로부터 1억원을 증여받은 경우가 있다.
이 경우
① 증여재산공제는 2020년 父한테 증여받은 2천만원, 2021년 계모한

테 증여받은 금액 중에서 3천만원 공제받는다.
② 증여세액 계산은 2021년 계모로부터 증여받은 금액 5천만원에서 3천만원 공제받았으므로 남는 2천만원에 대해 10%의 증여세를 계산하고, 2022년 父한테 증여받은 1억원에 대해 10%의 증여세를 계산한다. 즉, 계모와 父로부터 증여받은 것은 합산하지 않는다.

의견

실무에서 혼인신고 된 친부와 친모로부터 10년 이내 증여받은 재산을 합산하여 증여세를 신고·납부해야 하는 것을 누락하는 경우가 종종 있으니 주의하기 바란다.

74. "장애인" 자녀에게 세금 없이 재산을 줄 수 있는 방법이 있나요?

핵 심 다양한 증여세 비과세 및 상속세 과세 배제

"장애인"에게 증여 또는 상속하는 재산에 대해 증여세와 상속세 절세 혜택을 주는 지원제도가 여러 가지 있다.

증여세 및 상속세 혜택을 받을 수 있는 장애인을 아래와 같이 규정하고 있다.

① 「장애인복지법」에 따른 장애인
② 발달재활서비스 지원을 받고 있는 장애아동
③ 법률에 의한 상이자 및 이와 유사한 사람으로 근로능력이 없는 사람
④ 중증질환, 희귀난치성 질환 또는 이와 유사한 질병·부상으로 인해 중단 없이 주기적인 치료를 요하는 자로서 <u>의료기관의 장이 취업·취학 등 일상적인 생활에 지장이 있다고 인정</u> 하는 자

혜택을 받을 수 있는 장애인에 해당하는 경우 아래 절세혜택이 있다.

(1) 생활비, 치료비는 증여세 비과세 한다.

부양의무가 있는 장애인 자녀에게 지출한 생활비와 장애인 자녀의 치료비로 지출하는 자금은 증여세를 비과세한다.

(2) 연간 장애인이 받는 4천만원 한도 내 보험금은 증여세 비과세한다.

보험의 경우 보험료를 납입한 사람과 보험금을 수령한 사람이 다른 경우 보험료 납입자가 보험금 수령인에게 보험금을 증여한 것에 해당하여 증여세를 내야 한다.

그러나 장애인을 지원하기 위해 부모가 보험료를 납입하고 장애인 자녀가 수익자로 보험금을 수령하는 경우 수령하는 보험금이 <u>연간 4천만원 한도로 증여세를 비과세</u>하고 있다.

장애인을 지원하기 위한 보험료는 부모 이외에 형제자매 또는 지인들이 납입해도 동일하게 비과세 혜택을 주고 있다.

비과세되는 보험은 <u>보험의 종류에 관계없이</u> 장애인이 보험금 수령인이 되는 모든 보험금에 대하여 적용하고, 만기에 장애인이 지급받는 보험금도 비과세 받을 수 있다.

부모가 연금보험에 가입하여 장애인 자녀에게 연금으로 받게 한 보험금의 경우에도 매년 수령하는 보험금액이 연간 4천만원 이내인 경우 증여세를 비과세하고 있다.

장애인에게 위 여러 방법으로 증여하고 일정기간 경과하여 장애가 완치

된 경우에도 증여세를 추징하지 않는다고 국세청에서 해석하고 있으므로 증여세 절세효과가 크다고 할 수 있다.

(3) 장애인을 위한 5억원 한도 내 신탁재산은 증여세 비과세한다.

장애인이 증여받은 자산을 신탁회사에 신탁하여 장애인 본인이 수익을 받거나, 타인(가족이 아니어도 상관없다)이 재산을 신탁회사에 신탁하면서 장애인을 수익자로 지정하여 장애인이 수익을 얻는 경우 총 신탁재산가액(금전, 부동산 또는 유가증권을 대상으로 한다)이 5억원 한도 내에서 증여받은 재산 및 신탁이익에 대해 증여세를 과세하지 않는다.

예를 들면, 장애인 자녀가 부모에게 5억원 이내 부동산을 증여받아 신탁회사에 맡기고 신탁회사는 신탁재산을 운영하여 얻은 수익을 장애인에게 지급하는 경우 부모로부터 증여받은 재산에 대해 증여세를 과세하지 않겠다는 것이다.

이러한 신탁재산은 장애인 사망할 때까지 신탁원본이 유지될 수 있도록 사후관리하고 있고 사후관리 위반 시 증여세를 추징하지만, 장애인 본인의 의료비 지출과 생활비 등 특별히 정한 용도에 사용하기 위한 경우에는 신탁이 해지되어 신탁원본이 감소해도 증여세를 추징하지 않는다.

(4) 증여세 비과세된 재산은 상속재산에 합산하지 않는다.

위와 같이 장애인이 년 4천만원까지 받는 보험금과 장애인을 위한 5억원 이내 신탁재산은 증여자인 부모님 사망으로 장애인 자녀가 상속인이 된 경우에도 당해 증여재산을 상속재산에 합산하여 상속세를 과세하지 않으므로 상속세도 절세할 수 있다.

(5) 상속인 중 장애인은 장애인공제를 받을 수 있다.

장애인 자녀가 있는 가운데 부모가 사망한 경우 "장애인공제"라는 제도를 두어 부모의 상속재산에서 장애인이 사망할 때까지 기대여명 년 수를 계산하여 1년에 1천만 원씩 상속재산에서 공제받을 수 있다.

기대여명 년 수 계산은 현재 나이를 기준으로 이후 몇 년 동안 생존할 수 있는가를 계산한 평균 생존연수를 말하는 것이다.

의 견

위와 같은 제도를 이용하여 부모 생전에 장애인 자녀를 위한 여러 가지 혜택을 잘 준비하고 활용하면 증여세와 상속세를 모두 절세하면서 부모 사후에도 장애인 자녀가 안정적 수입으로 생활할 수 있을 것이다.

75. 위자료(이혼, 사고 등)에 세금이 있나요?

핵심 위자료에 대한 증여세, 상속세, 소득세 과세배제

"위자료"란 불법행위 또는 기타의 불법을 원인으로 피해자가 입은 고통·충격·절망 등의 정신적 손해를 금전으로 배상해 주는 것을 말하고, 이러한 피해 보상의 성격으로 받는 금전은 소득이 아니므로 세금을 과세하지 않는다.

부부가 이혼하는 경우 정신적 또는 재산상 손해배상의 대가로 받는 위자료 역시 증여에 해당하지 않아 증여세를 과세하지 않는다. 그러나 위자료에 세금이 없다는 사실을 이용하여 탈세하는 경우 증여세가 과세된다.

참고로 이혼할 때 금전으로 지급할 위자료로 부동산을 받는 경우 4.6%의 취득세 등을 부담해야 하고, 부동산 소유자는 대물변제에 해당되어 양도소득세 문제가 발생하므로 사전 검토 후 결정하는 것이 절세에 유리 할 수 있다.

오랜 기간 동거하면서 부부처럼 살다가 사실혼 관계를 청산하기 위해 위자료 명목으로 지급하는 금전에 대해서도 증여세를 과세하지 않는 판례 등이 있다.

그리고 사고 등으로 피해자가 가해자로부터 직접 받는 위자료 성격의 보상금 또는 배상금은 증여가 아니므로 증여세를 과세하지 않는다.

항공기 사고 또는 교통사고 등으로 사망하여 유족이 가해자로부터 받는 위자료 성격의 보상금 또는 배상금은 상속재산에 해당하지 않아 상속세를 과세하지 않는다.

참고로 위자료는 돈을 벌려고 하는 경제행위로 얻은 금전이 아니고 피해에 대한 손해배상 성격의 금전이므로 소득세도 과세되지 않는다.

76. "이혼"과 관련 된 세금은 어떻게 되나요?

> **핵 심** 위자료, 증여, 재산분할, 이혼 후 동거, 1세대 1주택

과거 부부가 결혼하여 가정을 만들고 함께 모은 재산은 대부분 남편명의로 하는 경우가 많았다.

이러한 배경 때문에 부동산에 대해 부부사이는 명의신탁을 인정해 주고 있다.

따라서 이혼을 하게 되면 남편명의로 되어있는 명의신탁 재산을 찾아와야 하는데, 합의로 재산을 찾아오는 것이 좋지만 그렇지 못한 경우 민법상 재산분할청구 소송에 의해 재산을 찾아와야 할 것이다.

부부가 이혼하면서 재산을 분배하는 방법 등에 따라 아래와 같이 여러 가지 세금문제가 발생할 수 있다.

(1) 위자료에 세금 없다.

부부가 이혼하는 경우 상대방으로부터 정신적 또는 재산상 손해배상의 대가로 받는 위자료는 증여에 해당하지 않아 증여세를 과세하지 않는다.

그러나 위자료에 세금이 없다는 사실을 이용하여 탈세하는 경우 증여세가 과세된다.

참고로 이혼할 때 금전으로 받을 위자료를 부동산으로 받는 경우 4.6%의 취득세 등을 부담해야 하고, 위자료를 부동산으로 지급하는 자는 대물변제에 해당되어 양도소득세 문제가 발생한다.

(2) 이혼 전 배우자에게 부동산을 증여하면 6억원 공제 받는다.

이혼 전에 배우자에게 증여하면 배우자증여공제 6억원의 혜택을 받아 6억원을 초과하는 증여금액에 대해 증여세를 내야 한다.

증여받고 이혼 후 증여받은 부동산을 양도하는 경우 취득가액을 다음과 같이 정하고 있으므로 절세효과에 차이가 있다.
① 증여받은 날로부터 10년 이내에 양도하면 증여자인 남편의 과거 취득가액을 적용한다. 그 결과 증여세 및 양도소득세 절세효과가 사라진다.
② 그러나 증여받은 날로부터 10년 경과하여 양도하면 증여받을 때 평가액을 취득가액으로 적용한다. 따라서 증여세 및 양도소득세 절세효과를 얻을 수 있다.
따라서 증여세 및 양도소득세를 절세하려면 증여받고 10년 후 양도해야 할 것이다.

예를 들면, 남편이 2000.02.02. 1억원에 취득한 부동산을 2011.01.01. 5억원으로 평가받아 아내에게 증여하고 2011.01.31. 이혼한 경우가 있을 수 있다.

이 경우 아내가 증여받고 10년 뒤인 2020.01.01. 이후(잔금일) 양도하면 취득가액을 5억원으로 인정받는다. 그러나 증여받고 10년 이내로 2019.12.31. 이전(잔금일)에 양도하면 취득가액을 1억원으로 인정받아 양도소득세를 많이 부담하게 된다.

이혼하면서 주택을 증여받은 경우 이 주택이 1세대 1주택 판단시 남편의 취득시기가 아니고 "증여등기일"을 취득시기로 비과세 유무를 판단한다.

증여받고 이혼 후 증여자인 남편이 사망하는 경우가 있다.

만약 남편이 아내에게 재산을 증여하고 이혼한 뒤에 남편이 먼저 사망한다면, 아내는 남편 사망시점에 이혼 상태로 타인이다.

따라서 증여 후 사망하여 5년 이내 증여한 재산으로 상속재산에 합산하는 경우 부부 상태에서 증여하여 배우자증여공제 받은 6억원은 증여당시 적법한 것이다.

따라서 6억원에 대한 증여세 산출세액을 상속세에서 공제해 주는 방법으로 배우자증여공제 6억원의 혜택을 유지시켜 주도록 대법원에서 결정하였다.

그러나 남편에게 증여하고 이혼 후 증여일로부터 5년 경과하여 사망하면 증여재산은 상속재산에 합산하지 않기 때문에 증여금액에 대해 추가 상속세가 없다.

(3) 이혼시 재산분할청구권 행사로 부동산을 취득하는 경우 세금 없다.

법률상 부부가 이혼하면서 재산분할에 대해 서로 합의하거나 법원 판결에 의해 남편명의로 명의신탁되어 있던 아내 몫의 부동산을 가져오는 경우 1.5%의 취득세율을 적용하고, 증여세는 과세하지 않는다.

그러나 추후 부동산 양도시 남편의 과거 취득가액을 아내의 취득가액으로 적용해야하기 때문에 양도차익이 크게 발생하여 양도소득세가 많아진다.

예를 들면, 남편이 20년 전 1억원에 취득한 부동산으로 시세가 10억원 하는 부동산을 아내가 재산분할청구권 행사로 취득하면 증여세가 없지만, 아내가 부동산을 10억원에 양도하는 경우 양도시기에 관계없이 취득가액이 1억원을 적용 받기 때문에 양도소득세가 많아 질 수 있다.

배우자와 이혼하는 시점에 함께 모은 부동산을 이혼 전 증여하여 증여재산공제를 받은 경우 증여한 배우자의 사망 또는 주택 유무에 따라 양도소득세 차이가 크게 날 수 있지만, 재산분할청구권 행사로 부동산을 취득하는 경우 취득가액이 고정되어 있기 때문에 양도소득세가 많아질 수 있는 차이가 있다.

이혼으로 재산분할시 증여세, 상속세 및 양도소득세에 차이가 있으므로 이혼시 세금문제도 검토해 볼 필요가 있다고 생각한다.

참고로 법률상 이혼하면서 증여세 없이 부동산을 분할한 후 별거하지 않고 동거하는 경우 분할한 부동산에 대한 증여세는 징수할 수 없다. 그 이유는 세법에 증여세를 과세할 수 있는 근거 규정이 없고, 새로운 결합으로 보기 때문으로 생각한다.

(4) 분할 받은 재산이 주택인 경우 1세대 1주택 비과세 받을 수 있다.

재산분할로 주택을 이전받아 양도하는 경우 당초 배우자가 취득한 때의 취득가액과 취득시기로 양도소득세를 계산한다.

따라서 1세대 1주택의 비과세 및 고가주택의 혜택을 모두 적용받을 수 있다.

예를 들면, 남편명의로 A주택을 취득하여 10년 거주하고, B주택을 남편명의로 추가 취득하여 5년 거주한 후 이혼하면서 A주택은 아내에게 재산분할하는 경우가 있다.

이 경우 이혼 즉시 아내가 A주택을 15억원에 양도한 경우 고가주택으로 12억원 초과된 3억원에 대한 양도소득세를 부담하면서 10년의 보유기간 및 거주기간이므로 80%의 장기보유특별공제를 받을 수 있다.

그리고 남편이 이혼 즉시 B주택을 11억원에 양도한 경우 1세대 1주택으로 비과세 혜택을 받을 수 있다.

위와 같은 규정 때문에 다주택자가 위장 이혼하여 혜택을 보는 사례가 있었다.

현재는 세법개정을 통해 이혼이 사실이면 위와 같은 혜택이 유지되고, <u>위장이혼이 확인되면 남편과 아내를 동일세대로 보고 주택 수를 계산하여 양도소득세를 과세한다.</u>

이혼하면서 아내는 A주택, 남편은 B주택을 소유하던 중 재결합하여 법률상 부부가 되어 2주택이 된 경우, 새로운 결혼으로 인정하여 혼인으로 인한 1세대 2주택의 비과세 혜택을 적용받아 혼인 후 10년 이내 먼저 양도하는 주택은 1세대 1주택 비과세 또는 고가주택의 혜택이 적용된다.

재결합은 새로운 결혼으로 인정하여 이혼시 분할된 재산에 대해 증여세는 과세하지 못한다.

> **사 례** 이혼하면 상속세가 줄어드나요?

이혼하면 상속세를 줄일 수 있다고 생각하는 사람들이 있는 것 같다.
절세라고 하면 상황에 따라 달라질 수 있는 증여세, 상속세 그리고 추후 양도소득세 등 모든 것을 고려하여 판단해야하기 때문에 절세할 수 있는 경우도 있고 그렇지 못한 경우도 있다.

이혼을 하면 재산분배문제가 있을 것이고, 재산을 분배할 때 단순증여방법과 재산분할청구소송으로 하는 방법이 있고, 분배대상 재산이 부동산인 경우 주택, 농지 등 어떤 종류인가에 따라 절세유무가 달라질 수 있다.

그리고 이혼 전 배우자에게 증여한 재산이 있을 수 있는데, 이 증여재산을 언제 증여했느냐에 따라 세금문제가 달라질 수 있고, 이혼 후 증여한 배우자의 사망 유무에 따라 세금이 달라질 수 있다.
따라서 이혼으로 절세할 수 있다는 말은 쉽게 할 수 없는 것이다.

우연히 이혼을 원하는 시점에 전후사정을 보고 조금만 일을 추가하면 절세할 수 있는 경우도 있을 수 있는데, 아래에서 절세한 사례를 보기로 한다.

> **사 례**

늦은 나이에 재력이 있는 좋은 남편을 만나 결혼한 연주는 결혼 후 남편으로부터 아파트와 오피스텔 등 20억원 어치 재산을 미리 증여 받았다.
두 사람의 결혼생활에 불행이 찾아온 것은 결혼 후 8년이 지나 남편이 희귀병 걸리면서였다. 남편의 희귀병은 완치의 희망이 없고 얼마나 더 살 수 있을지도 알 수 없는 상태라고 의사가 판단하고 있었다.
그 무렵 연주는 지금 이혼하면 상속세를 덜 내게 된다는 이야기를 친구에게 듣게 된다. 연주는 남편과 상의 끝에 이혼하기로 결정하고, 재산분할로 남편 명의의 재산 40억원 중 10억원을 받는다. 그렇게 이혼한 지 반년 후, 연주의 남편은 사망했다.

이때 연주는 친구의 말대로 상속세를 덜 낼 수 있을까?
연주는 상속세를 덜 낼 수 있다. 도대체 친구는 어떤 얘기를 해주었을까?
연주가 아픈 남편의 곁을 지키며 계속 부인으로 남아 있으면 남편이 사망하기 전 10년 이내에 연주에게 증여한 재산이 상속재산에 들어간다.
따라서 8년 전에 증여받은 20억원에 대해서도 상속세를 내야 하는 것이다. 하지만 이혼을 하면 상속인에서 제외되므로, 5년이 지난 8년 전 증여받은 20억원에 대해서는 상속세를 내지 않아도 된다.

그리고 이혼 시 재산분할로 받는 금액은 조세회피 목적이 있다고 인정되지 않는 이상 사전증여재산에 포함되지 않는다. 그렇기 때문에 재산분할로 받은 10억원에 대해서도 상속세를 내지 않아도 된다.

참고로 조세회피의 목적이 있는 재산분할, 즉 상속세를 줄이기 위한 이혼이라고 의심되면 과세관청은 당사자들의 이혼 사유와 이혼 후 절차, 즉 이혼 후에도 동거를 했는지, 이혼 후 생활비 마련 등 경제활동은 어떻게 했는지 등 사실상 이혼상태로 지냈는지 등을 살펴본다.

연주는 이혼을 했기 때문에 상속세를 전혀 부담하지 않고 8년 전에 증여받은 20억원과 재산분할로 받은 10억원을 온전히 지킬 수 있었다.
한편, 남편의 자녀들은 30억원을 상속받게 된다. 연주가 이혼을 하지 않았다면 배우자공제를 적용받을 수 있지만 이혼을 했기 때문에 배우자공제를 받을 수 없어 자녀들의 상속세 부담이 늘어난다.

그렇다 하더라도 연주가 8년 전에 증여받은 20억원과 이혼 시 재산분할로 받은 10억원이 상속재산에서 빠지게 되므로 전체적인 상속세는 줄어들 것이다.

77. 자녀의 창업 자금을 어떻게 증여해야 절세할 수 있나요?

핵심 창업자금의 증여세 혜택 받기 위한 조건

본래 자녀의 사업자금을 도와주는 방법은 부모가 사업자금을 증여하여 증여세를 납부하고 남은 자금으로 사업을 해야 하는 것이 원칙이다.

그러나 우리나라에서 심화되고 있는 출산율 저하, 고령화 진전에 대응하여 젊은 세대로 부의 조기이전을 촉진함으로서 경제 활력의 증진을 도모하여 일자리 창출, 고용창출 등을 장려하기 위한 목적으로 부모가 자녀의 창업(사업)자금을 미리 증여하는 것을 장려하기 위해 "창업자금에 대한 증여세 과세특례" 제도를 두고 있다.

기본적인 내용은 아래와 같다.
① 만 18세 이상의 자녀가 법에서 정한 업종의 중소기업을 새로 창업할 목적으로
② 만 60세 이상의 부모(부모 사망시 조부모, 외조부모)로부터
③ 실무적으로 현금증여가 대부분이고 50억원 한도(창업하면서 10명

이상 신규 고용시 100억원) 내에서 현금을 증여받아(증여세법에는 현금, 소액주주 상장주식, 국공채, 회사채 등을 증여받는 경우도 인정한다)
④ 증여세 신고기한까지 「창업자금에 대한 특례신청」을 하는 경우에 한하여
⑤ 증여받는 금액에서 5억원을 공제한 금액의 10%만 증여세로 납부하도록 하는 혜택을 주고 있다.

예를 들면, 일반적으로 30억원을 증여하면 최고 40%의 세율을 적용받아 104,000만원의 증여세를 납부한다. 그러나 창업자금에 대한 증여세 과세특례 신청을 한 경우 25,000만원(30억원-5억원) × 10%)의 증여세를 납부하는 것으로, 일단 증여시점에 증여세 79,000만원을 적게 납부하는 혜택이다.

창업자금에 대한 증여세 혜택을 받기위한 중요한 사항을 열거하면 아래와 같다.

(1) 업종 제한이 있다.

증여세 혜택을 주는 창업 업종을 법에서 별도로 정하고 있다. 따라서 창업하고 싶은 업종이 법에서 정한 업종인지 사전에 확인하고 창업하여야 한다.
예를 들면, 커피전문점은 창업 혜택을 받을 수 없는 업종으로 해석하고 있다.

(2) "창업"의 개념이 엄격하다.

개인 사업을 창업하는 경우 및 법인사업을 창업하는 경우 모두 가능하다. "창업"에 대한 개념을 국세청에서 매우 엄격히 판단하고 있으므로 실무에서 시행할 땐 하고 싶은 사업 내용에 대해 국세청 해석상 "창업"에 해당하는지 구체적으로 확인하고 창업하여야 할 것이다.

예를 들면, 프랜차이즈로 운영되어온 기존 가맹점 매장을 임차하여 프랜차이즈 가맹점 사업자로 계약하고 동일업종을 영위하는 경우 "창업"으로 보지 않아 혜택을 받을 수 없다. 사행성 업종도 창업으로 보지 않는다.

종전의 사업에 사용하던 자산을 인수·매입하여 동종 사업을 영위하는 경우 창업으로 인정하지 않았지만, 2023년부터 종전의 사업에 사용하던 자산을 인수·매입하여 동종 사업을 영위하는 경우로서 인수·매입한 사업용 자산가액이 총 자산가액의 30%이하인 경우에 창업으로 인정해 주도록 완화하였다.

즉, 사업용 자산으로 중고자산을 구입하여 창업하는 경우 종전에는 창업으로 인정 못 받았지만, 2023년부터 30%범위 내에서 중고자산 구입은 창업으로 인정해 주도록 완화되었다.

여기서 "창업"은 창업자금을 증여받고 2년 이내 창업해야 한다.
따라서 창업자금을 먼저 증여받은 이후 2년 이내에 소득세, 법인세, 부가가치세법에 의해 세무서에 창업을 위한 사업자 등록을 하여야 한다.
반대로 사업자등록 먼저 하고 창업자금을 증여받는 경우 창업자금 증여받기 전 창업에 해당하여 증여세 혜택을 받을 수 없으므로 주의하여야 한다.

(3) 창업자금의 사용범위 및 사용기간이 있다.

창업을 위해 증여받은 자금은 사업용 고정자산의 취득에 사용하거나, 사업장 임차를 위한 임대보증금 및 임대료로 사용하여야 하고 인건비 등 운영비로 사용하면 안 된다.
사업장으로 부동산을 취득할 필요가 있는 경우 부동산 취득자금으로 사용할 수 있다.
그리고 창업자금으로 증여받은 자금은 증여받고 4년 이내 창업자금의 사용 범위에 맞게 사용해야 한다.

(4) 증여세 신고기한 내 창업 과세특례 신청하여야 한다.

증여세 신고기한까지 창업자금에 대한 과세특례 혜택을 받겠다고 신청해야 혜택을 받을 수 있고 신청 안하면 혜택을 받지 못한다. 과세특례 혜택을 받겠다고 신청하는 것이므로 일반증여세 신고서 양식과 다르므로 신고기한 내 올바른 양식으로 신청하여야 한다.

(5) 창업 후 10년 동안 창업 유지하여야 한다.

이러한 혜택을 받는 만큼 세무서에 창업자금에 대한 사용명세서를 제출해야 하고 창업 후 10년 이내 폐업·휴업(실질적 휴업 포함)하거나 창업자금을 다른 용도로 사용하는 경우 증여세와 이자상당액(년 8.3%)을 추징한다.

(6) 증여재산 합산배제 및 상속재산에 합산한다.

창업자금과 다른 일반 증여 재산은 합산하여 증여세를 계산하지 않는다. 즉, 창업자금은 10%의 증여세율, 일반증여는 10% ~ 50%의 높은 세율로 각각 증여세를 계산한다.

창업자금으로 증여받은 금액은 <u>부모님 사망 시기에 관계없이 상속재산과 합산</u>하여 상속세를 추가 납부하여야 한다.

앞의 사례에 기초하여 창업자금으로 증여받은 30억원 중 28억원은 토지와 건물을 취득하고 2억원으로 인테리어를 하여 음식점을 운영한 경우 첫째, 부동산 가격이 상승하는 경우 상승이익은 자녀의 것이 되어 추가 증여세 또는 상속세가 없이 자녀의 재산이 증가하고, 둘째, 창업에 성공하게 되면 자녀에게 안정적인 직업과 소득이 생길 수 있는 효과가 있다.

(7) 신중하게 선택하여야 한다.

이 제도는 증여받은 창업자금이 증여시기와 관계없이 결국 상속재산에 합산하여 상속세가 과세되므로 전체적으로 절세효과는 미흡하다고 할 수 있다.

그러나 창업 중소기업에 대한 소득세 및 법인세를 소득 발생년도부터 5년 동안 25% ~ 100%까지 감면해 주는 등 "창업"에 대해 증여세 이외에 다른 세금 혜택들이 있다.

현실적으로 납세자들은 추후 상속재산에 합산하는 등으로 절세효과가 미흡하다고 생각하고, 창업 후 10년 이상 창업한 사업을 유지해야 하는 어려움, 창업한 사업의 성공여부 등 불확실성이 많이 있으므로 사전에 충분히 검토하고 진행유무를 판단하여야 할 것이다.

78. 사업(가업)을 자녀에게 어떻게 증여해야 절세할 수 있나요?

> **핵 심** 가업승계시 증여세 혜택 받기위한 조건

중소·중견기업 경영자의 고령화에 따라 생전에 자녀에게 가업을 계획적으로 사전 상속할 수 있도록 지원함으로서 기업의 축적된 경영·기술노하우를 보전하면서 가업의 영속성을 유지하고 경제 활력 도모를 지원하기 위하여 "가업승계에 대한 증여세 과세특례"라는 제도를 두고 있다.

이 제도는 개인사업을 제외한 법인으로 중소기업과 중견기업에 혜택을 주고 있다.

중소기업이 우리 현실과 더 밀접하므로 중소기업의 가업승계를 중심으로 그 기본적인 내용은 아래와 같다.

① 증여자인 사장(부모)이 증여일 현재 만 60세 이상이여야 한다. 따라서 60세 미만의 부모는 가업을 사전에 증여하면서 증여세 혜택을 받을 수 없다.
② 2025.1.16.부터는 증여자인 사장이 가업영위기간의 50% 이상 또는 증여일부터 소급하여 10년 중 5년 이상 법인 등기부동본에 대표이사

로 등재되어 재직하여야 한다.
③ 증여자인 부모와 가족 등이 10년 전부터 계속하여 법에서 정한 업종을 주업으로 하는 법인 지분을 40%이상(상장법인은 20%) 소유한 최대주주로 계속 경영하고 있어야 한다. 즉, <u>업종, 지분 및 경영 모두 계속 10년 이상 유지</u>하여야 한다.
④ 부모(증여자)와 자녀(수증자)가 주식 증여일로부터 소급하여 10년 이내 사기 기타부정행위로 조세포탈 및 회계부정으로 벌금형 또는 징역형의 처벌을 받은 사실이 없어야 한다. 즉, 형사처벌 받은 사실이 없으면 된다.
⑤ 증여일 현재 만 18세 이상의 자녀(2인 이상의 자녀에게 증여해도 적용가능 하다)에게 가업을 승계할 목적으로 주식을 증여하여야 한다.
⑥ 주식을 증여받은 자녀는 <u>증여세 신고기한 내</u>에 법인에 근무하면서 세무서에 "가업승계에 대한 증여세 특례"를 신청하여야 한다.
⑦ 위 6가지 조건을 모두 충족한 경우 증여받은 주식가액 중 "<u>법인의 사업용 재산에 해당하는 주식 평가액</u>"에 대해 가업 영위기간에 따라 10이상~20년 미만인 경우 300억원, 20년 이상~30년 미만인 경우 400억원, 30년 이상인 경우 600억원을 한도로 <u>10억원을 초과하는 금액으로 120억원까지 10%, 120억원 초과하는 금액 20%</u>의 증여세율로 과세한다.

산식으로 표현하면 아래와 같다.

* 사업용 재산 주식평가액이 130억원 미만인 경우
 = (사업용 재산 주식평가액 − 10억원) × 10%
* 사업용 재산 주식평가액이 130억원 이상인 경우
 = 12억원 + (사업용재산 주식평가액 − 130억원) × 20%

⑧ 2024년부터 가업 승계로 납부할 증여세에 대해 <u>15년 동안 연부연납</u>할 수 있도록 추가 혜택을 주고 있다

일반적인 증여세율은 10% ~ 50%인 것에 비해 적은 세율로 혜택을 주고 있고, 일반적인 증여세 연부연납기간 5년보다 그 기간을 연장해 주고 있다.

간단한 사례로, 사장이 15년 동안 운영한 법인의 주식을 70%(7만주) 보유하고, 법인이 보유한 재산은 100% 사업용 재산으로 주식 1주당 6만원으로 평가되었다. 가업승계를 하고자 자녀에게 7만주를 모두 증여하고 세무서에 가업승계에 대한 증여세 특례신청을 했다.
　자녀는 42억원(6만원×7만주)의 주식을 증여받으면서 일반적으로 약 161,500만원((42억원-5천만원) × 50% - 46,000만원(누진공제액)) 정도 증여세를 내야한다.
　그러나 가업승계로 증여세 혜택을 받게 되는 경우 약 32,000만원((42억원-10억원) × 10%)의 증여세를 납부하면 된다.
　그 결과 증여세를 129,500만원 적게 납부할 수 있다.

가업승계에 대한 증여세 혜택을 받기위해 중요한 사항을 좀 더 설명하면 아래와 같다.

(1) 업종에 제한 있다.

법에서 별도로 정하고 있는 업종에 한하여 혜택을 주고 있다. 따라서 법에서 정한 업종인지 사전에 확인하고 진행유무를 결정하여야 한다.

(2) 법인기업만 혜택 있다.

이 혜택은 법인기업만 적용되고 개인 사업은 적용되지 않는다.

개인기업을 운영하고 있다면 동일업종을 유지하면서 포괄양수도 방식으로 법인으로 전환하여 동일업종을 유지하는 경우 적용받을 수 있다.

적법한 절차로 법인 전환시 개인사업 운영기간을 가업영위기간에 합산하여 10년 이상 유무를 판단하도록 되어 있다.

(3) 법인의 사업 관련 재산에 해당하는 주식평가액만 적용한다.

일반적으로 법인의 주식가치는 사업 관련재산과 사업 무관재산이 합쳐진 평가액이다.

가업승계 할 때는 주식평가액 중 사업관련 부분에 대한 주식가액만 600억원 한도로 10% 또는 20%의 증여세 혜택을 받는 것이다.

따라서 법인 재산 중 사업관련 재산 유무를 판단하는 것이 중요하다.

사업무관 자산으로 분류하고 있는 것은 법인의 비사업용 토지, 타인에게 임대하는 부동산, 대여금, 5개년 평균현금 보유액의 200% 초과 보유하는 현금, 영업활동 관련 없는 주식 등이 있다.

2025.01.16.부터 소액주주인 임직원가 최대주주의 친족이 아닌 임직원의 사택(국민주택규모 85㎡ 이하 또는 기준시가 6억원 이하의 주택으로 사망일 현재까지 5년 이상 계속하여 무상으로 제공하는 주택을 말한다)은 사업관련 자산을 본다.

2025.01.16.부터 대여금으로 임직원(자녀의 학자금을 포함)의 학자금과

기준시가 6억원 이하의 주택 전세자금은 사업관련 자산으로 본다.

주식평가액 중 사업무관 부분에 대한 주식가액은 10%~50%의 증여세율을 적용한다.

사업승계에 대한 증여세 혜택을 많이 받으려면, 사전에 법인 재산을 검토하여 법에 규정된 사업관련 재산 비중을 높여야 할 것이다.

(4) 주식은 자녀가 증여받고 운영은 사위 또는 며느리가 운영해도 적용된다.

가업을 승계받기 위해 주식을 증여받은 자녀는 3년 이내 실질적 대표이사로 취임하고 법인 등기부등본에 대표이사로 등재하여 법인을 운영하여야 한다.

자녀가 다른 기업의 대표이사를 겸직해도 적용가능하다. 2명이상의 자녀에게 가업을 승계시키는 경우에도 증여세 혜택을 받을 수 있다.

그러나 부득이 자녀가 가업을 물려받아 운영이 어려운 경우 법인주식은 자녀에게 증여하고 운영은 사위 또는 며느리가 하는 경우에도 증여세 혜택을 받을 수 있다.

이런 경우 증여세 신고기한 내 사위·며느리가 가업에 종사하고 3년 이내 대표이사에 취임하고 법인등기부등본에 대표이사로 등재하여야 한다.

(5) 5년 동안 가업을 유지하여야 한다.

위 요건을 충족하지 않은 경우 증여세와 이자상당액을 추징 한다.

그리고 5년 동안 대표이사직을 유지하지 않는 경우, 5년 내 주된 업종을 변경(대분류 내 변경은 허용하고 있다)하거나 주식 지분의 감소 또는 1년 이상 폐업·휴업(실질적 휴업 포함)하는 경우, 5년 이내 사기 기타 부정행위로 조세포탈 및 회계부정으로 처벌을 받는 경우 증여세와 이자상당액(년 8.3%)을 추징한다.

5년의 사후관리기간 동안 고용을 유지해야 하거나 또는 임금을 일정 수준이상 유지해야 하는 조건이 없다. 따라서 사후관리가 편리한 측면이 있다고 할 수 있다.

(6) 증여재산 합산배제 및 상속재산에 합산한다.

가업승계에 대한 증여세 혜택을 받은 주식가액은 다른 일반 증여 재산과 합산하여 증여세를 계산하지 않는다.

추후 주식을 증여한 부모님 사망시 사망 시기에 관계없이 가업승계로 증여받은 주식가액을 상속재산에 합산시켜 상속세를 정산하여 납부하거나, "가업상속공제"라는 특례제도를 추가로 이용하여 상속세 혜택을 받을 수 있다.

(7) 절세효과 극대화를 위해 선택해야 한다.

가업을 생전에 상속하는 "가업상속에 대한 증여세 과세특례"제도와 가업을 사망 후 상속하는 "가업상속공제(질문45에 설명되어 있다)"를 잘 활용하면 절세효과를 극대화 할 수 있다고 생각한다.

주식가치가 상승할 경우 사망 전 상속의 "가업상속에 대한 증여세 과세특례"제도가 절세에 유리할 것이고, 주식가치가 하락할 것으로 예측되는 경우 사망 후 상속하는 "가업상속공제"제도가 절세에 유리할 것으로 생각한다.

따라서 절세효과 극대화를 위해 어느 제도를 선택할 것이지 잘 판단하여야 할 것이다.

(8) 정상적인 증여세를 양도·상속·증여 할 때까지 납부를 유예 받을 수도 있다.

위에서 설명한 "가업승계에 대한 증여세 특례"를 적용받지 않고, 2023년도에 신설된 규정으로 법인가업을 승계받기 위해 주식을 증여받는 경우 납부해야 할 증여세는 주식을 양도 또는 상속·증여 할 때까지 납부를 유예시켜주는 "가업승계시 증여세 납부유예" 제도가 신설 되었다.

"가업승계시 증여세 납부유예"제도의 주된 내용은 중소기업만 적용하고 사후관리기간은 5년으로 가업과 지분요건만 유지하면 되고, 업종을 유지해야 하는 요건이 없다. 즉, 업종을 변경해도 된다.

그리고 고용유지 인원 및 총급여액도 직전 2년 평균 고용인원 및 총급여액의 70% 이상을 유지하는 것을 요건으로 하고 있다. 즉 30% 이내에서 고용인원 및 총 평균급여 축소를 인정하고 있다.

그리고 증여세 납부유예 신청하는 세액의 120% 해당 재산을 납세담보로 제공하도록 규정되어 있는데, 현실적으로 고액의 납세담보제공이 어려운 경우가 많아 이용이 쉽지 않다.

79. 자경하던 농지를 증여세 없이 자녀·손 자녀에게 증여할 수 있나요?

핵 심 3년 이상 재촌·자경한 농지 증여받고 5년 이상 경작

 전통적으로 농경사회에서 살아온 우리 환경에 따라 농지 소유자가 재촌·자경한 농지를 재촌·자경할 자녀 등에게 생전에 증여하여 자녀의 재촌·자경이 잘 이루어지는 경우 증여세 절세혜택을 주고 있었다. 이러한 혜택은 "영농자녀 등이 증여받는 농지 등에 대한 증여세 감면" 규정을 만들어 2025년 12월 31일까지 증여하는 농지에 대해 적용한다.

 여러 번의 세법개정을 통해 재촌·자경하는 농지(농지, 초지, 산림지, 축사 및 축사용지, 어선, 어업권, 어업용 토지, 염전에 대해서도 관련 요건 충족시 절세 혜택을 주고 있다. 실무에선 농지에 대한 감면을 주로 많이 적용하므로 농지를 기준으로 설명한다)에 대한 증여세 혜택은 후계농업인의 원활한 농업승계를 지원할 목적으로 혜택을 주고 있으며, 기본내용을 요약하면 아래와 같다.

 ① 재촌·자경하는 농민이 소유한 농지 중 <u>3년 이상 재촌·자경한 농지</u>(택

지개발사업지구 및 주거·상업·공업·기타 개발지역 내 농지는 제외하고 있다)를 증여하여야 한다.
② 18세 이상의 직계비속(자녀, 손자·손녀가 된다)이 증여받은 날부터 3개월이 되는 달의 말일까지 당해 농지 등 소재지 또는 인근에 거주하면서 직접 영농에 종사하여야 한다.
③ 증여하는 농지가 면적기준으로 4만㎡ 이내, 증여세액 기준으로 1억원을 한도로 세액을 감면해 준다. 손자·손녀가 증여받는 경우 30% 할증된 130%의 증여세로 1억원 한도를 판단한다.
④ 증여세 감면받는 세액에 대해서는 농어촌특별세도 부담하지 않는다.
⑤ 영농자녀는 증여받고 사망, 수용 등 특별한 사정이 없는 한 5년 동안 계속해서 재촌·자경하여야 한다.
⑥ 5년 동안 재촌·자경하지 않은 경우 혜택 받은 증여세와 증여세를 늦게 내는 이자 상당액을 세무서에 납부해야 한다.

실무에서 적용하여 혜택 받을 때 주의할 내용은 아래와 같다.

① 영농에 종사하지 않는 자녀가 농지를 증여받고 재촌·자경하는 경우에도 혜택을 받을 수 있고, 농지를 일부 지분으로 증여받아 재촌·자경하는 경우에도 증여세 혜택을 받을 수 있다.
② 증여세 감면 혜택을 받는 농지는 5년 단위로 5년간 증여한 농지에 대한 증여세 감면세액 1억원을 한도로 혜택을 주고 있다. 5년 뒤에 증여받으면 다시 1억원 한도 내에서 추가 감면받을 수 있다.
실무적으로 증여받는 농지평가액이 약 58,000만원 정도 되면 증여세가 1억원에 미달하는 약 9,900만원으로 증여세 감면 혜택을 받을 수 있다.

③ 자경농민과 영농자녀 모두 사업소득금액과 총급여액 합계액이 3,700만원 이상 되는 연도가 있는 경우 그 연도는 자경하지 않은 것으로 본다.

따라서 자경농민(부모)은 증여 전 3년 동안 신고한 소득이 얼마나 되는지 사전에 검토하여 진행하여야 하고, 영농자녀는 증여받은 년도부터 5년 동안 소득이 3,700만 원 이상 되지 않도록 주의 하여야 한다.

④ 소득기준 3,700만원 이상 유무를 판단할 때 사업소득금액과 총 급여액의 합계로 판단하며, 농업소득, 이자소득, 배당소득, 연금소득, 기타소득, 부동산임대소득, 농가부업소득은 제외되므로 주의 하여야 한다.

⑤ 추가 혜택으로 자경농민(부모)이 영농자녀에게 다른 재산을 증여해도 증여받은 농지와 다른 증여재산을 합산하여 증여세를 과세하지 않고, 자경농민이 10년 이내 사망해도 증여받은 농지를 상속재산에 합산하지 않으므로 추가 상속세를 과세하지 않는다.

⑥ 부담부증여로 증여세 및 양도소득세 감면받을 수 있다.

농지를 일부 지분으로 증여받아 재촌·자경하는 경우에도 증여세 혜택을 받을 수 있으므로 8년 이상 재촌·자경한 농지를 "부담부증여(농지를 담보로 한 채무와 함께 증여)"로 영농자녀에게 증여하는 경우 양도소득세 감면(1억원 한도)과 증여세 감면(1억원 한도) 혜택을 모두 적용받을 수 있다

⑦ 농지 가액이 6억원 이상 되는 경우 분할증여가 유리하다.

실무적으로 8년 이상 재촌·자경 하지 않은 농지로 시가 또는 정부 고시가격이 6억원 이상 되는 농지를 증여하는 경우 전부 한 번에 증여하는 것보다 증여세액이 1억원 미만 되는 면적과 1억원 초과되는 면적을 나누어 각각 2회에 증여하는 것이 절세에 유리하고 추후 양도소득세, 상속세 등 사후관리도 용이하다.

⑧ 증여받은 농지 양도시 취득가액 이월과세 된다.

증여받은 농지를 양도할 때 취득가액은 증여받은 시점의 평가액이 아니라 증여자(부모)의 과거 취득가액을 적용하기 때문에 양도차익이 커진다. 그 결과 증여세는 안 냈지만 안 낸 만큼 양도소득세가 많아질 수 있는 문제가 있다.

따라서 농지를 증여받은 자녀는 증여받고 8년 이상 재촌·자경하여 양도소득세 감면혜택까지 받아야 절세 효과를 얻을 수 있을 것이다.

80. 부모가 자녀명의로 주택을 신축해 주는 경우 증여세는 어떻게 계산하나요?

> **핵심** 현금 증여인지 또는 부동산 증여인지 판단문제

부모가 자녀명의로 주택을 취득해 주는 방법으로
① 준공되어 사용되고 있는 주택(아파트 포함)을 자녀명의로 계약하고 계약금과 중도금, 잔금을 부모자금으로 지급하여 자녀명의로 등기하는 경우
② 부모가 주택 신축 허가를 자녀명의로 받고 부모의 자금과 노력으로 신축하여 자녀명의로 등기하는 경우
③ 부모가 자녀명의로 아파트 분양권 또는 조합원 입주권을 취득하여 부모자금으로 분양대금을 모두 납부하고 자녀명의로 등기하는 경우 등이 있다.
이런 경우 증여를 어떻게 판단해야 할 것인가 하는 문제가 생긴다.

위 ①의 경우 주택매매금액을 증여금액으로 보고 증여세 과세한다.
아래에서 위 ③의 부모가 자녀명의로 분양권을 취득하여 아파트를 만들어 주는 것을 사례로 증여문제를 살펴보지만, 위 ②의 경우도 동일하다.

부모가 자녀명의로 분양받아 분양권에 대한 계약금, 중도금, 잔금을 납입 할 때마다 부모 자금으로 납입한 경우 일반적으로 각각 금액을 납입할 때마다 현금을 증여받은 것으로 보고 증여세 신고를 하는 경우가 있다.

그러나 부모가 아들에게 아파트를 구입해 줄 목적으로 아들명의로 분양권을 취득하여 부모자금으로 대금을 모두 완납하고 아들명의로 사용승인 받은 경우, 사용승인서 교부일에 부모가 아파트를 아들에게 증여한 것으로 본다. 즉 현금 증여가 아니고 부동산 증여가 되는 것이다.

따라서 사용승인 시점이 증여시기이므로 이때 아파트 "시가"로 증여세를 과세해야 한다.
아파트 값이 상승하였다면 프리미엄까지 포함된 상승가액을 증여가액으로 증여세가 과세된다.

증여세 신고는 아파트 사용승인서 교부일을 증여시기로 보기 때문에 이 날을 기준으로 3개월 되는 달의 말일까지 아파트의 "시가"로 증여세를 신고·납부해야 한다.

이러한 증여세를 피하는 방법이 2가지 있다.

첫째, 아파트 분양권 명의를 아파트 사용승인서 교부일 이전에 부모 명의로 변경하면 자녀는 증여세를 피할 수 있다.
즉, 증여로 판단하는 시점 이전에 실질 소유자명의로 하는 것이기 때문에 증여세 문제가 없다.

둘째, 자녀명의로 아파트 등기를 하더라도 증여세 신고기한 내(사용승인서 교부일부터 3개월 되는 날의 말일까지) 부모에게 반환하는 경우에도 자녀는 증여세를 피할 수 있다.

증여세법에 부동산의 경우 증여하고 3개월 내에 반환하면 처음부터 증여가 없는 것으로 하고 있기 때문에 자녀명의로 등기한 것과 반환 모두 증여로 보지 않는다.

실무적으로 분양권 당첨에 목적이 있는 경우 부모가 자녀명의로 아파트를 분양받아 모든 절차와 분양금을 납부해주는 경우도 있지만, 반대로 자녀가 부모명의로 분양받아 자녀 자금으로 분양금을 납부하고 부모 명의로 소유권 등기하는 경우도 있다.

모두 현금이 아닌 아파트를 증여한 것이므로 프리미엄까지 포함하여 증여세를 과세할 수 있으니 주의하기 바란다.

아파트를 증여한 것 보다는 계약금, 중도금, 잔금을 현금으로 증여한 것이 증여세를 적게 부담할 수 있으므로 사전에 준비하여 상황에 맞게 절세노력을 해야 할 것이다.

81. 결혼 혼수용품과 결혼 축의금에 증여세가 있나요?

| 핵 심 | 비과세되는 혼수용품 및 결혼축의금의 범위 |

(1) 혼수용품의 비과세 범위는 개별적 상황에 따라 차이가 있다.

먼저 자녀가 결혼 할 때 부모가 마련해 주는 혼수용품의 경우 통상 필요하다고 인정되는 금품에 대해 증여세를 비과세한다.

통상 필요하다고 인정되는 금품이란 일상생활에 필요한 가사용품을 말하는 것으로, 결혼할 때 호화·사치용품이나 주택·차량 등을 구입해 주는 경우 증여세를 과세하도록 규정되어 있다.

혼수용품으로 통상 필요하다고 인정되는 금품인지의 여부는 이를 지출한 자의 경제적 상황과 지출경위 등을 고려하여 개별적으로 판단하여야 할 것으로 판단한다.

상당한 재력이 있는 아버지가 지출한 결혼 및 예물비용은 사회통념상

용인되기 어려울 정도로 과다하다고 단정할 수 없는 경우 증여세를 비과세 할 수 있다는 기획재정부 심판례가 있다.

따라서 통상 필요하다고 인정되는 혼수용품의 범위와 호화·사치용품의 판단은 각각 개별적 상황과 입장 등에 따라 달라질 수 있다고 생각한다.

(2) 결혼 축의금은 비과세와 결혼 증여재산공제를 이용할 수 있다.

결혼 축의금(물품 포함)은 지급하는 사람별로 사회통념상 인정되는 금액을 기준으로 비과세 유무를 판단하도록 되어 있다.

친척 등 특별히 가까운 관계에 있는 사람이 남들보다 결혼 축의금을 많이 주는 경우 문제가 될 수 있다. 사례로 외손녀의 결혼 축의금으로 4백만원을 송금한 사실에 대해 실무에서는 인정받지 못했지만, 심판례에서 "사회통념상 인정되는 비과세에 해당한다."고 인정받은 사실이 있다.

따라서 4백만원을 실무에서는 인정받지 못했지만 이의제기하여 인정된 사례이므로 상황에 따라 실무적으로 잘 판단하여 진행하여야 할 것이라고 생각한다.

중요한 것은 통상적으로 증여세가 비과세되는 결혼 축의금이 혼주와 결혼 당사자 중 누구에게 귀속되는가의 문제이다.

국세청은 실질적으로 부모와 자녀 중 누구에게 지급한 결혼 축의금인지 구체적으로 확인하여 귀속을 판단하도록 되어 있다.

부모에게 지급된 결혼 축의금은 부모가 사용해야 할 것이고, 자녀에게 지급된 결혼 축의금에 한하여 자녀 소유이므로 자녀가 신혼 주택을 구입하는 경우 자금출처로 인정될 수 있다.

능력 있는 조부모는 손 자녀가 결혼할 때 결혼 축하금을 많이 주는 경우가 있다.

이 경우 1억원 한도 내에서 증여를 인정하고 있는 결혼 증여재산공제를 이용하면 증여세 없이 손 자녀에게 결혼 축하금을 줄 수 있다고 생각한다.(질문71 참조)

82. 생활비와 교육비, 축하금을 받는 경우 증여세가 있나요?

> **핵심** 비과세 되는 생활비, 교육비, 축하금

법률상 부양할 책임이 있는 가족으로부터 생활비 또는 교육비로 통상 필요하다고 인정되는 금품을 필요시마다 직접 이러한 비용에 충당하기 위하여 지원받은 금품은 증여세를 비과세한다.

그러나 생활비 또는 교육비의 명목으로 받은 금품을 정기예금·적금 등에 사용하거나 주식, 토지, 주택 등의 매입자금 등으로 사용하는 경우에는 증여세가 비과세되지 않는다.

그리고 생활비를 절약하여 위와 같이 재산 취득에 사용한 금액은 증여세가 비과세되는 생활비에 해당하지 않고 증여세가 과세되므로 주의하여야 한다.

생활비 또는 교육비를 본인의 능력으로 부담할 수 있는데 부모에게 지원받는 경우 증여세가 과세될 수 있다.

그리고 자녀들을 부양할 능력이 있는 아버지로부터 생활비·교육비를 지원받지 않고 조부로 부터 생활비 또는 교육비를 지원 받는 경우 증여세가 과세될 수 있다.

삼촌이 조카에게 지원해 준 교육비에 대해 삼촌은 법률상 부양 의무자가 아니라는 이유로 증여세를 비과세 받지 못한 사례도 있다.

현실적으로 아들이 사업하며 손자가 대학에 입학한 경우 조부가 손자의 대학 입학을 축하해 주는 마음으로 처음 입학금을 지원해주는 경우가 있다. 이 경우 조부가 손자에게 주는 입학금이 교육비 지원에 해당하면 아들이 사업을 하여 부양능력이 있으므로 증여세가 과세된다.

그러나 손자가 대학에 입학하여 축하금으로 지급한 금액이 사회통념상 인정되는 금액이라면 증여세를 비과세 받을 수 있으므로 교육비를 지원하는 것보다는 축하금으로 주는 것이 더 좋을 것으로 생각한다.

83. 증여세, 상속세 없이 친척 또는 지인에게 치료비를 도와줄 수 있나요?

핵 심 세금 없는 치료비의 범위 및 지원하는 방법

증여세법에 "사회통념상 인정되는 치료비"는 증여세를 비과세하도록 규정되어 있고, 치료비란 치료에 직접 지출된 비용을 의미한다.

교육비를 부양의무 있는 가족에게 지원받는 경우 비과세하도록 되어 있지만, 치료비는 누구에게 지원받는 경우 비과세한다는 명문 규정이 없다.

치료비 관련 국세청의 답변을 보면, 해외 거주하는 특수관계인(형제자매)이 노환 및 질환으로 치료를 받고 있으며, 동생이 그에 대한 치료비로 연간 미화 108,000불을 해외 송금한 경우에 대해 국세청에서 "사회통념상 인정되는 치료비로서 당해 용도에 직접 지출한 것에 한하여 증여세가 비과세되는 것"이라는 형태로 답변한 사실이 있다.

추가로 임직원의 사망 또는 폐질 등으로 전 임직원이 급여에서 일정금액을 공제하여 모금한 금액을 지원하는 경우에도 사회통념상 필요하다고 인정되는 금품에 해당하는지 여부는 임직원 각자로부터 공제한 금액을 기준

으로 판단한다고 답변한 내용이 있다.

따라서 치료비를 도와주는 사람의 범위를 넓게 해석하여 "치료에 직접 지출된 비용으로 사회통념상 인정되는 금액"은 누구에게 지원받았는지 불문하고 증여세를 비과세하는 것으로 판단된다.

상속세의 경우 사회통념상 인정되는 이재민 구호금품, 치료비, 불우한 자를 돕기 위하여 유언하는 상속재산으로서 상속개시 전에 망인이 증여하였거나 유언증여·사인증여에 의하여 지급하여야 할 것으로 확정된 재산은 상속세를 과세하지 않도록 하였고, 유언증여의 수유자에 제한이 없다. 즉, 지인에게 치료비 지원 금액을 유언을 남기는 경우 상속세 비과세 된다.

증여는 생전에 증여하는 것이기 때문에 치료비가 필요할 때 직접 증여하면 되는데, 상속은 사망 이후 지출되는 치료비를 도와주려고 하는 것이므로 "유언증여"로 "치료비"를 도와줄 수 있도록 규정하였다.

생전 증여는 막연한 치료비가 아니라 "치료에 직접 지출되는 비용으로 사회통념상 인정되는 치료비"로 구체적이고 객관적으로 인정될 수 있는 내용과 금액에 한하여 증여세를 비과세한다.
상속세를 비과세하는 치료비는 "유증 등에 의해 지급하여야 할 금액으로 확정 된 금액"에 대해 비과세 혜택을 받을 수 있으므로 사전에 잘 준비하여야 할 것이다.

84. 사실혼 관계의 배우자에게 재산을 줄 수 있나요?

핵 심 증여, 재산분할, 위자료, 상속의 차이

"사실혼"이란 당사자 사이에 혼인의 의사가 있고, 사화통념상 객관적으로 가족 질서적인 면에서 부부 공동생활을 인정할 만한 혼인생활의 실체가 있는 경우를 말한다.

배우자에 대한 상속권은 법률상 배우자에게만 인정하고, 사실혼 관계 배우자는 상속권이 없지만 생전에 재산 이전은 달리 취급하고 있다.

이러한 사실혼 배우자에게 증여, 위자료, 재산분할에 대해 알아보자.

(1) 증여 및 재산분할을 할 수 있다.

"증여"는 법률상 배우자에게만 6억원까지 배우자공제를 인정하므로 사실혼 관계에 있는 배우자에게 증여하는 경우 배우자공제 또는 친족공제가 적용되지 않는다. 따라서 증여받는 금액 전액에 증여세율을 적용하여 세액을 납부하여야 한다.

대법원 판례에 의해 "사실혼 관계의 배우자"에게 "재산분할청구권"을 인정하고 있으므로 당사자가 합의 또는 소송으로 재산분할을 할 수 있다.

그러나 현실적으로 "사실혼 관계"를 확인하고 인정하는 것이 매우 어려운 일이다.

따라서 증여세법은 법원 판결에 의해 사실혼 관계가 인정되는 경우에 한하여 사실혼 관계 청산으로 재산분할을 청구하여 재산을 취득하는 경우에만 "재산분할로 인정"하여 증여세 및 양도소득세를 과세하지 않는다.

재산분할로 취득하는 재산에 대한 취득세율은 1.5%를 적용한다.

(2) 위자료를 지급할 수 있다.

여러 가지 이유로 남녀가 사실혼 관계로 살다가 건강이 악화되어 남자가 사망하면 함께한 여자의 노후가 걱정되는 경우가 있다.

기획재정부에서 이러한 사실과 관련된 여러 사건의 심판례에서 "사실혼 관계에 있는 배우자가 사망하기 전까지 동거하면서 동고동락하였으나 법률상 배우자의 지위에 있지 않기 때문에 사실혼 관계자가 사망할 경우 상속받을 권리도 없는 점을 고려하여 사망하기 전에 사실상 그 동안의 동거관계가 청산됨에 따른 정신적·물질적 보상의 대가로 지급한 것은 위자료로 증여에 해당하지 않는다."고 판단하였다.

따라서 오랜 기간 함께 동거하면서 사실혼 관계를 유지하며 생활한 사실을 입증하면 사실혼 관계의 동거인으로부터 사망 직전 위자료 명목으로 받은 재산은 증여로 보지 않기 때문에 증여세를 과세할 수 없다.

그리고 위자료로 부동산을 주는 경우 이는 "매매"에 해당한다. 따라서 부동산으로 위자료를 주는 쪽은 양도소득세가 발생하고, 위자료로 부동산을 받는 쪽은 4.6%의 취득세등을 내야 한다.

(3) 사실혼 배우자는 1세대에 포함하지 않는다.

1세대 1주택 판단에서 1세대의 범위에 사실혼 배우자는 동일 세대원으로 보지 않는다.
설령 자녀까지 출생하고 함께 생활하는 사실혼 배우자라고 해도 동일 세대원으로 보지 않는다.
따라서 사실혼 관계의 부부가 각각 1주택을 소유한 경우 모두 1세대 1주택으로 비과세를 받을 수 있다.

그러나 법률상 배우자였으나 법률상 이혼 후 생계를 같이하는 경우 동일 세대원으로 보고 주택 수를 계산하므로 각각 1주택을 소유한 경우 2주택 소유로 본다.

85. 부모 소유 부동산을 낮은 임대료로 사용하는 경우 세금문제가 있나요?

> **핵 심**　임차인은 증여세 및 임대인은 소득세와 부가가치세 과세

　부모소유 부동산을 자녀가 낮은 임대료를 지급하고 사용하는 경우 자녀에게 증여세 문제, 부모에게 부가가치세와 소득세의 세금문제를 검토해야 한다.

(1) 임차인(자녀)의 낮은 임차료에 대해 증여세가 있다.

　자녀가 부모소유 부동산을 임차하면서 임대료에 대한 주위 시세를 알 수 있지만, 법적으로 얼마의 임대료를 지급해야 문제가 없는지 잘 모르고 있는 경우가 많이 있다.

　상속증여세법에서 가족 사이에 부동산을 임대한 경우 "임대부동산 가액의 2%"를 1년 동안의 적정임대료로 정하고 있다. 이 금액보다 30%이상 낮은 임대료를 지급하는 경우 낮은 임대료 금액을 증여금액으로 증여세를 과세하고 있다.
　임대기간 동안 낮은 임대료를 매년 계산하여 증여세 과세유무를 판단하

여야 하고 10년 이내 증여로 판단된 금액과 합산하여 증여세를 계산한다.

그리고 10년 이내 다른 증여재산이 있으면 합산하여 증여세를 내야하고, 부모님이 10년 내 사망시 상속재산에 합산하여 추가 상속세를 내야 한다.

예를 들면, 아버지 소유로 10억원 하는 상가를 자녀가 임차하는 경우, 세법에서 인정하는 적정임대료는 년 2천만원(10억원×2%)이므로 30%기준을 적용하면 자녀는 낮은 임대료로 년 1,400만원 이상 지급하면 증여받은 금액이 없는 것으로 보고, 1,400만원 미만 지급하면 2천만원과 지급하는 임대료의 차액을 증여받은 금액으로 증여세가 과세된다.

임대료를 년 1,300만원 지급한다면, 700만원(2천만원-1,300만원)을 증여금액으로 보고, 매년 계산하여 10년 동안 합산과세 하고, 10년 내 사망 시 상속재산에도 합산한다.

여기서 "부동산가액"은 "시가"를 뜻하지만, 감정평가액 또는 담보하고 빌린 채무액 등이 없는 경우 정부 고시가격(공시지가 등)으로 평가한 금액을 말한다.

(2) 임대인(부모)의 낮은 임대료에 대한 부가가치세 및 소득세가 있다.

부모가 소유하고 있는 토지나 상가를 자녀에게 저가로 임대한 경우 임대인으로 증여자에 해당하는 부모에게 저가 임대부분에 대한 소득세가 과세되고, 부가가치세 과세대상인 경우 부가가치세가 과세될 수 있다.

주택의 경우 상황에 따라 소득세가 과세되지 않을 수 있고, 부가가치세는 면세된다.

따라서 낮은 임대료를 받는 부동산에 따라 차이가 있으니 면밀히 검토하고 실행하여야 할 것이다.

86. 부모소유 부동산을
무상 사용하는 경우 증여세가 있나요?

> **핵 심** 부동산 가액 13.1억원 이상 되면 증여세 과세

현실적으로 부모의 토지 위에 자녀가 건물을 신축하여 임대하면서 부모에게 토지 사용료를 지급하지 않는 경우, 결혼한 자녀가 부모 소유 주택에 무상으로 거주하는 경우, 부모 소유 상가를 무상으로 자녀 사업장으로 사용하는 경우 등 자녀가 부모소유 부동산을 무상으로 사용하는 경우가 종종 있다.

남남이라면 당연히 시세에 상당하는 임차료를 지급하고 부동산을 사용하지만, 가족이기 때문에 임차료를 지급하지 않고 사용하는 경우 무상 임차로 얻는 이익을 계산하여 증여세를 과세하도록 규정되어 있다.

무상임차이익은 무상사용 기간을 <u>5년간 무상사용하는 것으로 추정하여 5년 단위로 무상임차이익을 계산하여 증여세</u>를 과세한다.

계산 방법은 "무상사용 개시한 날의 임대부동산 가액 × 2%"를 1년의

임대료로 계산하여 5년 동안 계산한 임대료를 무상사용 시작 시점에 모두 증여받는 것으로 보고 5년 동안 임대료를 현재가치로 환산한 금액을 증여받은 금액으로 본다.

임대 부동산가액은 시가를 적용하는 것이 원칙이지만, 시가가 없는 경우 공시지가, 개별주택가격 등을 적용한다.

5년 뒤 계속 무상사용하는 경우 또 다시 5년간 무상임차이익의 현재가치를 계산하여 과세된 5년 치와 새로 시작되는 5년 치를 합친 10년 동안 무상임차이익을 계산하여 과세한다.

이때 5년 동안 무상임차이익에 대해 납부한 증여세는 차감하고 추가 증여세를 내야 한다.

5년간 무상사용 이익의 현재가치를 간단하게 계산하는 방법은

> "무상사용 개시한 날의 임대부동산 가액 × 2% × 3.79079"

간단한 계산방법으로 계산한 무상사용 이익이 1억원 이상인 경우 그 1억원 이상 계산된 금액을 전액 증여금액으로 보아 증여세를 과세하도록 규정되어 있다. 반대로 5년 동안 계산한 무상임차이익이 1억원 미만으로 계산되면 증여받은 금액이 없는 것으로 본다. 따라서 증여세가 없다.

임대 부동산가액을 기준으로 무상임차이익을 계산하므로 증여시점 또는 5년 경과한 시점에 부동산 가액을 판단할 수 있는 "시가" 또는 정부고시가액(공시지가 등)으로 약 131,800만원 미만인 경우 5년 동안 무상임차이익이 1억원 미만으로 계산되므로 증여세 문제가 발생하지 않는다.

반대로 부동산 가액이 약 131,800만원 이상인 경우 5년 동안 무상임차이익이 1억원 이상 계산되므로 증여세 문제가 발생한다.

추가적으로 부모 소유 토지나 상가를 자녀가 무상 사용하는 경우 적정 임대료를 받는 것으로 가정하고 부모에게 소득세가 과세되고, 부가가치세 과세대상인 경우 부가가치세가 과세될 수 있으니 함께 검토해 봐야 한다.

무상사용한 자녀는 증여세 문제가 있고, 무상으로 빌려준 부모는 소득세, 부가가치세 문제가 있으므로 사전에 면밀한 검토가 필요하다.

부모 부동산을 무상으로 사용하여 그 이익에 대해 증여세가 과세된 경우 10년 내 다른 증여받은 재산과 합산하여 증여세가 과세되고, 10년 이내 부모님 사망시 다른 상속재산과 합산하여 추가 상속세를 과세하도록 되어 있다.

87. 법인의 자본을 증자하면 증여세가 있나요?

> **핵심** 신주를 고가·저가 발행하고 실권주로 증여 가능

증자는 일반적으로 주식발행에 의하여 자본금이 증가됨과 동시에 회사의 순자산이 증가되는 실질적 증자인 유상증자와 주식의 발행으로 자본금의 증가는 있지만 회사의 순자산이 증가하지 않는 형식적인 증자인 무상증자로 구분된다.

(1) 무상증자는 증여세 없다.

무상증자란, 주식의 발행으로 자본금은 증가하지만 주금이 납입되지 아니하여 회사의 순자산이 증가하지 않는 것을 말한다.

즉, 기업이 가진 자본잉여금, 이익잉여금을 자본금으로 전입하면서 기존주주 지분율대로 무상으로 신주를 발행(교부)하는 것을 말한다.

회사의 총자산에는 변동 없이 재무제표 상 항목간의 변경을 통하여 새로운 주식을 발행하는 것으로 형식적 증자로서 증여세 과세되지 않는다.

(2) 평가액보다 저가, 고가 발행하고 실권주 있는 경우 증여세 있다.

　유상증자란, 회사성립 후 회사의 자금조달을 직접적인 목적으로 발행예정주식총수의 범위 내에서 미발행주식을 발행하는 것을 말한다. 회사는 증자를 위하여 주식의 인수인을 구하여 그로부터 신주의 대가를 납입 받음으로써 회사의 순자산이 증가하게 된다. 이 때 주식의 인수인을 모집하는 방법은 기존의 주주에게 인수하는 방법과 제3자에게 인수하는 방법이 있다.

　회사의 주주는 원칙으로 그가 가진 주식 수에 따라 신주를 배정받을 권리가 있다. 다만 예외적으로 신기술의 도입이나 회사의 경영상 목적을 달성하기 위하여 정관에 특별히 정하는 경우에는 제3자에게 신주를 배정할 수도 있다. 따라서 정관에 달리 정함이 없는 경우에는 신주발행시 주주의 지분은 원칙적으로 변동되지 아니한다.

　그러나 회사가 증자를 하는 과정에 실권주가 발생하면 이를 재배정하거나 배정을 하지 아니함으로 인하여 지분의 변동이 발생할 수 있다.

　여기서 실권주란, 회사가 유상증자를 실시할 때 신주청약을 포기하여 주금을 납입하지 아니함에 따라 발생한 나머지 주식을 실권주라 한다.

　회사가 자본금을 증자하면서 신주를 평가액(시가)대로 발행하면 문제가 없다.

　그러나 평가액보다 저가로 발행하거나 평가액보다 고가로 발행하는 경우에 주주의 지분 변경이 발생되면 신주나 실권주를 인수하거나 인수하지 아니한 자 사이에는 이익을 얻기도 하고, 손실이 발생되기도 한다. 이 경우에 손실이 발생하는 자는 이익을 얻은 자에게 그 이익을 증여하는 결과가 된다.

　이렇게 무상이전 된 이익 중 주주로서 친족 등 특수관계인 사이에 발생하는 이익에 대해 증여세법에 "증자에 따른 이익의 증여"로 규정하여 증여세를 과세하도록 규정되어 있다.

"증자에 따른 이익의 증여"는 상장·비상장 법인에 문제될 수 있지만, 실무상 주로 비상장법인의 주주 중 가족 등 특수관계인 사이에서 발생하는 문제이므로 비상장법인을 중심으로 간략히 살펴본다.

신주를 평가액보다 저가 또는 고가발행하면서 실권주의 처리방법에 따라 증여 유무가 아래와 같이 달라진다.

신주를 평가액보다 저가로 발행할 때 발생하는 증여로

① 기존주주의 실권주를 다른 기존 주주에게 재배정한 경우
특수관계인 관계없이 평가액과 저가 발행가액의 차액을 실권한 주주가 실권주를 인수한 주주에게 증여한 것으로 본다.

② 기존주주의 실권주를 재배정하지 않고 실권처리 하는 경우
신주를 배정받은 주주와 배정받지 않은 주주가 가족 등 특수관계인인 경우 신주 배정받은 자가 얻는 이익이 1주당 평가가액의 30% 이상(또는 액면 3억원 이상)인 경우 실권한 주주가 신주를 인수한 주주에게 증여한 것으로 본다.

③ 기존주주의 실권주를 제3자에게 직접배정하거나 당해 법인의 주주가 배정받을 수 있는 수를 주식을 초과하여 신주를 직접 배정한 경우
특수관계인 관계없이 평가액과 저가 발행가액의 차액을 실권한 주주가 제3자 또는 초과 배정받은 주주에게 증여한 것으로 본다.

신주를 평가액보다 고가로 발행할 때 발생하는 증여로

① 기존주주의 실권주를 가족 등 특수관계있는 기존 주주에게 재배정한 경우

평가액과 고가 발행가액의 차액을 실권주를 인수한 가족 등 특수관계있는 주주가 실권한 주주에게 증여한 것으로 본다.
② 기존주주의 실권주를 재배정하지 않고 실권처리 하는 경우
신주 인수 주주와 신주 포기한 주주가 특수관계인인 경우 신주 포기자가 얻는 이익이 1주당 평가가액의 30% 이상(또는 액면 3억원이상)인 경우 신주 인수자가 신주인수 포기자에게 증여한 것으로 본다.
③ 기존주주의 실권주를 특수관계 있는 제3자가 직접배정 받거나 당해 법인의 주주가 초과 배정받은 경우
평가액과 고가 발행가액의 차액을 제3자 배정받은 주주 또는 초과 배정받은 주주가 신주인수 포기자게 증여한 것으로 본다.

(3) 주식대금 납입일을 증여시기로 증여세 신고·납부한다.

비상장법인으로 평가액보다 저가 또는 고가로 신주 발행하면서 실권주로 인해 주주에게 증여세 있는 경우 주식대금 납입일(주식대금 납입일 이전에 실권주를 배정받은 자가 신주인수권증서를 교부받은 경우에는 그 교부일을 말한다)을 증여시기로 하여 증여세를 신고·납부하여야 한다.

(4) 10년내 증여재산 합산 및 상속재산 합산과세 한다.

증여자와 수증자가 특정되므로 10년이내 동일인에게 증여받은 재산에 포함하여 합산과세하고, 증여자 사망시 10년이내 증여재산으로 상속재산에 합산 과세한다.

88. 법인의 자본을 감자하면 증여세가 있나요?

> **핵심** 특수관계인, 30% 기준적용, 평가액과 대가의 차액

　회사가 자본을 감소하는 경우에 모든 주주의 지분비율대로 감자할 때는 주주 간 지분 변동이 생길 여지가 없다. 반면에 주식 소각에 동의한 일부 주주의 지분만을 소각하는 임의소각의 경우에는 주주의 지분에 변동이 발생한다.
　이때 무상 또는 평가액보다 낮은 가액에 의하여 불균등한 방법으로 유상감자를 실시하게 되면 감자에 참여하지 아니한 주주는 평가액과 소각액과의 차액만큼 경제적 이익이 발생하게 된다.
　이런 부분에 대해 증여세를 과세하기 위해 증여세법에 "감자에 따른 이익의 증여" 과세 규정을 두고 있다.

　자본을 감소하는 방법으로 "주금액"과 "주식 수"를 감소하는 방법이 있는데, "주금액" 감소 방법은 주주 모두 적용하는 것으로 증여 문제가 없지만, "주식 수"를 감소하는 방법은 일부 주주에게 해당할 수 있어 증여 문제가 있다.

자본금 감자는 주주총회 특별결의로 상장·비상장 법인에 할 수 있지만, 비상장법인의 주식을 소각하면서 감자하는 경우 특수관계인 주주들(대주주) 사이에서 발생하는 증여에 대해서만 증여세를 과세하므로 이를 중심으로 설명한다.

주식 감자는 주식 평가액을 기준으로 <u>평가액보다 저가 또는 고가로 대가를 지급하는 것</u>으로 증여세 문제를 판단하므로 취득금액과 관계없고, 감자대가가 취득금액보다 큰 경우 그 차액은 의제배당으로 소득세를 매긴다.

감자의 증여세 과세의 요건, 수증자와 증여자 및 증여금액을 좀 더 구체적으로 살펴보면 본다.

(1) 주주 간에 특수관계인으로 대주주가 있어야 한다.

주식을 저가 또는 고가로 매입하여 소각한 주주와 주식을 매각하지 않은 주주 사이에 대주주 관계가 성립해야 감자에 따른 증여세 문제가 있다.
대주주란 가족 등 특수관계인이 소유한 지분이 100분의 1 이상을 소유하고 있거나 소유주식 액면가액 합계액이 3억원 이상인 주주 등을 말한다.
특수관계인이 증여자 및 수증자가 되는 것이다.

(2) 감자목적으로 일부 주주의 주식 소각

법인이 주식 또는 지분을 소각하면서 일부 주주의 주식 또는 지분을 임의소각 또는 불균등소각에 해당하면 적용된다.
따라서 강제소각 등 균등 감자였으면 해당하지 아니한다.

(3) 일정 금액 이상 저가 감자하였으면 차액 전액에 증여세를 과세한다.

① 1주당 평가액보다 저가로 소각하는 경우 증여자는 주식을 소각한 특수관계인이고 수증자는 주식 보유 비율이 증가한 특수관계인이 된다.
② 주식을 평가액보다 낮은 대가로 소각한 경우 1주당 평가액 대비 저가액의 비율이 30% 이상 이거나, 또는 주주 별 저가 차액이 3억원 이상이면 증여세를 과세 대상에 해당한다.
③ 저가 감자로 증여세 과세 대상이 된 경우 증여금액은 다음과 같이 계산한다.

> (감자한 주식 1주당 평가액 – 1주당 소각 대가) ×소각 절차 종료 후 주주 별 최종 보유주식 수

(4) 일정 금액 이상 고가로 감자하였으면 차액 전액에 증여세를 과세한다.

① 주식 등을 시가보다 높은 대가로 소각한 경우란 감자 대가가 액면가액 미만인 때에만 적용한다.
② 1주당 평가액보다 고가로 소각하는 경우 증여자는 주식을 소각당하지 않은 특수관계인이고, 수증자는 주식을 소각한 특수관계인이 된다.
③ 1주당 평가액 대비 고가 차액의 비율이 30% 이상이거나, 주주 별 고가 차액이 3억원 이상일 때이어야 한다.
④ 저가 감자로 증여세 과세 대상이 된 경우 증여금액은 다음과 같이 계산한다.

> "1주당 소각 대가-감자한 주식 1주당 평가액" × 주주 별 소각한 주식 수

(5) 소각 대가가 취득금액(액면가액)과 평가액 이상이면 증여금액과 의제배당이 있다.

예를 들면, 1주당 액면가액 5천원 주식을 5천원에 취득하였고, 감자 때 평가액이 1주당 1천원하는데 소각 대가를 1주당 8천원 지급하는 경우가 있다.

이 경우 소각 대가 8천원이 액면가액(취득금액) 5천원을 초과하는 금액은 의제배당으로 소득세가 과세된다.

그리고 1주당 평가액 1천원과 액면가액 5천원의 차액 4천원에 대해 "고가 감자"로 증여세 과세 대상에 해당한다.

89. 초과배당(차등배당)하면 절세할 수 있나요?

핵심 주주가 개인보다 법인인 경우 절세에 유리

본래 "상법"상 이익배당은 주주평등의 원칙에 의하여 각 주주가 가진 주식 수에 따라 지급해야 한다.

그러나 법인의 각 주주들이 지분율에 따라 균등하게 배당하지 않고 주주 간 배당률을 달리하여 배당하는 경우가 있는데 이를 "초과배당 또는 차등배당"이라 한다.

통상적으로 대주주나 지배주주가 소액주주에 비해 더 적은 배당을 적용 받아 소액주주의 권리를 보호하는 측면에서 이루어지는 것이 일반적으로 이러한 초과배당은 상법 제464조의 주주평등의 원칙에 위반되지 않는다는 법원 판례가 있다.

그러나 이러한 초과배당을 기업들이 증여세 회피 수단으로 이용하게 되자 정부가 세법개정을 통해 증여세를 과세하는 규정을 신설하여 2016년 1월 1일 이후 배당분부터 과세되도록 하였다.

초과배당으로 증여세 회피를 방지하기 위해 몇 번의 세법개정이 있었고, 2021.01.01. 이후 증여 분부터는 소득세와 증여세를 모두 과세하되, 초과배당 받은 경우 부담한 소득세를 차감한 금액을 증여금액으로 증여세를 과세하는 것으로 개정되었다.

초과배당으로 증여세 문제가 발생하는 경우는 주주사이에 특수관계가 있는 경우의 문제이고, 특수관계없는 주주 사이에 초과배당으로 얻는 이익은 증여세가 없다.

특수관계있는 주주로서 초과배당으로 이익을 얻는 주주에는 개인주주와 법인주주가 있는데 이하에서 구분하여 설명하고, 초과배당으로 절세혜택은 법인 주주에게 있다.

(1) 특수관계있는 개인주주가 초과배당 받는 경우 절세혜택 없다.

특수관계있는 개인주주가 초과배당 받는 경우란,
① 그 법인의 최대주주 등이 자기가 받을 배당의 전부 또는 일부를 포기하거나 지분에 비해 균등하지 않은 조건으로 과소배당을 받겠다는 의견으로 과소배당 받아야 하며,
② 최대주주 등의 의견에 따라 법인이 주주 간에 불균등배당을 하여야 하고,
③ 그 최대주주와 특수관계있는 개인주주가 자기 지분에 비해 과대배당을 받는 경우이어야 한다.

특수관계인은 본인과 친족관계, 경제적 연관관계 또는 경영 지배관계 등의 관계에 있는 자를 말한다.

초과배당으로 증여재산가액은 다음과 같이 계산한다.

> * 증여재산가액
>   = 초과배당금액(실제배당 받은 금액-균등배당 금액) – 배당금에 대한 소득세 상당액

초과배당에 대한 증여재산가액은 초과배당 받은 날로부터 3개월이 되는 날의 말일까지 증여세를 신고한다.

초과배당에 대한 소득세는 초과배당 받을 때 "소득세 상당액"으로 임시 증여세를 계산하여 신고·납부하고, 다음연도 5월 소득세 신고시 확정된 실제 소득세로 증여세를 정산하여 추가 납부 또는 환급받아야 한다.

(2) 특수관계있는 법인주주가 초과배당 받는 경우 절세혜택이 있다.

특수관계 있는 법인 주주가 초과배당 받는 경우란,
① 그 법인의 최대주주 등이 자기가 받을 배당의 전부 또는 일부를 포기하거나 지분에 비해 균등하지 않은 조건으로 과소배당을 받겠다는 의견으로 과소배당 받아야 하며,
② 최대주주 등의 의견에 따라 법인이 주주 간에 불균등배당을 하여야 하고,
③ 그 최대주주와 특수관계에 있는 법인 주주가 자기 지분에 비해 과대배당을 받는 경우이어야 한다.

예를 들면, 부모법인의 주주로 父 60%, 母 30%, 자녀법인 10%이고, 자녀법인의 주주로 아들 50%, 며느리 30%, 손자 20%의 지분이라고 가정하자.

부모법인이 5억원을 배당하는데 父가 배당받을 지분 60%를 포기하고 이 포기지분을 자녀법인이 배당받게 하여 총 70%를 자녀법인이 배당받는다.

자녀법인은 10% 자기지분을 초과한 60% 배당에 대해 법인세가 과세되고 증여세가 과세되지 않는다. 그 이유는 영리법인은 증여세가 없기 때문이다.

자녀법인이 자기지분을 초과해서 받는 60%에 대해 증여세율보다 낮은 법인세율로 과세되기 때문에 초과배당은 법인주주가 유리하다고 설명된다.

자녀법인이 받는 초과배당금 3억원(5억원×(70%-10%))의 법인세는 3,700만원(3억원×19%-2천만원)이고, 자녀법인의 각 주주가 초과배당으로 얻는 이익은 다음과 같이 계산된다.
① 가족법인이 받은 초과배당으로 총 주주가 얻는 이익 : 3억원-3,700만원 = 26,300만원
② 아들 주주가 얻는 이익 : 26,300만원 × 50% = 13,150만원
③ 며느리 주주가 얻는 이익 : 26,300만원 × 30% = 7,890만원
④ 손주 주주가 얻는 이익 : 26,300만원 × 20% = 5,260만원

현행 세법에서 법인이 주주로서 초과배당 받아 얻는 이익 중 부모법인의 대주주와 특수관계있는 <u>자녀법인의 주주가 얻는 이익이 1억원 이상 되는 경우 1억원이상 되는 금액을 증여금액으로 의제하여 증여세를 과세하도</u>록 되어 있다.

따라서 초과배당으로 얻은 증여금액이 며느리 주주와 손주 주주는 1억원 미만이라 증여세를 과세하지 않는다. 그러나 1억원 이상 되는 아들 주주는 13,150만원을 증여금액으로 의제하여 증여세를 과세한다.

ⓐ 자녀가 얻는 증여이익에 대한 증여세 : 13,150만원 × 20% - 1천만원 = 1,630만원
　　ⓑ 증여세 한도 : 1,630만원 - 1,850만원(3,700만원 × 50%) = △220만원
　　ⓒ 초과배당으로 자녀에게 과세되는 증여금액이 있지만, 증여세 한도미달로 납부할 증여세는 없다.

가령 자녀법인이 차등배당받아 특정 주주가 얻는 이익이 1억원 이상 되어 증여세가 과세되어도
　① 부모법인에서 배당을 포기한 주주로부터 증여받은 다른 재산과 합산하지 않고,
　② 배당 포기한 주주가 사망해도 10년 내 증여재산으로 상속재산가액에 합산하지 않는다.

법인이 받은 차등배당으로 주주의 증여이익이 1억원 이상 되는지 유무는 1년 단위로 판단하고 1년이 지나면 합산하지 않으므로 <u>1년의 시차를 두고 매년 가족법인이 차등배당 받는다면 증여세 없이 증여가 가능하다.</u>

가족법인이 초과배당으로 받는 이익은 가족을 임직원으로 선임하고 급여, 퇴직연금, 배당 등으로 지급하면 절세에 도움이 될 것이다.

(3) 법인이 다른 법인에 출자하여 받은 배당은 법인소득에서 제외한다.

내국법인이 다른 내국법인에 출자하여 받은 수입배당금은 다음과 같이 출자비율에 따라 법인소득에 포함하지 않는다.

다른 법인에 출자 비율	수입배당금 중 법인 소득에 포함시키지 않는 비율
50% 이상	100%
20% 이상 ~ 50% 미만	80%
20% 미만	30%

　위에서 설명한 사례를 기준으로 설명하면, 자녀법인이 부모법인에 출자한 비율이 10%이고, 10%에 대한 배당금 5천만원(5억원×10%)을 법인 소득으로 법인세를 과세하여야 한다.
　그러나 부모법인에 출자 비율이 20% 미만이므로 배당금 5천만원 중 30%에 해당하는 1,500만원은 법인소득에서 제외한다. 따라서 배당금 중 3,500만원(5천만원-1,500만원)만 법인세를 과세한다.

　가족법인이 다른 법인에 출자하여 주주로 받는 배당소득에 대해서도 일정 금액을 법인세로 과세하지 않고, 가족법인이 초과배당받은 이익이 주주에게 귀속되어도 1억원 미만 이면 증여세를 과세하지 않는데 이러한 계산은 1년 단위로 한다.
　그리고 증여재산으로 10년 합산과세하지 않고 10년 내 상속재산에 합산하지도 않는다.
　따라서 가족법인을 잘 활용하면 여러 가지 절세 방법을 찾을 수 있다고 생각한다.

90. 부모회사가 일감을 자녀회사에 몰아줘도 되나요?

핵심 중소기업 간 일감몰아주기는 증여세 배제

부모가 회사를 운영하면서 중요한 자재를 자녀회사에서 구입하면서 부모회사의 이익을 자녀회사로 이전시켜주는 경우가 있는데, 이를 증여세법에 『특수관계법인과 거래를 통한 이익의 증여의제』라고 규정하고 있고, 통상 "일감몰아주기"라고 한다.

현실적으로 이렇게 부모회사가 자녀회사에 일감을 몰아주어 자녀회사의 주주(자녀, 사위·며느리, 손 자녀 등)들에게 많은 이익을 무상으로 증여하는 결과를 만드는 경우도 있다.
여기서 증여자는 부모회사가 되고 수증자는 자녀회사의 주주인 자녀, 사위·며느리, 손 자녀 등이 된다.
이런 경우 원칙적으로 증여세를 과세해야 하지만, 예외로 증여세를 과세하지 않는 경우도 있다.

이해를 돕기 위해 먼저 사례를 살펴보고, 관련세법을 검토한다.

(1) 일감몰아주기 사례

A씨는 약 30년 전 ㈜부모법인(주주는 남편(A)70%, 아내30%)으로 사업을 시작하여 중소기업으로 잘 성장시켜 왔다. 나이가 많아지면서 ㈜부모법인을 아들 B씨에게 물려주고 싶은데, 생전에 회사를 물려주는 것은 회사의 주식을 증여해야하기 때문에 증여세를 알아봤다.

현재 주식가치는 1주당 20만원으로 A씨가 70%지분율로 7만주를 소유하고 있는데 모두 증여하면 증여가액은 140억원으로 이에 대한 증여세는 651,500만원이라고 한다.

A씨는 현 상태가 계속된다면 ㈜부모법인의 주식가치가 계속 상승하여 추후 상속세 문제가 더 커질 수 있다고 생각했다.

상속세와 증여세 문제를 고민하던 중 일단 아들에게 회사를 만들도록 하고 아들회사에서 중요한 원자재를 구매하는 방식으로 ㈜부모법인의 이익을 축소하면서 점진적으로 주식가치를 하락시키고 아들회사에 많은 이익을 남겨주는 방법을 생각했다.

A씨는 아들이 평소 모은 자금으로 아들 가족을 주주로 하는 ㈜자녀법인(주주는 자녀, 사위·며느리, 손 자녀)을 설립하도록 하고 ㈜부모법인이 생산하는 제품의 원재료는 대부분 ㈜자녀법인에서 공급받을 것이다. ㈜자녀법인은 아버지가 운영하는 회사인 ㈜부모법인이라는 확실한 매출처가 있어서 급속히 성장할 것이다. ㈜자녀법인에 이익이 쌓이다 보면 주당 가액이 언젠가는 수십만원에 이르고 ㈜부모법인을 초월할 수도 있다.

A씨는 아들이 운영하는 ㈜자녀법인에 일거리를 몰아주는 대신 자신이 대주주인 ㈜부모법인은 가급적 이익을 최대한 줄이거나 결손을 내는 등의

방법으로 회사 주식가치를 점점 줄일 계획이다.

주식가치를 줄여놓으면 추후 상속세도 도움이 될 수 있고, 가업상속공제 제도를 이용하는 것도 쉬워질 수 있을 것이다.

(2) 중소기업간 일감몰아주기는 과세하지 않는다.

일감몰아주기로 증여세를 과세하는 대표적인 사례들은 대기업이 대기업 대주주의 가족을 주주로 만든 계열사에 일감을 몰아줌으로서 대기업 대주주 가족이 얻는 이익에 증여세를 과세하는 것이다.

따라서 위 사례와 같이 중소기업인 ㈜부모법인이 중소기업인 ㈜자녀법인에 일감을 몰아주는 경우에는 "일감몰아주기에 대한 증여세"를 과세하지 않는다.

따라서 중소기업 판단이 가장 중요하고, 그 기준은 해당기업의 주된 업종의 매출액으로 판단한다.

예를 들면, 의복·신발·1차 금속 제조업 등은 1,500억원 이하, 화학제품·금속가공 제조업 등은 1,000억원 이하 등 업종별로 정한 매출액 이하에 해당하고 실질적 독립성이 있다면 중소기업으로 분류하여 일감몰아주기에 대한 증여세를 적용받지 않는다.

따라서 중소기업에 해당하는 기업은 "일감몰아주기"를 이용해 유용한 절세전략으로 사용할 수 있다고 생각한다.

그리고 부모가 회사를 법인으로 운영하지 않고 개인기업으로 운영하면서 ㈜자녀법인에 일감을 몰아주는 경우에는 "일감몰아주기에 대한 증여세"를 과세하지 않는다.

(3) 과세되는 경우 일감몰아주기로 얻은 이익 중 일부만 과세한다.

위 사례를 기준으로 ㈜부모법인 또는 ㈜자녀법인이 중소기업이 아닌 경우 일감몰아주기에 대해 증여세를 과세되고, 이익을 얻는 ㈜자녀법인의 기업형태가 중소기업, 중견기업, 그이외의 기업형태에 따라 ㈜자녀법인의 각 주주별 증여의제이익이 다르게 계산된다.

중소기업을 기준으로 설명하면, ㈜자녀법인의 기업형태가 중소기업인 경우 대기업인 ㈜부모법인에 매출한 비율 중 50%를 초과하는 부분에 대해서만 증여이익을 판단하고, 50% 초과하는 매출액 중 ㈜자녀법인의 각 주주별 지분율이 10% 초과하는 지분율에 대해서만 증여세를 과세한다.

예를 들면, 중소기업인 ㈜자녀법인의 매출액 중 ㈜부모법인에 차지하는 비율이 70%이고 세후영업이익이 60억원, ㈜자녀법인 주주는 자녀 50%, 며느리 30%, 손자 20%라고 가정하면 각 주주의 증여의제이익은 다음과 같이 계산된다.
① 자녀의 증여의제이익 : 60억원×((70%-50%)×(50%-10%)) = 4.8억원
② 며느리의 증여의제이익 : 60억원×((70%-50%)×(30%-10%)) = 2.4억원
③ 손자의 증여의제이익 : 60억원×((70%-50%)×(20%-10%)) = 1.2억원

따라서 ㈜자녀법인의 기업형태가 중소기업인 경우 일감몰아주기의 매출액 비율과 ㈜자녀법인의 각 주주별 지분율에 따라 증여의제이익이 달리 계산될 수 있고, 생각보다 과세되는 일감몰아주는 이익이 작게 계산될 수 있어 절세에 도움 될 수 있다.

㈜자녀법인이 중견기업인 경우 ㈜부모법인에 매출한 비율이 40% 초과하는 부분에 대해 증여의제이익을 계산한다.

여기서 증여자는 ㈜부모법인이고 수증자는 ㈜자녀법인의 주주로 자녀, 사위·며느리, 손 자녀로서 매년 일감몰아주기를 검토하여 증여세 과세유무를 판단하여야 한다.

증여자가 법인이므로 증여재산공제도 없고 수증자의 다른 증여받은 재산과 합산하지 않고, 상속재산에도 합산하지 않는다.

(4) 일감몰아주는 거래금액이 부당하게 고가인 경우 부당행위거래로 본다.

특수관계인에게 유리한 조건으로 거래하여 법인의 이익을 부당하게 감소시켜 세금을 적게 부담하면 시가를 기준으로 다시 거래가액을 계산하여 법인세 및 부가가치세를 추가 과세할 수 있다.

예를 들면, ㈜부모법인이 ㈜자녀법인에서 원재료 구입시 부당하게 고가 또는 저가로 구입시 추가 법인세 및 부가가치세 문제가 발생할 수 있다.

따라서 특수관계자간 제품판매 등의 거래를 할 때 거래가액 결정에 주의해야 한다.

91. 부모법인의 사업 일부를 자녀회사로 넘겨줘도 되나요?

> **핵심** 중소기업의 일감떼어주기는 증여세 배제

부모회사가 직영하던 사업의 일부를 자녀회사가 제공하도록 하거나, 다른 법인에 부여하던 사업기회를 자녀법인이 제공하도록 하는 경우가 있는데, 이를 증여세법에 『특수관계법인으로부터 제공받은 사업기회로 발생한 이익의 증여의제』라고 규정하고 있고, 통상 『일감떼어주기』라고 한다.

예를 들면, 극장업을 운영하는 부모법인(부모가 대주주인 법인)은 극장 내 팝콘·음료수 등 판매 사업을 직영하다가, 부모법인 대주주의 자녀가 설립한 자녀법인(수혜법인)에게 극장 내 팝콘·음료수 등 판매 사업장을 임대하여 자녀법인의 수익을 증가시켜 주는 경우가 있는데, 이런 경우가 일감떼어주기에 해당한다.

또는 극장업을 운영하는 부모법인이 특수관계 없는 타인법인과 맺은 스크린 독점 광고대행 계약을 해지하고, 부모법인 대주주의 자녀가 설립한 자녀법인(수혜법인)과 스크린 독점 광고대행 계약을 체결하여 자녀법인의 수익을 증가시켜 주는 경우가 있는데, 이 역시 일감떼어주기에 해당한다.

이렇게 부모회사가 자녀회사에 일감을 떼어주면 자녀회사의 주주(자녀, 사위·며느리, 손 자녀 등) 들에게 많은 이익을 무상으로 증여하는 결과가 된다. 여기서 증여자는 부모회사가 되고 수증자는 자녀회사의 주주인 자녀, 사위·며느리, 손 자녀 등이 된다.

일감떼어주기에 대한 증여세 과세방식은 자녀회사의 <u>주주가 3년 동안 일감떼어주기로 얻는 이익에 증여세를 과세하는 방식</u>이다.
구체적 과세방법은 처음 증여의제이익을 얻는 사업년도에 3을 곱하여 3년치 추정증여이익을 계산하여 증여세 신고납부 후 3년이 되는 사업년노에 정산하여 추가납부하거나 환급받는 방법이다.

증여자가 법인이므로 증여재산공제도 없고 수증자의 다른 증여받은 재산과 합산하지 않고, 상속재산에도 합산하지 않는다.

<u>일감을 떼어주는 부모법인이 중소기업인 경우 자녀법인에 일감을 떼어 줘도 자녀법인 주주들에게 증여세를 과세하지 않는다.</u>

중소기업 판단에 가장 중요한 기준은 해당기업의 주된 업종의 매출액으로 『의복·신발·1차 금속 제조업 등은 1,500억원 이하, 화학제품·금속가공 제조업 등은 1,000억원 이하 등』업종별로 정한 매출액 이하에 해당하고 실질적 독립성이 있다면 중소기업으로 분류하여 일감떼어주기에 대한 증여세를 적용받지 않는다.

부모가 개인사업을 하면서 자녀법인에 일감을 떼어줘도 자녀법인 주주들에게 증여세를 과세하지 않는다.

일감떼어주기로 얻은 3년치 이익만 과세하고, 부모기업이 중소기업이거나 개인기업인 경우 과세하지 않으므로 잘 연구하면 절세방법으로 사용할 수 있다.

92. 부모(조부)의 노력으로 자녀(손 자녀)의 재산을 증가시켜줘도 되나요?

| 핵심 | 무자력 직계비속에게 재산을 증가시킨 경우 증여세 과세 |

상속세는 이중과세의 성격이 있다. 그 이유는 평생 소득세 등 세금을 내고 축적한 재산에 대해 사망시 추가 상속세를 내므로 소득세 등과 상속세를 중복해서 과세한다는 것이다.

따라서 부모 또는 조부는 어느 시점이 되면 본인명의로 재산을 증가시키는 것보다 자신이 알고 있는 정보와 지위 등을 이용해 자녀 또는 손자·손녀의 재산을 증가시켜주는 방법을 생각한다.

그런 생각으로 부모 또는 조부는 자녀 또는 손자·손녀에게 재산을 증여하거나 자금출처를 만들어 유상으로 부동산 또는 주식을 취득하게 도와주면서 취득한 재산 가치를 증가시켜주는 경우가 있을 수 있다.

이런 경우 증여세를 과세할 있도록 아래와 같이 규정하고 있다.

① 자녀 등의 직업, 연령, 소득 및 재산 상태로 보아 자기노력과 판단으로 재산가치를 상승 시킬 수 있는 <u>행위(재산가치 상승행위)</u>를 할 수 없는 상황에서

② 자녀 등이 부모나 조부로부터 재산을 증여받거나 부모, 조부의 도움을 받아 준비한 자금(증여받은 현금, 차입한 현금, 부모 등 부동산을 담보로 은행 차입한 현금 등)으로 부동산·주식 등 재산을 취득하고
③ 재산 취득 후 5년 이내 "재산가치 상승행위"가 이루어지고
④ 그 결과 재산가치가 상승하였고 "재산가치 상승금액"이 "기준금액"이상 증가한 경우
⑤ 그 "재산가치 상승금액" 전액을 증여재산금액으로 보아 증여세를 과세하도록 규정되어 있다.

"재산가치 상승행위"란 개발사업의 시행, 형질변경, 사업의 인허가, 코스피·코스닥·코넥스 시장에 상장 등의 행위를 말한다.

"재산가치 상승금액"은

> 『증여로 보는 시점에 해당 재산가액 − (해당재산 당초 증여 또는 취득가액 + 보유기간 중 물가상승률 등을 고려한 정상적인 가치 상승분 + 재산가치 증가위해 자본적지출 금액)』로 계산한다.

"기준금액"이란, ①, ②중 소액을 말한다.
① 『해당재산 당초 증여 또는 취득가액 + 보유기간 중 물가상승률 등을 고려한 정상적인 가치 상승분 + 재산가치 증가위해 지출한 금액』의 30%와
② 3억원

주의할 것은 3억원 또는 30% 중 소액은 증여세 요건 판단시 적용하고, 요건 충족하면 증여재산가액을 계산할 때는 고려하지 않는다.

따라서 "재산가치 상승금액"이
① 기준금액(3억원 또는 30% 중 소액) 미만인 경우 증여세를 과세하지 않지만,
② 기준금액(3억원 또는 30% 중 소액) 이상인 경우 재산가치 상승금액 전액을 증여금액으로 증여세 과세한다.

이렇게 "재산가치 상승금액"을 증여재산가액으로 하는 경우 이 금액에서 3천만을 공제한 금액을 과세표준으로 증여세율을 적용한 증여세를 "재산가치 증가사유가 발생한 날(증가 원인에 따라 별도 규정함)"이 속하는 달의 말일부터 3개월 내 신고·납부하여야 한다.

"재산가치 상승금액"에 대한 증여세는 연대납세의무를 부여하지 않고 있다.

"재산가치 상승금액"에 대한 증여세 과세는 발생 건별로 판단하기 때문에 다른 재산의 재산가치 상승금액과 합산과세하지 않고, 발생 건별 상승금액에서 3천만원을 공제한 금액을 증여금액으로 증여세를 과세한다.

그리고 10년 또는 5년 이내 증여받은 다른 재산과 합산하여 증여세를 과세하지 않으며, 부모님 사망 시에도 다른 상속재산과 합산하여 상속세를 과세하지 않는다.

자력이 없는 자녀에게 부모의 노력으로 자녀에게 재산을 취득하도록 도와주고 5년 이내 부모의 직간접 영향으로 재산 가치를 증가시켜 준 것에 증여세를 과세하는 것으로 납세의무를 종결하는 것이 핵심이다.

> **의 견**

이 규정을 전체적으로 잘 이해하고 활용하면 다양하게 절세방법으로 활용할 수 있다고 생각한다.

현실적으로 "일감몰아주기" "일감떼어주기"도 같은 유형이라고 생각한다. 국세청에서 증여세를 과세하려면 여러 가지 구체적 사실판단 문제가 있기 때문에 납세자는 관련 규정을 잘 살펴보고 실행하여야 할 것이고, 아래 사례를 실무에 참고하여 절세계획에 잘 활용하기 바란다.

사례1

아버지가 15세의 자녀에게 시가 3억원 하는 임야 1천 평을 증여하고 그 증여일로부터 3년이 되는 해에 2천만원의 비용을 지출하여 대지로 형질 변경하여 시가 10억원이 된 경우가 있다.

이 경우 ① 아버지가 증여했고, ② 증여 후 5년 내 ③ 형질 변경을 해주고 ④ 재산가치가 65,000만원(10억원 - 3억원 - 2천만원 - 토지 3년간 평균지가 상승액 3천만원으로 가정) 증가했는데 ⑤ 이 재산가치 증가액이 19,500만원(30%)과 3억원 중 큰 금액인 3억원 이상이므로 재산가치 증가액 65,000만원에 대해 증여세가 과세되는 요건을 충족하였다.

따라서 자녀는 65,000만원을 증여받은 것으로 보고 이 금액에서 3천만원을 공제한 62,000만원에 증여세율을 적용한 12,600만원(62,000만원×30%-6천만원)의 증여세를 내야 한다.

참고로 자녀는 임야 3억원을 증여받을 때 증여세 4천만원((3억원-5천만원) × 20%-1천만원)을 납부하고, 공장용지로 형질 변경하여 얻은 재산가치 상승이익이 대해 증여세 12,600만원을 납부하는 것으로 총 16,600만원의 증여세를 납부하고 납세의무가 종결된다. 따라서 10년 이내 증여 및 상속재산에 합산하지 않는다.

그러나 부모가 취득한 임야를 개발하여 개발된 임야를 자녀에게 증여하는 경우 증여가액은 10억원이 되어 22,500만원((10억원-5천만원)×30%-6천만원)의 증여세를 납부해야 한다.

따라서 공장용지로 개발된 부동산을 증여하는 것보다 재산을 증여 후 공장용지로 개발해 주어 재산가치를 증가시켜주는 방법이 증여세를 약 5,900만원(22,500만원-16,600만원)을 절세 할 수 있고, 부수적으로 취득세도 절세할 수 있다.

공장용지 개발이익은 10년 이내의 증여재산과 합산하지 않으므로 추가 증여세를 부담하지 않고, 10년 내 사망시 상속재산에 합산하지 않으므로 추가 상속세를 부담하지 않기 때문에 절세에 큰 도움이 될 수 있다고 생각한다.

사례2

아버지 재산을 담보로 은행에서 2억원을 대출받아 아버지가 대주주로 있는 A비상장법인의 주식을 취득하였는데, 4년 뒤 A비상장법인이 증권거래소에 상장되어 주식가치가 20억원으로 증가한 경우가 있을 수 있다.

아들은 아버지 도움으로 대출받아 상장이 예정되어 있는 내부정보를 이용하여 A비상장주식을 취득하여 시세차익으로 17억원(20억원-2억원-물가상승 등 상승액 1억원으로 가정)을 얻었는데 그 금액이 3억원 이상이므로 시세차익 17억원을 증여받은 것으로 보고 이 금액에서 3천만원을 공제한 167,000만원에 증여세를 과세할 수 있다.

아들이 얻은 시세차익 17억원은 다른 증여재산과 합산하여 과세하지 않으며, 10년 내 증여재산과 합산하지 않고, 상속재산에 합산하지 않는다.

따라서 위 사례1에서 설명하였듯이 전체적으로 절세 효과가 있다고 할 수 있으므로, 절세전략으로 다양하게 활용할 수 있다.

사례3

아버지와 아들이 공동 소유하고 시세가 100억 원하는 부동산 1,000평을 분할하면서 도로에 접한 토지 부분을 아들명의로 하고 후면 토지를 아버지 명의로 하는 경우가 있을 수 있다.

토지 분할 후 시세는 도로면에 접한 아들 토지는 75억원, 도로 후면의 아버지 토지는 25억원으로 변경되었다.

이 경우 공동명의로 되어 있던 토지를 아들에게 유리한 조건으로 분할하여 아들 소유 토지가액이 25억원 증가하였고, 이 금액은 기준금액(3억원과 "75억원-50억원"의 30% 중 적은 금액으로 이 사례에서 3억원을 뜻한다) 3억원을 초과하여 토지 가치가 증가하였으므로 가치증가액 25억원에 대해 증여세를 납부하여야 한다.

사례4

아버지가 오피스텔 분양사업을 하는 법인을 설립하면서 분양사업이 잘 될 것을 예측하고 미성년자인 아들에게 주식을 증여하고 분양사업이 잘 되어 아들에게 증여한 주식가치를 크게 상승시켜 주는 경우가 있을 수 있다.

이 경우에도 주식가치 상승금액에 대해 증여세를 과세할 수 있다.

93. 부모 부동산을 은행담보로 사용한 경우 세금문제가 있나요?

> **핵심** 무상담보 이익과 차입금을 재산증식에 사용한 경우

자녀가 부모 부동산을 은행에 담보로 제공하고 자녀명의로 대출받아 사업자금 또는 부동산 등 취득자금 원천으로 사용하는 경우가 있다.

부모소유 부동산을 담보로 대출받아 사용하는 경우 현행 증여세법상 2가지 증여세 문제가 발생할 수 있다.

(1) 무상담보제공으로 얻은 이익에 증여세 과세한다.

부모님 소유 부동산을 자녀가 대가없이 담보로 이용하여 대출받는 경우 무상으로 담보를 제공받아 얻는 이익("무상담보제공이익"이라 한다)에 해당하는 금액을 증여받은 금액으로 판단하여 증여세를 과세한다.

> * 무상담보제공이익의 계산방법
> = 은행에 담보제공하고 받은 차입금 × 적정이자율(현재 4.6%를 적용) - 은행에서 대출받으면서 실제 지급한 이자

1년 단위로 채무를 변제할 때까지 매년 계산하여 그 금액이 년 1천만원 이상이면 전액 증여받은 금액으로 인정하여 증여세를 과세하며, 년 1천만원 미만이면 증여받은 금액이 없는 것으로 보기 때문에 증여세가 없다.

　예를 들면, 부동산을 父와 子가 공동명의로 취득하면서 취득하는 부동산을 담보로 제공하고 子 명의로 년 2.5%의 이자율로 10억원을 대출받은 경우 父 부동산 1/2지분에 대한 무상담보이익이 1,500만원(10억×1/2×(4.6%-2.5%))으로 계산되어 이 금액에 대한 증여세를 내야한다. 만약 은행이자율이 3%였다면 무상담보이익이 800만원(10억×1/2×(4.6%-3%))으로 1천만원 미만이므로 증여세가 없다.

　무상담보제공이익에 대해 증여세가 과세된 경우 10년 내 다른 증여받은 재산과 합산하여 증여세가 과세되고, 10년 이내 父 사망시 다른 상속재산과 합산하여 추가 상속세를 과세하도록 되어 있다.

(2) 차입금으로 재산가치 증가시킨 경우 증여세 과세한다.

　직업, 연령, 소득 및 재산 상태로 보아 자기의 능력과 판단으로 재산가치 증가 행위를 할 수 없다고 인정되는 자가 부모 부동산을 담보로 대출받은 자금으로 재산을 취득하고 그 재산을 취득한 날부터 5년 이내에 개발사업의 시행, 형질변경, 공유물(共有物) 분할, 사업의 인가·허가, 코스피·코스닥·코넥스 시장에 상장 등 재산가치 증가사유가 발생하여 『재산가치 상승금액이 기준금액 이상 상승한 경우』 재산가치 상승금액 전액은 증여받은 금액이므로 증여세가 과세된다.

10년 내 증여재산과 합산하지 않고, 상속세에 합산과세하지 않는다.

자력 없는 미성년자 등 자녀에게 부모의 능력으로 자녀가 재산을 취득하도록 도와주고 부모의 노력으로 재산가치를 증가시켜 준 경우 증여세를 과세하는 것이 핵심이다.

전체적인 절세방법으로도 유용할 수 있다고 생각한다.(질문92 참조)

94. 무이자·저율로 금전을 차입한 경우 세금문제가 있나요?

> **핵 심** 무이자 이익과 차입금을 재산증식에 사용한 경우

타인으로부터 금전을 무상으로 또는 적정 이자율보다 낮은 이자율로 대출받은 경우에는 무상 또는 낮은 이자율로 얻은 이익에 대해 증여세를 과세한다.

그러나 타인이 특수관계자 아닌 경우에는 거래의 관행상 정당한 사유가 없는 경우에 한정하여 증여세를 과세하지만, 타인이 특수관계자인 경우 정당한 사유를 판단하지 않고 무조건 과세한다.

대부분 부모와 자녀사이에 무이자 또는 낮은 이자율로 금전소비대차가 이루어지는데, 자녀가 부모에게 무이자 또는 낮은 이자율로 자금을 차용하여 사용하는 경우 아래와 같은 증여세 문제가 발생할 수 있다.

(1) 무이자 또는 낮은 이자에 대해 증여세 과세한다.

자녀의 아파트 구입자금 또는 사업자금의 일부를 부모가 빌려주는 경우가 많이 있는데, 아래 내용을 참고하기 바란다.

무이자의 경우

상속증여세법에서는 자녀가 父에게 금전을 차용하는 경우 채무를 변제할 때까지 매년 1년 단위로 "차용금액 × 세법상 이자율(현재 년 4.6%이다)"로 계산된 금액을 지급하여야 할 정상적인 이자금액으로 본다.

이렇게 계산된 이자금액이 1년에 1천만원 미만인 경우 증여세를 과세하지 않고, 1천만원 이상인 경우 전액 증여받은 금액으로 증여세를 과세한다. 채무를 변제할 때까지 매년 계산하여 증여세 과세유무를 판단하여야 한다.

정상적 이자금액이 1천만원 미만으로 계산되는 무이자 차입금은 약 21,700만원이므로 이 금액 미만으로 차용한 경우 증여세가 없다고 할 수 있다.

무이자 이익이 1천만원 미만되게 父에게 무이자로 약 21,700만원의 자금을 차입하고, 母에게도 무이자로 약 21,700만원의 자금을 차입할 수 있다.

즉, 부모님 모두 자금능력이 있는 경우 자녀는 약 43,400만원의 자금을 부모님으로부터 무이자로 빌려도 증여세 문제가 없다.

본래 금전을 차용한 경우 이자를 지급하는 것이 일반적인데, 자녀는 특수관계로 금전을 차용하고 이자를 지급하지 않는 경우가 많다. 이런 경우 자녀는 무이자 혜택을 받는 것인데 그 혜택이 1년에 1천만원 이상되는 경우에만 증여세를 과세하겠다는 취지이다.

이자를 일부 지급하는 경우

그리고 자녀가 부모에게 차용하고 이자를 일부 지급하는 경우가 있을 수 있다.

이런 경우 "차용금액 × 세법상 이자율(4.6%) - 부모에게 지급한 이자금액"으로 계산된 금액을 증여받은 금액으로 판단하고, 그 금액이 1천만원 미만이면 증여세를 과세하지 않고, 1천만원 이상인 경우 그 금액 전부를 증여받은 것으로 판단하여 증여세를 과세한다.

채무를 변제할 때까지 매년 계산하여 증여세 과세유무를 판단하여야 한다.

예를 들면, 아들이 부모한테 5억원을 차용하고 이자를 년 1,400만원 지급(년 이자 2.8%)했다면 증여받은 금액이 9백만원(5억원×4.6%-1,400만원)으로 계산되어 증여세가 없고, 이자를 년 1,200만원 지급(년 이자 2.4%)했다면 증여받은 금액이 1,100만원(5억원×4.6%-1,200만원)으로 계산되어 1,100만원 전부 증여받은 금액으로 증여세를 과세한다.

따라서 부모에게 금전 차용할 때 <u>증여받은 것으로 보는 이자금액이 년 1천만원 미만 되도록 차용</u>하는 것이 절세에 유리할 것으로 생각한다.

이자를 일부 지급하면서 낮은 이자로 얻는 이익이 년 1천만원 미만 되도록 차입한다면, 지급하는 이자에 따라 많은 금액을 부모에게 차입할 수도 있다.

차용증 작성 등 변제 확인할 수 있는 증빙이 필요

주의할 점은 부모님에게 자금을 빌린 사실과 <u>변제능력, 변제계획 등을 객관적으로 명확히 확인할 수 있는 증빙서류를 잘 구비해야 하고</u>, 이자를 지급하는 경우 이자에 대한 원천징수와 종합소득세 합산신고도 해야 하므로 이런 점들을 고려하여 이자율 등을 결정하여야 할 것이다.

부모로부터 무이자 또는 낮은 이자로 얻는 증여금액은 10년 내 부모님으로부터 증여받은 다른 재산과 합산하여 증여세가 과세되고, 부모가 10년 내 사망한 경우 상속재산에 합산하여 상속세를 계산해야 하므로 누락하지 않도록 주의하여야 한다.

(2) 차입금으로 취득한 재산의 가치 증가시 증여세 과세한다.

직업, 연령, 소득 및 재산 상태로 보아 자기의 능력과 판단으로 재산가치 증가 행위를 할 수 없다고 인정되는 자가 부모님에게 차입한 자금으로 재산을 취득하고 그 재산을 취득한 날부터 5년 이내에 개발사업의 시행, 형질변경, 공유물(共有物) 분할, 사업의 인가·허가, 코스피·코스닥·코넥스 시장에 상장 등 재산가치 증가사유가 발생하여 『재산가치 상승금액이 기준금액 이상 상승한 경우』 재산가치 상승금액 전액은 증여받은 금액이므로 증여세가 과세된다.

예를 들면, 부모가 대학생인 자녀에게 2억원을 무상대여하고 부모가 자녀와 공동명의로 토지를 4억원에 취득하여 5년 이내 부모가 토지를 개발하여 10억원 가치가 되어 6억원의 개발이익이 생긴 경우 자녀 몫의 개발이익 3억원에 증여세를 과세할 수 있다. 이 개발이익은 10년 이내 증여재산과 합산하여 추가 증여세를 과세하지 않고, 10년 이내 부모 사망하여도 상속재산에 합산하여 추가 상속세를 과세하지 않는다.

자녀에게 자력이 없어 부모의 노력으로 자녀에게 재산을 취득하도록 도와주고 부모가 재산가치를 증가시켜 준 것이 증여세 과세의 핵심인데, 필자는 이 방법이 10년 내 증여세, 상속세에 합산과세하지 않으므로 전체적인 절세방법으로도 유용할 수 있다고 생각한다.

따라서 부모에게 자금을 차입하여 사용할 경우 위 내용들을 사전에 검토하고 대비하면 추가 증여세를 절세할 수 있고, 납부한 증여세 이상의 경제적 효과를 얻는 절세 방법 중 하나라고 생각한다.(질문92 참조)

95. 부담부증여(대출·임대보증금 있는 부동산)가 절세에 유리한가요?

핵심 증여세, 양도소득세, 취득세, 종합부동산세 등 검토

자녀에게 부동산을 증여하면서 동시에 당해 부동산에 담보된 대출금액 및 임대보증금을 자녀가 승계 받도록 하는 것을 "부담부증여"라 한다.

예를 들면, 父가 시가 5억원으로 임대보증금 3억원이 있는 임대부동산을 자녀에게 증여하면서 임대보증금 채무를 자녀가 승계 받는 경우가 있다.

이때 자녀가 무상으로 증여받는 금액은 2억원(5억원-3억원)이고 임대보증금 3억원은 부모의 채무가 감소하면서 자녀가 변제해야 할 임대보증금 채무가 증가하여 쌍방 3억원의 매매대가를 주고받은 것과 같은 결과이므로 이는 매매(양도)에 해당한다.

이렇게 증여와 매매가 함께 있는 것을 "부담부증여"라 한다.

자녀는 무상으로 증여받는 부동산 금액이 2억원이고 이 금액에 대한 증여세와 부동산 증여에 대한 취득세를 납부하면 된다.

반면, 父는 임대보증금 채무 3억원의 변제의무가 없어져 그 금액만큼 대가를 받은 것이기 때문에 3억원에 대한 양도차익을 계산하여 양도소득세를 내야 한다.

그리고 자녀는 부동산 3억원에 대한 매매의 취득세를 내야 한다.

실무적으로 부담부증여는 하나의 부동산에 대해 증여부분은 아들이 10%~50%의 세율로 증여세를 내고, 양도부분은 아버지가 6%~45%까지 세율로 양도소득세를 부담하기 때문에 세목을 분산하고 납세자도 분산시키기 때문에 채무의 크기에 따라 양도소득세, 증여세, 상속세, 종합부동산세 등을 절세할 수 있다.

일반적으로 단순증여와 비교하여 증여와 양도가 분산되는 부담부증여가 절세에 유리하다고 생각하는데, 실제는 양도소득세율이 인상되었기 때문에 경우에 따라 단순증여가 유리할 수도 있다.

그 이유는 부담부증여하는 부동산이 주택, 상가 또는 토지 중 어느 것이냐에 따라 양도소득세가 일반과세, 비과세 또는 중과세가 될 수 있고, 취득세도 일반과세 또는 중과세가 적용될 수 있기 때문이다(현재 서울 강남구, 송파구, 서초구, 용산구 소재 아파트 증여시 12%의 취득세 중과세율이 적용된다).

이렇게 "부담부증여" 할 때 부담하는 증여세, 양도소득세, 취득세는 아래 질문에 따라 절세 유무가 달라질 수 있다.

첫째, 부동산의 시가와 이 부동산에 담보된 채무(은행대출 및 임대보증금)가 얼마인가?

둘째, 부동산의 종류(주택, 상가, 토지)가 무엇인가?

셋째, 증여 및 양도부분에 대해 양도 및 취득에 대해 각각의 증여세율, 양도세율, 취득세율이 일반세율과 중과세율 적용이 어떻게 되는지?

특히 2023년부터 양도소득세 개정으로 "부담부증여"시 증여시점의 부동산 평가를 "시가"가 아닌 기준시가, 임대료 환산가액, 근저당된 채권액으로 증여금액과 매매금액을 구분하는 경우 실지 취득가액을 인정하지 않고 취득할 때의 기준시가를 적용하도록 개정되었다.

따라서 양도소득세를 많이 부담할 수 있는 경우가 있을 수 있으므로 주의하여야 한다.

부담부증여시 부수적으로 아래 사항들을 추가 검토해 봐야 할 것이고, 이런 문제 때문에 실무적으로 부담부증여를 하는 경우도 있다.

첫째, 부모님이 다주택자라면 종합부동산세 문제,

둘째, 부모님 사망시 채무 승계부분은 상속재산에 합산되지 않고 증여부분만 10년 기준으로 추가 상속세에 미치는 영향 문제,

셋째, 자녀가 주택을 증여 받은 경우 1세대 1주택 비과세로 혜택을 받는 문제,

넷째, 증여받은 부동산에서 임대소득이 있는 경우 자녀가 부담할 건강보험료 문제 및 추가로 증여받거나 상속받을 때 자금력 확보문제 등

그리고 부담부증여로 자녀가 인수한 채무에 대해 국세청에서 채무를 자녀의 적법한 소득으로 변제했는지 나중에 사후관리로 확인하고 있는데 자녀의 자금출처가 불분명한 경우 추가 증여세 등의 문제가 발생할 수 있으니 사전에 준비하고 주의하여야 할 것이다.

지방자치단체에서도 국세청과 같이 부담부증여로 승계받은 채무에 대해 이자를 누가 지급하고, 변제하였는지 등을 사후에 확인하는 절차를 진행하는 경우가 있으므로 주의하여야 할 것이다.

96. 토지와 건물 소유자가 다른 경우 임대보증금과 임대료를 어떻게 받는 것이 좋은가요?

> **핵심** 임대보증금은 부채, 임대료는 재산형성

父소유 토지를 子가 증여받아 건물을 신축하여 임대를 하려고 하는 경우 토지에 대한 증여세가 너무 많은 경우가 대부분이다.

따라서 토지를 증여받지 않고 父소유 토지위에 子명의로 건물을 신축해서 임대하고 임대료와 임대보증금을 받는 경우가 있다.

임대료는 소득으로 누적할 수 있는 재산이고, 임대보증금은 임차인에게 반환할 채무이다. 토지와 건물 소유주가 다른 경우 세법에서 임대료와 임대보증금이 누구에게 귀속되는지는 사실관계에 따라 판단하도록 되어있다.

즉, 임대료와 임대보증금을 누가 받아 사실상 사용 및 지배권을 가지고 있느냐를 기준으로 세금문제를 판단한다.

이러한 성격을 이용하여 <u>임대료는 子가 받는 것으로 계약하고, 임대보증금은 토지 소유자인 父가 받는 것으로 계약</u>할 수 있다.

子가 받는 임대료는 모아서 추후 토지를 증여받거나 상속받을 때 필요한 자금으로 사용할 수 있고, 父가 받은 임대보증금은 사망 시 채무로 공제받아 상속세를 절세하는 효과가 있다.

이 때 子가 父의 토지를 무상으로 사용하게 되는 것인데, 증여세법에 토지를 무상으로 사용하여 얻는 이익에 대해 증여세를 과세하도록 규정되어 있으나, 예외적으로 증여판단 시점에 토지가액이 약 131,800만원 미만인 경우 토지무상이익에 대해 증여세를 과세하지 않고, 5년 뒤 다시 토지가액으로 토지무상이익에 대한 증여여부를 판단한다.

여기서 토지가액은 "시가"를 적용해야하지만 시가가 없고 담보된 것도 없는 경우 일반적으로 공시지가로 평가한 금액으로 판단한다.

이를 잘 활용하면 증여세를 절세하며 子는 임대료를 모아 재산증식 등 여러 용도로 사용할 수 있고, 父의 임대보증금은 채무로 상속재산에서 공제받아 상속세를 절세할 수 있는 효과가 있다고 할 수 있다.

추가로 父의 토지무상임대에 대해 부가가치세와 소득세가 과세될 수 있다.

토지 무상임대에 대해 부가가치세법은 부가가치세를 과세하지 않도록 규정되어 있고, 소득세법은 토지가액의 50%에 해당하는 금액에 정기예금 이자율을 적용한 금액을 임대소득으로 소득세를 과세한다.

따라서 부동산을 무상사용하는 경우 증여세, 부가가치세, 소득세 문제를 함께 검토하는 것이 좋을 것이다.

97. 배우자에게 증여받은 부동산·주식은 언제 양도해야 절세 할 수 있나요?

핵심 부동산은 10년, 주식은 1년 후 양도

　오래전 취득하여 당초 취득가액이 미미한 상태에서 양도하면 많은 양도차익으로 양도소득세가 많이 나오는 것을 일반적이다.
　배우자에게 증여하는 경우 증여시점의 평가액으로 6억원까지 배우자증여공제를 인정해 주므로 이를 이용해 증여세 없이 배우자에게 증여하고 추후 증여받은 재산 양도시 6억원을 취득가액으로 인정받아 양도소득세까지 절세할 목적으로 배우자에게 증여하는 경우가 대부분이라고 생각한다.

　배우자에게 증여받은 재산에 대해 배우자증여공제 6억원을 인정받아 증여세를 내지 않거나 적게 납부하고, 증여받은 재산을 바로 양도하는 경우 취득가액으로 증여받은 가액을 적용하는 경우 양도차익이 적어져 양도소득세를 적게 부담할 수 있다.

　이런 경우 조세형평이 침해될 수 있어 배우자에게 증여받은 재산을 아무 때나 양도하지 못하도록 양도시기를 제한하고 있고, 증여받은 재산이 부동산 또는 주식에 따라 절세방법에 차이가 있다.

(1) 증여받은 부동산은 10년 후 양도해야 한다.

배우자에게 부동산을 증여받은 경우 증여받고 10년 이내 양도하면 6억원 증여공제의 효과를 없애기 위해 취득가액을 증여받은 금액이 아니라 증여한 배우자의 과거 취득시점의 취득가액을 적용하도록 하고 있다.
그 결과 배우자증여공제 6억원 때문에 얻는 이익은 없어지고, 양도소득세를 많이 부담하게 하도록 규정하고 있다.

그러나 배우자에게 부동산을 증여받고 10년 경과하여 양도하면 증여받은 시점의 평가액을 취득가액으로 인정해 주고 있다. 따라서 증여로 6억원 배우자증여재산공제받은 금액이 취득가액에 포함되어 양도차익이 작아져 양도소득세를 절세할 수 있다.
6억원까지는 아니지만 최대 6억원 정도까지 양도차익이 줄어드는 결과가 된 것이다.

따라서 배우자에게 부동산을 증여받은 경우는 10년이 지난 후 양도해야 절세할 수 있으므로 10년 이내 양도하는 것은 피해야 할 것이다.

예를 들면, 남편이 10년 전 1억원에 취득했고 현재 시가로 6억원 하는 부동산을 아내에게 증여한 경우가 있다. 이때 아내가 부동산을 증여받고 10년 이내 양도하면 취득가액은 1억원을 적용받고, 10년 경과해서 양도하면 취득가액을 6억원으로 적용받는 것이다. 따라서 10년 뒤에 양도해야 취득가액을 1억원이 아닌 6억원을 인정받아 5억원(증여로 얻는 이익)의 양도차익이 줄어들어 양도소득세를 절세할 수 있다.

예외적으로, 증여한 배우자가 사망하거나 증여받은 부동산이 수용 또는 1세대 1주택 비과세가 적용되는 경우 증여받고 10년 이내에 양도해도 증여받은 가액을 취득가액으로 한다.

증여받고 이혼 후 양도하는 경우에도 10년 경과하여 양도해야 절세할 수 있다.

2022년까지는 증여받고 5년을 기준으로 5년 내 양도하면 증여자의 과거 취득가액으로, 5년 경과해서 양도하면 증여받은 시점의 가액을 취득가액으로 하였기 때문에 5년 경과해서 양도하면 증여로 얻는 이익만큼 양도소득세 절세효과를 많이 얻을 수 있어서 실무에서 절세방법으로 많이 사용했다.

그러나 세법개정을 통해 2023년 1월 1일부터 부동산을 증여하고 양도시기를 5년에서 10년으로 변경하여 배우자에게 증여하고 양도소득세 절세할 수 있는 효과를 감소시켰다.

(2) 상장주식·비상장주식을 증여받아 1년 후 양도해야 한다.

2025.01.01. 이전에 배우자에게 주권 상장법인의 주식 또는 주권 비상장법인의 주식을 증여받은 경우 양도시기에 관계없이 증여받은 금액을 취득가액으로 하지만, 2025.01.01. 이후 증여받은 주식은 양도시기에 따라 다음과 같이 개정되었다.

주권 상장법인의 주식

① 2025.01.01. 이후 주권 상장주식을 배우자에게 증여받아 1년 경과하여 주권 상장법인의 대주주로 주식을 양도하면 증여받은 금액을 취득가액으로 양도소득세를 계산한다.

반대로 배우자에게 증여받고 1년 이내 주권 상장법인의 대주주로 주식을 양도하면 증여한 배우자의 과거 취득가액을 적용하여 양도소득세를 계산한다.

② 2025.01.01. 이후 주권 상장법인의 대주주가 아닌 경우 배우자에게 증여받고 증권시장에서 거래하면 양도시기 제한 없이 증여받은 금액을 취득가액으로 양도소득세를 계산한다. 그러나 증권시장 외에서 거래하는 경우 증여받고 1년 경과하여 양도해야 취득가액을 증여받은 금액으로 인정받을 수 있다.

주권 상장법인의 대주주란, 주주 1인 또는 주주1인과 특수관계인의 소유한 주식이 양도일이 속하는 사업 연도의 직전 사업 연도 종료일을 기준으로 소유주식비율이 1/100이거나 소유주식 시가총액이 50억원 이상인 경우를 말한다.

③ 외국법인이 발행하였거나 외국에 있는 시장에 상장된 주식을 배우자에게 증여받는 경우 증여받고 1년 경과하여 양도해야 증여받은 금액을 취득가액으로 양도소득세를 계산한다.

주권 비상장법인의 주식

주권 비상장법인의 주주가 2025.01.01. 이후 주식을 배우자에게 증여받은 경우 1년 경과하여 양도하면 증여받은 금액을 취득가액으로 양도소득세를 계산한다.

 반대로 1년 이내 양도하면 증여자의 취득가액으로 양도소득세를 계산한다.

의 견

 배우자에게 부동산, 비상장주식 또는 상장주식을 증여받아 양도하는 경우 위와 같이 절세에 차이가 있으므로 각자의 입장과 상황에 따라 잘 활용하면 절세에 도움이 될 수 있다고 생각한다.

98. 자녀가 내야할 증여세를 부모가 부담해도 되나요?

핵심 세금증여 방법 및 연대납세의무자 납부

국내에 거주하는 자녀(거주자)가 증여받은 재산은 증여받은 날부터 3개월 되는 날의 말일까지 증여세를 신고하고 세금도 납부해야 한다.

자녀가 기한 내에 증여세를 납부하지 못하고 세금을 연체하면 세무서에서 증여자인 부모에게 자녀의 증여세와 가산세에 대해 연대납세의무가 있으니 대신 납부하라고 통지를 보내고, 이 통지를 받은 이후부터 부모가 증여세와 가산세를 대신 납부해 줄 수 있다.

이렇게 증여세를 대신 납부하라는 통지를 받기 전에 부모가 증여세와 가산세를 납부해 주면 그 금액도 증여로 보아 추가 증여세를 내야하고, 추가 증여세와 가산세에 대해 부모가 또 세금을 내주면 내준 세금에 대해 또 추가증여세와 가산세가 과세되는 악순환이 계속 이어져 수회에 걸쳐 증여세가 과세되는 상황이 된다.

이런 문제를 해결해 주는 방법으로 2가지를 생각할 수 있다.

(1) 부동산 증여할 때 내야할 증여세를 현금으로 함께 증여하는 방법이다.

자금능력이 없는 미성년자 등이 부동산 등을 증여받고 납부한 증여세에 대해 세무서에서 어떤 자금으로 증여세를 냈는지 확인할 때 부모님으로부터 증여받은 자금으로 증여세를 낸 사실이 확인되면 세무서에서 재차 증여로 보아 추가 증여세를 고지하고 있다. 이 경우 3%의 신고세액공제 혜택을 받지 못하고, 신고 및 납부 불성실 가산세의 불이익까지 당하게 된다.
그리고 추가 고지된 증여세를 납부해주면 또 다시 증여세가 과세된다.

이런 문제를 해결해 주기위해 증여세 납부능력이 없는 자녀에게 부동산 등 재산을 증여할 때 미리 증여세 상당액의 현금을 부동산 등과 함께 증여하여 합산해서 증여세 신고하고 신고한 현금으로 증여세를 납부하는 경우 납부해 준 증여세에 대한 추가 증여세를 1회 납부로 모든 의무를 종결해 주도록 규정되어 있다.
따라서 자금능력이 없는 자녀 등에게 부동산 등을 증여할 땐 자녀가 부담할 증여세도 함께 증여하고 신고기한 내 모두 신고하고 증여세를 납부하는 것이 절세 방법이라고 할 수 있다.

(2) 연대납세의무자 지정통지 받고 납부해주는 방법이다.

父가 子에게 부동산 등을 증여하고 증여세 신고만 하고 납부는 하지 않는 경우 父(증여자)에게 子가 납부할 증여세를 대신 납부할 의무가 있는 연대납세의무자 지정통지를 받을 수 있다.
이렇게 연대납세의무자 지정통지를 받은 후 대신 납부해주는 방법이다.

증여받고 3개월 내 증여세를 무신고하고 납부하지 않은 경우 무신고 가산세로 내야 할 증여세의 20%(부정행위로 무신고한 경우 가산세율이 40%)와 납부지연 가산세로 증여세를 납부하는 날까지 매일 22/10,000의 이자(년 8.03%)에 해당하는 가산세를 내야한다.

따라서 증여받고 3개월 내 증여세 신고를 하고 납부만 하지 않으면 무신고 가산세 20%는 피하면서 납부지연에 따른 1일 22/10,000의 이자상당액을 포함하여 父(증여자)가 연대납세의무 통지를 받고 납부해 준다면 납부해 준 증여세에 대해 추가 증여세가 발생하지 않는다.

위 2가지 방법 중 증여세를 사전에 현금으로 증여하는 경우 10년 이내 父 사망하면 상속재산에 합산하여 추가 상속세가 과세된다.
그러나 父가 연대납세의무자로 통지받고 납부해 준 증여세와 납부지연 가산세는 父 사망시 상속재산에 합산하지 않는다.

의 견

자녀가 부동산 등을 증여받고 증여세를 납부한 경우, 세무서에서 자녀가 현금으로 증여세를 납부한 자금출처를 확인하는 경우가 있다.
따라서 자력이 없는 자녀에게 부동산 등을 증여할 때는 반드시 취득세 및 증여세 자금을 어떻게 준비할 것인가도 검토해야 한다.

99. 신용불량자 된 자녀의 채무를 부모가 변제해 줘도 되나요?

| 핵 심 | 부채 갚아준 형식에 따라 달라지는 부모책임 |

 신용불량자인 자녀의 대출금을 부모가 대신 변제하거나 인수하는 경우 증여세 문제가 발생된다.
 이때 어떠한 방법으로 자녀의 대출금을 부모가 책임지느냐에 따라 증여세가 발생할 수도 있고, 발생하지 않을 수도 있다.

(1) 자녀가 부모에게 자금을 받아 대출금 변제하는 경우

 자녀의 은행 대출금을 부모가 변제해주기 위해 자녀에게 변제할 대출금을 전달하고 자녀가 이 금액을 받아 은행 대출금을 변제하는 경우가 있다.
 부모가 자녀에게 변제할 대출금을 전달하는 순간 현금증여가 되어 증여세를 내야한다.
 현금 증여에 대한 증여세를 자녀가 납부하지 못하면 증여한 부모에게 연대납세의무가 있으므로 국세청은 부모에게 자녀가 납부할 증여세를 징수할 수 있다.

현금증여에 대한 증여세는 면제해 주는 규정이 없으므로 부모의 연대납세의무 역시 면제해 주지 않는다.

신용불량자 또는 사업실패한 자녀의 대출금을 부모가 자녀를 통해 변제한 경우 증여세와 가산세(신고 안하는 경우가 대부분이므로)까지 부담하는 나쁜 결과가 될 수 있다.

(2) 부모가 은행에 직접 대출금을 변제해 주는 경우

자녀의 은행 대출금을 부모가 직접 은행을 방문하여 변제하거나 직접 송금하여 변제하는 경우가 있다.

이렇게 부모가 자녀의 대출금을 대신 변제하는 것은 증여에 해당되어 자녀는 증여세를 내야한다.

자녀가 증여세를 납부하지 않는 경우 증여자인 부모에게 연대납세의무가 있어 국세청은 부모에게 자녀의 증여세를 징수할 수 있다.

그러나 위 현금증여와 달리 채무를 대신 변제받은 자녀에게 증여세를 받을 수 없다고 세무서에서 판단되면 자녀의 증여세를 면제해 줄 수 있고, 자녀가 증여세를 면제받으면 증여자인 부모의 연대납세의무도 면제해 준다.

신용불량자 또는 사업실패한 자녀의 대출금을 부모가 은행에 직접 변제한 경우 자녀의 증여세를 면제받고 증여자인 부모의 연대납세의무도 면제받을 수 있다.

(3) 부모에게 자금을 차입하여 은행 대출금을 변제하는 경우

자녀가 부모에게 자금을 차입하여 자녀의 은행 대출금을 변제하는 경우가 있다.

자녀는 차용증을 작성하고 추후 분명히 변제하려고 하였지만 사업실패로 변제능력이 없어진 경우 부모가 채권을 포기하는 경우가 있다.

이렇게 부모가 채권을 포기하면 자녀는 채무를 면제 받은 것이므로 증여에 해당되어 증여세를 납부하여야 한다.

이 경우에도 자녀가 증여세를 납부하지 않는 경우 증여자인 부모에게 연대납세의무가 있어 국세청은 부모에게 자녀의 증여세를 징수할 수 있다.

그러나 자녀가 신용불량자 등에 해당하여 증여세를 받을 수 없다고 세무서에서 판단되면 자녀의 증여세를 면제해 줄 수 있고, 증여자인 부모의 연대납세의무도 면제해 준다.

예를 들면, 자녀가 부모에게 사업자금 등을 위해 금전을 차용하였지만 사업실패 등으로 신용불량자가 되어 부모에게 빌린 차입금을 변제할 수 없는 경우가 있다. 이런 경우 부모가 채권을 포기하고 자녀가 신용불량자 등에 해당하는 사실을 입증하면 자녀의 증여세 및 부모의 연대납세의무 면제를 받을 수 있을 것이다.

(4) 자녀의 대출금을 부모가 인수하는 경우

자녀의 대출금을 부모가 인수하는 것도 증여에 해당되어 자녀는 증여세를 납부하여야 한다.

이 경우 증여자인 부모에게 연대납세의무가 있고, 수증자인 자녀가 증여세를 납부할 능력이 없다고 국세청이 판단하면 증여세를 면제해 줄 수 있고, 이 경우 국세청은 부모의 연대납세의무도 면제해 준다.

부모가 자녀의 채무를 인수하고 자녀가 신용불량자 등에 해당한다고 입증하면 자녀의 증여세 및 부모의 연대납세의무 면제를 받을 수 있을 것이다.

의 견

위에서 4가지로 신용불량자가 된 자녀의 대출금을 부모가 변제해 주는 방법 중 자녀에게 자금을 주고 변제하도록 하는 방법이 제일 안 좋은 방법이라고 할 수 있다.

자녀가 사업실패 등으로 신용불량자가 된 경우 등 금전적으로 곤경에 처한 자녀를 부모가 도와 줄때도 가능하면 도와주는 시점과 세금문제를 고려하며 도와주는 것이 추가 피해를 방지할 수 있을 것 같다.

사 례 아버지 빚 대신 갚아준 박세리, 증여세 내야 할까?

한국 골프의 전설로 꼽히는 박세리씨가 오랜 기간 아버지 빚을 대신 갚아줬다고 밝히면서 거액의 증여세를 내야 할 수 있다는 관측이 나왔다. 부모의 빚을 대신 갚는 것도 증여에 해당할 수 있기 때문이다.

박세리씨는 2024년 6월 18일 기자회견을 통해 "아버지의 채무 문제는 하나를 해결하면 마치 줄이라도 서 있었던 것처럼 다음 채무 문제가 생기는 것의 반복이었다." 고 말하면서 눈물을 흘렸고 부친을 사문서위조 혐의로 고소하였다.

이와 유사한 일로 배우 김혜수씨, 방송인 박수홍씨 등 유명인들이 가족의 빚을 대신 갚거나 가족으로부터 사기를 당한 일도 있다. 한국 사회에서는 성공한 자식들이 부모의 빚을 외면하면 도의적 책임을 요구받기도 한다. 채권자들은 부모가 빚을 갚지 않았다며 자식인 유명인에게 연대책임을 요구하기도 하고, 부모가 빚을 갚지 않으면 자식인 유명인이 대신 사과하는 일도 빈번하다.

세금 측면에서 보면 사정은 달라진다. 박세리씨는 아버지 대신 증여세를 내야 할까요. 결론적으로 박세리씨가 재산이 없는 아버지 빚을 채권자에게 직접 갚았다면 아버지의 증여세를 내지 않아도 되지만, 아버지에게 현금을 줘 빚을 갚게 했다면 연대책임을 지고 증여세를 내야 할 수도 있다.

연대납세의무, 빚 갚아준 형식에 따라 달라져

박세리씨가 부친 빚을 대신 갚았다면 원칙적으로 증여세 납부 대상은 증여를 받은 부친이다. 박세리씨가 부친 빚을 10년 동안 100억원 정도를 대신 갚아줬다면, 부친은 증여세 최고세율인 50%와 각종 가산세 등을 합해 최소 50억원 이상의 증여세를 내야 한다.

박세리씨가 부친을 위해 갚아온 채무액은 서류상으로만 30억원이 넘는다. 부친이 진 빚은 그보다 더 많을 것으로 추정된다. 박세리씨는 은퇴 전까지 수입이 500억원 정도는 될 것이라면서도 "상금 대부분은 아버지 빚 갚는 데 사용했다"고 말했다.

부친이 재산이 없어서 증여세를 낼 수 없는 상황이라면 어떨까요. 박세리씨가 '연대 납세 의무'를 져야 할지는 부친의 빚을 어떤 형식으로 갚아줬는지에 따라 달라진다.

박세리씨가 부친을 거치지 않고 제3자인 채권자에게 직접 갚았다면 부친의 증여세를 연대해 낼 의무가 없다. 세법상 수증자인 부친이 재산이 없어 증여세를 낼 능력이 없다면 국세청이 증여세를 면제해 줄 수 있고 이 경우 증여자인 박세리씨에게도 연대납세의무를 면제해 준다.

반면 박세리씨가 부친에게 현금을 줘 빚을 갚게 했다면 연대해 증여세를 내야 할 수도 있다.

박세리씨가 부친에게 직접 '현금 증여'를 했기 때문이다. 이 경우 부친이 무재산이라 증여세를 내지 못하면 박세리씨가 대신 내야 한다.

박세리씨가 부친에게 현금을 줬더라도 빌려줬다고 주장한다면 사정은 달라진다. 과거에 쓴 차용증이 있거나, 아버지가 박세리씨에게 빚을 정기적으로 갚았다는 영수증 등 증빙이 있다면 박세리씨는 증여세를 내지 않아도 된다.

다만 박세리씨가 무이자로 부친에게 돈을 빌려줬다면 세법에서 정한 이자율은 연 4.6%의 이자를 지급해야 한다. 이자를 받지 않았다면 받지 않은 이자 역시 증여가 되어 증여세를 내야 한다.

필자의 생각으로 박세리씨가 아버지를 사문서위조 혐으로 고소했다는데, 형사처벌 결과에 따라 증여세 문제가 달라질 수 있다고 생각한다.

100. 차명계좌를 이용한 경우 어떤 문제가 있나요?

핵심 형사처벌 문제와 증여세 과세

(1) 불법을 목적으로 차명계좌를 사용하면 형사처벌 대상이다.

"차명계좌"란 남의 이름을 빌리거나 도용하여 개설한 불법적 금융거래 계좌를 말한다.

부정하게 생긴 돈의 출처를 숨겨 정상적으로 벌어들인 깨끗한 돈처럼 보이도록 꾸미기 위해 주로 사용된다. 비자금이나 불법적 로비활동, 탈세 등의 행위를 위해 이용되기도 한다.

1993년에 도입된 금융실명제에 따라 금융기관과의 모든 금융거래에 있어서 가명이나 차명 등이 아닌 실명에 의해 금융거래를 해야 한다. 가족, 종업원, 법인 대표자 개인계좌 등 사업자 본인이 아닌 타인명의 계좌는 모두 차명계좌에 속한다.

사업자가 타인명의 계좌로 거래대금 등을 입금 받는 것도 차명계좌 사용에 해당한다.

차명계좌는 크게 상대방의 허락을 얻어 개설한 "합의차명계좌"와 동의 없이 다른 사람의 이름을 훔쳐 만드는 "도명계좌"로 나뉜다. 가상의 이름을 사용하여 만드는 가명계좌와는 구분된다.

불법재산 은닉이나 자금 세탁, 탈세 등을 목적으로 다른 사람 명의로 된 계좌를 개설할 경우 5년 이하의 징역이나 5,000만 원 이하의 벌금이 부과된다. 또 불법 목적의 차명거래를 할 경우 명의를 빌린 사람과 함께 불법임을 알고 명의를 빌려준 사람도 공범으로 처벌을 받는다.
불법이나 탈세의 목적이란, 범죄수익 은닉, 비자금 조성, 조세포탈, 자금세탁, 횡령 등 불법·탈법 행위나 범죄의 수단으로 악용된 차명예금을 말한다.

한편 국세청은 사업자 차명계좌를 이용한 현금 탈루 행위 차단 및 사업자 간 공평과세 실현을 위해 차명계좌 신고포상금 제도를 운영하고 있다.

(2) 차명계좌 입금액은 증여세 과세될 수 있다.

차명계좌를 사용하는 이유는 실질적으로 어쩔 수 없는 부득이한 경우보다는 조세포탈 등 불법적인 목적으로 사용되는 경우가 많았고, 국세청은 차명예금에 대해 증여세를 과세하면서 납세자와 여러 가지 다툼이 있었다.
예를 들면, 국세청에서 세무조사를 하면서 자금출처가 분명하지 아니한 미성년자나 배우자 명의로 보유하고 있는 예금이나 금융상품에 대해 증여세를 과세하려고 하는 경우, 그 예금의 명의자인 미성년자나 배우자는 예금을 증여받은 것이 아니고 편의상 명의를 차명했다고 주장하면 증여세를 과세하는데 많은 어려움이 있었다.

정부는 이러한 다툼을 최소화하고 탈루된 증여세를 징수하기 위해 2013.01.01. 관련 증여세법을 신설하여 차명계좌에 재산이 입금되면 입금시점에 그 예금은 예금 명의자에게 증여한 것으로 증여세를 과세하되, 그 차명예금이 증여가 아니라는 것을 통장 명의자가 구체적 증빙으로 입증하면 증여세를 과세하지 않도록 하였다.

반면, 차명예금의 실질소유자는 차명 예금한 자금 출처를 밝혀야 하고, 자금출처에 따라 소득세 또는 증여세 등의 세금문제가 발생할 수 있도록 하였다.

이와 같이 차명예금의 통장 명의자에게 증여추정을 적용하여 증여세를 과세하고자 하는 취지는 대재산가나 고소득자의 변칙적인 상속·증여 등의 탈세수단으로 활용하는 것을 방지하는 데에 그 목적이 있는 것으로 보인다.

통장 명의자가 차명예금이라고 주장하더라도 그 명의자가 차명예금을 다른 계좌로 이체하거나 인출하여 명의자의 부동산 취득자금 또는 임의로 사용한 경우, 차명예금의 명의자가 발생된 이자를 사용·수익한 경우에는 그 명의자에게 증여세를 과세하게 되어 있다.

일반적으로 탈루된 상속세·증여세는 최대한 15년 이내 발견되면 세금을 징수할 수 있다.

그러나 50억원을 초과하는 차명예금은 해당 재산의 상속 또는 증여가 있음을 안 날부터 1년 이내에 상속세 및 증여세를 과세할 수 있도록 하여 고액의 차명예금이 발견되면 기한 없이 언제든지 상속세·증여세를 과세할 수 있도록 하였다.

따라서 다른 사람 통장에 함부로 입금하지 말아야 한다.

통장 거래에 대해 관련 규정으로 차명거래로 판단되고 증여로 추정되어 증여세가 과세될 수 있는 것을 다시 명의를 변경하는 것은 재차 증여에 해당 될 수 있으므로 이에 대한 주의가 필요하다.

그리고 증여가 아니고 불법이나 탈세 목적의 차명예금에 해당되면 최대 5년의 징역 또는 5천만 원 이하의 벌금형 등 금융실명법 위반에 따른 형사처벌을 받을 수 있다.

현실적으로 처벌받을 수 있는 불법이나 탈세의 목적이 아니고 부득이 차명계좌를 일시적으로 사용하는 경우가 있을 수 있는데, 그런 경우 처벌하거나 증여세를 과세할 수 없다고 생각한다.

(3) 차명계좌를 허용하는 경우가 있다.

계나 부녀회·동창회 등 친목모임 회비를 관리하기 위해 대표자 명의로 계좌를 개설하는 경우, 문중이나 교회 등 임의 단체의 금융자산을 관리하기 위해 대표자 명의 계좌를 개설하는 경우 차명거래가 예외적으로 허용된다.

의견

부모가 치매 등 중증환자인 경우 부모예금을 자녀통장에 입금하고 부모의 병원비등에 사용하는 경우 증여로 보지 않는 사례 등이 있다.
필자의 의견으로 가능하면 타인의 차명계좌를 사용해선 안 되지만, 세금을 납부한 적법한 자금으로 불법이나 탈세의 목적이 아니고 생활의 편의 또는 부득이한 사정 때문에 일시적으로 타인 계좌를 이용하는 것은 증여세를 과세하거나 형사 처벌하는 것은 문제 있다고 생각한다.

101. 세무서에서 채무로 인정한 금액을 추후 변제했는지 확인 하나요?

핵 심 채무 변제한 자금출처까지 확인

국세청에서 납세자에게 별도 채무가 있다고 확인하고 인정한 사례는 아래와 같다.

첫째, 부동산을 증여받으면서 그 부동산이 담보하는 채무까지 함께 승계받아 증여받는 "부담부증여"로 신고한 채무 승계액

둘째, 부모 사망으로 상속세 신고시 상속재산과 함께 부모의 채무로 신고하고 승계 받은 채무액

셋째, 자금출처 조사를 받는 경우 금융기관 또는 개인에게 빌린 채무가 자금출처로 인정된 채무액 등

위와 같은 채무에 대해 국세청은 납세자의 채무정보로 분류하여 국세의 부과·징수관련 통합 관리하는 차세대 국세행정전산시스템(NTIS)에 입력하여 관리하고 있다.

그리고 지방국세청 또는 일선 세무서에서 상환기간이 경과한 채무에 대해 <u>채무를 변제하였는지 유무와 변제했다면 어떤 자금으로 변제했는지</u> 사후 관리로 확인하고 있다.

상환기간이 경과하지 않아도 장기 채무로 변제사실의 확인이 필요한 경우 구체적으로 확인절차를 진행하고 있고, 확인 결과 세금을 징수할 사유가 발생하면 추가 세금을 징수하게 된다.

납세자의 채무정보로 분류하여 통합 관리하면서 변제사실 유무를 사후관리로 확인한 결과, 상속·증여받은 금액 및 신고 된 소득 등 정상적 절차에 의해 확보된 재산으로 채무를 변제한 사실이 확인되는 경우 문제없이 마무리 된다,
그러나 미신고 된 증여 또는 누락된 소득 등으로 변제하여 추가적인 세금 징수 사유가 발생하면 추가 세금을 징수한다.
이렇게 더 이상 채무의 사후관리가 필요 없게 된 경우 그 내용을 NTIS(차세대국세행정전산시스템)에 입력하게 된다.

이 과정이 끝나야 국세청의 납세자의 채무관리 업무가 종결된다고 할 수 있다.

즉, 국세청에서 알고 있는 채무는 어떤 자금으로 채무를 변제한 것인지 사후관리로 확인하고 있으므로 변제할 때 적법한 자금출처를 미리 준비해야 추가적인 피해를 막을 수 있다.

102. "자금출처에 대한 세무조사"는 어떤 경우에 받게 되나요?

> **핵심** 확인된 지출보다 신고 된 소득 등이 적은 경우

　쉽게 말해, 신고 된 소득은 별로 없는데 부동산 취득 등 재산을 많이 형성한 경우 신고 된 소득금액 이상 되는 재산형성 금액이 어디서 발생한 것인지 구체적으로 조사하는 것을 "자금출처에 대한 세무조사"라고 한다.

　관련 규정을 기준으로 설명하면, 자금출처에 대한 세무조사는 일반적으로 일정기간 동안 아래와 같이 지출한 금액(자금의 운영)과 정상적인 수입금액(자금의 원천)을 비교하여 정상적인 수입금액을 초과한 지출금액이 상당히 많은 경우가 있다.
　이 경우 초과 지출한 자금의 출처(원천)가 어디인지 확인하는 절차를 "자금출처에 대한 세무조사"라고 한다.
　① 정상적 수입금액보다 지출한 금액이 훨씬 많은 경우
　② 소득과 연령 등에 비해 비정상적으로 고가의 재산을 취득한 경우 등

　일반적으로 수입금액을 초과한 지출금은 세금을 납부하지 않은 불법 소

득이거나, 신고 안하고 증여 받은 금액인 경우가 많이 있으므로 자금출처를 조사하는 경우 어떤 세금을 내지 않은 것인지 국세청에서 조사하여 확인하고 세금을 추징하는 절차라고 할 수 있다.

여기서 "지출금액"이란, 일정기간동안(일반적으로 4년을 적용한다) 부동산·주식·골프회원권 등 재산을 취득 또는 부채를 상환하거나, 자녀 등에게 현금을 증여하거나, 신용카드사용, 해외송금, 예금 증가, 세금납부 등을 하면서 현금이 사용(지출)된 금액을 말한다.

그리고 "정상적인 수입금액"이란, 검토한 지출금액과 동일한 기간 동안 소득세·증여세·상속세로 신고한 소득금액 및 비과세·감면받아 세금을 부담한 금액과 부동산·주식 등의 양도대금 및 채무 발생한 금액 등 세금과 관련 없이 정상적 절차로 확보된 자금(원천)을 말한다.

즉, 재산취득, 채무상환 및 소비지출 등에 직접 사용한 금액이 정상적으로 확보된 자금인지 유무를 확인하는 절차가 "자금출처에 대한 세무조사"라고 할 수 있다.

일정기간 동안 재산취득, 채무상환 및 소비지출 등에 직접 사용한 금액과 정상적인 수입금액과 차액으로 탈세혐의 금액을 간단한 수식으로 표현하면 다음과 같다.

> *** 탈세혐의 금액**
> (재산증가액 + 소비지출액 + 채무상환액) − (신고소득금액 + 임대보증금 등 확인되는 부채증가액)

"탈세혐의 금액"의 발생원인을 다음과 같이 분류할 수 있다.
① 누락된 소득인 경우가 있다.
② 부모 등으로부터 증여받아 무신고한 금액인 경우가 있다
③ 금융권이 아닌 개인 소비대차로 차용한 금전인 경우가 있다.
④ ① ~ ③에 해당하지 않으면서 증여자, 대여자 등을 특정할 수 없는 비정상적 상황에서 발생한 자금인 경우도 있다.

탈세혐의 금액의 원인이 누락된 소득인 경우 소득세를 과세(누락된 소득에 대한 건강보험료를 추가로 부담해야 한다)하고, 증여받거나 증여로 추정되는 금액인 경우 증여세를 과세한다.

이때 주의할 것은 탈세혐의 금액의 발생 원인별 추가 세금을 과세하면서 추가로 아래사항을 함께 확인하고 있다.
① 누락된 소득은 누구에게 받은 것이고 그 지급한 사람은 적법한 자금으로 지급했는지 확인할 수 있다.
② 증여 받았으면 누가 증여했고 증여한 사람은 그 증여자금이 세금을 납부하고 적법하게 확보한 자금인지 확인할 수 있다.
③ 가족 또는 지인에게 개인사채를 빌렸으면 채권자의 사채원금은 세금을 납부한 적법한 자금인지 확인할 수 있다.
이렇게 자금출처의 뿌리(자금의 원천)가 적법한 자금인지 유무가 확인되어야 자금출처 조사가 마무리 된다.

자금의 뿌리를 확인하는 과정에서 배우자 또는 직계가족에게 취득자금을 증여받은 혐의가 있는 경우 배우자와 직계가족을 조사대상으로 동시에 선정하여 조사할 수 있다.

그리고 자금출처 조사를 받는 대상자가 법인의 대표인 경우
① 자금이 법인에서 흘러나온 것인지?
② 법인에서 흘러나온 자금이 적법한 자금인지? 확인하기 위해 법인을 세무 조사하는 경우도 있다.

국세청은 PCI(Property(재산증가) Consumption(소비) Income(지출))시스템(소득·지출분석시스템)을 통해 부동산, 주식, 회원권, 차량처럼 등기·등록이 요구되는 재산의 보유내역을 모두 파악하고 있으며, 세금납부, 신용카드·현금영수증 사용내역, 해외여행 횟수 등도 파악하고 있다.

금융소득으로 원천징수 된 내역과 이자율로 역 환산하여 개인의 금융재산 잔고 예상액까지 추정하여 알고 있다.
그리고 국세청은 금융정보분석원을 통해 의심거래보고 및 고액현금거래 자료를 통보받고 있다.

따라서 국세청은 막강한 자체 PCI자료와 금융정보분석원 자료 등을 활용하여 탈세혐의자를 찾아내고 자금출처에 대한 세무조사를 통해 탈세액을 추징하고 있다.
납세자의 입장에서 자금출처에 대한 세무조사를 대비한다면 자금의 원천(수입금액)별 법과 판례 등을 통해 어떤 금액으로 입증하는 것이 적법한지 구체적으로 파악하여 준비하는 것이 최선이라고 생각한다.

예를 들면, <u>차입금 성격의 수입은 직접 지출과 연관성이 있어야 한다.</u> 이러한 내용들을 구체적으로 파악하여 자금출처에 대한 대비를 하여야 할 것이다.

103. 자금출처 조사를 받고 문제가 된 경우 어떤 불이익이 있나요?

핵 심 세금과 가산세 추징 및 법률위반사항 관련기관 통보

자금출처에 대한 세무조사를 하면서 문제가 되는 금액은 첫째, 세금을 안 낸 금액이고 둘째 관련법을 위반한 사실이라고 할 수 있다. 이하에서 구분해서 살펴보기로 한다.

(1) 세금신고 안된 금액 및 가산세를 추징한다.

자금출처가 사업을 하면서 누락된 소득으로 발견된 경우 관련 부가가치세 및 소득세, 법인세가 추징된다.

자금출처가 증여받은 자금인 경우 증여세를 추징한다.

추가로 소득을 지급한 거래 상대방 또는 증여자의 자금이 세금신고 안된 자금인 경우 소득을 지급한 자 및 증여자에게 관련 부가가치세, 소득세, 법인세, 증여세 등을 징수한다.

그리고 신고관련 가산세로 무신고시 20%, 과소신고시 10%의 가산세가 있고, 부정행위로 무신고한 경우 40%의 가산세가 있다.

납부지연 가산세로 년 8.03%의 가산세가 있는데, 수년 뒤에 세금이 추징되는 경우 납부지연 가산세가 상당히 많아진다.

(2) 법률 위반시 관련기관에 통보 및 고발된다.

자금출처 조사시 자금출처로 인정되지 않는 금액 중 사기나 그 밖의 부정한 행위로써 조세를 포탈하거나 조세의 환급·공제를 받은 자는 "조세포탈범"으로 3년 이하의 징역 또는 포탈세액 등의 3배 이하에 상당하는 벌금에 처하도록 규정되어 있다.

금융실명법을 위반하여 불법재산 은닉이나 자금 세탁, 탈세 등을 목적으로 다른 사람 명의로 된 계좌를 개설할 경우 5년 이하의 징역이나 5,000만 원 이하의 벌금이 부과된다. 또 불법 목적의 차명거래를 할 경우 명의를 빌린 사람과 함께 불법임을 알고 명의를 빌려준 사람도 공범으로 처벌을 받는다.

주식을 명의신탁한 것으로 확인되는 경우 증여세와 가산세를 추징하는 것으로 종료된다.
그러나 부동산실명법의 부동산 명의신탁 금지규정을 위반한 명의신탁자는 '5년 이하의 징역 또는 2억 원 이하의 벌금'에 처하도록 하고 있고, 명의수탁자에 대해서는 '3년 이하의 징역 또는 1억 원 이하의 벌금'에 처하도록 규정하고 있다.
그리고 부동산 명의신탁 등기를 한 '명의신탁자'에 대해 관할지자체에서 부동산 가액의 30% 금액 범위 내에서 과징금을 부과한다. 명의수탁자는 과징금이 없다.

| 사 례 | 부동산 명의신탁이 자금출처 조사로 확인 된 경우 |

주택에 대한 전체적인 세금이 중과세되던 시기에 다주택자인 경우 취득세가 중과세되고 종부세도 중과세, 양도소득세도 중과세 되었다. 이것을 피하고자 무주택자였던 지인 명의를 이용해서 지인명의 주택을 취득하였다.

지인명의 주택 가격이 많이 오르던 시기라서 2.5배 이상 시세차익을 보고 양도하였다.

그리고 이 주택 양도 대금으로 본인 명의의 상가 꼬마빌딩을 취득하는데 사용했다.

추후 꼬마빌딩의 취득 자금출치 조사를 받게 되었고 금융 조사하는 과정에서 지인명의로 취득한 주택의 명의신탁 사실이 여러 가지 증빙에 의해 다 밝혀졌고, 주택 양도대금으로 받은 자금이 고스란히 본인의 상가의 취득 자금에 사용된 사실이 전부 확인이 되었다.

104. 자금출처로 인정되는 자금은 어떻게 되나요?

> **핵심** 신고 된 소득, 증여, 상속, 양도, 직접사용 된 채무 등

재산을 취득하거나 채무를 상환한 경우 세무서에서 재산취득 자금 또는 채무 상환 자금의 출처를 요구하는 경우 자금출처(자금의 원천)에 따라 다음과 같은 방법으로 입증하여야 한다.

(1) 자금 출처별로 인정되는 금액을 별도로 정하고 있다.

첫째, 신고하였거나 과세(비과세 또는 감면받은 경우를 포함한다)받은 소득금액

신고하였거나 과세 받은 소득금액은 그 소득에 대한 소득세 등 공과금 상당액을 뺀 금액이 자금출처로 인정된다.

급여소득은 총 지급금액에서 원천징수세액을 공제한 금액이 자금출처로 인정된다.

부동산임대소득은 신고하였거나 과세 받은 소득금액(수입에서 비용을 차감한 금액을 말함)에서 해당 소득에 대한 소득세 등 공과금상당액을 차

감한 금액이 자금출처로 인정된다.

농지경작소득도 자금출처로 인정되고 있는데, 이는 소득세가 비과세 또는 과세제외 되는 소득도 자금출처로 인정되는 것이다.

자금출처 판단시 카드사용금액에 대해서 국세청은 소득에서 차감하고 있지만, 법원의 1심 및 2심 판결에서는 관련법에 카드사용금액을 차감하라고 규정되어 있지 않으므로 차감해선 안 된다고 하였는데 대법원 판단까지 받아봐야 분명해질 것으로 생각한다.

둘째, 신고하였거나 과세 받은 상속 또는 수증재산의 가액

상속받은 재산 또는 증여받은 재산으로 세무서에 신고 된 금액 또는 세무서에서 과세된 재산은 자금출처로 인정된다.

납부한 상속세 또는 증여세를 차감하라는 관련 법령, 규정과 해석 등이 없다. 현실적으로 현금 또는 부동산 등 상속·증여받는 재산에 따라 다를 수 있지만 규정 등에 세금을 차감한 금액을 자금출처로 인정한다는 내용은 없지만 세금을 차감한 금액을 자금출처로 인정할 것이다. 그러나 상속·증여받은 재산은 전체 금액을 자금출처로 인정해 달라고 주장할 수 있다고 생각한다.

셋째, 재산을 처분한 대가로 받은 금전이나 부채를 부담하고 받은 금전으로 해당 재산의 취득 또는 해당 채무의 상환에 직접 사용한 금액

재산취득일 이전에 재산을 처분하고 받은 금전이나 차용한 부채로서 금융기관, 사채 등으로 법에서 정한 방법에 따라 채무가 입증된 금액을 자금출처 입증할 자산 취득자금 또는 부채 상환자금으로 직접 사용한 금액을 자금출처로 인정한다.

재산취득일 이전에 부동산 임대하고 받은 전세금 및 보증금도 자금출처

로 입증할 자산의 취득자금 또는 부채 상환자금으로 직접 사용한 금액을 자금출처로 인정 한다.

다만, 원칙적으로 배우자 및 직계존비속간의 소비대차는 인정하지 않지만, 차용증 작성 내용, 차입금의 변제능력, 변제 방법 등 사실관계를 판단하여 자금출처로 인정 유무가 판단 될 수 있다.

(2) 자금출처로 인정된 금액으로 자금출처 대상 별 80% 이상 입증해야 한다.

취득한 재산 또는 상환한 채무별로 자금출처를 입증할 금액은 각각 위 (1)에서 설명한 금액으로 자금출처를 밝혀야 하고, 그 입증할 금액의 범위는 아래 ① 또는 ②의 범위 내에서 하여야 한다.(질문105 참조)
① 재산취득자금 또는 부채상환금액이 10억원 이하인 경우 위 (1)에서 설명한 적법한 금액으로 입증하지 못한 금액이 20% 미만인 경우 100% 자금을 입증한 것으로 인정하여 증여세가 없다.
그러나 20% 이상 입증하지 못한 경우 입증 못한 금액 전액(20%이상)을 증여받은 금액으로 추정하여 증여세를 과세한다.
② 재산취득자금 또는 부채상환금액이 10억원 초과하는 경우 위 (1)에서 설명한 적법한 금액으로 입증하지 못한 금액이 2억원 미만이면 100% 입증한 것으로 인정하여 증여세가 없다.
그러나 입증 못한 금액이 2억원 이상인 경우 입증 못한 전액(2억원이상)을 증여받은 금액으로 추정하여 증여세를 과세한다.
③ 그러나 증여받은 재산으로 그 재산의 취득자금을 입증하는 경우에는 위 20%(2억원 한도) 규정을 적용하지 않는다. 따라서 증여받은 금액으로 자금출처 입증시 100% 입증하여야 할 것이다.

105. 자금출처 조사대상 재산의 자금출처를 100% 밝혀야 하나요?

> **핵심** 80% 이상 입증하면 100% 인정 및 성명불상자 증여 추정

재산을 취득하거나 부채를 상환하고 당해 자금이 어디서 발생한 자금인지 지방국세청 또는 일선세무서에서 자금출처를 확인하기 위한 세무조사가 이루어지는 경우가 있다.

자금출처 조사를 받는 경우 재산취득자금 및 부채상환금액은 사업소득, 근로소득, 보유재산 처분금액, 상속·증여받은 재산, 임대보증금, 은행채무, 보유 현금 등 적법한 자금출처로 밝혀주어야 한다.

(1) 미입증 금액이 20% 미만, 2억원 미만이면 100% 입증으로 본다

자금이 어디서 나왔는지 밝히는 것은 과거의 일을 기억해 내며 밝혀야 하는 어려움이 있고 여러 가지 상황에 따라 100% 모두 밝히는 것은 현실적으로 어렵다.

이런 현실적인 문제를 세법에 반영하여 부득이하게 밝히지 못하는 금액을 아래와 같이 일부 고려하여 자금출처 문제를 처리하도록 규정되어 있다.

첫째, 재산취득자금 또는 부채상환금액이 <u>10억원 이하인 경우</u>
자금출처로 인정된 금액으로 <u>입증하지 못한 금액이 20% 미만인 경우 100% 입증한 것으로 간주</u>하고, 20% 이상 입증하지 못한 경우 입증 못한 금액 전액 증여로 추정하여 증여세를 과세한다.

둘째, 재산취득자금 또는 부채상환금액이 <u>10억원 초과하는 경우</u>
자금출처로 인정된 금액으로 <u>입증하지 못한 금액이 2억원 미만이면 100% 입증한 것으로 간주</u>하고, 입증 못한 금액이 2억원 이상인 경우 입증 못한 금액 전부 증여로 추정하여 증여세를 과세한다.

예를 들면, 부채상환금액이 8억원이라면 이 금액의 80%에 해당하는 64,000만원 이상 금액을 적법한 자금출처로 밝혀주면 100% 밝힌 것으로 인정해 주고, 70%만 밝히고 30%를 못 밝혔다면 30%에 해당하는 24,000만원에 대해 증여세를 과세할 수 있다.

만약 13억원에 취득한 A부동산의 취득자금을 사업소득 등 적법한 자금출처로 11억원 이상을 밝혀주고 2억원 미만 소명하지 못했다면 13억원 전부 소명한 것으로 인정해 주고, 만약 10억원만 소명하고 3억원을 소명하지 못했다면 3억원에 대해 증여세를 과세할 수 있다.

그러나 현금성 재산을 증여받아 자금출처의 증빙으로 사용하는 경우에는 예외 금액을 인정하지 않고 밝혀야 할 금액 100%를 입증해야 하고, 밝히지 못한 금액은 전액 증여세가 과세될 수 있다.

자금출처는 취득한 자산별, 상환한 부채별 각각 밝혀야 한다.
자금출처 조사를 대비한다면 위와 같은 방법으로 각각 자금출처를 준비하여야 할 것이다.

(2) 자금출처 입증 못한 금액은 성명불상자로부터 증여 받은 것으로 추정한다.

일반적으로 부족한 자금출처에 대해 증여받은 것인지 소득 누락인지 확인되는 경우가 대부분인데 간혹 그 출처가 확인되지 않는 금액이 있다.

자금을 받은 자에 대한 자금출처는 원칙적으로 자금을 지급한 자가 있어야 입증되는 것이다. 자금을 받은 자만 있고 지급한 자가 없을 수 없다.
그래서 지급한 자까지 확인하여 세금 누락사실이 모두 확인되면, 양자 모두에게 세금을 과세하는 것이다.

그러나 현실적으로 지급한 자를 모두 확인할 수 있는 것이 아니다.
그 동안 자금출처를 입증 못한 경우에도 성명 불상자로부터 증여받은 것으로 추정하여 증여세를 과세하고 있었다.

그러던 중 2022년부터 지급한 자를 확인하지 못해도 자금출처로 입증 못한 금액을 "성명 불상자로부터 증여받은 금액으로 추정"하여 증여세를 과세할 수 있도록 세법이 개정되었다.

그리고 재산 취득금액 및 부채 상환금액의 각각 개별 건 별 자금출처를 입증 못한 금액에서 3천만원을 공제한 금액에 증여세율을 적용하여 증여세를 과세하도록 규정하였다.

예를 들면, "갑"이 2건의 부동산 취득 자금출처 조사를 받은 경우
① 10억원 부동산 취득 자금출처에 대해 7억원만 소명하고 3억원을 소명 못한 경우 27,000만원(7억원-3천만원)에 대한 증여세로 4,400만원(27,000만원×20%-1천만원)을 부담한다.
② 추가로 15억원 부동산 취득 자금출처 소명시 8억원만 소명하고 7억원을 소명 못한 경우 67,000만원(7억원-3천만원)에 대한 증여세로 14,100만원(67,000만원×30%-6천만원)을 부담 한다. 그 결과 총 185,000만원의 증여세를 부담(가산세별도)해야 한다.

이렇게 자금출처를 입증 못해 증여세 과세된 금액은 다른 증여재산과 합산하지 않고, 상속재산과 합산하지 않는다. 그리고 추가로 다른 사람의 세금에도 영향을 주지 않는다.

의 견

자금을 지급한 상대방 등의 입장을 생각하고 자금출처를 입증하기 곤란한 경우 "성명불상자로부터 증여받은 것으로 추정"되어 증여세를 추징당하는 것이 더 좋은 결과가 될 수 있다고 생각하고, 필자는 이 방법으로 자금출처를 소명하는 경우가 유리한지 검토한다.

> **사 례** 자금출처에 대한 세무조사 사례를 알려주세요?

자금출처 조사란 자금의 흐름을 파악하여 문제가 된 부동산 또는 금융재산의 자금 원천을 찾아가는 것으로 자금 원천이 대부분 확인된다고 할 수 있다.

일반적으로 부동산 취득 자금에 대한 자금출처 조사를 받는 경우가 많은데 부동산을 취득한 게 아니더라도 소득을 신고한 것이 전혀 없는 사람이 갑자기 금융 재산이 수십억원이 된 경우 또는 보유 주식이 급격하게 증가하는 경우가 있다.

이런 납세자를 조사해보면 상당수가 누군가의 차명 재산인 경우가 대부분이라고 할 수 있다.

명의자의 자금출처 조사를 통해 실소유자가 밝혀지고 그 소유자에 대한 조사가 추가로 이루어지는 과정에서 차명 재산이 나오면 그 재산이 부동산이든 주식이든 예금이든 많은 문제들이 발생한다.

조사기간도 상당히 길어지면서 관련 세금을 징수하는 것 이외에 조세범처벌법, 부동산실명법, 금융실명법 등 관련법을 위반하였으면 관련기관에 통보하고 통보받은 기관은 형사처벌 여부를 판단한다.

자금출처 조사에 대한 필자의 직·간접적 경험한 사례 중 일부를 간략히 설명한다.

사례1

부부가 약50년 전 결혼하여 남편은 직장생활하고 아내는 전업주부로 열심히 살면서 아파트 1채를 남편명의로 취득하였다. 어느덧 세월이 흘러 부부는 모두 80세가 넘었고 여러 사정으로 아파트를 30억원에 양도하고 1세대 1주택으로 양도소득세를 납부하고 남은 자금으로 20억원을 주고 아파트를 취득하면서 부부 공동명의로 하였다.

이후 아내의 아파트 1/2지분 취득자금 10억원에 대한 자금출처 조사가 나왔는데, 아내는 전업주부였기 때문에 신고 된 소득이 없고 남편 명의 아파트 양도대금으로 취득한 사실이 확인되어 6억원 초과하는 매매대금에 대해 증여세가 과세되었다.

그리고 자금출처 조사 할 때 아파트 취득 이전 4년 동안 아내의 통장을 조사하여 생활비 이외 부부간 자금거래에 대해 증여세가 과세 되었다.

사례2

소득이 없는 자녀가 아파트를 취득하여 자금출처를 조사하다 보니 아버지에게 증여받은 자금으로 확인되었다. 그런데 아버지가 자녀에게 증여한 자금출처를 확인해 보니 출처가 불분명하여 아버지를 추가 조사하여 아버지가 누락한 소득으로 자녀에게 증여한 사실을 발견하였다.

조사결과 자녀에게 증여세 및 가산세와 아버지에게 누락소득에 대한 소득세와 부가가치세 및 가산세가 과세되었다.

만약 아버지가 법인을 운영하였다면 법인을 세무조사대상으로 확대하여 법인자금으로 자녀의 아파트 취득자금으로 사용한 것이 확인되면 법인세, 소득세 및 가산세 등이 추가 과세되었을 것이다.

사례3

다주택자에게 취득세, 종합부동산세, 양도소득세를 중과세하던 시절이 있었다.

이 시절에 이런 중과세를 피하기 위해 무주택자였던 지인 명의를 이용해서 부동산을 취득하여 많은 시세차익을 얻고 양도하였다.그리고 그 양도 대금으로 본인 명의의 새로운 상가 꼬마 빌딩을 취득하면서 그 취득자금으로 지인명의 주택 양도대금을 사용한 것이 자금출처 조사과정에서 확인되었다.

지인명의 아파트에 대한 취득세, 재산세 등을 다주택자가 부담한 사실을 추가 확인하여 명의신탁한 부동산이라는 사실을 확인하였다.

납세자에게 누락된 세금을 징수하고 부동산실명법 위반으로 관련기관에 통보하였다.

106. 자금출처 조사 대비와 조사 받는 경우 대응은 어떻게 하나요?

> **핵 심** 자금출처 사전 대비방법 및 조사받는 경우 대응방법

자금출처 조사대상으로 선정된 것은 탈세 혐의가 있다고 추정된 것이다. 부동산 취득자금 또는 부채상환금액 등이 어디서 발생한 금액인지 구체적으로 조사하므로 소득세 또는 증여세를 추징당하는 경우가 대부분이다. 그리고 탈세 관련 다른 법률을 위반한 범죄행위가 확인된 경우 관계기관에 통보하여 처벌받는 경우도 있다.

따라서 가능하면 자금출처 조사를 받지 않도록 사전에 준비하는 것이 제일 좋을 것이고, 조사를 받더라도 피해를 최소화 할 수 있도록 조사를 대응하여야 할 것이다.

(1) 자금출처 조사는 사전에 꾸준히 대비하여야 한다.

자금출처 조사를 사전에 대비하기 위해선 우선 질문104 및 질문105을 잘 숙지하고 아래 내용을 참고하기 바란다.

첫째, 평소 재테크하는 것처럼 세금도 꾸준히 관리하는 것이 중요하다. 자신의 명의로 재산을 증식시키기 위해서는 평소 자신의 소득에 대한 신고를 성실하고 정확히 하여야 하고, 소득을 많이 신고하려면 소비는 줄이는 노력이 필요하다고 생각한다.

국세청에서는 소득 중 세금 납부액과 소비 지출액을 차감한 금액을 자금출처로 인정하지만, 법원에서는 소비 지출액을 차감하지 않는 금액을 자금출처로 인정한 사례가 있다.

그리고 본인이 신고한 소득과 대비하여 너무 과다한 금액의 자산을 취득하는 경우 자금출처 조사 대상에 선정될 확률이 매우 높다고 할 수 있다.

둘째, 부동산이든 주식이든 예금이든 차명으로 운용하지 말아야 할 것이다.

신고 된 소득은 없는데 갑자기 부동산, 주식 또는 예금이 증가한 경우 조사대상으로 선정될 가능성이 매우 높다. 세무조사를 받으면 차명재산 유무의 사실관계가 확인되어 세금을 추징당하고 탈세범으로 고발당하는 경우도 있다.

당장의 문제 해결책으로 차명을 하는 경우가 있는데 추후 대부분 후회할 문제들이 많이 발생 할 수 있는 부분도 유념하여야 한다.

셋째, 자금을 사용할 때 돈의 꼬리표를 단다고 생각하고 사용 하는 게 좋을 것이다.

기본적으로 현금에는 꼬리표가 없어서 어떤 돈인지 확인되지 않는 경우가 대부분이다.

그래서 돈의 흐름에 대해 소명하는 게 매우 어려운 경우가 있다.

따라서 불필요한 자금이 오고 가는 것은 줄이고, 자금 이동을 할 때는 명확히 알 수 있는 증빙을 남겨두는 것이 유리하다.

넷째, 자산을 취득하기 전에 취득하려는 자산 가액에 대비하여 소득 등 적법한 자금으로 입증할 수 있는 범위를 파악해 자금 부족액이 얼마나 되는지 한번 검토를 해 보는 것이 좋다.

재산취득가액 또는 채무상환액으로 입증해야 할 각각의 금액이 10억원을 기준으로 증여세는 다음과 같이 판단한다.

① 10억원 이하인 경우 사업소득 등 적법한 자금출처로 입증한 금액의 80% 이상이면 100% 입증으로 간주하고, 80% 미만 입증하면 입증하지 못한 전액을 증여로 추정하여 증여세를 과세한다.

② 10억원 초과하는 경우 사업소득 등 적법한 자금출처로 입증 못한 금액이 2억원 미만인 경우 100% 입증으로 간주하고, 입증 못한 금액이 2억원 이상인 경우 입증 못한 금액 전부 증여로 추정하여 증여세를 과세한다.

부족한 부분은 최대한 금융기관의 대출을 활용하는 것도 좋을 것 같고, 그래도 부족한 금액은 부모에게 증여받아 증여세 신고를 하는 것도 좋을 것이다.

금융기관 대출로도 부족한 부분은 보통 부모님과의 차용증을 쓰고 차용하는 경우가 많은데, 차용증을 잘 써두더라도 그 사용 금액과 이자를 감당할 만한 소득이 발생하지 않는다면 그 부분은 세무 조사시 채무로 인정받기는 어려울 수 있다.

의견

따라서 부모님께 자금을 차용하는 경우 자녀의 부동산에 근저당을 설정하거나 이자를 지급하고 이자소득세 신고절차를 이행하는 등 차용하고 변제할 것이라는 사실을 객관적으로 인정받을 수 있도록 준비해야 할 것이다.

21,700만원까지는 무이자로 대여해도 되지만, 상황에 따라 1%라도 이자를 지급하고 많이 대여 받고 부모가 이자에 대한 소득세를 신고하는 것이 유리한 경우도 있을 수 있다.

(2) 자금출처 조사 받는 경우 조사범위 확대 없이 조속한 마무리가 좋다.

자금 출처 조사는 사전 통지서가 조사 착수일로부터 20일 전에 등기로 발송되어. 조사 받는 사람에게 15일 전에 도착되게 발송한다.

사전 통지서에는 조사대상 기간(4년)과 조사 기간(30일 정도) 및 조사사유가 기재되어 있고, 첨부서류로 국세청에서 『조사대상 기간(4년 동안) 동안 신고 된 소득, 부동산·주식의 취득 및 양도금액, 신용카드 사용액, 은행 대출금 등 자금의 원천과 운용을 분석하여 자금출처 부족액이 얼마인지 검토한 자료』를 함께 알려주고 있다.

국세청에서 보내준 자료를 잘 검토하여 자금 부족액의 규모를 알고 대비책을 세우는 게 좋을 것이다.

국세청에서 분석한 자금출처 부족액은 어느 정도 협의를 가지고 계산된 금액이지만, 정확히 일치하는 것은 아니므로 실제 조사를 진행해보면 대부분은 자금 부족액이 발생하는 건 맞고 조사 진행시에 그 자금출처 부족액을 좁히는 게 관건이 될 수 있다.

국세청에서 분석한 자금출처 부족액의 범위를 축소하는 것은 개개인의 상황에 따라 다르기 때문에 자신의 입장에 맞는 논리와 소명자료를 잘 준비하여 최대한 세금이 적게 나오도록 대응하여야 할 것이다.

간혹 조사범위가 부모님 또는 운영하는 사업체까지 확대되고 조사기간이 연장되는 경우가 있는데 이는 최악의 경우라고 할 수 있다.

개개인의 상황에 따라 다를 수 있지만 가능하면 조사범위가 확대되지 않으면서 조사기간 내 조사를 빨리 종료할 수 있도록 하는 것이 좋은 대응 방법이라고 생각한다.

107. 부모소유 부동산(주식)을 자녀에게 저가로 양도할 수 있나요?

핵 심 증여세, 양도소득세 및 취득세 검토

자녀가 모은 자금으로 부모에게 매매대금을 지급하면서 부모 소유 부동산 등을 취득할 수 있고, 시가보다 낮은 금액으로 매매거래 할 수도 있다.

부모와 자녀가 부동산, 주식 등을 매매대금을 지급하면서 저가로 매매거래하는 경우 저가 부분에 대해 매수자인 자녀의 증여세를 판단하는 기준과 양도자인 부모의 양도소득세를 판단하는 기준이 상이하므로 주의하여야 한다.

(1) 30%이상 저가 양도하면 증여세가 있다.

부모와 자녀가 저가로 매매하는 경우 증여세 판단은 시가 10억원을 기준으로 다음과 같이 판단한다.

① 시가가 10억원 이하인 부동산, 주식 등은 시가보다 30% 미만 낮은 금액으로 양도하는 경우 시가와 낮은 매매가액의 차액에 대해 증여로

보지 않는다. 그러나 30% 이상 낮은 금액으로 매입하는 경우 매수자는 30% 초과하는 낮은 금액만 증여액으로 보고 증여세를 내야한다.

예를 들면, 시가 8억원 하는 父 소유 아파트를 자녀에게 8억원의 30%에 해당하는 24,000만원 낮은 56,000만원에 양도해도 차액 24,000만원에 대해 자녀에게 증여로 보지 않도록 하고 있다.

그러나 자녀에게 40%에 해당하는 32,000만원 낮은 48,000만원에 양도하면 30% 초과하는 8천만원(32,000만원-24,000만원)을 자녀에게 증여한 것으로 보아 증여세를 내야 한다.

② 시가가 10억원 초과하는 부동산, 주식 등은 시가보다 3억원 미만 낮은 금액으로 양도하는 경우 시가와 낮은 매매가액의 차액에 대해 증여로 보지 않는다. 만약 3억원 기준보다 더 낮은 금액으로 매입하는 경우 매수자는 3억원 초과하는 낮은 금액만 증여액으로 보고 증여세를 내야한다.

(2) 5%이상 저가 양도하면 시가로 양도소득세 계산한다.

양도자의 입장에서 시가의 5% 미만 낮은 금액(한도 3억원)으로 양도하는 경우 매매가액을 양도가액으로 하여 양도소득세를 계산하도록 되어 있고, 5% 이상 낮은 금액으로 매매하는 경우 "시가"를 양도가액으로 하여 양도소득세를 계산하도록 되어 있다.

위 사례를 기준으로 父가 8억원 하는 아파트를 30% 낮은 56,000만원에 양도한 것에 대해 양도소득세를 내야하는데 시가보다 5% 이상 저가로 양도하였으므로 아파트 양도가액을 매매금액(56,000만원)이 아닌 시가(8억원)를 적용하여 양도소득세를 계산하여야 한다.

그리고 추후 자녀가 저가로 취득한 아파트 양도시 취득가액은 시가(8억원)이 아닌 매매금액(56,000만원)을 적용한다. 따라서 양도소득세가 많아질 수 있다.

(3) 30% 저가 양도가 절세에 항상 유리한 것은 아니다.

결과적으로 시가의 5% 미만 저가로 매매하는 경우 증여세 및 양도소득세 문제가 없지만, 시가의 30% 범위 내에서 저가로 매매하는 경우 시가와 차액에 대해 자녀는 증여세가 없지만, 추후 증여세 대신 양도소득세를 부담하는 것과 같은 결과가 된다.

따라서 시가보다 낮은 금액으로 거래하는 것이 절세에 유리하다고 쉽게 판단할 수 없다. 단지 자녀의 자금출처에 대해 적은 매매금액을 입증하는 부분이 유리할 수 있다고 생각한다.

그리고 다주택자로 양도소득세가 중과세 되거나, 비사업용 토지로 양도소득세가 10% 추가 과세되는 경우 등은 저가 매매거래가 단순 증여보다 세금을 더 많이 부담할 수 있으므로 여러 가지를 고려해서 시가보다 낮은 금액으로 거래 유무를 판단해야 할 것이다.

(4) 1세대 1주택인 경우 30% 저가양도가 절세된다.

시가보다 낮은 가액으로 양도하면서 절세 효과를 가장 많이 얻을 수 있는 경우는 1세대1주택 비과세를 이용하는 방법이다.

1세대 1주택을 소유한 부모가 무주택자인 자녀 또는 1세대 1주택으로 비과세 혜택을 받을 수 있는 자녀에게 시가보다 30%(3억원 한도) 낮은 금액 또는 그 이상 낮은 금액으로 양도하는 경우 절세혜택을 가장 극대화할 수 있다.

1세대 1주택을 소유한 부모는 자녀에게 시가보다 저가로 양도하지만 시가로 양도소득세를 계산해도 어차피 비과세되기 때문에 양도가액을 시가로 해도 불이익이 없다(12억원을 초과하는 고가주택이라도 부담하는 양도소득세는 미미하다).
그리고 자녀는 적은 자금 부담으로 시가보다 저가로 취득해서 추후 1세대 1주택으로 양도하면 비과세 혜택을 받으므로 낮은 취득가액의 불이익이 없다.

(5) 취득세 및 증권거래세는 "시가"로 과세한다.

취득세는 "시가"보다 낮은 금액으로 매매해도 매수자는 "시가"를 기준으로 계산된 취득세를 계산한다.
주식을 저가로 매매한 경우 매도자의 증권거래세는 "시가"를 적용하여 과세하도록 되어 있다.

(6) 저가 판단의 기준이 되는 "시가" 결정이 중요하다.

위에서 설명한 증여세, 양도소득세 및 취득세에서 시가를 무엇으로 볼 것인가 하는 문제가 있다.
감정평가액, 매매사례가액 등 법에 규정된 시가로 볼 수 있는 금액이 없는 경우 정부 고시가액을 시가로 보고 판단하도록 되어 있다.

108. 자녀소유 부동산(주식)을 부모에게 고가로 양도할 수 있나요?

핵 심 증여세, 양도소득세 및 취득세 검토

　질문107에서는 부동산, 주식 등을 시세보다 낮은 금액으로 매매하는 경우를 설명하였다.
　그 반대로 가족 사이에 부동산 등을 시세보다 높은 금액으로 매매하는 경우가 있을 수 있는데 이는 대부분 부모가 자녀 소유 부동산(주식 등)을 구매해 주는 경우라고 할 수 있다.

　고가 매매는 실무에서 잘 발생하지 않지만, 자녀의 주택이 1세대 1주택이거나, 자녀에게 많은 자금출처를 만들어 줄 필요가 있을 때 유용한 절세 방법이라고 생각한다.

　가족 간 부동산, 주식 등을 시가(시세)보다 높은 금액으로 거래하는 경우 증여세 및 양도소득세 문제가 발생하는데 문제의 판단 기준이 상이하므로 주의하여야 한다.

(1) 30%이상 고가 양도하면 증여세가 있다.

가족사이 고가 매매에 대해 시가 10억원을 기준으로 다음과 같이 판단한다.

① 시가가 10억원 이하인 부동산, 주식 등은 시가보다 30% 미만 높은 금액으로 양도하는 경우 시가와 높은 매매가액의 차액에 대해 증여로 보지 않는다. 그러나 30% 이상 더 높은 금액으로 매도하는 경우 매도자는 30% 초과하는 높은 금액만 증여액으로 보고 증여세를 내야한다.

예를 들면, 시가 8억원의 자녀소유 부동산을 부모에게 8억원의 30%에 해당하는 24,000만원 높은 104,000만원에 양도해도 고가 차액 24,000원에 대해 증여로 보지 않는다.
자녀가 1세대 1주택이라면 104,000만원의 자금출처를 만들어 줄 수 있는 것이다.
그러나 자녀가 40%에 해당하는 32,000만원 높은 112,000만원에 양도하면 30% 초과하는 8천만원(32,000만원-24,000만원)을 자녀에게 증여한 것으로 보아 증여세를 내야 한다.

② 시가가 10억원 초과하는 부동산, 주식 등은 시가보다 3억원 미만 높은 금액으로 양도하는 경우 시가와 높은 매매가액의 차액에 대해 증여로 보지 않는다. 그러나 3억원 이상 더 높은 금액으로 매도하는 경우 매도자는 3억원 초과하는 높은 금액만 증여액으로 보고 증여세를 내야한다.

(2) 5%이상 저가 양도하면 시가로 양도소득세 계산한다.

　가족에게 시가보다 높은 가액으로 양도하는 경우 양도소득세를 부당하게 감소할 목적이 없기 때문에 매매가액으로 양도소득세를 계산하지만, 매매가액 중 일부 증여금액으로 증여세가 과세된 금액은 매매가액에서 차감한 금액을 매매금액으로 양도소득세를 계산한다. 자세한 내용은 아래와 같다.

① 30%(3억원 한도)이내 고가 양도한 경우
　고가로 양도한 경우 30%(3억원 한도)이내 고가 양도한 경우 시가와 고가 양도가액의 차액에 대해 증여로 보지 않으므로 30%이내 고가 매매금액을 양도가액으로 양도소득세를 계산한다.

　위 사례로 살펴보면, 자녀가 부모에게 30% 범위 내에서 고가로 부동산을 양도한 것에 대해 양도소득세를 내야하는데 이때 양도가액은 시가 8억원이 아니라 30% 고가 매매금액 104,000만원을 적용한다.
　즉, 30% 많은 금액에 대한 증여세는 없지만, 양도소득세를 더 부담하는 결과가 되기 때문에 고가 양도가 전체적으로 절세된다고 할 수 없다.
　그리고 고가로 취득한 부모의 입장에서 부동산 취득가액은 시가를 적용하도록 되어있으므로, 매매금액 104,000만원이 아니라 시가 8억원을 적용한다. 따라서 취득가액이 낮아지므로 추후 부모가 부동산 양도시 양도차익이 크므로 양도소득세가 많아질 수 있다.

② 30%(3억원 한도)이상 고가 양도한 경우
　그러나 시가보다 30%(3억원 한도)이상 높은 금액으로 양도하여 30%

이상 높은 금액에 대해 증여세가 과세되고, 시가에 30%(3억원 한도)를 가산한 금액을 양도가액으로 한다.

예를 들면, 자녀 소유 시가 10억원하는 부동산을 15억원에 부모에게 양도한 경우 자녀는 2억원(15억원-10억원-3억원)의 증여세를 부담한다.

그리고 부모는 10억원에 3억원을 더한 13억원을 양도가액으로 양도소득세를 계산한다.

(3) 취득세 및 증권거래세는 "매매금액"으로 과세한다.

"시가"보다 높은 금액으로 부동산을 취득한 경우 매수자는 높게 취득한 금액으로 취득세를 내야 한다.

주식의 경우에도 "시가"보다 높은 금액으로 양도한 경우 매도자는 높게 양도한 금액으로 증권거래세를 내야 한다.

109. 법인 대표의 "가수금"이 무이자인 경우 증여세가 있나요?

핵 심 대표와 특수관계있는 주주에게 증여세 과세

　법인을 운영하면서 자금이 필요한 경우 금융기관에서 차입하거나, 법인 대표 또는 법인 대표의 특수관계인 등으로부터 회사가 차입(회사의 "가수금"이 된다)하여 사용한다.
　금융기관으로부터 차입하는 경우 이자를 지급하지만, 법인 대표 및 특수관계인으로부터 차입하는 경우 이자를 지급하지 않는 경우가 많다.

　법인 대표 또는 특수관계인이 법인에 무이자로 사업자금을 빌려준 경우 법인은 은행 차입금과 달리 이자를 지급하지 않는 경우 그만큼 법인의 이익이 매년 증가하게 된다.
　매년 증가된 무이자 이익은 결국 주주에게 귀속된다고 할 수 있다. 이때 법인이 얻은 무이자 이익은 년 4.6%를 적용하여 계산한다.

　가수금을 제공한 사람과 주주가 특수관계인(배우자, 직계비속 등) 경우 법인이 무이자로 얻는 이익 중 배우자 등 각 주주가 1년에 얻은 이익이 1억

원 이상인 경우 무이자 이익을 증여로 보아 증여세를 과세하도록 규정되어 있다. 반대로 무이자로 얻는 이익이 년 1억원 미만이면 증여세를 과세하지 않는다.

이를 산식으로 표현하면 "[(대여액 × 4.6%- 무이자에 대한 법인세 상당액) × 각 주주지분율]"이 되고, 이렇게 각 주주별 계산된 가수금의 무이자이익이 1억원 이상 또는 1억원 미만 유무를 판단한다.

대표 등 특수관계자가 무이자로 법인에 빌려준 자금이 변제될 때까지 매년 법인에 무이자로 대여해 준 금액 때문에 각 주주가 얻는 이익을 계산하여 1억원 이상 유무를 판단하여야 한다.

무이자 가수금으로 각 주주가 얻는 이익은 매년 계산하고, 그 이익이 1억원 이상 되어 증여세가 과세된 경우 가수금을 제공한 특수관계자로부터 10년 내 증여받은 다른 재산과 합산하여 증여세를 계산하여야 한다.

예를 들면, 법인 대표가 회사에 50억원을 무이자로 대여하고 법인세가 0원, 법인 주주지분이 법인 대표 30%, 배우자 20%, 아들 50% 지분인 경우 배우자와 아들이 얻는 무상이익은 아래와 같이 간편하게 계산될 수 있다.

> * 법인이 얻는 무이자 이익 : 50억원 × 4.6% = 23,000만원
> * 법인 대표 본인이 얻는 무이자 이익 : 230,000만원 × 30% = 6,900만원
> * 배우자가 얻는 무이자 이익 : 23,000만원 × 20% = 4,600만원
> * 아들이 얻는 무이자 이익 : 23,000만원 × 50% = 11,500만원

주주 각각의 무이자 이익에 대한 증여세 과세유무는 다음과 같이 판단한다.

① 법인 대표 본인이 받는 무이자 이익은 본인이 본인에게 이익을 주는 것으로 증여에 해당하지 않는다.
② 배우자의 무이자 이익은 1억원 미만 이므로 증여세 과세하지 않는다.
③ 아들의 무이자 이익은 1억원 이상 이므로 11,500만원은 증여세 과세 대상이고 한도 내에서 증여세를 과세한다.
한도는 『증여세 과세대상이 된 무이자이익에 대한 증여세 - 무이자이익의 법인세 상당액』이다.
이해를 위해 간단한 사례로 설명하면 다음과 같다.
  ㉠ 증여세 과세대상이 된 11,500만원의 증여세 : 1,300만원 (11,500만원×20%-1천만원)
  ㉡ 11,500만원에 대한 법인세 상당액 : 1,035만원(11,500만원×9%)
  ㉢ 한도 : ① - ② = 265만원.
    아들이 얻는 무이자 이익 11,500만원에 대해 265만원의 증여세를 납부하면 된다.
결론적으로 아들이 50%지분 있는 회사에 父가 50억원을 무이자로 빌려준 경우 아들만 2,650,000원 증여세 납부하면 된다.

이러한 무이자 이익은 가수금이 변제될 때까지 매년 계산하여 1억원 이상 이면 과거 증여와 합산하여 증여세를 과세한다.

법인의 가수금 문제는 가족을 주주로 만든 가족법인에서 자주 발생하는데, 각 주주별 이익이 1억원 이상 되는 가수금(대여금)이 되려면 <u>주주가 1인인 경우 217,000만원 이상 되어야 하고, 주주가 2인이고 지분이 동일한 경우 434,000만원 이상 되어야 한다.</u>

따라서 가족법인이 父로부터 많은 금액을 무이자로 빌려도 주주가 배우자, 자녀, 사위(며느리), 손 자녀 등으로 구성되어 주주가 많은 경우 각 주주별로 계산된 무이자 이익이 1억원 이상 되기 어려워 증여세 문제가 발생하지 않을 수 있다.

주주별 무이자 이익이 1억원 이상 되는 경우에도 주주별 한도를 적용하면 증여세 과세는 미미한 경우가 많다.

이런 점을 이용해 증여세 및 상속세 절세방법으로 기존 가족법인을 활용하거나 신규로 가족법인을 만들어 부모 자금을 차용해 법인의 사업자금으로 사용하거나 법인 명의로 부동산을 취득하도록 절세 상담을 하는 경우가 많이 있다.

110. 법인 대표가 "가수금"을 포기(채권 포기)하는 경우 증여세가 있나요?

핵 심 대표와 특수관계있는 주주에게 증여세 과세

법인 경영이 어려워 자금이 부족한 경우 회사의 주인이라고 할 수 있는 법인 대표가 개인자금을 법인에 잠시 대여하고 추후 변제받으면서 법인을 운영하는 경우가 많다.

이렇게 법인 대표(일반적으로 회사 주인이 법인 대표인 경우가 많다)가 법인의 부족한 운영자금을 빌려준 금액을 "가수금"이라고 한다.

법인 경영이 오랜 기간 어려워 법인 대표의 가수금이 계속 늘어나 법인이 감당할 수 없는 큰 금액이 되는 경우가 있다.

결국 법인이 법인 대표의 가수금을 변제 불가능한 상황이 되는 경우가 있고 법인 대표는 조속한 회사 정상화를 위해 회수 불가능한 가수금을 포기하는 경우가 있다.

법인 대표가 가수금을 포기한 경우 법인은 변제할 채무가 없어진 것으로 "법인의 채무면제 이익"이 발생하여 법인세가 과세 된다.

법인이 얻은 채무면제 이익은 최종적으로 그 법인의 주주가 이익을 얻게 되는 것이다.

이렇게 법인 대표의 가수금 포기로 주주가 얻는 이익을 증여로 보고, 그 증여금액이 1억원 이상 되는 주주 중 법인 대표와 특수관계 주주(주로 배우자와 자녀 등)에 한하여 증여세를 과세하도록 규정하고 있다.

예를 들면, 법인 주주지분율이 법인 대표 50%, 배우자 9%, 아들 15%, 타인 10%로 법인의 누적 결손금이 15억원, 법인대표의 가수금이 10억원인데 법인으로부터 가수금 회수가 불가능한 경우가 있다.

법인 대표는 부득이하게 2024년 가수금 10억원을 포기했고 회사는 채무를 면제받은 이익으로 누적결손금과 상계하였고 법인은 매출이 없고 법인세는 0원이다.

위 예를 기준으로 대표이사가 10억원의 가수금을 포기하면 각 주주가 얻는 무상이익은 아래와 같이 계산 될 수 있다.

* 법인 대표가 얻는 무상이익 : 10억원 × 50% = 50,000만원
* 배우자가 얻는 무상이익 : 10억원 × 9% = 9,000만원
* 아들이 얻는 무상이익 : 10억원 × 15% = 15,000만원
* 타인이 얻는 무상이익 : 10억원 × 10% = 10,000만원

주주 각각 법인의 채무면제로 얻은 무상이익에 대한 증여세 과세유무는 다음과 같이 판단한다.

① 법인 대표가 얻는 5억원은 법인 대표 본인이 본인에게 증여한 것이 되므로 증여에 해당하지 않는다.

② 배우자의 이익은 9천만원으로 1억원 미만이라 과세하지 않는다.
③ 타인은 특수관계인이 아니므로 1억원 이상이 되어도 증여세를 과세하지 않는다.
④ 그러나 아들은 특수관계인에 해당 되어 아들이 얻는 15,000만원은 증여로 증여세 과세되는데, 한도(채무면제로 얻는 이익에 대한 증여세-법인세 상당액)내에서 증여세를 부담한다.

법인 대표로부터 아들이 10년 이내 다른 증여를 받은 것이 있으면 합산하여 증여세를 과세하고, 추후 10년 이내 법인 대표가 사망하는 경우 상속재산에 합산하여 상속세를 추가 부담하여야 한다.

여기서 <u>주의할 것은 대표가 가수금을 포기하는 경우 특수관계에 있는 주주에게 증여세를 과세하지 않는 규정은 "해당 법인이 해산 중으로 가수금을 포기해도 주주에게 분배할 재산이 없는 경우"밖에 없다.</u>
즉, 대부분 가수금을 포기하는 경우 특수관계인 주주(가족)에게 증여세가 과세되므로 주의하여야 한다.

가수금의 포기란 사실상 사업이 망하여 법인 대표의 돈을 회수할 길이 없는 것을 말한다. 즉, 법인 대표의 채권포기로 인하여 특수관계인 주주에게 이익이 돌아가는 것이 아니라 사실상 기업이 망하는 단계에서 기업을 살려보고자 하는 수단일 뿐이라고 기업들은 주장하고 있지만, 국세청 및 조세심판원에서는 받아들여지지 않고 있다.

<u>기업이 구조조정 과정에서 채권단의 요구로 법인 대표가 가수금(채권)을 포기한 경우라도 특수관계 주주인 배우자와 자녀가 실제로 얻은 이익이 없어도 증여세를 과세해야 한다는 국세 심판례가 있다.</u>

따라서 법인 대표가 법인에 가수금이 있는데 가수금을 받을 수 없어 포기하는 경우 증여세 문제가 있고, 법인 장부에 가수금이 있는 상태에서 사망한 경우 상속세 문제가 있다.(질문28 참조)

따라서 법인 대표 등의 가수금을 미리 없앨 수 있도록 노력해야 할 것이다.(질문111 참조)

> **사례** 좋은 의도로 회사 빚을 탕감해 줬는데, 아무것도 모르는 배우자와 자식들만 증여세 폭탄 맞았네요?

10년 전 어느 변호사님이 법원 판례를 정리한 내용으로 2006년 12월, 갑은 주식회사 티에스를 설립하면서 자신이 전체 지분의 40%를 가지고, 부인에게 10%, 아들과 딸에게 각각 25%씩 나눠주었다.

갑은 회사에 필요한 자금을 회사 명의로 은행에서 빌려 쓰다가 2009년부터는 은행 차입이 어려워지자 자신의 개인 돈을 회사에 빌려주는 형식으로 자금을 대기 시작했다. 그렇게 갑이 회사에 빌려준 돈만 무려 30억원이 넘었다. 주식회사 티에스의 총 부채는 100억원에 육박해 회사 자산 50억원의 두 배에 달했다.

회사가 망하는 것을 두고 볼 수 없었던 갑은 고민 끝에 2020년 12월 20일 자신이 회사에 빌려준 돈 30억원을 탕감해 주기로 결정한다. 부채가 많이 줄긴 했으나 여전히 부채가 자산보다 20억원이 더 많았다. 그런데 1년 후, 갑의 부인과 자식들에게 느닷없이 6억원이 넘는 증여세를 내라는 연락이 왔다.

갑이 회사에 탕감해 준 30억원에 대해 증여세를 내야 한다는 것이었다.

갑은 회사를 살리기 위해 부채를 탕감해 준 것뿐인데 왜 가족들이 증여세를 내야 하는지, 또 30억원을 탕감해 줬어도 여전히 자산보다 부채가 많은 상황인데 어떻게 이익이 발생한 것으로 간주돼 증여세를 내야 하는지 도무지 이해할 수 없었다.

회사를 살리기 위해 고육지책으로 회사 빚을 탕감해 준 갑의 가족들은 6억이나 되는 증여세를 내야 하는 것일까?

현재로서는 증여세를 내야 하는 것으로 판단된다.

세법은 결손금이 있는 법인의 지배주주가 법인에 증여를 하면 그 금액만큼 지배주주의 특수관계인들이 증여받은 것으로 보기 때문이다.

갑이 회사에 빌려준 돈 30억원을 받지 않기로 한 것도 회사에 증여를 한 것이 된다. 그래서 갑을 제외하고 회사 주식의 지분 60%를 가지고 있는 가족들이 30억원의 60%에 해당하는 18억원을 증여받은 것이 되어 증여세를 내야 할 상황이 된 것이다.

하지만 회사의 재무상태를 보면, 갑이 30억원의 빚을 면제하기 전에는 부채가 자산보다 50억원이나 더 많았고, 면제를 한 후에도 여전히 부채가 자산보다 20억원이 더 많다. 부채가 자산보다 더 많으면 주식은 가치가 없다. 즉, 갑의 가족들이 보유한 티에스 주식의 가치는 갑이 30억원을 면제하기 전에도 0원이었고, 면제한 후에도 여전히 0원이다. 갑이 30억원을 면제하더라도 갑의 가족들이 보유한 주식의 가치가 증가했다고 볼 수 없는 것이다.

그럼에도 불구하고 과세관청은 갑의 가족들이 증여를 받은 것으로 보아 증여세를 내라고 하고 있다. 회사의 부채가 줄어들었다는 점에서 어느 정도 경제적 이익이 있었다고 보는 것이다.

따지고 보면, 갑이 30억원의 부채를 면제하여 회사가 30억원의 이익을 본 것은 맞지만, 주주들이 똑같이 이익을 봤다고 보는 것은 타당하지 않은 것 같다. 회사가 본 이익을 주주에게 그대로 적용해 증여세를 물리는 것은 맞지 않다고 생각하는데 대법원과 헌법재판소의 최종 판단은 아직 나오지 않은 상태이다.

> **의견**

필자의 의견으로 주식가치는 "0원"이므로 사전에 주식회사 티에스의 주식을 모두 갑에게 이전시켜 놓고 갑이 30억원 부채를 탕감해 주었으면 배우자와 자녀들에게 증여세 문제는 발생하지 않을 수 있는데 아쉬움이 있는 사건이다. 30억원 부채 탕감 후에도 주식가치가 "0원"이므로 다시 배우자에게 주식을 이전해도 세금은 없다.

현재에도 이러한 사례가 많이 발생할 수 있으니 주의하여야 한다.

111. 법인 장부에 있는 "가수금"은 증여세 및 상속세에 어떤 영향이 있나요?

> **핵 심** 무이자, 채권, 채권 포기시 증여세 상속세 발생

실무적으로 법인의 사업이 어려워 대표이사가 개인자금을 회사에 운영자금 등으로 빌려줘 가수금이 생기는 경우도 있지만, 절세목적으로 가족을 주주로 가족법인을 설립하여 재력 있는 직계존속이 가족법인에 빌려준 가수금으로 부동산 취득 등을 취득하게 하는 경우도 있다.

어떤 이유든 법인의 재무제표에 기재된 "가수금"은 상속세 및 증여세에 영향을 주므로, 여기서는 "이자를 지급하지 않는 무이자 가수금"이 증여세 및 상속세에 미치는 영향을 한 군데 모아 간략히 설명하는 것에 의미를 두고, 자세한 내용은 질문28(상속세 영향), 질문109와 110(증여세 영향)을 참고하기 바란다.

(1) 주주의 증여세 문제

첫째, 무이자 이익에 대해 주주에게 증여세 과세한다.

주주 중 가수금을 제공한 사람과 특수관계인(배우자, 직계비속 등)이 있는 경우 법인이 무이자로 얻는 이익 중 배우자 등 각 주주가 1년에 얻은 이익이 1억원 이상인 경우 무이자 이익을 증여로 보아 증여세를 과세하도록 규정되어 있다. 반대로 무이자로 얻는 이익이 년 1억원 미만이면 증여세를 과세하지 않는다.(질문109 참조)

대표 등 특수관계자의 가수금이 변제될 때까지 매년 각 주주가 얻는 이익을 계산하여 1억원 이상 유무를 판단하여야 한다.

무이자 가수금으로 각 주주가 얻는 이익이 1억원 이상 되어 증여세가 과세된 경우 가수금을 제공한 특수관계자로부터 10년 내 증여받은 다른 재산과 합산하여 증여세를 계산하여야 한다.

둘째, 가수금을 포기(면제)하는 경우 증여세 있다.

법인 대표가 가수금을 제공하고 추후 포기한 경우 법인은 변제할 채무가 없어진 것으로 "법인의 채무면제 이익"이 발생하여 법인세가 과세된다.(질문110 참조)

법인이 얻은 채무면제 이익은 최종적으로 그 법인의 주주가 이익을 얻게 되는 것이다.

이렇게 법인 대표의 가수금 포기로 주주가 얻는 이익을 증여로 보고, 그 증여금액이 1억원 이상 되는 주주 중 법인 대표와 특수관계 주주(주로 배우자와 자녀 등)에 한하여 증여세를 과세하도록 규정하고 있다.

(2) 상속개시일 존재하는 가수금의 상속세 문제

첫째, 채권으로 상속재산에 포함한다.

망인이 법인에 빌려준 가수금이 있는 상태에서 사망한 경우 망인의 입장에선 채권이고 법인의 입장에선 채무다. 망인의 채권은 상속재산에 해당되어 상속세가 과세된다. 망인의 채권을 상속받는 자녀에게 법인은 법인자금으로 변제해야 할 것이다.(질문28 참조)

만약 법인이 채무 변제능력이 없고 법인으로부터 채권을 회수할 수 없는 상황에서 망인이 사망한 경우에도 망인의 채권으로 상속재산이 되어 상속세가 과세되는 문제가 발생한다.

회수 가능성이 없는 채권은 상속재산에 포함시키지 않을 수 있지만 과세관청으로부터 인정받는 것이 쉽지 않다. 따라서 회수 가능성이 없다고 판단되는 채권은 미리 준비하여 상속재산이 되지 않도록 하는 것이 절세방법이라고 할 수 있다.

둘째, 소급하여 5년 동안 계산한 무이자를 상속재산에 합산한다.

망인이 받을 가수금이 있는 상태에서 사망한 경우 사망하기 전에 법인에 자금을 대여하고 이자를 받지 않은 무이자 금액만큼 망인이 법인에 증여한 금액으로 본다.

<u>무이자 금액은 사망 전 5년 동안 년 4.6%의 이자율로 계산한 이자가 년 1천만 이상인 경우</u> 계산된 무이자금액 전액을 증여금액으로 상속재산에 합산하여 상속세를 계산하고, 중복과세를 피하기 위해 합산된 무이자 증여금액의 증여세 산출세액 상당액을 상속세에서 공제해 준다.

셋째, 소급하여 6년~10년까지 증여세 과세된 금액은 상속재산에 합산한다.

법인이 얻은 무이자 이익에 대해 상속인에 해당하는 자녀(아들)가 얻은 이익 금액은 상속개시일로부터 소급하여 6년부터 10년 이내 상속인 주주별 1억원 이상의 무이자 이익으로 증여세 과세된 금액을 상속재산에 합산하고 관련 증여세를 상속세에서 공제하여야 한다.

그 이유는 사망 전 5년 이내 무이자에 대해서는 법인에 증여한 것으로 상속재산에 합산하는 것으로 해석하고 있기 때문에 상속인이 얻은 무이자 이익에 대해 중복해서 상속재산에 합산해서는 안 되기 때문이다.

따라서 상속인이 10년 이내 증여받은 무이자 이익으로 증여세 과세된 금액 중 사망 전 5년 이내 금액은 제외하고 6년부터 10년 이내 증여받은 금액을 상속재산에 합산하여야 하는 것이다.

의 견

가수금 정리를 위한 사전노력이 필요하다.

법인 장부에 가수금이 있으면 금액의 크기에 따라 증여세 및 상속세에 미치는 영향이 다르지만, 최종적으로 세금에 중대하게 영향을 미친다.
가수금이 있는 법인마다 상황이 다르겠지만, 가수금을 미리 없앨 수 있는 방법을 찾아야 한다.
적자법인에 가수금이 있는 경우 지분율을 정리 하고 일괄 또는 분할하여 가수금 채권을 포기하거나, 법인 해산절차 진행 등을 연구하여 실행하여야 할 것이다.
흑자법인이 가수금이 있는 경우 가수금 변제, 가수금 채권의 분할 포기 등을 연구하여 실행하여야 할 것이다.

112. 가족법인에 재산을 증여하면 증여세와 상속세를 절세할 수 있나요?

핵심 증여금액과 가족 주주별 지분율에 따라 절세차이

과거 영리법인이 재산을 증여받는 경우 증여받은 재산에 대해 법인세를 과세하고 증여세를 따로 과세하지는 않았다.

증여세율은 10% ~ 50%까지 인데 법인세율은 9%, 19% 등 낮은 세율을 적용받으므로 이를 이용하여 가족을 주주로 한 가족법인을 만들고 재산을 법인에 증여하는 방법으로 증여세와 상속세를 절세하면서 가족에게 재산을 실질적으로 이전하는 방법으로 사용하였다.

이런 편법을 방지하기 위해 현재는 가족 법인에 재산을 증여하는 경우 아래와 같이 증여세와 상속세가 과세된다.

(1) 증여로 주주이익이 1억원 이상 이면 증여세 있다.

법인이 증여받은 재산에 대해 법인세가 과세되고 증여세는 과세되지 않는다.

그러나 법인이 증여받은 재산에서 법인세 상당액을 차감한 금액 중 증여자와 특수관계있는 주주가 얻는 이익에 대해 증여세를 과세한다.

이를 산식으로 표현하면 다음과 같고, 1년 단위로 계산한다.

> * 특수관계 주주가 얻는 이익
> = [(법인이 증여받은 금액 − 증여액에 대한 법인세상당액) × 각 주주지분율]

이렇게 각 주주별 계산된 증여 이익이 1억원 미만인 경우 증여세가 없다.

그러나 각 주주별 계산된 증여 이익이 1억원 이상인 경우 『1억원 이상 된 증여이익에 대한 증여세-각 주주가 증여받은 부분에 대한 법인세 상당액』을 한도로 증여세를 부담한다.

즉, 증여이익이 1억원 이상 된 금액에 증여세율을 적용한 세액 전부 부담하는 것이 아니라 1억원 이상 된 금액에 법인세 과세된 부분을 차감한 금액을 한도로 증여세를 부담한다.

사례를 들어 설명하면, 주주 구성이 父가 20%, 子 50%, 女 30% 인 A법인에 아버지가 3억원을 증여하고 전체 법인세 중 증여가액 3억원에 대한 법인세 상당액이 3천만원이라고 가정하는 경우 각 주주가 얻는 증여이익은 다음과 같이 계산하고 판단한다.

① 子 얻는 이익 : [(3억원 − 3천만원) × 50%] = 13,500만원
   1억원 이상이 되기 때문에 13,500만원을 증여받은 금액으로 증여세 과세된다.

② 女 얻는 증여 이익 : [(3억원 − 3천만원) × 30% =8,100만원
   1억원 미만이기 때문에 증여받은 금액이 없는 것으로 본다. 따라서 증여세가 없다.

③ 父가 법인에 증여하고 본인이 주주로 얻는 이익은 본인이 본인에게 증여하는 것이므로 증여로 보지 않는다.

子이 얻는 증여이익 13,500만원에 증여세를 계산하면 1,700만원(13,500만원×20%-1천만원)이다.

전체 증여가액 3억원에 대한 법인세 상당액이 3천만원이므로 아들 13,500만원에 대한 법인세 상당액은 1,500만원(3천만원×50%)이다.

따라서 子는 증여이익에 대한 증여세 중 증여이익에 대한 법인세 상당액을 초과하는 증여세 200만원(1,700만원-1,500만원)만 부담하면 된다.

즉, 子 지분이 50%인 회사에 父가 3억원을 증여한 경우 子이 2백만원의 증여세만 부담했다.

법인에 재산을 증여한 자(증여자)는 수증자에 해당하는 주주의 증여세에 대해 연대납세의무가 없다.

父가 가족법인에 매년 일정금액을 증여하는 경우 1년 단위 1억원 이상 유무를 판단하여 증여세 과세유무를 판단한다. 즉, 매년 각 주주가 얻는 이익이 1억원 미만 되게 증여하면 많은 금액을 증여할 수 있다.

가족 중에서 주주 구성과 지분율을 어떻게 정할 것인가? 그리고 법인에 얼마를 증여할 것인가? 에 따라 추가 증여세 유무가 결정되므로 잘 연구하면 증여세 및 상속세 절세방법으로 잘 활용할 수 있다고 생각한다.

참고로 법인이 무상 증여받아 가족 주주의 주식가치 상승분에 대해 증여세가 과세된 경우 증여이익은 주주의 주식 취득가액에 가산한다. 따라서 주식의 양도소득세 계산 시 주의하여야 한다.

그리고 법인세 과세표준 및 세액의 변경으로 증여이익이 증감되어 주식 취득가액에 가산한 금액이 변경된 되어 기 양도한 주식의 양도소득세에 대해 수정 신고하는 경우 주식 양도소득세에 대한 과소신고 가산세 및 납부지연가산세를 적용하지 않는다.

(2) 증여자가 5년 내 사망시 상속세 있다.

증여자가 법인에 증여 후 5년 이내 사망한 경우 법인에 증여한 금액을 상속재산에 합산하여 상속세를 계산하고 법인에 증여한 재산에 대한 증여세 상당액을 상속세에서 공제한다.
그 이유는 상속재산에 합산하므로 증여세율을 초과한 상속세율 만큼 상속세로 과세되기 때문에 이중과세를 피하기 위한 것이다.

이 경우 5년 이내 법인에 증여로 인해 주주인 상속인이 얻는 이익이 1억원 이상 되어 증여세 과세된 금액은 상속재산에 합산하지 않고 납부한 증여세도 공제하지 않는다.

그러나 증여자가 법인에 증여 후 5년 경과하고 10년 이내 사망한 경우 증여로 인해 주주인 상속인의 주식가치 증가분(증여한 재산가액 × 상속인 주식 지분율)을 상속재산에 가산하도록 국세청 및 기획재정부에서 해석(재산-224, 2012.6.11. 기획재정부 재산세과-899, 2011.10.24.)하고 있으므로 증여자의 상속세 신고 시 주의하여야 한다.

위에서 법인이 증여받는 경우 법인과 주주의 증여세 및 상속세 문제를 검토하였는데, 이를 잘 활용하면 증여세와 상속세를 절세하면서 가수금 정리 등 여러 가지 문제를 정리할 수 있다고 생각한다.

가족법인(특정법인)을 통해 각 주주가 얻는 증여이익은 폭넓게 적용한다.

위 사례는 가족법인의 주주와 특수관계있는 개인이 가족법인에 증여한 사례로 설명하였다. 그러나 과세대상 거래는 상당히 폭이 넓다.

증여 뿐만 아니라 특수관계있는 개인 또는 법인이 가족법인에
① 저가 양도 거래
② 고가 양수거래
③ 채무면제 등 거래
④ 부동산 무상사용(무상담보) 거래
⑤ 초과배당 거래
⑥ 금전무상대출 거래 등을 적용하여 각 주주의 지분율에 따라 얻는 이익이 1억원인 경우 증여 의제로 과세할 수 있다.

2025. 03. 14. 세법개정으로 과세 대상을 "불균등 감자·증자, 현물출자, 주식전환, 초과배당, 합병, 주식의 포괄적 교환·이전"을 이용한 자본거래를 통하여 가족법인의 특수관계있는 각 주주가 지분율에 따라 얻는 이익이 1억원 이상인 경우 증여의제로 과세 할 수 있도록 개정하였다.

위 내용을 반대로 해석하면 각 주주가 얻는 이익이 1억원 미만이면 증여가 아니므로 이를 잘 활용하면 절세방법으로 이용할 수 있다.

113. 부동산을 증여받는 경우 취득세는 어떻게 되나요?

핵 심 시가에 증여 취득세율 적용

기본적으로 토지, 주택, 아파트 등 공동주택, 상가 등 부동산을 증여받는 경우 취득세는 『각 부동산에 대한 시가인정액 × 부동산별 증여 취득세율』을 적용하여 계산한 금액을 납부한다.

(1) "각 부동산에 대한 시가인정액"은 다음과 같이 정하고 있다.

첫째, 증여하는 부동산에 대해 증여일 전 6개월부터 증여일 후 3개월 이내에 매매가액, 감정가액, 경매가액 또는 공매가액이 있는 경우 그 금액을 "시가인정액"으로 한다.

매매가액은 매매계약일을 기준으로 판단하고, 감정가액은 2군데 감정가액의 평균액을 말하지만 정부 고시가격이 10억원 이하인 경우 1군데의 감정평가액도 인정된다.

경매 또는 공매가격은 경매 또는 공매가액이 결정된 날을 기준으로 시가

인정액 해당유무를 판단한다.

둘째, 위 첫째 방법에 의한 "시가인정액"이 없는 경우 "유사매매사례가액"을 "시가인정액"으로 인정하여 취득세를 과세할 수 있다.

"유사매매사례가액"이란 증여하는 부동산과 면적, 용도, 위치 등이 동일하거나 유사한 부동산의 "시가인정액"으로 증여일 전 6개월부터 취득세 신고기한까지 확인되는 금액이 있으면 그 확인된 금액을 말한다.
즉 증여하는 부동산과 유사한 다른 부동산의 시가인정액이 있는 경우 이 금액을 증여하는 부동산의 시가인정액으로 인정하여 증여세를 과세하는 것이다.
실무적으로 동일단지 내 아파트 또는 연립주택 등 공동주택의 경우 매매사례가액이 있을 수 있고, 토지, 단독주택, 상가는 "유사매매사례가액"이 없는 경우가 대부분이라고 할 수 있다.

셋째, 증여하는 부동산에 대해 증여일 전 2년 이내부터 증여일 후 9개월 이내 매매, 감정 등으로 "시가인정액"으로 확인할 수 있는 금액이 있으면 그 확인된 금액을 지방세 심의위원회의 심의·의결을 통해 취득세를 과세할 수 있다.

이 방법은 여러 가지 전제조건들이 있고 증여받는 부동산을 기준으로 판단하는 것이기 때문에 사전에 검토하면 피할 수 있는 방법이다.

넷째, 위 3가지 방법에 의해 "시가인정액"을 확인할 수 없는 경우 "정부 고시가격"을 기준으로 취득세를 납부할 수 있다.

따라서 취득세 절세를 원한다면 위 넷째 방법에 의해 "정부 고시가격"으로 취득세를 납부할 수 있도록 하여야 할 것이다.

"증여일"이란 증여계약서(증여약정서)에 기재된 "증여계약일"

그리고 위 설명에서 "증여일"이란 증여계약서(증여약정서)에 기재된 "증여계약일"을 말한다. 즉, 부동산 등기부등본의 증여등기 "접수일"이 아니고 "등기원인일"을 말한다.

따라서 증여계약서에 기재된 증여계약일자를 기준으로 전후 기간 동안 확인된 시가인정액, 유사매매사례가액, 정부 고시가격으로 취득세를 계산하여야 할 것이다.

예를 들면, 증여계약서에 계약일자는 2025.4.25.이고 2025.04.29. 정부 고시가격 발표, 증여등기 접수일이 2025.05.02.인 경우가 있다.

취득세는 2025.04.25. 자 정부 고시가격, 즉 2024년 정부고시각격으로 계산하여야 한다.

증여세는 2025.05.02.자 정부 고시가격, 즉 2025.04.29. 발표된 정부 고시가격으로 계산하여야 한다.

(2) 취득세 세율은 다음과 같다.

첫째, 기본적으로 취득세율은 3.5%이다(추가 농어촌특별세, 교육세가 있다).

둘째, 주택을 증여받는 경우 그 주택이 조정대상 지역에 위치하고 정부 고시가격(공동주택가격)이 3억원 이상인 경우 12%의 중과세율을 적용한다.

조정대상지역은 2023.12.28. 이후 "강남구·서초구·송파구·용산구"만 남아 있다.

이때 증여자가 1세대 1주택자에 해당하는 경우 수증자(배우자·직계존비속)가 보유한 주택 수와 관계없이 증여받는 주택에 대해 12% 중과세율이 아닌 3.5%의 기본세율을 취득세율로 적용받을 수 있다.

114. 결혼하는 자녀의 신혼집 마련을 도와 줄 수 있는 방법이 있나요?

> **핵심** 증여, 대여, 부모가 임차, 부모가 취득, 저가 양도

결혼을 앞둔 자녀의 부모님은 대부분 자녀의 신혼집 마련을 절세하면서 어떻게 도와줘야 할지 고민하는 경우가 많이 있다.

결혼하는 자녀가 신혼집을 임차 또는 구매하는 경우 임차시 전세금의 규모 또는 구매시 취득금액의 규모, 부모의 능력 등에 따라 부모가 자녀의 신혼집 준비를 도와주는 방법과 규모 등에 차이가 있을 것이다.

아래 설명은 필자의 의견이고, 각자의 입장에 따라 차이가 있을 수 있으므로 여러 방법을 혼합하여 적절히 사용하면 절세하면서 좋은 방법을 찾을 수 있을 것이다.

(1) 자금을 증여하는 방법이 있다.

자녀의 신혼집을 임차 또는 구매를 위한 자금을 증여하는 것이다. 2024.01.01.부터 결혼하는 경우 1억원까지 증여세 없이 결혼증여공제

를 인정하므로 자녀에 대한 기본공제 5천만원을 포함하면 15,000만원까지 증여세 없이 신혼집 마련자금을 증여받을 수 있다.

신혼부부가 양쪽 부모로부터 3억원까지 증여세 없이(비과세) 신혼집 마련자금을 증여받을 수 있다.

증여세 비과세되는 금액을 초과하여 신혼집 마련자금이 필요한 경우 추가자금을 증여받는 것이 좋은 경우도 있다.

이때 증여받는 금액이 1억원까지 증여세율이 10%, 1억원~5억원까지 증여세율이 20% 적용되므로 낮은 증여세율 구간에서 필요한 자금을 증여받고, 10년 경과하면 상속재산에 합산되지 않아 좋은 경우도 있다.

(2) 자금을 대여하는 방법이 잇다.

자녀의 신혼집을 임차 또는 구매를 위한 자금을 대여하는 것이다.

부모가 각자 자녀에게 무이자로 자금을 빌려줄 수 있는 금액이 1인당 약 21,700만원이고, 2인 부모가 총 43,400만원까지 무이자로 빌려줄 수 있다.

신혼부부의 양쪽 부모로부터 최대 86,800만원(4명 × 21,700원)까지 무이자로 빌려 신혼집을 준비할 수 있다.

부모에게 년 1% 또는 2%라도 이자를 지급하면 더 많은 금액을 빌릴 수 있다.

이때 주의할 것은 자녀가 부모에게 차용한 자금을 꼭 변제한다는 사실을 다른 사람들이 인정할 수 있는 증빙을 차용당시 준비하고 추후 변제하여야 한다.

(3) 부모가 임차한 주택을 자녀가 신혼집으로 사용한다.

부모가 임차한 주택을 자녀의 신혼집으로 사용하도록 할 수 있다.
임대차계약서에 임차인은 부모(父 또는 母)로 되어 있어야 하고, 전세금으로 약 5억원 정도까지 부모가 임차하여 자녀의 신혼집으로 사용하도록 하는 경우에 증여세 문제가 없다.
부모가 5억원 이상 되는 주택을 임차해서 자녀의 신혼집으로 사용하도록 하는 경우 사전에 자녀에게 다른 증여가 없다면 5천만원까지 증여공제 되므로 증여세 문제가 없을 수 있고, 사전 증여가 있다고 해도 증여세 문제는 미미할 것으로 생각한다.

(4) 부모가 새로 취득한 주택을 자녀가 신혼집으로 사용한다.

부모가 기존에 보유하고 있는 주택이 있거나 새로 주택을 취득하여 이 주택을 자녀의 신혼집으로 사용하도록 할 수 있다.
약 13억원 정도하는 부모 소유 주택을 자녀의 신혼집으로 무상으로 사용하는 경우 증여세 문제가 없다. 그러나 주택가격이 13억원을 초과하는 경우 5년간 무상임대이익이 1억원을 초과하므로 증여세 문제가 발생할 수 있으므로 주의하여야 한다.

(5) 부모가 소유한 주택을 저가 양수하여 신혼집으로 사용한다.

부모가 기존에 소유하고 있는 주택을 신혼집으로 사용하도록 자녀에게 저가로 양도할 수 있다.
이때 주택가격이 10억원 이하인 경우 30%저가로 양도할 수 있고, 10억원 초과하는 경우 최대 3억원까지 저가로 양도해도 증여세 문제는 없다.

　부모가 새로 주택을 구입하여 자녀의 신혼집으로 사용하도록 하다가 자녀에게 저가로 양도하는 방법도 생각할 수 있다.

　이때 <u>자녀의 주택 구입자금 출처는 명확하여야 하고</u>, 주택가액에 따라 차이가 있겠지만 저축한 자금, 증여받은 자금, 은행대출 금 등 다양한 방법으로 주택 구입자금을 준비하여야 할 것이다.

　부모가 저가 양도한 주택에 대한 양도소득세 계산시 양도가액은 저가 양도가액이 아니라 시가로 해야 한다.

115. 父소유 토지에 자녀 또는 가족법인이 건물 신축시 세금차이 있나요?

핵 심 토지무상이익을 개인과 법인이 얻는 경우 차이

　부모 소유의 토지, 건물, 주택 등 부동산을 자녀가 무상으로 사용하는 경우 부동산 무상사용 이익에 대해 증여세 문제가 발생한다.
　필자의 경험으로 과거부터 부모의 토지위에 자녀가 건물을 신축하여 임대하면서 부모에게 토지 사용료를 지급하지 않는 사례가 많이 발생하였으므로 토지의 무상사용을 기준으로 설명한다.

　최근에는 절세 컨설팅이라며 가족을 주주로 가족법인을 만들어 부모 토지위에 가족법인 명의로 건물을 신축하여 임대하면서 부모에게 토지 사용료를 지급 또는 지급하지 않아도 된다고 컨설팅하는 사례가 있는 것으로 알고 있다.

　부모소유 토지위에 임대건물 신축시 자녀 개인 명의로 하는 경우와 가족법인으로 하는 경우가 있는데, 그 차이에 대해 아래에서 설명한다.

(1) 자녀 명의로 건물 신축하여 자녀가 임대한다.

父의 토지위에 자녀명의로 건물을 신축하여 임대하면서 父에게 토지사용료(임차료)를 지급하지 않는 경우가 있다.(질문86 참조)

이렇게 자녀가 父 소유 토지를 무상으로 사용하는 경우 "무상사용을 개시한 날"을 증여시기로 보고 5년 단위로 토지무상사용 이익을 현재가치로 계산하여 증여세를 과세한다.

> * 5년 동안 토지(부동산)무상사용이익
> = 무상사용 개시한 날의 임대부동산 가액(시가) × 2% × 3.79079"

이렇게 계산된 이익이 1억원 이상인 경우 그 1억원 이상 계산된 금액을 증여금액으로 보아 증여세를 과세하고, 반면 계산된 이익이 1억원 미만이면 증여받은 금액이 없는 것으로 보기 때문에 증여세가 없다.

이때 무상사용 개시한 날의 임대부동산 가액(시가)이 약 131,800만원 미만인 경우 무상사용이익이 1억원 미만으로 계산된다.

따라서 父 소유토지를 자녀가 무상으로 사용하는 날 부동산 가액(시가)이 약 131,800만원 미만이면 증여세가 없고, 약 131,800만원 이상이면 증여세가 있다.

무상사용 개시한 날을 기준으로 5년을 판단하고, 5년이 되는 날 계속 무상사용하고 있는 경우 추가 5년 동안 무상사용이익을 계산하여 1억원 미만 또는 이상을 판단하여 증여세 과세유무를 판단한다.

(2) 가족법인 명의로 건물 신축하여 법인이 임대한다.

가족을 주주로 하는 가족법인을 만들어 부모소유 토지위에 가족법인 명의로 건물을 신축하여 임대하는 경우가 있다.

이렇게 가족법인이 부모소유 토지를 무상사용하는 경우 가족법인의 토지 무상사용이익 이익에 대해 구체적으로 계산방법을 규정한 내용은 없다.
그러나 필자의 견해로 위 (1)에서 설명한 것처럼 5년 단위로 무상사용이익을 계산하는 방법으로 가족법인이 얻는 무상사용이익을 계산할 수 있다.
중요한 것은 가족법인이 5년 단위로 얻는 무상사용이익 중 가족 주주 각각 얻는 이익이 1억원이상 되어야 각각의 주주에게 증여세를 과세할 수 있다.

예를 들면, 주주로 母 20%, 자녀A 30%, 자녀B 50%를 보유한 가족법인이 父 소유의 시가 50억원 토지를 가족법인이 무상임차하여 상가를 신축하여 임대하는 경우가 있을 수 있다.
가족법인의 각 사업연도 소득금액은 5억원으로 법인세를 7,500만원 납부한 경우 각 주주별 증여이익은 다음과 같은 순서에 따라 계산될 수 있다.

① 법인의 토지무상사용이익(5년간) : 50억원 × 2% × 3.79079 = 37,907만원
② 법인 토지무상이익에 대한 법인세 : 7,500만원 × 37,907만원/50,000만원 = 5,686만원
③ 가족법인 주주전체의 이익 : 37,907만원 − 5,686만원 = 32,221만원
④ 배우자가 얻는 증여이익는 20%는 6,444만원(32,221만원×20%), 자녀A가 얻는 증여이익 30%는 9,666만원(32,221만원×30%)으로 1억원 미만이라 증여세가 없다.

⑤ 그러나 자녀B가 얻는 증여이익 50%는 16,110만원(32,221만원× 50%)으로 1억원 이상되므로 이 금액을 증여금액으로 증여세 과세하지만 한도가 있다.
  ⓐ 자녀B가 얻는 증여이익에 대한 증여세 : 16,110만원 × 20%-1천만원 = 2,222만원
  ⓑ 한도 : 2,222만원 - 5,686만원 × 50% = △621만원
  ⓒ 자녀B에게 증여의제금액에 대한 증여세가 있지만 한도미달로 납부할 증여세는 없다.

이 사례에서 시가 50억원하는 父소유 토지를 가족이 주주인 가족법인에 무상임차해도 무상임차로 주주가 얻는 이익에 증여세가 없다는 것을 알 수 있다.

그리고 5년 뒤에도 토지를 무상사용하는 경우 토지무상이익에 대한 증여세 과세문제를 다시 검토해야 할 것이다.

(3) 토지 무상사용은 개인보다 가족법인이 유리하다.

위 (1)에서 父가 소유한 시가로 약 131,800만원 미만 하는 토지를 자녀에게 무상임대하는 경우 증여세가 없지만, 위 (2)에서 시가 50억원하는 토지를 가족법인이 무상임차해서 주주인 가족이 얻는 이익에 대해 증여세가 없는 것을 알 수 있다.

즉, 부모가 소유한 토지를 가족법인이 무상 임차하는 것이 절세에 유리하다고 할 수 있다.

가족법인을 설립할 때 주주 및 지분율은 어떻게 할 것인가에 따라 절세 혜택의 크기가 달라질 수 있다.

추후 父사망 시 무상사용한 토지로 인해 발생할 수 있는 상속세 문제까지 고민한다면, 父 사망 전 토지를 가족법인에 이전하는 방법을 연구하여 진행하는 것이 좋다고 생각한다.

(4) 무상 사용에 대한 소득세, 부가가치세 문제도 검토해야 한다.

추가적으로 부모 소유 토지나 상가를 자녀가 무상 사용하는 경우 적정 임대료를 받는 것으로 가정하고 이에 대해 부모에게 소득세가 과세되고, 부가가치세 과세대상인 경우 부가가치세가 과세 될 수 있으니 함께 검토해 봐야 한다.

무상 사용한 자녀는 증여세 문제가 있고, 무상으로 빌려준 부모는 소득세, 부가가치세 문제가 있으므로 사전에 면밀한 검토가 필요하다.

116. 임대부동산(꼬마빌딩) 상속준비를 어떻게 하면 좋을까요?

핵심 증여, 매매, 가족법인, 현물출자 이용방법

상가 임대부동산의 임대소득으로 생계를 유지하지 않고 경제적 여유가 있는 가운데 사망한 경우 임대부동산으로 다음과 같은 문제가 있다.

첫째, 사망시점까지 상승된 부동산 평가액으로 부담할 상속세가 늘어났다.

둘째, 사망시점까지 받은 임대소득 중 소득세 등 지출하고 남은 누적금액에 대해 상속세가 과세된다.

따라서 상가 임대부동산의 경우 조속히 상속인들에게 이전시켜 이전된 이후 부동산가치 상승액과 임대소득이 상속인들에게 귀속되도록 하여 추가 상속세를 피하면서 상속인들의 재산을 증가시켜주는 것이 상속준비의 핵심이다.

부동산가치 상승은 토지에서 이루어지고, 임대소득은 건물위주로 생각할 수 있다. 토지와 건물을 한 번에 자녀들에게 이전하면 자금준비 등 여러 가지 어려움이 있다.

일반적으로 토지는 가격이 크고 건물은 가격이 낮으므로 건물을 먼저 배우자와 자녀에게 이전하고 토지는 별도의 계획을 세워 배우자와 자녀들에게 이전하는 방법이 유리하다.

아래 5가지 방법은 건물과 토지를 일괄하여 이전하는 방법 위주로 설명하였지만, 건물과 토지를 분할하여 연구한다면 더 많은 방법으로 절세방법을 연구할 수 있다.

설명의 편의를 위해 父가 시가 35억원(토지 25억원, 건물 10억원)의 임대부동산을 갖고 있고 사망시 상속인은 배우자와 자녀2명이 있다고 가정한다.

(1) 상가 임대부동산을 배우자와 자녀2명에게 공동명의로 증여하는 방법이다.

가장 기초적인 방법이지만, 공동명의로 증여할 때 배우자와 자녀 2명에게 어떤 비율로 증여하는 것이 좋을지 판단하고 결정하는 일이 제일 중요하다. 자금문제, 상속문제 등을 고려하여 배우자의 지분을 적게 하고 자녀 2명에게 지분을 많이 할 수도 있고 반대로 할 수도 있다.

수증자는 증여세와 취득세를 부담해야 하는데, 세금을 증여자가 부담해 주는 경우 추가 증여에 해당하여 증여세를 내야 한다.
따라서 수증자인 배우자와 자녀의 증여세 부담능력을 사전에 검토해야 할 것이다.
상가 임대부동산 중 건물은 부가가치세가 있으므로 증여 전 부가가치세 문제를 검토해야 한다.

부가가치세법상 사업의 포괄적 승계에 해당하지 않으면 건물에 대한 부가가치체가 있으므로 주의하여야 한다.

건물을 먼저 증여하고, 토지는 별도 계획을 세워 소유권을 이전할 수도 있다.

증여 전 및 증여 후 부동산 임대소득에 대한 소득세, 건강보험료 등도 미리 검토하고 의사결정에 참고하는 것이 좋을 것이다

父가 증여 후 10년 이내 사망한 경우 상속재산에 합산하여 상속세를 재계산하여야 한다.

(2) 상가 임대부동산을 배우자와 자녀2명에게 저가로 양도하는 것이다.

시가 35억원의 임대부동산을 법정지분(배우자 1.5, 자녀1) 해당분 만큼 각각에게 매매가액의 30%(3억원 한도)내에서 낮은 가액으로 양도한다면, 배우자에게 12억(15억원-3억원), 자녀 2명에게 각각 7억원(10억원-3억원)에 저가 양도할 수 있다.

즉, 35억원 하는 부동산을 26억원(12억원+7억원7억원)에 양도할 수 있는 것이다.

법정지분 말고 서로 협의하여 저가양도의 범위를 정할 수도 있다.

저가로 매수한 배우자 및 자녀 2명은 추후 자금출처 조사까지 고려하여 취득자금과 취득세의 재원을 준비하는 것이 좋다.

父는 양도가액을 실제 받은금액 26억원이 아니라 시가 35억원으로 양도

소득세를 신고 납부하여야 한다. 추후 배우자와 자녀가 임대부동산을 양도하는 경우 취득가액은 26억원으로 양도소득세 계산을 하여야 한다.

배우자와 자녀에게 상가 임대부동산을 저가로 양도하는 방법으로
① 위에서 설명한 것처럼 건물과 토지를 모두 한 번에 저가 양도하거나
② 건물을 먼저 저가로 양도하고 토지를 1년 뒤 저가로 양도하는 방법
③ 건물을 먼저 저가로 양도하고 토지를 1년 뒤 수년 동안 나누어 저가로 양도하는 방법이 있다.
②와 ③ 방법의 핵심은 <u>1년 단위로 시가의 30%(최대 3억원 한도)까지 저가 양도해도 저가양도차익에 대해 증여세를 과세하지 않는 것</u>을 이용하는 것이다.

따라서 25억원 하는 토지를 수년 동안 계획을 세워 30%(최대 3억원 한도) 저가양도 방법을 적용하면 적은 금액으로 토지를 배우자와 자녀 명의로 이전할 수 있다.

위 (1)과 같이 부가가치세, 소득세, 건강보험료 등도 미리 검토하는 것도 병행하여야 한다.

(3) 상가 임대부동산을 가족법인에 증여하는 방법이다.

배우자와 자녀2명을 주주로 가족법인을 만들고 이 법인에 상가 임대부동산을 증여하는 방법이 있다.
법인이 증여받는 경우 증여세 대신 법인세를 부담하기 때문에 <u>높은 증여세율보다 낮은 법인세율의 세율차이만큼 절세효과가 있기 때문에 이용하는 방법</u>이다.

가족법인이 상가 임대부동산을 증여받고 주주 중 한명을 대표이사로 선임하여 급여를 지급하고 퇴직금을 적립해 줄 수 있고, 주주들에게 배당을 줄 수 있다.
　이렇게 父의 상가 임대부동산의 임대소득을 법인의 임대소득으로 전환하여 배우자와 자녀들에게 미리 나누어 줌으로서 父에게 누적된 임대소득에 대한 상속세를 절세할 수 있고, 법인 소유가 된 부동산의 가치상승은 주주인 상속인들의 주식가치 상승결과가 된다.

　가족법인이 상가 임대부동산을 증여받으면, 그로 인해 각 주주의 주식가치가 상승하게 된다.
　이렇게 각 주주의 주식가치 상승효과로 얻는 이익이 1억원 이상인 경우 상승이익을 각 주주가 증여받은 것으로 인정하여 증여세(한도가 있다)를 과세한다.
　반대로 각 주주가 주식가치 상승효과로 얻는 이익이 1억원 미만이면 증여로 인정하지 않아 증여세가 없다.
　따라서 <u>각 주주의 주식가치 상승이익이 1억원 미만 되도록 수년 동안 법인에 분할하여 증여하는 경우도 있다.</u>

　이런 절세 방법 등을 고려하여 상가 임대부동산을 가족법인에 증여할 때
　① 전체를 한 번에 일괄 증여하거나
　② 건물을 먼저 증여하고, 토지는 수년 동안 분할하여 증여하는 방법이 있다.

　증여방법 선택시 상가 임대부동산에 대해 취득세 및 법인세 재원 문제도 고려하여 결정하는 것이 좋을 것이고, <u>가족법인의 주주를 사위·며느리,</u>

손 자녀까지 포함하여 주주가 많을수록 증여세 없이 절세효과는 늘어날 수 있다.

건물에 대해 부가가치세 문제도 사전에 검토해야 하고, 임대부동산이 수도권 과밀억제권역에 위치한 경우 법인의 취득세가 2배 중과세되므로 사전에 검토하여야 한다.
수도권 과밀억제권역은 서울지역, 인천(일부제외), 경기도지역 중 일부지역을 말한다.

(4) 상가 임대부동산을 가족법인에 낮은 가액으로 매매하는 방법이다.

시가 35억원하는 父의 임대부동산을 가족법인이 다음과 같이 낮은 금액으로 매입할 수 있다.
첫째, 35억원의 30%(한도 3억원) 적은 금액, 즉 35억원~32억원에 양수할 수 있다.
시가의 30%를 3억원 한도 내에서 저가로 매매하는 것은 증여로 보지 않도록 규정되어 있기 때문에 주주에 대한 추가 증여 문제는 발생하지 않는다.

둘째, 3억원 이상 적은 금액, 즉 32억원 이하 금액으로 양수하는 경우도 있을 수 있다.
3억원 이상 저가 양수한 경우 『시가-양수가액』의 차액에 대해 각 주주의 주식가치 상승이익이 위 (3)에서와 같이 1억원 이상 또는 1억원 미만인가에 따라 각 주주의 증여세 문제가 달라 질 수 있다.
위 (3)과 같이 가족법인의 주주가 많을수록 절세효과는 늘어난다.

가족법인은 취득하는 상가 임대부동산에 대한 취득자금과 취득세 재원을 준비하여야 한다.
가족법인의 상가 임대부동산 취득 자금을 다음과 같이 준비할 수 있다.
① 자금을 주주들이 부담하고 부족한 일부자금을 금융기관에서 차용할 수도 있다.
② 父가 재력이 있는 경우 가족법인이 父에게 무이자로 차용하여 이 자금을 상가 임대부동산 취득 자금으로 사용할 수도 있다.
가족법인이 父에게 무이자로 자금을 빌려도 세금문제가 없는 범위는 가족법인 주주의 출자지분이 동일한 경우 父부터 <u>1인당 최소 21.7억원까지 무이자로 차용할 수 있고</u>, 이를 이용하면 3명 주주인 가족법인은 65.1억원까지 父에게 무이자로 차용할 수 있다.

위와 같은 문제들을 검토하여 위 (3)과 같이 가족법인이 父소유 상가 임대부동산을 수년 동안 분할하여 매매로 취득할 수도 있고 일괄하여 한 번에 취득할 수도 있다.
상가 임대부동산이 수도권과밀억제권역에 위치한 경우 취득세가 2배 중과세되므로 주의하여야 한다.
가족법인에 상가 임대부동산을 양도하는 父는 위 (2)와 같이 시가를 양도가액으로 양도소득세를 계산하여 납부하여야 한다.
부가가치세 문제 등도 검토해야 하고, 위 (3)과 같이 절세효과가 있다.

(5) 父가 현물출자하여 만든 임대법인을 통해 자녀에게 이전하는 방법이다.

父가 소유한 상가 임대부동산을 법인에 현물출자 방식으로 법인을 만드는 경우가 있다.

이때 父는 상가 임대부동산을 법인에 현물출자하는 것은 양도에 해당하여 양도 대가로 법인의 주식을 받는다.

父는 상가 임대부동산을 법인에 양도한 것이므로 양도소득세를 내야하는데, 이렇게 법인에 현물출자방식으로 임대부동산을 이전하는 경우 5년 뒤 양도할 것으로 조건으로 양도소득세 납세의무를 父가 아닌 법인에게 이전시켜주고, 납부는 향후 5년 뒤에 당해 상가 임대부동산 양도할 때 법인이 납부하도록 세금을 미래로 이월시켜주는 것이다.

그러나 상가 임대부동산을 법인에 현물출자 후 5년 이내 양도한다면 양도소득세를 父가 납부하여야 한다.

단점으로 상가 임대부동산이 수도권과밀억제권역에 위치한 경우 취득세가 2배 중과세된다.

이렇게 상가 임대부동산을 개인사업자로 임대하던 것을 父가 대주주인 법인으로 변경하여 임대하면서 자녀 또는 배우자를 대표이사로 선임하여 급여를 지급하고 퇴직금을 퇴직연금으로 적립해 줄 수 있다.

그리고 배우자와 자녀2명을 주주로 하는 가족법인을 별도로 만들어 父의 주식 일부를 이전받고 추후 배당시 가족법인에 소유지분보다 많이 초과배당하면서 배우자와 자녀에게 임대소득을 이전시켜 줄 수 있다.

이때 가족법인이 받은 초과배당액에 대해 각 주주가 얻는 이익이 1억원 이상이면 주주에게 증여세가 있지만, 1억원 미만이면 증여세가 없다.

따라서 가족법인의 주주가 많을수록 초과배당액의 절세효과가 클 수 있다.

추후 父사망시 부동산을 상속받는 것이 아니라 주식을 상속받게 된다. 따라서 상속인은 취득세를 납부할 필요가 없고, 증권거래세 0.035%만 부담하면 된다.

실질적으로 부동산을 상속받는 것과 같지만, 상속재산으로 부동산을 평가하는 것이 아니고 주식을 평가하는 것이므로 상황에 따라 부동산 평가액보다 낮은 가액으로 주식가액이 평가(이월된 양도소득세가 부채로 인정되는 경우)될 수 있는 경우가 있기 때문에 상속세도 절세할 수 있다.

의 견

임대료가 없어도 생활에 지장이 없는 재력이 있는 부모가 소유한 상가 임대부동산(꼬마빌딩)은 가능하면 빠른 시일 내에 상속인들에게 이전하는 것이 절세에 유리하다.
그러나 상속인들이 어느 정도 능력이 있어야 여러 가지 방법을 적용하여 임대부동산을 빠른 기간 내에 이전해 줄 수 있는 것이다.
절세 노력은 나중에 많이 지출될 금액을 현재 적게 지출하면서 진행하는 것이다.
따라서 현재 지출할 금액을 걱정하면 절세계획을 진행할 수 없다.

117. 꼬마빌딩을 양도소득세 없이 법인에 이전 할 수 있나요?

> **핵 심**   양도소득세를 법인에 이전시키는 방법(현물출자의 이월과세)

개인명의로 임대업을 하던 꼬마빌딩을 법인 명의로 하기 위해 꼬마빌딩을 법인에 양도하는 경우 양도소득세를 부담하여야 한다.

현재 "시가"로 법인에 양도하여야 하므로 양도소득세가 많은 경우가 대부분이고, 실질은 꼬마빌딩의 명의를 개인에서 법인 명의로 변경하는 것이므로 양도대금을 받지 못해 자금도 없는데 양도소득세만 많이 부담하는 결과가 될 수 있다.

이러한 문제점을 풀어주기 위해 조세특례제한법에 정한 절차대로 꼬마빌딩을 법인에 이전하면 양도소득세를 법인이 타인에게 양도할 때까지 이월시켜주는 제도가 있는데, 이하에서 간략히 설명한다.

임대부동산(꼬마빌딩)을 개인명의로 취득하여 임대하던 중 아래 방법으로 법인 전환하여 이전시 양도소득세를 이월과세하면서 납세의무자를 법인으로 할 수 있다. 이를 세법용어로 "법인전환에 대한 양도소득세 이월과세"라 한다.

① 법인 설립 후 "사업의 양도·양수 방법"으로 임대부동산을 법인이 취득하는 방법으로 법인전환하는 경우
② 법인을 설립하면서 임대부동산을 법인에 "현물출자"하는 방법으로 법인전환방법하는 경우

(1) "사업의 양도·양수 방법"의 경우 꼬마빌딩 취득자금이 필요하다.

이 방법은 임대사업의 부동산을 구입할 수 있는 순자산가액(부동산 가액에서 임대보증금 등 부채를 차감한 금액) 이상의 자본금으로 법인을 설립하고, 그 자본금으로 임대부동산을 포괄적으로 법인이 양수하고, 부동산 소유자가 양도하는 것이다. 아래 요건을 충족한 경우 개인이 납부할 양도소득세를 법인이 양도할 때가지 납세의무를 법인으로 하여 이월시켜주는 혜택을 받을 수 있다. 그러나 수십억원의 부동산을 구입할 수 있는 순자산가액 만큼 자금을 준비해야 하고 법인을 설립 등 후속 절차를 진행해야 하므로 현실적으로 사용하기 어려운 방법이다.

"사업의 양도·양수 방법"으로 법인 설립방법과 사후관리를 간략히 설명한다.

㉠ 임대 사업을 영위하던 자가 발기인이 되어 임대사업의 순자산가액 이상의 현금을 출자하여 법인을 설립하여야 한다.
㉡ 그 법인설립일로 부터 3개월 이내에 해당 법인에게 임대사업에 관한 모든 권리와 의무를 포괄적으로 양도하고 양도소득세 이월과세를 신청하여야 한다.
㉢ 법인설립일로부터 5년 이상 임대 사업을 유지한 경우 임대부동산을 법인에 양도할 때 개인이 납부해야 할 양도소득세를 법인이 양도할 때까지 이월해주고 납세의무를 개인에서 법인으로 변경해 준다.

ⓔ 법인설립 후 5년 이내 사업을 폐지하거나, 5년 이내 법인 설립시 출자한 지분의 50% 이상 처분하는 경우 개인에게 양도소득세를 과세한다.

(2) "현물출자 방법"의 경우 취득자금이 필요 없다.

이 방법은 법인 설립시 임대사업에 사용한 부동산을 현물출자 방식으로 자본금에 출자하여 법인을 설립하는 것으로 자본금 준비를 위한 자금이 필요 없어 "사업의 양도·양수 방법"보다는 진행이 용이하다.

그러나 법인 설립시 법원의 관리감독을 받아야 하고 "사업의 양도·양수 방법"보다는 시간이 필요하고 절차도 복잡하다.

법인 설립시 임대부동산을 현물로 출자 받으므로 구입을 위한 현금이 필요 없고, 아래 요건을 충족한 경우 개인이 납부할 양도소득세를 법인이 양도할 때까지 납세의무를 법인으로 하여 이월시켜주는 혜택을 받을 수 있다. 그리고 이월되는 양도소득세가 주식 평가시 부채로 인정되어 추후 주식 증여 또는 상속시 절세할 수 있다.

"현물출자 방법"으로 법인 설립방법과 사후관리를 간략히 설명한다.
㉠ 개인기업이 법인으로 전환하여 법인이 새로이 설립되는 경우에만 적용되므로 임대 부동산은 법인 설립일(전환일)까지 출자되어야 하고(따라서 법인설립 후 또는 기존법인에 현물 출자는 안 된다),
㉡ 현물출자로 신설법인의 자본금은 임대부동산으로 개인 임대사업의 순자산가액 이상이어야 한다.
즉, 부동산 소유자는 임대부동산을 법인에 현물출자하고 임대부동산 가치만큼 법인 자본금으로 계산하고 주식을 받는 것이다.

ⓒ 법인설립일로부터 5년 이상 임대사업을 유지한 경우 임대부동산을 법인에 양도할 때 개인이 납부해야 할 양도소득세를 법인이 양도할 때까지 이월해주고 납세의무를 개인에서 법인으로 변경해 준다.
ⓔ 법인설립 후 5년 이내 사업을 폐지하거나, 5년 이내 법인 설립시 출자한 지분의 50% 이상 처분하는 경우 개인에게 양도소득세를 과세한다.
ⓜ 임대 부동산은 주택 및 나대지는 제외하고, 임대를 제공하여 소득이 발생되는 자산에 대해 법인에 현물출자에 의한 이월과세가 가능하다.

다음은 개인기업의 법인전환 시 이월과세 과정을 사례로 설명한다.

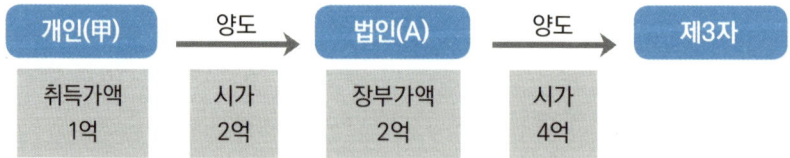

1) 개인(甲)이 법인(A)에게 현물출자 시
 시가 2억원을 법인 설립시 현물출자하면서 개인(甲)의 양도차익 1억원(시가 2억-취득가액 1억)에 대한 양도소득세가 과세되지 아니하고 이월되며, 법인(A)은 시가 2억원을 취득가액으로 계상한다.

2) 법인(A)이 5년 경과하여 제3자에게 양도 시
 법인(A)의 양도차익분 2억원(시가 4억-취득가액 2억)을 각 사업연도 소득에 대한 법인세로 납부하고, 종전 개인(甲)의 양도차익 1억원에 대한 양도소득세 상당액을 법인(A)이 법인세로 납부한다.

3) 법인(A)이 5년 이내 사업폐지 또는 주주의 개인(甲) 주식 처분 시
개인(甲)의 양도차익분 1억원에 대한 양도소득세를 개인(甲) 납부 또는 추징한다.

(3) 취득세 2배 중과세 될 수 있다.

수도권 과밀억제권역에 있는 임대부동산을 취득시 법인명의로 취득하거나 개인명의로 취득 후 법인 설립하여 이전하는 경우와 법인 설립 후 5년 이내 수도권 과밀억제권역에 있는 임대부동산을 취득하는 경우 취득세가 200% 중과세 될 수 있으니 충분한 검토가 필요하다.

수도권 과밀억제권역은 서울 전역, 인천(일부 제외), 경기도 중 의정부, 구리, 남양주(일부 "동"만 해당), 하남, 고양, 수원, 성남, 안양, 부천, 광명, 과천, 의왕, 군포, 시흥시를 정하고 있다.

118. 자녀에게 사업자금을 절세하면서 도와줄 수 있는 방법이 있나요?

> **핵심** 자녀의 사업자금 6가지 지원방법

실무에서 많이 받는 질문 중 하나가 "어떻게 하면 자녀에게 사업자금 등을 적법하게 절세하면서 도와줄 수 있나요?" 라는 질문이다.

필자는 고객의 상황과 아래의 내용을 종합하여 각각 고객의 입장에 맞는 자녀의 사업자금 등 지원 방법을 상담해 드리고 있으니 참고하기 바란다.

(1) 사업자금을 자녀에게 증여하는 방법이다.

가장 일반적인 방법으로 자녀가 필요로 하는 사업자금을 증여하고, 자녀는 증여세를 납부하고 남은 자금을 사업자금으로 사용하는 방법이다.

현재 자녀에 대한 증여공제는 5천만원이므로 사업자금을 55,000만원 증여하면 증여세가 9천만원((5억5천만원-5천만원)×20%-1천만원) 정도 되어 4억6천만원을 아무런 제약 없이 자녀가 원하는 사업자금으로 사용할 수 있다. 55,000만원 초과하는 금액은 30%의 증여세율이 적용된다.

그리고 이 금액은 증여받고 10년이 경과하면 상속재산에 합산되지 않으므로 추가 상속세도 없다.

가장 단순하고 일반적인 방법이지만 증여세만 내면 나머지 자금을 자녀 마음대로 사용할 수 있고, 사업자금 사용에 대한 사용보고 등 사후관리 제한 등이 없다.

미성년자 등 자력이 없는 자녀에게 현금증여하고 이 자금으로 부동산 등을 취득하여 주고 5년 이내 부모의 노력으로 재산을 증가시켜준 경우 증액된 재산 가치에 대해 증여세가 과세될 수 있으니 참고하기 바란다.

(2) 며느리, 사위에게 사업자금을 증여하는 방법이다.

자녀에게 사업자금을 단순히 증여하는 경우 증여세를 납부하고 부모로부터 10년 이내 증여받은 재산은 다른 증여받은 재산과 합산하여 증여세를 재계산한다.

부모가 10년 이내 사망하면 증여받은 사업자금과 상속재산을 합산하여 추가 상속세를 부담해야 하므로 현금증여에 대한 절세효과가 미흡할 수 있는 경우가 있다.

그리고 자녀에게 사업자금 증여에 대해 질문77에서 설명한 "창업자금에 대한 증여세 과세특례"의 혜택을 받아도 언젠가 부모가 사망하면 사망 당시 존재한 상속재산과 합산하여 추가 상속세를 내야하는 문제가 있다.

부모님으로부터 10년 이내 증여받은 재산과 합산과세를 피하면서 부모 사망시 상속재산과 합산하여 추가 상속세가 과세되지 않는 방법으로 며느리 또는 사위에게 증여하는 방법이 있다.

증여재산공제가 자녀는 5천만원, 사위와 며느리는 1천만원 인정된다. 그러나 사위 또는 며느리에게 증여한 재산은 자녀에게 증여한 재산과 합산하지 않고, 5년이 경과하면 상속재산에 합산되지 않기 때문에 증여재산공제 차액 4천만원(아들 5천만원-며느리 1천만원) 보다 더 많은 상속세 절세효과가 있는 경우가 있을 수 있다.

시부모님(장인, 장모님)으로부터 현금을 증여받은 며느리와 사위는 그 배우자(자녀)에게 6억원까지 증여해도 증여세를 비과세 받을 수 있으므로 며느리와 사위를 통해 자녀에게 사업자금을 지원할 수 있다.
며느리 등이 증여받은 현금을 자녀에게 증여하지 않아도 자녀에게 대여하거나 기타 방법 등을 이용해 자녀의 사업을 지원할 수 있다.
어떤 방법이든지 며느리 등을 통해 자녀의 사업자금을 지원할 때 필요한 적법 절차는 준수하여야 할 것이다.

예를 들면, 자녀에게 55,000만원을 초과하는 사업자금 또는 부동산 취득자금을 지원해 줘야 하는 경우가 있을 수 있다.
이런 경우 자녀에게 사업자금 등으로 55,000만원을 초과하는 자금을 증여하는 경우 초과하는 금액에 30%의 증여세율을 적용(증여세 과세표준이 5억원 초과 10억원까지 30%세율 적용한다)하여 사용할 수 있는 사업자금 등이 많이 줄어든다.
만약 자녀의 사업자금 등이 55,000만원 초과하여 필요하다면, 자녀에게 55,000만원까지 증여하고, 그 이상 되는 금액은 며느리·사위에게 증여하고 그 자금을 자녀가 사업자금 등으로 사용하도록 하는 방법도 있다.

반대로 사위·며느리에게 51,000만원 증여(증여세율이 20% 적용되는 범위)하고 그 이상 되는 사업자금 등은 자녀에게 증여하는 방법도 있다. 사위·며느리에게 증여한 재산은 5년 경과하면 상속재산에 합산되지 않는 이점을 최대한 활용하면서 자녀에게 큰 금액의 사업자금 등을 지원해 줄 필요가 있을 때 생각해 볼 수 있는 방법이다.

<u>자녀가 증여받는 재산과 합산하지 않는 사위·며느리가 증여받은 자금을</u>
① 자녀의 사업자금으로 사용하도록 하거나
② 자녀명의로 부동산을 취득하고 5년이 경과하면 추가 상속세 없이 절세하면서 자녀의 사업자금을 도와줄 수 있고 자녀명의로 취득한 부동산 가격이 상승한다면 여러 가지 절세효과를 누릴 수 있다고 생각한다.

(3) 사업자금을 무이자 또는 낮은 이자로 빌려주는 방법이다.

무이자로 자금을 대여하는 경우

子에게 사업자금을 빌려줄 때 증여세법에서 현재 적정이자율로 년 4.6%의 이자를 받도록 되어 있고, 적정이자를 받지 않는 경우 무이자 금액을 증여로 보아 증여세를 과세한다.

그러나 예외를 인정하여 이자를 받지 않는 금액이 1년에 1천만원 미만이면 증여받은 금액이 없는 것으로 보고 1천만원 이상 이면 무이자 전액을 증여금액으로 인정하여 증여세를 과세하도록 규정되어 있다.(질문94 참조)

이 증여세법 규정에 의하면, 1년에 4.6%의 무이자 이익이 1천만원 미만 되는 대여금은 21,700만원으로 계산된다. 따라서 子에게 21,700만원까지는 무이자로 사업자금을 빌려줘도 증여세가 없다. 그리고 父와 母가 위 방법으로 각각 사업자금을 빌려 줄 수 있다.

즉, 父가 21,700만원, 母가 21,700만원으로 약 43,400만원의 사업자금을 무이자로 子에게 빌려 줄 수 있다.

이자를 일부 받고 자금을 대여하는 경우

이자를 일부 지급하는 경우에도 1년에 4.6%의 이자로 계산한 금액과 실제 1년 동안 일부 이자지급액과 차액이 1천만원 미만 되는 범위 내에서 자금을 대여하면 증여세 없이 子의 사업자금을 지원할 수 있다.

예를 들면, 子이 4억원의 사업자금이 필요한 경우 父에게 년 2%의 이자를 지급한다면 낮은 이자로 얻는 이익이 1,040만원(4억원×(4.6%-2%)으로 년 1천만원 초과하므로 1,040만원 모두 증여금액으로 본다.

그러나 년 2.11%의 이자를 주고 차용한다면 적은 이자로 子가 얻는 이익금액이 년 996만원(4억원×(4.6%-2.11%))으로서 년 1천만원 미만이 되므로 4억원을 차용하면서도 증여세 문제가 발생되지 않는다.

子사의 사업자금이 좀 더 많이 필요하다면 부모에게 이자를 일부 지급하고 차용하는 것도 좋은 방법이다.

주의할 점은 자금을 금전소비대차 할 때 금전을 차용하고 차용한 사실과 변제 능력 등이 객관적으로 인정될 수 있도록 절차나 차용증 등을 잘 작성하고 실제 변제해야 한다.

미성년자 등 자력이 없는 자녀에게 현금을 대여하고 5년 이내 부모의 노력으로 재산을 증가시켜준 경우 증액된 재산 가치에 대해 증여세가 과세될 수 있으니 참고하기 바란다.(질문92 참조)

(4) 부모소유 부동산을 담보로 사업자금을 대출받아 사용하는 방법이다.

부모 소유 부동산을 은행 대출 담보로 제공받아 얻는 이익 금액만큼 증여로 보며, 그 이익금액 계산방법이

> "{은행차입금× 적정이자율(현재 4.6%) – 은행에 지급한 이자}"이다.

이렇게 계산한 금액이 1년에 1천만원 이상 되는 경우에 한하여 그 이익금액을 자녀가 증여받은 금액으로 보아 증여세로 과세한다. 반대로 1천만원 미만 되면 증여세를 과세하지 않는다.(질문93 참조)

요즘 은행대출 이자율이 높으므로 년 4.6%의 이자와 은행에 지급하는 이자의 차액이 년 1천만원 이상 되는 대출 원금은 상당히 많을 것이다.

따라서 증여세 없이 부모의 부동산을 담보로 사업자금을 대출받아 사용할 수 있는 금액은 많이 늘어날 수 있고, 은행 이자율이 4.6%이상 되는 경우 부모의 부동산을 담보로 이용하는 것에 대한 추가 증여세 문제는 발생하지 않는다.

예를 들면, 父소유 부동산을 담보로 子가 은행에서 5억원을 대출받고 은행 이자율이 3%라면 아버지로부터 얻는 무상담보제공 이익 금액이 800만원(5억원×(4.6%-3%))이므로 증여세가 없다.

그러나 은행 이자율이 2%라면 무상담보제공 이익 금액이 1,300만원(5억원×(4.6%-2%))이 되어 1,300만원 전부 증여받은 것으로 증여세를 내야 한다.

은행 이자율이 4.6%이상인 경우 무상담보제공이익 금액은 없으므로 증여세 문제가 없다.

미성년자 등 자력이 없는 자녀에게 부모부동산을 담보로 대출받아 5년 이내 부모의 노력으로 재산을 증가 시켜준 경우 증액된 재산가치에 대해 증여세가 과세될 수 있으니 참고하기 바란다.(질문92 참조)

(5) "창업자금에 대한 증여세 과세특례"제도를 이용한 사업자금 지원방법이다.

부모가 자녀의 사업자금을 지원하는 것을 장려하기 위해 증여세법에 "창업자금에 대한 증여세 과세특례"제도를 두고 있다.(질문77 참조)

주된 내용은 만 18세 이상의 자녀가 새로운 사업의 창업목적으로 만 60세 이상의 부모로부터 50억원 한도(창업하면서 10명 이상 고용시 100억원을 한도) 내에서 창업자금을 증여받는 경우 증여받는 금액에서 5억원을 공제한 금액의 10%만 증여세로 납부하도록 혜택을 주는 제도이다.

이 제도는 주로 현금을 증여하는 경우 적용되고 창업자금은 토지 및 감가상각자산 취득과 임대보증금(전세금)과 임대료에 사용하여야 하여야 한다. 인건비 등 운영비로 사용하면 안 된다.

창업하는 업종은 사행성 업종 등 일부 업종은 제외하면서 법에서 정한 업종에 한하여 혜택을 주므로 사전에 충분한 검토가 선행되어야 한다.

"창업의 개념"이 엄격히 적용되어 다른 사업을 인수하는 등의 경우는 적용되지 않으므로 주의하여야 하며, 2023년부터 종전의 사업에 사용하던 자산을 인수 또는 매입하여 동종 사업을 영위하는 경우로서 자산가액에서 인수·매입한 사업용 자산이 30%이하인 경우에도 창업으로 인정해 주도록 완화하였다.

즉, 종전에는 중고자산이 조금만 있어도 창업으로 보지 않았는데, 2023년부터 30%정도 중고자산을 취득하여 창업하는 것은 창업으로 인정해 주도록 완화된 것이다.

이러한 혜택을 받는 만큼 지켜야 할 조건들이 있고, 10년 동안 법에서 정한 조건들을 잘 지켜야 혜택이 유지된다.

창업자금에 대한 특례로 첫째, 창업자금으로 취득한 부동산이 가격 상승한 경우 그 이익은 자녀의 것이 되어 추가 증여세 또는 상속세가 없고, 둘째, 창업에 성공하게 되면 자녀에게 안정적인 직업과 소득이 생길 수 있는 효과가 있을 수 있다.

(6) 자녀가 출자하여 설립한 가족(자녀)법인에 무이자로 사업자금을 빌려주는 방법이다.

자녀(또는 자녀의 가족)가 출자한 법인에 부모가 무이자로 사업자금을 빌려주는 경우 주주로서 자녀가 얻는 이익 금액이 1년에 1억원 미만인 경우 증여세가 없다.

자녀가 법인에 출자한 지분율에 따라 차이가 있지만, 만약 자녀가 법인의 지분을 100% 가지고 있고 법인에 이익이 별로 없다면 부모가 법인(자녀법인 또는 가족법인)에 약 217,000만원 정도 무이자로 빌려주면 자녀가 얻는 이익은 1억원 미만(217,000만원×4.6%=9,982만원으로 1억원 미만)이 되어 증여세 문제가 없다.

영리법인이 부모로부터 자금을 차용하는 것이므로 그 사용용도가 제한되어 있지 않기 때문에 법인명의 부동산을 취득하거나 기타 재산증식에 차용금을 사용하면서 긍정적 절세효과를 많이 얻을 수 있다고 생각하고 많은 조세전문가들이 절세방법으로 상담해 주고 있는 내용이다.

주의할 것은 법인에 무이자로 대여한 금액에 대해 부모 생전에 무이자에 대한 증여세 문제가 발생하지 않을 수 있지만, 대여한 부모 사망시 소급하여 5년 동안 년 4.6%의 이자율로 계산한 무이자 금액이 년 1천만원 이상 해당하는 5년 동안 무이자 금액과 대여금(가수금)을 상속재산에 합산하여 상속세를 과세하도록 되어 있으므로 상속세 신고재산에서 누락하는 일이 없어야 할 것이다.(질문28 참조)

부모가 가족법인에 대여한 자금 때문에 상속세에 영향을 최대한 적게 받기 위해 사전에 노력이 있어야 할 것이다.

의 견

위와 같이 여러 방법으로 부모가 자녀의 사업자금을 절세하면서 도와주는 방법이 있고 상황에 따라 2가지 이상의 방법을 혼합 할 수도 있다.
그리고 구체적으로 실행할 때는 관련 규정을 충분히 검토하고 가족관계 등 여러 환경을 고려해서 각자에 맞는 방법을 찾아 실행해야 할 것이다.

119. 사위·며느리를 통해 증여세와 상속세를 절세할 수 있는 방법이 있나요?

핵 심 분산증여 및 가족법인을 통한 증여와 상속

현실적으로 연로하신 부모님들이 부동산을 매각하고 받은 현금을 자녀들에게 나누어주고 싶은데 어떻게 하면 세금을 절세하면서 현금을 줄 수 있는지 물어보는 경우가 많이 있다.

자녀가 결혼을 해서 배우자와 손 자녀가 있는 경우 재산을 자녀에게만 증여하면
① 높은 세율을 적용받아 증여세를 많이 낼 수 있고,
② 재산 증여 후 10년 이내 사망하면 증여한 재산을 상속재산에 포함시켜 상속세를 재계산하므로 이미 납부한 증여세 이외에 추가로 상속세를 부담할 수 있다.

필자는 이러한 문제 해결방법으로 사위, 며느리 통한 다음과 같은 방법을 상담하고 있다.

(1) 사위, 며느리를 포함하여 분산해서 증여 한다.

자녀에게만 증여하지 않고 며느리 또는 사위를 포함해서 분산하여 증여하는 방법이다.

그 이유는 큰 증여금액을 여러 명이 적절히 나누어 각각 적은 금액을 증여받는 경우 낮은 증여세율로 증여세를 계산한다. 따라서 낮은 세율이 적용된 차이만큼 증여세를 절세할 수 있다.

그리고 부모가 상속 1순위인 자녀에게 증여하고 증여일로부터 10년 이내에 사망한 경우 증여재산은 상속재산과 합산하여 추가 상속세를 과세하도록 되어있다.

따라서 10년이 지나도록 기다려야 추가 상속세 부담 없이 절세할 수 있다.

그러나 상속 1순위가 아닌 사위·며느리에게 증여하는 경우 증여일로부터 5년 이내에 사망한 경우 증여재산은 상속재산과 합산하여 추가 상속세를 과세하도록 되어있다.

따라서 5년이 지나면 추가 상속세 부담 없이 절세할 수 있다.

10년을 기다리는 것 보단 5년을 기다리는 것이 상속세 절세에 더 유리하기 때문에 사위·며느리에게도 일부 증여하는 방법을 사용할 수 있다.

이런 규정을 이용하여 사위 또는 며느리에게 현금을 증여하지만, 부부는 6억원까지 증여해도 증여세가 없으므로 그 현금은 자녀가 사업자금 또는 부동산 취득자금 등으로 사용하면서 5년만 경과하면 추가 상속세를 부담하지 않고 자녀의 재산처럼 될 수 있다. 사위·며느리에게 증여할 때 증여세 부담은 있지만 실무적으로 유용한 절세방법이라고 필자는 상담하고 있다.

그리고 적절한 금액 범위 내에서 손자·손녀에게도 함께 분산 증여하는 경우에도 낮은 증여세율 적용하고, 손 자녀는 상속인이 아니므로 5년 경과하면 상속재산에 합산하지 않는 절세효과가 있으므로 실무에서 많이 사용하고 있다.

(2) 자녀의 가족법인에 증여하고 법인세를 부담한다.

기존에 자녀의 가족법인이 있으면 기존 가족법인 또는 자녀와 사위·며느리를 주주로 새로 가족법인을 만들어 부모가 이 가족법인에 증여하는 방법이 있다.(질문112 참조)

영리법인에 증여하는 경우 증여세가 과세되지 않고 법인세가 과세된다. 그리고 증여자와 특수한 관계에 있는 자가 법인의 주주인 경우 주주의 주식가치 상승이익에 대해 증여세를 과세하도록 규정하였다.

단, 각 주주별 주식가치 상승 이익이 1년에 1억원 미만인 경우 그 주주에게 증여세를 과세하지 않도록 규정되어 있다. 이 내용을 이용하여 자녀와 사위 및 며느리, 손자·손녀가 1억원 미만 이익이 되도록 주식비율 및 증여금액을 정하고 법인에 증여하면 9% 또는 19%의 법인세만 내고 증여세 없이 자녀 등이 증여받은 효과를 누릴 수 있는 절세 방법이라고 생각한다.

(3) 가족법인에 상속(유언)하고 법인세만 부담한다.

자녀와 사위 또는 며느리가 주주에 포함된 영리법인에 사망시 법인에 일부 재산을 증여하도록 유언을 남겨 상속세를 절세하는 방법도 있다.(질문47 참조)

영리법인에 일부재산을 사후에 증여하는 것으로 유언을 남기면 법인이 증여받는 재산에 법인세가 과세되므로 상속재산에 합산하여 상속세가 과세되지 않는다.

그리고 영리법인의 주주 중 유언한 자(사망자)의 배우자, 자녀 또는 손자·손녀가 있는 경우 법인에 유언 증여한 재산으로 배우자 등 각 주주의 주식가치 상승 상당액을 상속받은 것으로 계산하여 각 주주에게 상속세를 추가 부담하도록 규정되어 있다.

이때 추가 상속세를 부담하는 주주의 범위에 사위와 며느리는 포함되어 있지 않다.

이런 점을 이용해 가족을 주주로 하는 영리법인에 사위와 며느리의 적정한 주식비율을 적정히 해 놓고 법인에 유언으로 증여하면 법인세만 부담하고 상속세를 피할 수 있다.

사위와 며느리의 주식소유 비율이 높을수록 상속세 절세효과는 클 것이다.

(4) 유류분 소송을 대비할 수 있다.

요즘은 부모님 사망 후 생전에 일부 자녀에게 증여한 재산에 대해 다른 자녀들이 재산을 나누어 달라는 유류분 소송을 하는 경우가 많이 있다.

생전에 일부 자녀에게 증여한 재산은 증여시기에 상관없이 10년 또는 30년 전에 증여한 재산도 다른 자녀가 유류분 소송을 제기할 수 있다.

그러나 상속인 이외의 자에 해당하는 사위, 며느리, 손 자녀 등에게 증여한 재산은 사망 전 1년 이전에 증여한 재산은 유류분 소송을 제기할 수 없는 경우가 있다.

사위, 며느리에게 일부 재산을 증여하고 1년 뒤 사망하면 사위, 며느리에게 증여한 재산은 유류분 소송을 할 수 없는 재산이 될 수 있다는 점을 잘 활용하면 절세하면서 가족 간 법적 분쟁도 줄일 수 있을 것으로 생각한다.

> **의견**
>
> 위의 여러 가지 방법과 기타 가족법인에 저가 매매 등의 방법이 있는데, 상황에 맞게 사위·며느리에게 증여계획을 잘 세우면 상속세를 절세할 수 있는 방법이 있을 수 있다.
> 사위·며느리에게 증여해도 자녀가 관리하고 손 자녀에게 상속된다면 큰 문제는 없다고 생각한다.

120. 손자·손녀를 통한 증여세와 상속세를 절세할 수 있는 방법이 있나요?

핵심 손자·손녀에게 사전증여가 유리한 7가지 경우

생전에 가족에게 증여하는 이유는 여러 가지가 있겠지만, 자녀가 있는 가운데 손자·손녀에게 재산을 증여하는 경우가 있다.

필자는 증여세 및 상속세의 전체적인 절세측면에서 자녀가 있는 가운데 손자·손녀에게 사전 증여하는 것은 다음과 같은 이유로 절세효과 있다고 생각한다.

(1) 70% 절세효과 있다.

조부모의 재산이 손자에게 이전될 때까지 2단계(조부모에서 아들로 1단계, 아들에서 손자로 2단계)를 거쳐야하기 때문에 증여세를 2번 내야하므로 200%의 증여세를 부담 한다고 할 수 있다.

그러나 조부모가 손자·손녀에게 직접 증여하면 1단계로 이전되면서 증여세를 30%(손자·손녀가 미성년자인 경우 증여재산가액이 20억원 초과

하는 경우 40%) 추가하여 총 130%의 증여세를 과세하도록 규정되어 있으므로 약 70%의 절세효과가 있다고 할 수 있다.

(2) 손 자녀는 증여받은 재산에 대한 추가 상속세 납세의무 없다.

조부모가 사망 전 5년 이내 손자·손녀에게 증여한 재산은 조부모의 상속재산에 합산되어 추가 상속세가 있는데, 이 추가 상속세에 대해 손자·손녀에게 법적 납세의무가 없다.

이 추가 상속세는 조부모 상속세에 대해 1순위 상속인에 해당하는 자녀들이 법적 책임을 지도록 되어 있다.

따라서 조부모가 손 자녀에게 증여 후 5년 내 사망하더라도 손자·손녀는 추가 상속세를 부담할 의무가 없기 때문에 상속세 납부로 재산이 축소될 여지가 없다.

(3) 상속재산에 합산하는 증여재산은 할증과세 하지 않는다.

조부모가 손 자녀에게 증여할 때 30% 할증 과세되고, 조부모 사망시 5년 이내 손 자녀에게 증여하여 상속재산에 합산하여 추가상속세 계산시 상속세를 30% 할증하여 과세하지 않는다.

예를 들면, 손자에게 10억원 증여하면 30% 세율 적용되고 30% 할증하면 39%(30%+9%) 할증과세 된다.

증여 후 5년 이내 조부 사망으로 상속세율이 50% 적용되는 경우에도 손자에게 증여한 10억원을 합산하면서 20% 늘어난 상속세율에 할증세율 6%를 적용하지 않는다.

넓게 보면 절세효과가 있다.

(4) 증여받고 5년 경과하면 상속재산 합산 배제한다.

조부모가 손자·손녀에게 증여 후 5년 경과해서 사망하면 손자·손녀에게 증여한 재산은 조부모의 상속재산에 합산되지 않기 때문에 추가 상속세가 없어 전체적인 절세 효과가 있을 수 있다.

따라서 손자·손녀에게 좀 더 많은 재산을 물려주면서 절세하고 싶은 의사가 있다면 적절한 범위 내(전부 사전 증여 하면 일괄공제 등 상속공제 혜택을 못 받을 수 있다)에서 사전 증여를 검토해 볼 필요가 있다.

(5) 자녀가 재산이 많아 손자·손녀에게 유언으로 상속하는 경우도 있다.

자녀가 재산이 많아 자녀 재산만으로도 40%, 50%의 상속세율이 적용되어 자녀에게 재산을 상속할 필요성이 없거나 자녀에게 상속되어 다시 손자녀에게 상속되면 2중으로 40%, 50%의 높은 상속세를 부담하는 경우가 있다.
이런 경우 자녀를 패싱하고 일부 재산을 손자·손녀에게 상속하도록 유언장을 남기는 경우가 있다.

이 경우에도 손자 손녀에게 상속되는 재산에 대해 30% 추가 상속세(증여와 마찬가지로 자녀가 있는 가운데 손자·손녀가 상속받는 재산은 상속세를 30% 추가 과세한다)를 부담해야 하는데, 유언으로 상속받는 부분에 대한 상속세는 모두 손자·손녀가 부담해야 한다.

손자·손녀가 사전 증여 받아 발생하는 추가 상속세 납세의무는 손자·손녀에게 법적 책임이 없지만 유언으로 받은 재산의 상속세는 법적 책임이 있다.

자녀를 패싱하고 손자·손녀에게 유언으로 모든 재산을 상속하는 경우가 있는데, 이 경우 상속재산에서 공제받을 수 있는 기초공제, 자녀공제 등 각종 공제혜택은 받을 수 없다.
공제혜택을 받지 않으면서 손자·손녀에게 유언으로 상속하는 것이 유리하다고 판단하는 사례도 있을 수 있다.

(6) 손자녀의 재산을 증식시켜주는 방법으로 절세할 수 있다.

위 방법들은 모두 손 자녀에게 직접 증여·상속하면서 절세하는 방법이다.
조부모가 손자·손녀에게 간접 증여하는 방법으로 손 자녀에게 재산을 증여하거나 재산을 취득하게 도와주고 그 취득한 재산의 가치를 증가시켜 주는 방법이 있다.(질문92 참조)
증여 또는 재산 취득시부터 5년 이내 재산 가치를 증가시켜 주었다면 증가된 재산 가치에 증여세가 과세되고, 5년 경과하여 재산가치가 증가하면 증여세가 없다.
이런 내용을 적절히 활용하면 조부모의 풍부한 경제활동의 경험으로 증여세와 상속세를 절세하면서 손자·손녀의 재산을 증가시켜 줄 수 있다고 생각한다.

(7) 자녀법인(가족법인)을 만들어 증여하는 방법이 있다.

자녀와 사위·며느리 및 손자·손녀를 주주로 영리법인을 만드는 경우가 있는데 이를 "자녀법인 또는 가족법인"이라 한다. 자녀법인을 만들게 하고 이 법인에 조부모가 증여하는 방법이 있다.(질문112 참조)

영리법인에 증여하는 경우 증여세가 과세되지 않고 법인세가 과세된다. 그리고 법인이 증여받은 이익 때문에 증여자와 특수한 관계에 있는 손자·손녀의 주식가치가 상승한 경우 상승이익에 대해 증여세를 과세하도록 규정하였다.

단, 손자·손녀 각각의 주식가치 상승 이익이 1년에 1억원 미만인 경우 증여세를 과세하지 않도록 규정되어 있다.

이 내용을 이용하여 조부모가 가족법인에 증여해도 자녀와 사위 및 며느리, 손자·손녀가 1억원 미만 이익이 되도록 주식비율 및 증여금액을 정하고 법인에 증여하면 9% 또는 19%의 법인세만 내고 증여세 없이 손자녀 등이 증여받은 효과를 누릴 수 있는 절세 방법이라고 생각한다.

121. 강남 부자들이 자녀를 패싱하고 손주에게 증여하는 이유는 무엇인가요?

핵 심 절세하고 종자돈으로 부자 만들기

질문120과 일부 중복되는 내용이지만, 부자인 조부모가 자녀에게 증여하지 않고 손주(손자 및 손녀)에게 증여하는 경우가 있는데 부자들 사이에 종종 일어나다 보니 매스컴에서도 소개된 사실이 있어 일부 다른 측면에서 설명한다.

재산을 축적한 사람들이 많아지면서 상속세에 대한 관심이 커지고 절세하고 싶은 생각과 손주의 미래를 챙겨주고 싶은 이유 등으로 손주에게 증여하는 경우가 많아지고 있다.

자녀가 있는데 손주에게 증여하는 것을 세법에서 "세대생략 증여"라고 하고, 세대생략 증여의 경우 자녀에게 증여한 것보다 30%를 할증하여 손주에게 증여세를 과세한다.

예를 들면, 10억원을 자녀에게 증여하는 경우 22,500만원(5천만원 증여공제, 증여세율 30%-6천만원)인데, 성년의 손주에게 증여하는 경우

29,250만원(22,500만원×1.3)으로 계산되어 많은 증여세를 내야 한다.
만약 세대 생략하여 손주에게 증여금액이 20억원을 넘는 경우 40%를 할증한다.

세대생략해서 증여하면 이렇게 증여세가 많은 걸 알면서 부자들이 손주에게 증여하는 이유는 먼저 상속세 절세측면에서 유리하고 기타 개별적으로 원하는 이유가 있지만, 필자는 아래와 같은 이유로 증여를 한다고 생각한다.

(1) 200%보다는 130%가 절세효과 있기 때문이다.

조부모 재산의 최종 종착지는 손주라고 생각한다.
자녀에게 증여 또는 상속할 때 세금내고, 자녀가 손주에게 증여 또는 상속할 때 세금내면 2번에 걸쳐 200% 증여세 또는 상속세를 부담하는데, 세대 생략하여 손주에게 바로 증여하면 130%의 증여세만 내므로 70%의 절세효과가 있다.
손주에게 증여한 재산으로 상속재산에 합산하는 재산은 할증세율 적용하지 않고, 손주는 증여재산으로 증가한 상속세의 납세의무는 없다.

(2) 자녀의 추가 합산과세를 피하기 위한 경우도 있다.

자녀에게 이미 증여한 금액이 많아 추가로 증여하면 높은 세율로 추가 증여세를 내야하는 상황이 된 경우, 추가 증여를 자녀 대신 손주에게 증여하면 할증 과세되어도 증여세가 적은 경우가 있다.
예를 들면, 자녀에게 이미 5억원을 증여해서 추가 증여하면 30%, 40%

의 세율이 적용된다면, 손주에게 30% 할증된 13% 또는 26%의 세율이 적용되는 금액을 추가 증여하고 증여세를 내는 것이 더 적다. 이런 경우 절세를 위해 자녀 대신 손주에게 증여하는 경우도 있다.

(3) 10년 내 합산과세를 피하기 위한 경우도 있다.

조부모가 사망일로부터 10년 이내 자녀(상속인)에게 증여한 재산은 상속재산에 합산하여 추가 상속세로 재 정산한다. 그러나 상속인에 해당하지 않는 손주에게 증여한 재산은 조부모 사망일로부터 5년 이내 증여한 재산만 상속재산에 합산하여 재 정산 한다. 증여한 재산이 자녀는 10년, 손주는 5년 지나면 상속재산에 합산되지 않으므로 손주에게 증여하는 것이 상속세 절세에 유리한 것이다.

(4) 손주출생으로 축하금을 주는 경우도 있다.

미성년자에게 증여한 금액으로 2천만원까지 증여세가 면제되는 것 때문에 큰 부자가 아니더라도 손주가 생기면 기념으로 2천만원 이내 금액 또는 2천만원 이상의 금액을 축하금 성격으로 증여세 부담하면서 손주에게 증여하는 경우도 있다.

(5) 손주에게 종자돈을 만들어 주는 경우도 있다.

손주의 재산을 증식시켜주기 위한 종자돈(좋은 투자나 구매를 위해 밑천이 되는 돈)을 만들기 위해 증여하는 경우도 있다.(질문92 참조)
예를 들면, 손주에게 10억원 증여하고 능력 있는 조부모(부모)가 손주

(자녀)명의로 10억원을 이용해 주식, 부동산 투자 또는 기타 여러 가지 방법으로 재산을 증식시켜 줄 수 있다.

종자돈은 조부모가, 증여세는 부모가

조부모가 여러 가지 이유로 손주에게 증여하지만, 조부모가 손주에게 증여할 때 30% 할증세율이 적용되기 때문에 증여세가 많이 계산된다. 증여받은 자금에서 증여세를 납부하면 증여효과가 감소하고, 증여세를 조부모가 대신 내주면 새로운 증여가 되어 증여한 금액과 증여세를 합산하고 증여세에 30% 할증되어 추가 증여세가 과세되는 문제가 있다.

이런 문제를 해결하기 위해 손주가 내야 할 증여세 상당액을 부모가 증여하는 방법이 있다.

증여세를 자녀가 부모로부터 증여받는 것이므로 조부모가 증여한 재산과 합산하여 증여세를 계산하지도 않고 30% 할증세율도 적용하지 않는다.

따라서 조부모가 손주에게 증여한 자금 모두를 증여 목적대로 잘 활용할 수 있게 된다.